亚洲的贫困、收入差距与包容性增长

——度量、政策问题与国别研究

庄巨忠　编
本书翻译组　译

中国财政经济出版社

图书在版编目（CIP）数据

亚洲的贫困、收入差距与包容性增长：度量、政策问题与国别研究/庄巨忠编；《亚洲的贫困、收入差距与包容性增长》翻译组译．—北京：中国财政经济出版社，2012.5
书名原文：Poverty, Inequality, and Inclusive Growth in Asia: Measurement, Policy Issues, and Country Studies
ISBN 978－7－5095－3511－0

Ⅰ.①亚…　Ⅱ.①庄…②亚…　Ⅲ.①亚洲经济－研究　Ⅳ.①F13

中国版本图书馆 CIP 数据核字（2012）第 052616 号

责任编辑：吴　敏　　　　责任校对：张　凡
封面设计：耕　者　　　　版式设计：李香杰

中国财政经济出版社出版
URL：http：//www.cfeph.cn
E－mail：cfeph@cfeph.cn

社址：北京市海淀区阜成路甲 28 号　邮政编码：100142
发行处电话：88190406　财经书店电话：64033436　84041336
北京财经印刷厂印刷　各地新华书店经销
710×1000 毫米　16 开　30.75 印张　447 000 字
2012 年 6 月第 1 版　2012 年 6 月北京第 1 次印刷
定价：88.00 元
ISBN 978－7－5095－3511－0/F·2966
图字：01－2011－5356
（图书出现印装问题，本社负责调换）
本社质量投诉电话：010－88190744

引　言

亚洲面临的最大政策挑战是如何保持经济的快速增长，并同时削减贫困和实现社会的包容性以及环境的可持续性。鉴于大部分亚太地区的人口快速增长、全球金融危机要求重新平衡增长及应对气候变化的多重压力，上述政策挑战变得更加严峻，但同时也提供了更多的机会。在此背景下，本书适时地对有关亚洲减贫、不平等[①]及包容性增长的概念和政策议题的最新研究及其成果进行了总结。

本书强调了亚洲取得的显著经济成就。1990—2008 年，该地区的人均国内生产总值（简称GDP）增加了近三倍，年均增长率为5.7%。[②]东亚地区的增长最为显著，年均增长率超过 8%，其中，中国起到了很大的推动作用。深受 1997/1998 年金融危机冲击的东南亚各国也稳健发展。最近，印度也开始逐渐发展，但其人均 GDP 增长远不及其他地方。1990—2008 年，中亚、西亚地区的年均经济增长率仅为 1.3%，而太平洋地区则仅为 0.3%。

在亚洲许多地区，经济的快速增长提高了多数人口的生活水平。生活在日均消费低于 1.25 美元的贫困线[③]以下的人口比例从 1990 年的 52.3% 下降到 2005 年的 27.1%。减贫幅度最大的当属中国，生活在上述贫困线以下的人口比例从 1990 年的 60.2% 下降到 2005 年的 15.9%。当然，其他许多国家的减贫幅度也不容小觑。

---

① inequality，也译作收入差距。

② 根据 2005 年购买力平价及人口权重计量。

③ 基于 2005 年购买力平价。

尽管取得了不少成就，亚太地区在减贫过程中仍面临着巨大挑战，它依然是世界2/3贫困人口的所在地：18亿人口的日均消费低于2美元，9.03亿人口挣扎在日均消费不足1.25美元的贫困线下。亚洲开发银行（简称ADB）的分析显示，近期的危机（能源和食品价格的迅速攀升以及全球经济和金融市场的衰退）的余波使近千万亚洲人无法脱贫。此外，为数众多的勉强生活在贫困线以上的亚洲人口极易受到经济衰退及其他冲击的影响，而重新陷入贫困。

同样令人不安的是，诸多社会关键指标显示，尽管历经数十年的强劲发展，各层面的问题仍滞留不去。亚洲地区五岁以下儿童营养不良的情况有甚于撒哈拉以南非洲地区。一半以上的亚洲人口缺乏基本公共卫生设施，亚洲地区感染肺结核的人口数量仍居世界首位。妇女儿童（已在贫弱人口中占较大比例）所受到的影响最大：五岁以下儿童死亡人数占全球41%，孕产妇死亡占44%，新生儿死亡占56%。

收入和非收入不平等现象加剧是最新的受关注问题。本书显示，许多亚洲发展中国家的基尼系数（收入不平等的一个指标）在近数十年有所上升。教育、医疗等基本社会服务分配不平等情况一直非常严重，并因收入不均而有所加剧。在某种程度上，如本书所阐释的，不平等现象的加剧能够反映出经济发展与结构转变可能会引发一些加剧不平等现象的过程。但是，不平等现象加剧的主要原因是市场和政策失灵、治理与制度缺陷以及社会排斥。

这些迹象表明，应使更多人能分享到亚洲经济快速增长带来的好处。因此，越来越多亚洲发展中国家开始接纳包容性增长的概念，并探寻更公平地分配经济发展成果的方法与政策。在近期通过的长期战略框架（“2020战略”）中，ADB誓言将致力于包容性经济增长、环境可持续增长及区域一体化这三大关键战略议程，以支持亚太地区发展中成员国在未来十年中的发展。

本书收录了ADB员工及其合作者近期有关包容性增长的研究成果，阐述了包容性增长的概念框架、提出了应对亚洲贫困及不平等问题的措施，考察了政策选择并着眼于各国经历。在本书中，包容性增长被定义为“机会均等的增长”，其具有三大政策支柱：通过高速、有效且持续的经济增长创造生产性就业机会和经济机会；通过投资于人才能力建设和营造公平的竞争环境实现机会均等；改善社会保障体系，降低风险和冲击带来的影响、减少赤贫。因此，包容性增长旨在创造经济机会，并使所有人都能从中获益。

希望本书阐述的观点和研究成果能够为实施包容性增长议程提供一条可行之路。包容性增长议程不仅能够帮助亚洲发展中国家最终根除赤贫，还能使所有社会成员平等参与（无论个体情况如何）、促成经济增长并从中受益。此外，希望本书能够带动更多有关包容性增长关键课题的研究。

乌苏拉·舍斐·普罗伊斯

亚洲开发银行副行长（主管知识管理和可持续发展）

序言与致谢

ADB已通过2008—2020年长期战略框架（简称“2020战略”），以应对亚太地区不断变化的需求及其所面临的发展挑战。“2020战略”列出了三个帮助ADB实现亚太地区脱贫愿景的战略议程：包容性经济增长、环境可持续性发展及区域一体化。

为支持“2020战略”的审议与实施，近年来，ADB员工及其合作者在经济研究局（ERD）组织的包容性增长研究项目中开展了一系列的研究，旨在加深对包容性增长的概念、其政策构成及其对亚太地区实现千年发展目标的重要性的理解，并消除赤贫。

本书收录了与上述研究相关的精选论文，共分为三个部分。第一部分聚焦于亚太地区收入、非收入不平等与贫困问题的最新趋势及这些问题的根本原因所在；第二部分考察了与包容性增长相关的选定政策议题，包括就业、公共服务的获取、社会保障及治理与制度；第三部分包含六项国别研究，提供有关增长、贫困及不平等的发展动态与政策挑战方面的丰富资讯。

本书的出版是众多人士共同努力的结晶。21名ADB工作人员及其研究伙伴参与了各章节的写作。崔莉·扎法鲁拉、艾瑞克·凡·赞特及安纳利·莱格曼—马丁参与了本书的编辑工作。艾奇·卡巴纳斯和乔·马克·格纳班负责本书的设计和排版。丽丽贝斯·波特、法蒂玛·德拉莫斯·布兰科和莉娜·西巴尔则负责本书校对并在各阶段提供行政支持。

在此，深深感谢ADB前任首席经济学家艾弗兹·阿里，他在经济研究局任职期间发起并领导了ADB包容性增长研究项目。特别感谢

ADB首席经济学家李钟和，他在本书的编撰阶段给予了大力支持和鼓励。感谢拉纳·哈桑、姚先斌、吉瑟斯·菲利普、林暾、孙贤华、阿明·鲍尔及其他ADB同仁对包容性增长相关概念问题进行了有益讨论。

希望本书阐述的观点和研究发现能够丰富发展中国家的决策理论，帮助亚太地区实现更高程度的包容性发展并摆脱贫困。

最后需要指出的是，本书收录的是众多作者的观点和意见，不代表亚洲开发银行及其理事会或所代表政府的观点和意见。

庄巨忠

本书编著者

2010年3月

编著者

艾弗兹·阿里，亚洲开发银行前首席经济学家

J. 萨尔赛多·凯恩，亚洲开发银行经济研究局助理经济学家及统计分析师

埃曼纽尔·德·迪奥斯，菲律宾大学经济学院主任

吉瑟斯·菲利普，亚洲开发银行中西亚局主要经济学家

鲁思·弗朗西斯科，亚洲开发银行顾问

拉纳·哈桑，亚洲开发银行经济研究局主要经济学家

施卡·贾哈，亚洲开发银行经济研究局资深经济学家

尼纳·科尔，亚洲开发银行经济研究局经济学家

林芬，香港城市大学助理教授

林暾，亚洲开发银行东亚局自然资源经济学家

罗达·麦格桑博，亚洲开发银行经济研究局前助理经济学分析师

安纳利·拉格曼—马丁，亚洲开发银行经济研究局资深经济学高管

阿施施·梅拓，加州大学圣塔芭芭拉分校全球与国际问题研究项目助理教授；亚洲开发银行经济研究局前经济学家

新见洋子，亚洲开发银行经济研究局经济学家

朴东炫，亚洲开发银行经济研究局资深经济学家

约翰·潘凯弗尔，斯坦福大学人文与科学学院及经济系 Pauline K. Levin – Robert L. Levin 和 Pauline C. Levin – Abraham Levin 教授；斯坦福大学经济政策研究所资深研究员

孙贤华，亚洲开发银行经济研究局经济学家

苏珊·斯帕克斯，世界银行卫生、营养和人口部初级专业副教授

阿贾伊·坦登，世界银行卫生、营养和人口部资深经济学家；亚洲开发银行经济研究局前经济学家

万广华，亚洲开发银行区域与可持续发展局资深经济学家

大马哩·亚西亚，亚洲开发银行顾问

庄巨忠，亚洲开发银行经济研究局副首席经济学家

缩略语、首字母组合词和符号

ADB	亚洲开发银行
CHIP	中国家庭收入计划
COL	生活成本
FIES	菲律宾家庭收入和支出调查
GDI	性别发展指数
GDP	国内生产总值
GE	广义熵指数
GEM	性别权力指数
GNI	国民总收入
GNP	国民生产总值
Lao PDR	老挝人民民主共和国
MDGs	千年发展目标
MDG3	千年发展目标 3
NAIRU	非加速通货膨胀失业率
NBSC	中国国家统计局
NFA	菲律宾国家食品局
NGO	非政府组织
NIE	新制度经济学
NLSS	尼泊尔生活水平调查
NSO	菲律宾国家统计办公室
OECD	经济合作与发展组织

PPP	购买力平价
PRC	中华人民共和国
SBA	熟练接生员
SPCOV	社会保护覆盖范围
SPDIST	社会保护分配/贫困目标
SPEXP	社会保护支出
SPIMP	社会保护对贫困人口收入的影响
SPSI	社会保护综合指数
TBA	传统接生员

符号

CNY	人民币（元）
$	美元
₱	菲律宾比索

目　录

第二部分　有关包容性增长的若干政策问题

表、图、专栏

表

图

专栏

第 1 章 亚洲的贫困、不平等和包容性增长

庄巨忠、艾弗兹·阿里

1.1 引言

发展中亚洲引人注目的增长率掩盖了该地区收入差距的扩大，导致“亚洲的两面性”——一面“光鲜”，一面“痛苦”。加入国际竞争的行列并从全球化、技术变革和规模经济的推动力量中受益，光鲜的亚洲吸引了媒体和世界的目光。而亚洲痛苦的一面（这方面却鲜为人知）——该地区的弱势群体和贫困人口的数量之巨已达到了令人难以接受的程度。亚洲的两面性所展现的，一方面是希望的灯塔，而另一方面是绝望的象征。将这两者进行调和将成为未来多年的发展挑战。

关注创造经济机会和确保平等权利的包容性增长将发挥关键作用。发展中亚洲越来越多的国家正采用包容性增长作为发展政策的目标。印度最近采用了以两个目标（促进经济增长和使增长更具包容性）为核心的发展战略（印度计划委员会，2006 年）。在中国，政府提出建立“和谐社会”这一与包容性增长非常密切相关的概念，并将其作为第 11

个五年计划的最优先发展目标（中国国务院，2006 年）。在泰国，公平增长是其“充足经济理念”的要素之一，支撑着政府的发展努力（联合国开发计划署，2007 年）。越南社会经济发展战略中也可以找到类似主题，该战略倡导“迅速和可持续发展，经济增长与实施创新、社会公平和环境保护并行”（越南共产党中央委员会，2001 年）。

本章探求为何发展中亚洲[①]正在接受包容性增长，讨论了包容性增长的概念及其政策成分，并强调了本书的关键发现。

1.2　为何发展中亚洲正在接受包容性增长？

人们对巨大经济增长的益处并未得到公平分享（阿里，2007 年）这一事实的关注越来越多，而这引发了对发展中亚洲的包容性增长的相关性和重要性的认识。

最近几十年本地区经济增长迅速，以 2005 年购买力平价（PPP）计量的国内生产总值（GDP）在 1990—2008 年从 1631 美元增长到 4430 美元。该地区 5.7% 的年增长率在历史上很少有地区企及（表 1.1）。在这一地区，东亚的增长最显著，平均年增长率达 8.1%，而这在很大程度上由中国驱动。虽然经历了 1997/1998 年金融危机的干扰，东南亚每年还是增长 3.4%。南亚每年增长 4.5%，虽然较低，但也取得了显著改善，尤其是最近不丹、印度和斯里兰卡增长加速。中亚和西亚以及太平洋地区落后于所有亚地区，年增速分别只有 1.3% 和 0.3%。

该地区的迅速增长使极端贫困度显著降低。使用每天 1.25 美元这一贫困线（依据 2005 年购买力平价），1990—2005 年期间收入贫困的发生率从 52.3% 降低到 27.1%（表 1.1）。[②] 百分比表示的下降程度在中国最明显（44.3），接着是柬埔寨（37.1）、巴基斯坦（35.9）、印度尼西亚（32.8）、老挝（30.2）、不丹（24.2）、尼泊尔（22.3）、阿塞拜疆（16.1）、蒙古（12.5）、越南（11.4）、印度（9.6）、泰国（9.0）、菲律宾（7.1）、斯里兰卡（4.7）、亚美尼亚（1.6）和马来西

---

① 亚洲发展中经济体名单见附录。

② 2005 年是可获得具有国际可比性的有关贫困的截面数据的最近一年。

亚（1.4）。但是，在格鲁吉亚、吉尔吉斯共和国、塔吉克斯坦和乌兹别克斯坦，每天1.25美元这一贫困发生率显著增加，而在孟加拉国，贫困情况基本没变。使用每天2美元的贫困线，虽然各国之间也存在类似的显著差异，但发展中亚洲贫困率从79.4%降低到54%这一结果同样显著。

然而，减贫仍然是巨大的挑战。2005年，9.03亿亚洲人仍然生活在每天1.25美元的贫困线以下。表1.1中列出的22个国家中的14个国家中，以该贫困线测量的贫困率高于20%，其中4个国家的贫困率高于40%。使用每天2美元的贫困线，18.03亿亚洲人处于贫困中，22国中的17国的贫困率超过30%，12国的贫困率超过50%。即使在中国和越南这样的高增长国家，在2005年，贫困率仍然分别达到36%和51%。

表1.1　　部分发展中亚洲经济体人均收入和贫困发生率

经济体	人均GDP（2005年购买力平价美元）		平均年增长率	人数比率（百分比）每天1.25美元（2005年购买力平价）			人数比率（百分比）每天2美元（2005年购买力平价）		
	1990年	2008年	（百分比）	1990年	2005年	变化	1990年	2005年	变化
中亚和西亚	**2 598**	**3 292**	**1.3**	**38.6**	**21.5**	**-17.1**	**58.5**	**53.8**	**-4.7**
亚美尼亚	2 936	5 611	3.7	6.3	4.7	-1.6	20.9	29.2	8.3
阿塞拜疆	4 754	8 102	3.0	16.1	0.0	-16.1	40.3	0.3	-40.0
格鲁吉亚	5 398	4 526	-1.0	2.9	13.4	10.6	8.3	30.4	22.1
哈萨克斯坦	7 089	10 458	2.2	0.5	1.2	0.6	4.8	10.4	5.6
吉尔吉斯共和国	2 505	2 023	-1.2	4.8	21.8	17.0	7.8	51.9	44.2
巴基斯坦	1 678	2 444	2.1	58.5	22.6	-35.9	85.4	60.3	-25.1
塔吉克斯坦	3 064	1 761	-3.0	1.5	21.5	20.0	6.8	50.9	44.1
土库曼斯坦	3 749	6 138	2.8	…	…	…	…	…	…
乌兹别克斯坦	2 002	2 455	1.1	4.9	38.8	33.9	8.7	69.7	61.1
东亚	**1 582**	**6 385**	**8.1**	**60.1**	**15.9**	**-44.2**	**84.6**	**36.3**	**-48.3**
中国	1 099	5 511	9.4	60.2	15.9	-44.3	84.6	36.3	-48.3
中国香港	23 697	40 599	3.0	-	-	-	-	-	-
韩国	11 383	25 498	4.6	-	-	-	-	-	-
蒙古	2 332	3 297	1.9	34.9	22.4	-12.5	65	49.1	-15.9

续表

经济体	人均 GDP（2005 年购买力平价美元）		平均年增长率	人数比率（百分比）每天 1.25 美元（2005 年购买力平价）			人数比率（百分比）每天 2 美元（2005 年购买力平价）		
	1990 年	2008 年	（百分比）	1990 年	2005 年	变化	1990 年	2005 年	变化
太平洋地区	**2 062**	**2 192**	**0.3**						
斐济群岛	3 406	4 051	1.0	...	...	...	...	...	...
基里巴斯	1 686	2 296	1.7	...	...	...	...	...	...
密克罗尼西亚	2 867	2 616	−0.5	...	...	...	...	...	...
巴布亚新几内亚	1 712	2 041	1.0	43.0	29.7	−13.3	64.3	51.0	−13.3
萨摩亚	2 719	4 145	2.4	...	...	...	...	...	...
所罗门群岛	2 252	2 413	0.4	...	...	...	...	...	...
东帝汶	...	740	...	71.3	43.6	−27.7	64.3	51.0	−13.3
汤加	2 666	3 535	1.6	...	...	...	...	...	...
瓦努阿图	3 399	3 677	0.4	...	...	...	...	...	...
南亚	**1 151**	**2 555**	**4.5**	**51.0**	**42.5**	**−8.5**	**82.4**	**75.6**	**−6.8**
孟加拉国	680	1 233	3.4	49.9	50.5	0.6	84.0	80.3	−3.7
不丹	1 669	4 395	5.5	51.0	26.8	−24.2	72.9	50.1	−22.8
印度	1 208	2 747	4.7	51.3	41.6	−9.6	82.6	75.6	−7.0
马尔代夫	...	5 087	...	...	...	...	...	...	...
尼泊尔	710	1 028	2.1	77.0	54.7	−22.3	91.8	77.3	−14.5
斯里兰卡	2 018	4 215	4.2	15.0	10.3	−4.7	49.5	34.4	−15.1
东南亚	**2 575**	**4 661**	**3.4**	**39.1**	**18.8**	**−20.3**	**66.0**	**44.6**	**−21.4**
文莱达鲁萨兰国	49 438	...	...	–	–	–	–	–	–
柬埔寨	...	1 760	...	77.3	40.2	−37.1	91.8	68.2	−23.6
印度尼西亚	2 077	3 674	3.2	54.3	21.4	−32.8	84.6	53.8	−30.8
老挝	947	1 986	4.2	65.9	35.7	−30.2	89.2	70.4	−18.8
马来西亚	6 646	13 139	3.9	1.9	0.5	−1.4	11.1	7.8	−3.3
菲律宾	2 385	3 244	1.7	29.7	22.6	−7.1	54.9	45	−9.9
新加坡	23 855	45 553	3.7	–	–	–	–	–	–
泰国	3 769	7 120	3.6	9.4	0.4	−9.0	30.5	11.5	−19.0
越南	902	2 574	6.0	34.2	22.8	−11.4	65.3	50.5	−14.8
合计	**1 631**	**4 430**	**5.7**	**52.3**	**27.1**	**−25.2**	**79.4**	**54**	**−25.3**
贫困人口（百万）				**1 416.0**	**903.4**	**−512.6**	**2 149.1**	**1 802.6**	**−346.6**

... = 无法获取数据，– = 无法获取数据且贫困可以忽略，GDP = 国内生产总值。

资料来源：世界银行，《世界发展指标》在线以及 PovcalNet 数据库。

另外，很大比例的人口刚刚生活在贫困线之上，并且在经济动荡时很容易重返贫困。最近一项关于全球经济危机对发展中亚洲的减贫行动的影响的研究表明，在经济不下滑的基准情景下，在 2010 年，5.86 亿亚洲人生活在每天 1.25 美元的标准以下，而 14.3 亿人生活在每天 2 美元的标准以下（亚洲开发银行，2009 年）。假设由于全球经济危机造成经济轻微放缓——2008 年、2009 年和 2010 年人均 GDP 增长比 2007 年低 1 个百分点——则在 2010 年，生活在每天 1.25 美元的贫困线以下的人口将增加 3 350 万，同时，生活在每天 2 美元的贫困线以下的人口将增加 4 190 万。更缓慢的经济增长将导致更多的贫困人口（表 1.2）。

表 1.2　　全球经济危机对发展中亚洲的贫困发生率和贫困人口数量影响预测[a]，2009—2010 年

情景	人数比率（百分比）		贫困人口数量（百万）		额外贫困人口[b]（百万）	
	2009 年	2010 年	2009 年	2010 年	2009 年	2010 年
1.25 美元，基准增长	19.1	16.7	665.9	585.9	—	—
低于基准 1 个百分点	19.7	17.6	686.5	619.0	20.7	33.5
低于基准 2 个百分点	20.3	18.5	706.6	651.5	40.8	65.9
低于基准 3 个百分点	20.9	19.4	726.5	683.3	60.7	97.7
2.00 美元，基准增长	43.9	40.7	1 526.8	1 431	—	—
低于基准 1 个百分点	44.6	41.9	1 552.6	1 472.5	25.8	41.9
低于基准 2 个百分点	45.4	43.0	1 577.7	1 513.2	50.9	82.6
低于基准 3 个百分点	46.1	44.2	1 602.6	1 553.1	75.8	122.5

– = 不适用。

a. 基于 24 个亚洲发展中经济体，可以获得它们在增长和贫困方面的充足数据。

b. 相对于基准情景。

资料来源：亚洲开发银行（2009 年）。

发展中亚洲面临的一个新问题是收入差距的扩大，这引发了对显著经济增长的益处并未得到公平分享这一问题的关注。第 2 章显示，1990—2005 年很多亚洲发展中经济体（有数据的 20 个经济体中的 14 个）的基尼系数（衡量收入差距的常用指标）增加，其中孟加拉国、柬埔寨、中国、尼泊尔和斯里兰卡的基尼系数增加幅度很大（见图 1.1）。另外困扰人们的是，以收入位于前 20% 的人群相对于后 20% 人群的平均消费差异度量的绝对收入差距的扩大；但这一情况不一定会令经济学家们感到不安，因为他们更关注衡量相对收入差距。20 世纪 90 年代和 21 世纪的前十年之间，收入位于前 20% 的人群相对于收入位于后 20% 的人群的支出增长之比在中国是 2.1，印度是 2.4，尼泊尔是 3.8，而斯里兰卡是 6.5。富人和穷人之间绝对差距的扩大，以及这一差距所带来的富人消费模式和生活方式的明显变化可能会产生更为严重的社会和政治紧张局面，从而破坏社会凝聚力。

图 1.1　发展中亚洲的收入/支出差距的最近趋势：20 世纪 90 年代早期和 21 世纪初之间的基尼系数变化（百分比）

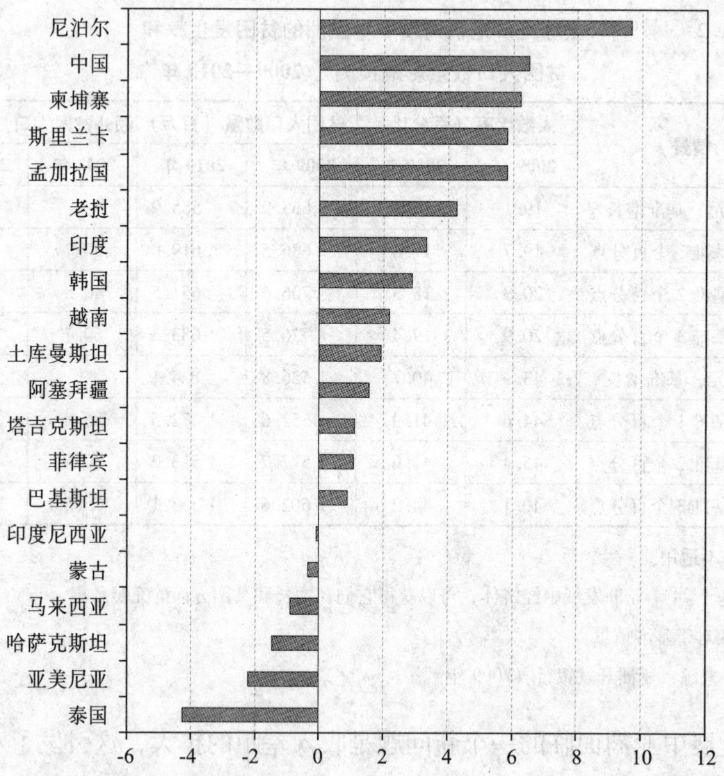

资料来源：见本书第 2 章，图 2.3。

人们所关注的另一个重要方面是，在获取教育和医疗等基本社会服务方面所存在的差距（收入不平等恶化了这种差距）保持高位并呈扩大趋势（见第 3 章和第 6 章）。在许多国家，来自最贫困的 20% 家庭的小学学龄儿童辍学的概率是来自最富裕的20%家庭的儿童的3倍；最贫困的20%家庭的儿童死亡率是最富裕的20%家庭儿童的2—3倍。

例如，在菲律宾，现在小学入学和麻疹免疫的情况——后者对儿童死亡率有显著影响——比1990年时更差（阿里，2007年）。即使在发展迅速的中国，城市和农村人口之间在健康状况上的差别拉低了过去20年中人口健康状况的提高（坦登和庄，2007年）。对亚洲和太平洋地区的许多国家，人们普遍认为，即使他们正在逐步实现将生活在每天1.25美元以下人口比例降低一半这一千年发展目标（MDG），但他们不大可能实现几项非收入类型的MDG目标（表1.3）。联合国亚洲及太平洋经济社会委员会（ESCAP）、亚洲开发银行和联合国开发计划署（2010年）也报告说，虽然该地区在许多指标方面取得良好进展，但城乡之间以及亚地区之间还存在显著差异，而2008年全球金融危机暴露了该地区面对挫折时的脆弱性。

表1.3　发展中亚洲在2015年前实现部分MDG目标方面的进展

目标	1		2			3			4		5		6			7	
	1美元/天的贫困率	体重不足的儿童	小学入学率	达到五年级	完成小学学业的比率	小学性别	中学性别	大学性别	五岁以下儿童死亡率	婴儿死亡率	产前保健，至少一次	由熟练专业人员接生的出生率	HIV病毒患病率	肺结核患病率	肺结核死亡率	总体饮水情况	总体卫生情况
中亚和西亚																	
阿富汗		■				■	▼		■	■	▼	■		▲	●	■	▼
亚美尼亚	▲	▼	■	●	●	●	●	●	▲	▲	▲	■	▲	●	●	●	■
阿塞拜疆	●	■	●	●	●	●	●	▲	▲	▲	■	▲	▼	●	●	■	▼
格鲁吉亚	▼	▲	▲	●	▼	●	●	●	■	■	▼	▲	▲	●	●	●	▼
哈萨克斯坦	■	●	●	●	●	●	●	●	■	■	●	■		▼	▼	■	▼
吉尔吉斯共和国	▼	●	▼	●	▲	●	●	●	■	■	●	▼	▲	●	●	●	■
巴基斯坦	●	▼	■			▲	▲	▲	■	■	■	■	▲	▲	●	■	▲
塔吉克斯坦	●		●	●	▲	●	▼	■	■	■	■	■	▼	▼	▼	■	●
土库曼斯坦	●	■							■	■	●	●		▼	●		
乌兹别克斯坦	▼	●	▲	●	●	●	●	▼	■	■	●	●	▲	▼	▼	▼	▲

续表

目标	1		2			3			4		5		6			7	
	1美元/天的贫困率	体重不足的儿童	小学入学率	达到五年级	完成小学学业的比率	小学性别	中学性别	大学性别	五岁以下儿童死亡率	婴儿死亡率	产前保健，至少一次	由熟练专业人员接生的出生率	HIV病毒患病率	肺结核患病率	肺结核死亡率	总体饮水情况	总体卫生情况
东亚																	
中国	●	●			●	●	●	●	■	■	■	▲	▲	●	●	●	■
中国香港			▼		●	●	●	●						●	●		
韩国			●	●	●	●	▼	■	■	■			▲	▼	▼	■	
蒙古	■	▲	●	▼	●	●	●	●	▲	■	●	●	▲	▲	●	■	■
太平洋地区																	
库克群岛			▼		▼	●	●		■	■		■		▼	▼	■	●
斐济群岛			▼	▼	▼	●	●		■	■			▲	●	●	▼	■
基里巴斯			●		●	●	●		■	■		▲		●	●	▲	■
马绍尔群岛			▼		▼	●	●		■	■				●	●	▼	▲
密克罗尼西亚联邦						●			■	■				●	●	●	▼
瑙鲁					▼	●	●		▼	▼				●	●		
帕劳					●	●	●		■	■		●		●	●	▼	■
巴布亚新几内亚						▼			■	■		▼	▼	▲	●	■	■
萨摩亚			●		●	●	●		■	■		●		●	●	▼	●
所罗门群岛						●	▲		■	■		▼		●	●	■	■
东帝汶		▼				▲			■	■	▼	▼		▲	●	■	■
汤加			●	▼	●	●	●	●	■	■		▲		●	●	●	▼
图瓦卢					●	●			■	■		●		●	●	■	●
瓦努阿图			▼		▲	●	▲		■	■		■		●	●	▼	■
南亚																	
孟加拉国	■	▲			▼		●	■	▲	▲	■	■	▲	●	●	■	■
不丹			■	■	■	●	▲	▼	■	■	▲	▲	▲	●	●	▼	▼
印度	■	■	▲	■	■	●	▲	■	■	■	■	■	●	▲	●	●	■
马尔代夫		▲	●		●	●	●		●	●		▼	▲	●	●	▼	■
尼泊尔	■	■	■	■	■	●	▲	■	▲	▲	■	■	▲	●	●	●	■
斯里兰卡	■	▲	●		●	●	●		■	■	●	▲	▲	▲	●	▲	●

续表

目标	1		2			3			4		5		6			7	
	1美元/天的贫困率	体重不足的儿童	小学入学率	达到五年级	完成小学学业的比率	小学性别	中学性别	大学性别	五岁以下儿童死亡率	婴儿死亡率	产前保健，至少一次	由熟练专业人员接生的出生率	HIV病毒患病率	肺结核患病率	肺结核死亡率	总体饮水情况	总体卫生情况
东南亚																	
文莱达鲁萨兰国			●	●	●	●	●	●	■	■		▲		▼	●		
柬埔寨	■	■	■	■	▲	▲	▲	■	■	■	■	■	●	●	●	●	▲
印度尼西亚		■	●	▲	●	●	●	●	▲	▲	▲	▲	▼	●	●	■	■
老挝	■	■	■	■	■	▲	■	▲	▲	▲	■	■	▼	●	●	▲	▲
马来西亚	●	●	●	▼	●	●	●	●	■	■		▲	▼	●	●	●	▼
缅甸		■		■					■	■	▼	■	●	▲	●	●	●
菲律宾	■	■	▼	▼	▼	●	●	●	▲	■	■	■	▲	●	●	●	▲
新加坡																	
泰国	●	●			●	●	●	●	●	●	●	▼	●	▲	●	●	●
越南	●	●	▲	▲		▲			●	●	▲	▲	▼	●	●	●	●

符号：●早期实现者　▲正在实现　■缓慢　▼退步/无进步

CFC = 氯氟烃；MDG = 千年发展目标；ODP = 消耗臭氧潜力；TBC = 肺结核。

资料来源：联合国亚洲及太平洋经济社会委员会，亚洲开发银行以及联合国开发计划署（2010 年）。

贫困率居高不下和差距扩大可能对本地区缩小与发达世界令人咋舌的巨大收入差距的努力造成严重后果。在 2007 年，以 2005 年 PPP 计量的发展中亚洲平均人均 GDP 低于日本的 12%。即使在中国，虽然在超过 20 年的时间里保持了 9% 以上的年增长率，但人均 GDP 仅为日本的 16%（图 1.2）。假设每个亚洲发展中经济体将继续以 2007 年的速度增长，若要达到新加坡的人均 GDP 水平，阿塞拜疆要九年，不丹要 15 年，亚美尼亚要 17 年，格鲁吉亚要 19 年，中国要 20 年，马来西亚要 32 年，印度要 40 年，泰国要 45 年，而巴基斯坦要 82 年。因此，即使在发展中亚洲，消除跨国收入差距仍将是重大的发展挑战。

图 1.2　所选亚洲发展中经济体 2007 年的人均 GDP 占日本的百分比，以 2005 年购买力平价美元计量

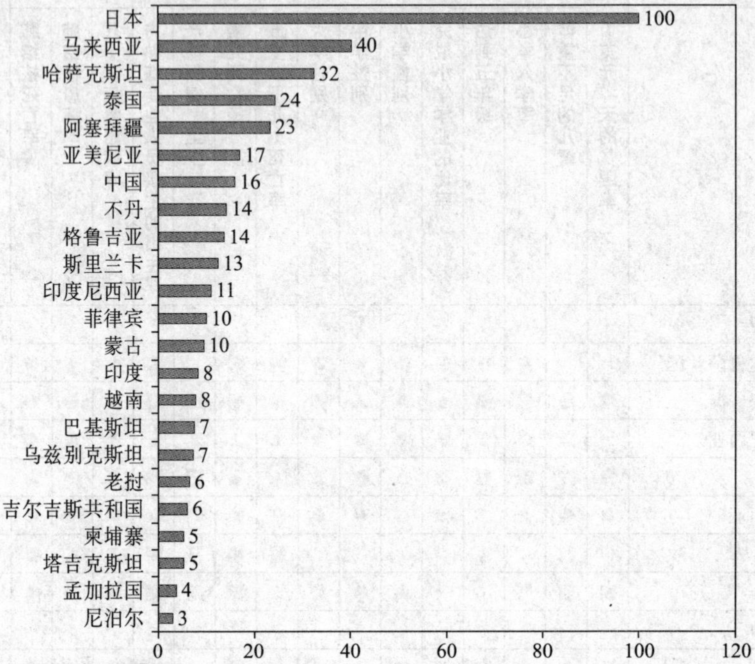

GDP = 国内生产总值。

资料来源：世界银行，《世界发展指标》在线。

处于高位的贫困率和收入差距可能会使缩小和消除收入差距的进程减缓，为改革增加难度，降低制度和政策的质量，破坏社会凝聚力，威胁社会和政治稳定，并使增长不可持续。为防止上述情况发生，需要扩展发展议程，从而不仅包括消除极端贫困，还包括提高更广大群体的生活标准。这一群体的成员认为，由于在获取经济机会方面存在日益严重的不平等，他们在主观感觉或客观上处于劣势地位，这使他们丧失了权利。包容性增长战略将使发展中亚洲不仅能消除极端贫困，还可以处理这些合理的疑虑。

1.3　包容性增长：相关概念

阿里和庄（2007 年）提出，目前没有被广泛接受的包容性增长的概念。但关于其内容的共识正逐步从各国及其发展伙伴的政策声明中、从国际和区域论坛上关于发展政策的讨论中以及从学术和政策研究者的研究和报告中浮现。在这些基础上，他们定义包容性增长为“机会平等的增长”。由于机会平等可以通过逐步减少机会不平等来实现，包容性增长也可以意味着“机会不平等减少的增长”。不管哪种情况，包容性增长同时关注创造经济机会和使所有人都可获得机会。当增长使所有社会成员都可以在平等的基础上参加、贡献于以及受益于增长而不论个人环境如何，则增长即为包容性的。

所有人机会平等的重要性在于其内在价值和工具作用。内在价值方面，是依据这一信念，即平等的机会是基本人权，在获取机会方面差别对待个人是不道德的。工具作用来源于意识到获取机会方面的平等会增加增长潜力，而不平等则破坏增长并使增长不可持续，原因是不平等会导致对人力资源的无效使用，降低制度和政策的质量，侵蚀社会凝聚力，并增加社会冲突。

基于机会平等的包容性增长区分了由于个人环境造成的差距和由于个人努力造成的差距。根据罗默（2006 年）的研究，诸如文化、宗教信仰、家庭背景和父母教育、性别以及（有时）个人因素无法控制的地理位置等个人环境因素，是不应要求个人来负责的。环境差别造成的差距常常反映市场、政策和制度与治理失灵以及社会排斥。而这些问题应该通过公共政策干预解决。相反，个人努力受个人控制，所以个人应对此负责。这种差距反映并增强了促进创新、企业家精神和增长所需的基于市场的激励机制（乔杜里和拉瓦雷，2007 年）。

区别与努力相关的差距和与环境相关的差距引发了结果不平等和机会不平等之间的重要区别（世界银行，2006 年）。机会不平等在很大程度上来自个人环境差别，而结果不平等（例如收入）常常反映努力和环境方面差别的一些结合。如果政策干预成功确保完全的机会平等，则结果不平等只反映努力方面的差异，并可以视为“好的不平等”，这是任何增长过程所固有的（乔杜里和拉瓦雷，2007 年）。另一方面，如果所有个人努力程度相同而政策干预不能完全消除与环境相关的差距，则相应的结果差异是“坏的不平等”。尽管这两种极端情况在分析中有用，但有人称许多亚洲的发展中国家最近差距的扩大可能同时包括

"好"和"坏"的不平等（乔杜里和拉瓦雷，2007 年）。[①] 使机会平等（强调消除与环境相关的坏的不平等以减少结果不平等）应该是包容的核心并成为发展中亚洲包容性增长战略的主要关注点。

乔杜里和拉瓦雷（2007 年）提出，如果管理不当，"好的不平等"可能变坏；而"坏的不平等"可能驱逐好的不平等。如果市场或社会赋予其大量市场或政治权力的人使用这些权力从事寻租并改变"游戏规则"，则前者可能发生。例如，公共投资和支出可能被扭曲以使精英受益，或者甚至整个财富和公民权利体系可能被扭曲以对其有利（布吉尼翁、费雷拉和沃尔顿，2007 年；拉詹和津加莱斯，2007 年）。坏的不平等可能驱逐好的不平等，如果其持续存在（例如，当某些群体由于居住在被忽略的地区从而处于落后地位），会降低对好的不平等的容忍度。结果可能是社会动荡。

在现实世界中，有时明确区分努力和环境可能不那么直接。对社会中哪些构成了环境以及哪些构成努力可能有不同观点。努力也可能部分地由环境决定（罗默，1996 年和 2006 年）。但即使有这些复杂性，在许多发展中国家相对容易观察到严重限制大量人口机会的极端环境。这些环境（尤其是在穷人中）与以下方面有关：缺乏获得高质量基础教育、医疗保健和社会保障的途径，缺乏获得高生产率的就业机会和信用以及土地等资产的途径；还有管理和分配公共资源中的腐败。这些环境不仅在根本上是不公平的，它们还可能严重制约减少贫困、社会凝聚、和经济增长。消除这些因素将大大有利于包容性增长。

阿里和庄（2007 年）提出，由于包容性增长关注创造经济机会并确保平等权利，有效的包容性增长战略应该有三个政策支柱：（1）高速、高效和可持续的增长，以创造高生产率的工作和经济机会；（2）确保平等获取机会的社会包容；（3）预防极端贫困的社会保障网

① 伊斯特利（2007 年）区分了"结构不平等"和"市场不平等"。结构不平等反映诸如征服、殖民、奴隶制以及国家或殖民统治者的土地分配这样的历史事件，这些非市场机制创造精英阶层；市场不平等来自不同个人、城市、区域和行业在自由市场中的成绩各不相同。他提出，结构不平等对后续发展毫无疑问是有害的，但市场不平等的效果则不确定。显然，根据这些定义，结构不平等可以完全归属于环境差别；而市场不平等可能来自努力或环境差别。自由市场中所获得成绩的不同可能由于个人努力程度不同，但也可能来自获取经济机会的程度的差距。

(图 1.3)。虽然第二支柱是使机会平等的基础，但需要第三支柱来满足由于其自身无法控制的原因而不能参与增长带来的机会并从中获益的人们的特殊需要，并缓解暂时性的生活冲击、风险和脆弱性。阿里和庄进一步提出提高社会包容性要求两方面的公共干预：（1）投资于教育、医疗和其他社会服务以扩展人力能力，尤其是对处于不利地位的人口；（2）消除各种市场和制度失灵以及社会排斥以创造公平竞争环境。最后，所有三个政策支柱均需要得到良好的治理以及制度的支持。

图 1.3　包容性增长的三大政策支柱

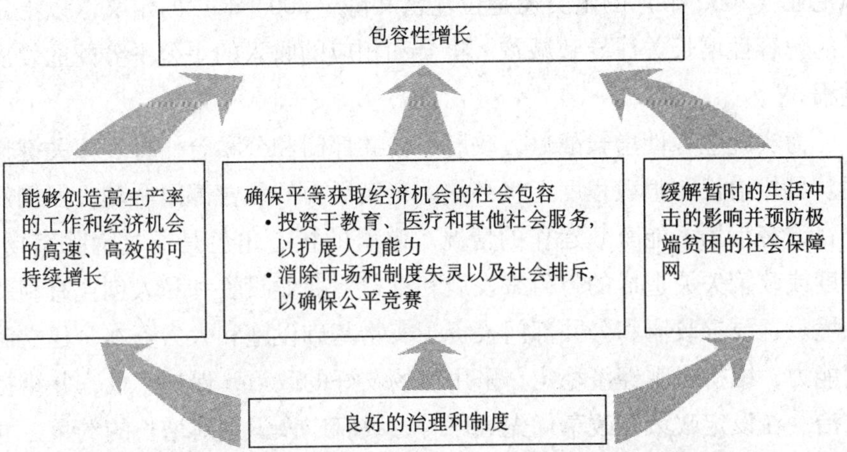

上面定义的包容性增长的概念提供了将发展战略操作化的有用框架，该战略的目标是使增长保持高速和可持续，同时确保全体社会成员从增长中受益。此外，锁定包容性增长的发展战略——或者说是包容性增长战略——将提升发展中亚洲的减贫议程。这是由于：首先，当初始不平等程度更低和/或不平等在一段时间内有所改善，则增长对减贫的影响程度更高；其次，包容性增长通过关注创造高生产率的工作并使所有人可以平等获得这些工作来增强减贫的效果，同时通过社会保障网解决极端贫困问题。

以上定义的包容性增长不同于“有利于穷人的增长”[①]，虽然两者密切相关并且关注度也很相似。其关键差别在于，有利于穷人的增长的

① 这也是不久前发展政策讨论的中心。

目标是生活在特定贫困线以下的人——无论是“导致减贫程度超过所有收入以同样速率增长时的减贫程度的增长”（卡瓦尼和佩尼亚，2000年），还是仅仅“减少贫困的增长”（拉瓦雷和陈，2003年）。包容性增长与更广泛的人群相关，包括穷人、刚刚生活在贫困线以上的人以及处于不利地位的非穷人。因此，包容性增长不仅对将减少极端贫困作为其首要目标的国家有关，而且也与那些极端贫困程度有所下降而更大的挑战是确保增长的益处得到更公平分享的国家有关。另一个差别是，有利于穷人的增长仅仅按减贫定义（这是一维结果），无论是按卡瓦尼和佩尼亚（2000年）的定义还是拉瓦雷和陈（2003年）的定义。以上定义的包容性增长关注导致减贫、机会和相应的收入的更公平分配的发展过程。[①]

为实施包容性增长战略，政府、公共部门和公私合作将发挥关键作用。虽然增长在很大程度上将必须由充满活力的私营部门驱动，但仍然存在许多市场不能有效运作的情况。政府的核心角色是通过消除市场、制度或政策失灵造成的障碍来发展和维持对商业投资和私人创业有利的环境。这要求政府和公共部门投资于实物基础设施和人力资本，建立制度能力，维持宏观经济稳定，采用市场友好的政策，保护产权，并维持法治。在设定政策和改革优先顺序时，政府应该识别对增长的约束，并将其努力和资源用在放松这些约束方面。与私营部门合作创造高生产率的就业机会也应该是政策组合的一部分（见第5章）。政府应该不仅关注步伐，还应该关注增长模式，并使其“建立在广泛基础上”（伊安朝维垂纳和朗德斯托姆，2009年）。

政府在通过投资于教育、医疗和其他基本公共服务（由于它们的公共物品属性和极强的外部性）以及通过公平竞争来确保平等获得机会方面具有同样重要的作用。政府需要确保公共服务有足够资金、良好的实物基础设施、强大的制度能力、牢固的政策框架以及良好的治理。在许多国家，政府常常直接参与提供公共服务。虽然存在有效公共服务供给的例子，但也有大量公共服务失灵的证据（见第6章）。这常常由

① 这也意味着测量包容性增长的进展将比测量有利于穷人增长的结果导向型的进展更具挑战性。

很多因素造成，包括预算约束、腐败和治理问题，能力不足以及许多其他形式的制度弱点。同样令人担忧的是，公共服务供给失灵的国家常常是不大可能拥有有效监管替代措施（如医疗和教育服务的私营部门供给）的国家。因此，需要通过供给方政策来补充对社会服务的平等获取以确保公共服务的效率和质量，同时需要需求方政策来避免道德风险行为和浪费。

为确保公平竞赛，政府需要处理所有的市场、制度/治理以及政策失灵，并确保人民不会由于个人环境或因为他们不属于控制政治和经济决策的特定权力集团而无法参与增长和无法从增长中受益（拉詹和津加莱斯，2007 年）。

促进社会包容也需要政府提供社会保障网来缓解暂时性生活冲击的影响以及满足长期贫困人口的最低需要。生活冲击通常是由健康状况不良、宏观危机、产业结构调整以及自然灾害造成。通过公共行动发展并改善社会保障网对发展中亚洲尤为重要，因为对这些风险进行保险的市场才刚刚起步，而且即使这些市场存在，也仅仅覆盖了小部分人口。社会保障网通常具有以下形式：（1）用于减少由于技能不合适或运行不畅的劳动力市场造成的失业、非充分就业或低工资的风险的劳动力市场政策和计划；（2）设计用于缓冲与失业、健康状况不良、残疾、工伤以及老龄等相关的风险的社会保险计划，例如养老金、医疗和残疾保险以及失业保险；（3）社会救助和福利计划（例如福利和社会服务），对没有其他充足支持方式的最脆弱群体（例如单亲家庭、自然灾害或国内冲突的受害者、残疾人或赤贫人群）的现金或实物援助；（4）儿童保护，以确保儿童的健康茁壮成长，例如早期儿童发展计划、学校配餐计划、奖学金、对母亲和儿童的免费或有补贴的医疗服务以及家庭补贴或信贷（阿里和庄，2007 年）。

1.4　本书背景及关键发现

本书包括亚洲开发银行职员及其在经济学与研究部关于包容性增长的研究计划中的合作者们撰写的 13 篇论文。一些论文为审议亚洲开发银行新采用的长期战略框架——“2020 战略”——提供了分析性资料，该战略将包容性经济增长、环境可持续增长以及区域一体化设为实现无贫困亚太地区的三大战略议程（亚洲开发银行，2008年）。这13篇论文分为三部分：第一部分，衡量收入差距和贫困；第二部分，关于包容性增长的一些政策话题；第三部分，国别研究。

1.4.1 衡量收入差距和贫困

第一部分包括三章，关注于衡量发展中亚洲的收入和非收入差距与贫困，以及性别差距。

凯恩、哈桑和麦格桑博撰写的第2章考察了发展中亚洲最近的收入分布趋势。他们发现许多亚洲发展中经济体的支出/收入分布在过去20年中变得越来越不平等。几乎在所有地方，绝对差距（以最富有的20%人口和最贫穷的20%人口之间的人均支出/收入差距来衡量）和相对差距都扩大了。但是，扩大的差距反映了这一事实，即"富人富裕程度提高的速度快于穷人"，而非许多人认为的"富人更富、穷人更穷"。因此，虽然差距扩大，但在大多数国家支出和收入在沿着分布的所有点上都增加了，并且绝对贫困也有所下降。但是，扩大的差距降低了发展中亚洲收入迅速增长本应实现的减贫程度。换句话说，如果该地区能形成分布中性的经济增长，减贫程度将会更高。

然后作者分析差距扩大的原因，使用的方法是根据最近关于其相关（或直接）驱动因素以及关于政策和结构驱动力的更广泛的文献。对差距扩大的相关驱动因素，他们强调不同部门（尤其是农业和非农业部门）和区域间（省或州之间、城乡之间）不均衡增长的重要性。他们发现在大多数亚洲发展中国家，虽然这些国家农业部门的就业一直占总就业的40%或更大比例（常常是在很低的生产率水平上），但农业部门增长比工业和服务业增长受到的限制大得多。农业部门比非农业部门更慢的收入增长也导致城乡收入差距扩大，例如在柬埔寨、中国、尼泊尔和越南就存在这种情况。

对于政策和结构驱动因素，他们强调诸如忽视农业、经济转型以及市场导向的改革和整合对劳动力相对回报的影响。他们提出市场导向改革、全球化以及引入新技术之间的相互作用是家庭之间不均衡收入增长的重要来源。受教育程度更高或在社会中地位更好的人更可能从市场改革和国际一体化带来的机遇中获益。此外，迅速变化的经济环境可以创造大量经济租金，而这些租金如何分配部分地取决于国家的制度框架。在制度强大并积极的国家，可对这些租金征税并服务于公共利益并且不产生扭曲。但是，在制度弱小的国家，经济租金可能导致寻租行为以及差距扩大，而这不利于经济增长本身。

凯恩、哈桑和麦格桑博称对应该如何解决发展中亚洲收入差距扩大这一问题没有简单答案。一方面，更高水平的差距可能表示减贫步伐更慢；而差距扩大也可能对社会凝聚力和制度质量造成负面影响，而这可能会进而对增长前景造成负面影响。另一方面，必须承认经济发展可能会导致差距的扩大。他们最后提出，对政策的指导必须来自于对差距的仔细分析。这些扩大的差距中很大一部分与机会获得（积累人力资本、取得金融服务等）方面的政策偏见和/或差异有关，因而它们是需要引起重视的重要问题。为缩小差距，发展中亚洲的政策制定者必须重点实施改善穷人基本医疗卫生和教育服务供给、增强社会保障以及显著提高穷人就业机会和收入的公共政策，这是其必须承诺的最低议程。他们提出，虽然一些再分配在推动更高的机会平等方面是不可避免的，但挑战在于设计目标明确、有效，并且通过不损害经济增长的机制来融资的再分配政策。

坦登和斯帕克斯撰写的第 3 章通过观察贫困和差距的非收入维度来评估发展中亚洲增长的包容性，具体关注的是千年发展目标（MDG）和人类发展指数的关键成分，包括预期寿命、婴儿死亡率、五岁以下儿童死亡率、入学率以及识字率。跨国比较显示，虽然平均而言，减少非收入贫困方面已取得显著成绩，但不同区域之间医疗和教育成果存在很大差距，许多国家在实现诸如五岁以下儿童死亡率和普及初等教育等目标方面没有按原定轨道前进。对历史趋势的考察表明，在过去 100 年里发展中亚洲的人类发展指标在追赶发达国家方面已取得显著进步，但国家相对排名方面变化有限。他们称发现这些持续的欠发展情况的根本原因对制定政策十分关键。同时，他们还注意到少数国家能克服不利的初始条件并在如教育等领域提高排名，他们还提出，了解这些国家如何实现这样的佳绩同等重要。

坦登和斯帕克斯发现医疗和教育方面重大的差别或差距也存在于许

多发展中亚洲国家的不同家庭群体之间，并且有迹象表明近年来这些差距在扩大。他们展示说在许多国家，处于财富排序后20%人口中五岁以下儿童死亡率是财富排序在前20%人口的3倍多，而最贫困的20%家庭的小孩比最富裕的20%家庭的小孩辍学的可能性高3—5倍。他们提出，虽然收入差距是非收入差距的重要决定因素，但其他因素也可能影响非收入差距，例如在人类发展方面是否存在公共政策和有针对性的政府干预，以及其他结构因素；因此收入差距程度高的国家在医疗或教育方面的差距程度可能相对较低，反之亦然。

为进一步检查收入和非收入福利成果之间的关系并指出不能想当然地判断从前者到后者的关系，他们表明，虽然平均起来医疗和教育支出与收入水平高度相关，但在发展中亚洲这一关系存在显著差别。在一些例子中，收入迅速增长没有使医疗和教育支出情况相应改善，而在其他例子中，非收入贫困在收入没有强劲增长时也得到了显著下降。他们的结论是，使增长更具包容性不应仅仅解决收入贫困和差距问题，还需要解决非收入贫困和差距问题；单是经济增长本身还不足以实现这一目标，而公共部门对人类发展进行的有针对性干预应该发挥关键作用。他们称，由于人力资本是经济增长的关键决定因素，因而减少医疗和教育方面的贫困和差距不仅应被视作发展目标和人类福利的关键部分，而且也是防止它们成为制约增长因素的关键。

新见撰写的第4章开篇是对近年来发展中亚洲性别平等方面所取得进步的回顾，具体是通过考察根据“千年发展目标3及措施”提出的大量指标，并集中关注教育和医疗产出（能力）方面、劳动力市场中以及政治参与方面（获取资源和机会）的性别不平等。她发现该地区大多数国家在性别差距方面已取得进步。但是，进步率在性别差距的不同维度和各国之间存在差别。虽然教育，尤其是初等教育方面的改进明显，但医疗状况方面的进展则逊色不少，而劳动力市场方面则更令人失望。在许多国家，妇女提高的能力似乎并未转化为男女在经济和政治活动中的平等参与。此外，她还发现在几乎所有考察过的方面，性别不平等在南亚十分明显，除了马尔代夫和斯里兰卡。许多南亚国家整体上表现甚至比撒哈拉以南非洲地区还差，而后者在许多维度的性别平等方面进步最小。

通过对最近的实证文献进行调查，新见提出，性别不平等的普遍性和持久性常常是由相互关联的文化、社会和经济因素引发并强化的。例如，能力方面的性别差异可以部分归因于在家庭内部资源分配（包括教育和医疗方面的支出）方面有利于男孩的性别偏好。这些性别偏好可能不仅反映在传统和文化范式方面父母对儿子而非女儿的偏好，而且可以用由女孩比男孩在人力资本投资方面相对更低的回报来解释。进一步讲，人力资本投资回报的差异又可以部分归因于劳动力市场中对妇女的歧视，以及部分归因于家务和劳动力市场中男性和女性之间传统的劳动分工。在劳动力市场成果的性别差异方面，文献强调了许多原因，包括女性相对于男性的人力资本成就；劳动力市场参与和女性的生育角色以及与男女传统劳动分工之间的矛盾；职业分隔；对女性的歧视。实证证据似乎也表明，当一国经济机会更加有限或家庭处于更大的经济困难中时，性别不平等的情况则更为显著。

新见得出结论说，通过教育公众和引入并实施反性别歧视法律来消除文化、社会和制度方面的障碍，促进经济发展以产生经济机会，以及提高妇女的能力和改善获取机会的途径是促进性别平等和包容性增长方面更大进展的政策组合的关键要素。

1.4.2　包容性增长的一些政策话题

第二部分包含四章，讨论了一些与包容性增长发展战略高度相关的政策话题（如本章第 1.3 节所归纳的），包括就业、获取公共服务、社会保障以及治理和制度。

菲利普在其撰写的第 5 章中提出，为实现包容性增长，政府必须为寻求劳动力充分就业——其定义为“零非自愿失业”——承诺付出努力和投入资源。他提供了大量理由说明为何充分就业是包容性增长的关键。个人作为高生产率的成员参与社会并为其进步作出贡献最重要的途径是通过高生产率和体面的工作。使经济维持在尽可能接近充分就业的状态也将使总体购买力保持高位，从而造就更活跃的市场、商业和投资。此外，通过消除与失业和非充分就业相关的痛苦、贫困和社会不公正，充分就业使经济能够提供良好的个人和社会利益，降低对弱势群体社会保障网开支的需要，并可以帮助维持社会和政治稳定。他提出，就业是基本人权；持续的失业和不充分就业是一种社会排斥；同时，作为经济政策目标之一的就业权出现在许多国际声明和公约之中。

菲利普注意到在近年来发展中亚洲的许多地方，就业对产出的弹性还不是特别高（或者甚至下降），得出结论说该区域突出的增长并未在就业水平上产生令人印象深刻的增长，这不是包容性增长。他提出，在一个发展中国家，自由市场体系不能保证充分就业，而维持充分就业方面的市场失灵表明，政府的参与十分必要并应对此作出承诺。他指出，在过去几十年里，创建一个充分就业的经济体的目标并未得到许多国家政府和国际组织的积极推动（除了国际劳工组织）。这是因为人们一直认为低失业率和低通胀是彼此抵触的，从而导致采用追求低通胀的经济政策，但此类政策通常以增长放缓、失业增加和收入差距扩大为代价。

菲利普认为，如果发展中国家及其发展伙伴认真对待增长的包容性问题，则他们必须把充分就业放在政策议程的首位。他提出，发展中国家劳动力的失业和不充分就业在很大程度上是资本设备和生产能力短缺的结果，因此要实现充分就业的主要政策选项是加快投资。

但是，在现实中没有这么简单。由于缺乏“动物精神”或由于糟糕的投资环境以及经营的高成本，作为投资和增长驱动力的私营部门可能决定不投资；或者私营部门可能投资于有盈利机会但不一定有助于实现充分就业的领域。另外，公共部门在实施充分就业所需的公共投资时可能面临障碍。

菲利普称，解决这些问题要求私营和公共部门之间改进协调并增进对彼此在创造就业和消除不充分就业中的作用的理解。他说，产业政策（可以理解为，国家和私营部门联合对新经济活动中的障碍来源进行诊断的过程）在促进投资以实现充分就业方面具有重要作用。

最后，菲利普强调，发展中经济体的成功转型要求将私营部门积极性嵌入到公共行动的框架中，这一框架鼓励重组、多样化和技术进步。

第6章（万和弗朗西斯科）主要关注包容性增长战略的第二政策支柱，并探索与在发展中亚洲获取基本服务相关的话题，同时关注初等教育、医疗保健、供水和公共卫生以及电力。他们发现，虽然许多国家和开发机构为增加基本的社会和基础设施服务的供给、提高其质量并使其更容易获取方面进行了大量努力，但结果还不能一概而论。尤其是穷人并未从这些努力中充分受益，证据是不同收入群体之间在儿童入学、有良好设施条件的生育服务、获得安全和改善的卫生条件以及使用电力方面存在显著差距。

万和弗朗西斯科接着考察了穷人在获取这些基本服务中面临的可能约束。在需求端，他们提出缺乏金融资源是最关键的障碍。即使当服务免费或成本很低时仍然可能如此，因为贫困家庭可能面临许多其他成本，例如水和电力服务的接入费、到医疗机构的交通成本，以及当小孩上学时不能继续从事以前工作造成的机会成本。

在供应端，无法获取实物或不足经常是主要约束。即使当获取实物不是问题时，糟糕的服务质量也可能约束穷人的人力发展产出的提高。医疗和教育的质量常常由许多因素决定，包括能力水平、努力、态度、获取次数以及教师和医疗专业人员的参与；学校教材和医院医疗用品等物资的供应是否充足；合适的医疗和学校师资和基础设施的可获得程度。

许多研究表明，发展中国家的旷工现象经常是农村社区在获取医疗卫生和教育方面的关键障碍。除了供需因素外，与制度不健全（例如缺乏信息或认知）、治理不完善以及腐败相关的因素也与向穷人提供基本服务的失灵有关。

最后，万和弗朗西斯科强调指出用以改善获取基本服务（尤其是针对贫困社区）的许多优先政策，包括：使穷人能获得并负担得起服务；消除实物障碍；提升对所需服务以及获取途径的了解和认知；为提高服务质量作出更多努力；增强治理并解决腐败。他们还强调制定政策干预措施时进行尽职调查的重要性，因为约束条件不同，对一些社区有效的措施未必对其他社区有效。

由朴东炫撰写的第 7 章重点介绍第三个政策支柱，即为预防极端贫困而提供社会保障网。他提出，社会保障是包容性增长的基本要素，因为它是一种确保边缘化和脆弱人群参与增长并从中受益的机制。它还通过鼓励个人冒险来刺激经济活动。由于人口迅速老龄化以及由此产生的大量老年人将陷入老年贫困这一风险，近年来在发展中亚洲增强社会保障的任务已变得越来越紧迫。需要建立更强大的社会保障的另外两个理由是：（1）与城市化、工业化和社会文化变化相关的、基于家庭的非正式支持机制的弱化；（2）加速重组和资源再分配、增加劳动力市场对灵活性的需求以及使经济不稳定更加恶化的全球化和竞争。同时，最需要获得社会保障的亚洲人（尤其是穷人和脆弱人群）开始发出声音并请求政府在管理他们面临的风险方面给予帮助。

朴东炫对亚洲开发银行一项针对31个亚洲国家的社会保障指数的研究的主要成果进行了回顾并得出结论说，一方面，亚洲发展中国家现在都已建立正式的社会保障体系并在巩固这些体系方面取得进步。一些更贫穷的亚洲国家也建立了运转相对良好的社会保障体系，这一事实表明政治意愿和良好的治理在有效的社会保障方面与资源同样重要。另一方面，他注意到还有许多事要做。在许多国家，社会保障计划的覆盖面在很大程度上限于正规部门、政府人员和城市地区，这意味着数以百万计的人没有任何保障。在养老金体系可以看到的另一常见问题是提供的保护程度经常是不够的。另一个区域范围的问题是，社会保障计划一般不能有效针对最需要帮助的人群。

关于政策优先选项，朴东炫提出持续经济增长是社会保障的最终形式，尤其是在贫穷的发展中国家。针对这一点，他提出虽然没有放之四海而皆准的解决方案，但亚洲的政策制定者可以考虑以下措施来帮助设定改革方向并增强本地区的社会保障。这些措施包括：（1）加强社会保障体系的制度和行政能力以执行其核心职能，具体方法包括更好的会计核算、更严格的财务控制、人力资源开发、计算机化以及加大对利益相关者的信息披露；（2）将针对全部人口的社会保障计划与针对特定高风险群体的计划区分开，从而有助于防止稀缺的社会保障资源被转移到不那么脆弱的群体中，同时使这些资源投向最需要的人群；（3）使社会保障改革与其他领域的互补改革（例如财政管理和劳动力市场）配套，因为社会保障体系不存在于真空中而是位于定义其目标和约束的更广阔经济和社会背景中。

第5章、第6章和第7章强调良好的治理和制度作为关键政策议题对包容性增长战略的重要性。第8章（庄、德·迪奥斯和拉格曼—马丁）提出发展中亚洲在治理和制度质量方面处于什么位置以及它们如何与区域增长绩效和收入差距模式相关。他们提出，虽然良好的治理和制度的内在价值本身作为发展的目的目前已被普遍接受并且构成了包容性概念的基础，但其作为实现更高增长和缩小差距的这种工具价值尚未被充分理解。

他们的文献回顾表明：治理和制度质量两者与增长和收入水平两者之间的长期正相关是强烈的和无可辩驳的，在概念上和经验上都是如此。对这两者之间双向因果关系也有广泛共识。但是，对这两种关系的相对重要性的共识仍然缺乏。他们还表明治理/制度质量——尤其是在政治责任、民主和控制腐败等维度上——与收入差距之间存在联系并具有令人信服的证据，但这种联系的实证性较弱。对这两者之间的双向因果关系也已形成广泛共识，同时有证据表明，从更低的收入差距到更好的治理/制度质量的关联比反向的关联更强。

然后，他们提出发展中亚洲在治理和制度质量的各种属性方面处于何种位置这一问题。他们通过使用被广泛应用的世界银行六个综合治理指标表明，与世界其他地区相比，2008 年发展中亚洲在政府效能和法治方面得分相对较高，但在政治稳定性、话语权和问责制度方面得分较低。关于监管质量和控制腐败的分数位于两者之间。此外，与发达国家和东欧相比，发展中亚洲整体上在所有治理维度上仍然有较大差距。但是，在 1998—2008 年之间，大量亚洲发展中经济体在各个维度上的治理分数都在提高，虽然也有许多经济体经历了分数下滑。但在法治和控制腐败方面，取得进步的经济体仍占多数。此外，在控制腐败方面超过国际参考线的经济体的比例显著提高，从 26% 提高到 47%。这些结果表明在相对短的时期内，治理方面的显著提高确实能够发生并且事实也已经证明了这一点。

庄等人也曾探寻是否治理方面较高的初始得分会产生后续更好的增长表现。他们发现，1998 年在政府效能、监管质量以及法治方面均超过国际参考线的亚洲发展中经济体的增长在 1998—2008 年比在这些维度上低于国际参考线的经济体的增速平均每年快 1.6、2.0 和 1.2 个百分点（不含油气富裕国家）。这些结果对良好的治理和制度与优异的增长表现之间的因果关系提供了支持，并打破了认为亚洲发展中经济体是这一因果关系的“例外”情况的观念。但是，这种因果关系在话语权和问责制度、政治稳定性以及控制腐败方面没有体现。文章讨论了对这一悖论的许多可能解释，包括与治理指标相关的测量问题、反向因果关系、治理—增长关系与具体背景有关这一性质以及非正式制度的作用。

通过应用相同分类框架，他们发现在治理方面超过国际参考线的经济体的收入差距程度与处于国际参考线之下的经济体的差别几乎在所有维度上都不是太大。对这种结果的可能解释包括：对潜在的因果关系的理解或说明是不完善的；与治理指标相关的测量问题；区域收入差距扩大的性质不同。

最后，庄等人提出，给定其内在价值和与发展水平呈正相关的情况下，应该在所有维度上寻求良好的治理并将其作为一项基本发展目标。为将其工具价值最大化，现有文献指出，需要意识到治理和制度质量这两者与增长和差距这两者之间关系与具体环境相关这一性质，并需要关注在特定时期对一国发展最有约束和最关键的方面。还需要注意，不要草率地建立预期，认为任何制度进步将在相对短的时期内产生更好的增长表现以及更平等的收入分布。从表面上看，本章的经验发现似乎表明，增强政府效能、提高监管质量和法治以及控制腐败完全可以用作本区域许多国家发展战略的潜在切入点。此外，还需要更加努力来改进对治理和制度质量的衡量并需要进行更多研究，从而更好地理解制度发展和经济发展之间的复杂关系。

1.4.3 国别研究

国别研究提供了对具体国家在贫困、差距和包容性增长方面的变化情况以及对促进包容性增长中的政策挑战的深入理解。第三部分包括六章，每章关注一组关于特定的亚洲发展中国家的贫困、劳动力市场或差距的论题。

第9章（孙）研究了菲律宾的增长和收入差距之间的关系，特别关注了劳动力市场的作用。根据1997年、2000年和2003年的国民家庭收入和支出调查以及劳动力调查结果，她发现菲律宾家庭主要从劳动力就业方面取得收入，其中穷人更多依赖在非正规部门的自我雇佣的个体劳动收入。她针对收入差距对不同收入组分的弹性进行了估计，结果表明自我雇佣的农业工资收入缩小了收入差距，而非农工资收入扩大了收入差距。她还发现两次调查所覆盖家庭的平均人均实际劳动收入在1997—2000年以每年2.73%的速率下降，在2000—2003年以每年1.1%的速率下降。将这一下降分解为劳动力参与、就业率、每个雇员工作小时数以及实际劳动生产率（以小时劳动收入衡量）中的变化，结果发现实际劳动生产率的下降是最重要的贡献因素。

为调查劳动力市场状况如何影响收入差距，孙使用泰尔指数估计了人均劳动收入差距，并将泰尔指数随时间的变化分解为各种贡献因素。她发现收入差距很大并且在很大程度上由个人之间的劳动生产率差异造成，这与关于劳动力收入增长的决定因素的发现类似。在这一发现的基础上，孙提出，为缩小差距，重要的不仅是为穷人创造就业机会，还包括创造生产率高或体面的就业机会。

孙进一步发现，虽然实际劳动生产率下降，但 1997—2003 年之间劳动力的教育成果提高了，证据是具有中等和高等教育程度的受雇家庭成员比例上升，而只有初等教育程度的比例下降。她还发现只有初等教育程度的人的可雇用性下降，而具有中等或高等教育程度的人的可雇用性提高了。她提出，这些可能并未反映劳动力市场对具有中等或高等教育程度的劳动力的需求提高；相反，对调查数据的分析似乎表明具有更高教育程度的劳动力供给的大量增加使他们从教育程度更低的劳动力那里夺走了低生产率的工作，并同时使熟练劳动力的工资率下降。她的结论是，这表明在菲律宾，就技能组合而言，劳动力需求和供给之间存在错配。因此，除了创造高生产率工作外，公共政策还可以关注使教育体系提供劳动力市场需要的技能类型。

第 10 章（新见）评估了尼泊尔最近经济增长的包容程度并考察了哪些因素有助于家庭避免贫困，其依据是来自 1995—1996 年和 2003—2004 年的尼泊尔生活标准调查。她注意到，虽然近年来在减贫方面取得了显著进步，但该国贫困率仍然较高。同时，减贫率也存在很大的地理差别以及种族/种姓阶层差别。例如，1995—1996 年和 2003—2004 年之间，城市地区的贫困率下降了一半多，而农村地区下降了仅仅 20%。因此，2003—2004 年农村部门大约 35% 的人口仍生活在贫困线以下。此外，收入差距方面有显著提高，意味着经济增长的益处没有得到平等分享，而是相对富裕的家庭比贫困家庭获益更多。

然后，新见考察了帮助贫困家庭脱贫的因素，方法是使用多项 logit 模型分析贫困变化的决定因素。估计结果表明，不考虑其他因素，教育程度、土地所有权、灌溉程度、非农部门就业以及取得国内汇款在使家庭脱贫方面都很重要。另一方面，Dalit（贱民，最低的种姓阶层）身份似乎阻碍家庭脱贫，即使在控制了其他因素后仍然如此。

最后，新见提出，在增长的包容程度有限的尼泊尔，需要特别的努力来帮助穷人和受排斥的人缩小收入差距并在更平等的情况下参与增长。换句话说，为确保社会的每个阶层可以获得增长产生的经济机会，政府必须提高穷人和受排斥群体较差的人力能力以及对高生产率资产的获取机会。

第 11 章（林、庄、亚西亚和林）研究了 1990—2005 年中国收入差距的变化及其来源。方法是使用从 23 个省的分组收入数据外推得到的单元层面的数据，这些数据涵盖了农村和城市家庭，并代表了超过 85% 的人口。他们发现，在国家层次，人均名义收入的基尼系数从 1990 年的 0. 345 提高到 2005 年的 0. 456。但对省际和城乡之间生活成本（COL）进行调整后，基尼系数从 1990 年的 0. 287 提高到 2005 年的 0. 387。这些数字表明，如果不对 COL 差别进行调整，基尼系数可能被高估约 20%。他们还发现收入差距在城乡都扩大了，但城市收入差距扩大更快，虽然 2005 年仍比农村收入差距小。在区域之间，他们发现在 1990—2005 年，沿海地区、中部和西部地区收入差距扩大了。

他们的分解分析表明，1990—2005 年城乡之间扩大的收入差距以及城市部门内部收入差距扩大是全国收入差距扩大的主要来源。1990 年在调整 COL 差异后，城乡之间收入差距和城市内部收入差距分别占全国收入差距的 12. 1% 和 15. 7%；在 2005 年，它们的贡献度分别提高到 30. 4% 和 34%。虽然农村内部收入差距也扩大了，但扩大程度较小并且其对全国收入差距的贡献相应地从 1990 年的超过 70% 下降到 2005 年的大约 36%。将全国收入差距按省分解，他们发现省内差距是全国差距的主要来源。在调整 COL 差异后，省内收入差距对全国差距的贡献从 1990 年的 86% 扩大到 2005 年的 89%，而同期省际收入差距贡献从 14% 下降到 11%。这些数字表明，区域收入差距扩大不是中国全国收入差距扩大的主要原因。

在他们的研究成果基础上，林等人提出，降低中国总体收入差距的最有效途径是缩小城乡之间以及城市人口之间的收入差距。区域收入差距（沿海和西部区域之间以及富裕和贫困省份之间）仍然显著并且需要缩小；但是，由于其并非差距的主要来源，缩小这种差距对全国层面收入差距的影响可能有限。但是缩小区域收入差距对减贫非常重要，因为中国大多数穷人位于西部。

第 12 章（科尔和潘凯弗尔）提出，在存在显著的跨年收入流动性的社会中，年度收入数据可能提供关于持久收入差距的误导性指标。使用关于家庭收入的面板数据，他们测量了 20 世纪 90 年代早期和 21 世纪早期之间中国的收入流动性。他们发现，在 20 世纪 90 年代早期，收入差距扩大伴随着与其他转型发展中国家可比且高于诸如美国等发达国家的收入流动性水平。但是，在 21 世纪早期，虽然收入差距进一步扩大，收入流动性却降低了，这意味着家庭固化在相对更低收入水平的概率增加了。

他们还发现，随着城乡差距扩大，城市和农村家庭之间的经历出现分化。在 20 世纪 90 年代早期，城市家庭之间收入流动性高于农村；从 20 世纪 90 年代早期到 21 世纪早期，城乡家庭收入流动性都下降，但前者下降程度更显著；因此，在 21 世纪早期，城乡家庭收入流动性水平几近相同。这些发现对不同的家庭收入群定义和不同的收入流动性分析方法都具有稳定性。

对收入流动性相关因素的研究也表明了城乡家庭之间的显著差别。在城市地区，家庭主要成员的一些特征与向上的收入流动性呈正相关，包括更高的教育程度、女性以及少数民族。另一方面，对农村家庭而言，与向上的收入流动性呈正相关的主要因素是家庭规模。

科尔和潘凯弗尔还考察了根据三年平均收入对收入差距的测量与基于单独一年收入的测量结果之间的关系。他们发现，三年平均收入的基尼系数是相应的单独一年收入基尼系数的 90%—95%，这表明收入流动性可以降低收入差距程度。

科尔和潘凯弗尔称所有这些都对政策有影响，尤其是以包容性增长为目标的政策应该考虑长期收入。

第 13 章（孙）考察了泰国和越南劳动力市场中的性别歧视程度，使用的数据来自 2002 年越南生活标准调查和 2004 年泰国劳动力调查。她根据阿特金森的福利函数推导出一种福利测量方法，该方法考虑了每种职业内部以及男女劳动者之间的收入差距的敏感性。当差距厌恶参数设为 1 时，在越南，有利于男性劳动者的性别福利差异估计为 17.9%，而泰国是8.3%。较高的差距厌恶参数（对收入差距容忍度更低）产生高得多的性别福利差异，意味着劳动力市场中极端贫困人群中的性别差异远远高于不那么贫困的人群。

将性别福利差异分解为三个组分——性别歧视、职业分隔和收入差距——孙发现对女性劳动者的歧视（由每种职业中男女之间的收入差距测量）是泰国和越南的主导因素。在泰国性别歧视对总差别的解释程度超过100%。在越南，性别歧视解释了收入差距厌恶参数为1时总差别的80%，并解释了收入差距厌恶参数为2时总差别的40%。

另一方面，发现职业分隔（由每一职业中男女劳动者的比例之差测量）减少了性别差异，尤其在泰国。这是因为很大比例的女性在相对高收入的职业领域工作，例如教学、生命科学以及医疗卫生。收入差距扩大了性别福利差异，表明女性劳动者之间的收入差距大于男性劳动者。但其贡献相对小，除了当收入差距厌恶参数设为2时在越南的案例中。

当在计算性别的福利差异时根据诸如工作小时数、教育程度、工作年限及地点等个人特征对个人收入差别进行调整，性别歧视仍然是总差别的主导贡献因素（虽然在数量上小一些）。但是职业分隔开始产生正面贡献。收入差距的贡献仍然为正，但在越南要小一些，而在泰国为负且可以忽略，这意味着控制个人特征缩小了男女劳动者之间的收入差距，并且在泰国案例中使男性劳动者之间的收入差距大于女性劳动者之间的收入差距。

孙还考察了劳动者个人特征对职业分隔、性别歧视和收入差距的影响。教育程度和工作经验是重要的解释因素。教育有助于减少职业分隔和性别歧视，并增加男性和女性劳动者之间的收入差距的差别。但总体来说，教育能减少性别福利差异。这表明女性劳动者平均教育程度高于男性。在泰国劳动力市场上的极端贫困人群中，女性劳动者平均教育程度也高于男性。另一方面，工作经验是影响职业分隔、性别歧视和收入差距的重要因素，但总体而言，它提高了性别福利差异。这表明女性的工作年限少于男性。除了个人特征，孙还强调了可以解释性别福利差异的其他因素，包括男女从事的工作性质和类型的差别、雇主偏好和文化因素以及男性和女性在教育和职业选择方面的差别。

孙的结论是，为缩小劳动力市场上的性别差距，除了实施反性别歧视措施外，政府可以投入资源用于提供经济型的儿童护理服务，以降低女性的工作机会成本并提高她们作为正式劳动者的劳动生产率。政府还可以实施促进女孩自主选择的计划并改进学校的职业建议，以确保鼓励女孩从事诸如数学和科学这样的领域。

最后，第 14 章（贾哈和梅拓）关注菲律宾的饥饿和食品安全问题，提出从 2003 年开始菲律宾的饥饿率迅速上升，并伴随食品价格迅速上涨，尤其是该国最贫困地区的大米价格。为理解为何在收入增长良好且食品安全计划方面的公共开支显著增长时这种情况依然发生，他们考察了该国的主要食品安全机构——国家食品管理局（NFA）。他们指出，NFA 在实现国家食品安全方面的有效性受到相互冲突并且定义不清的目标的约束，包括对消费者和生产者提供价格支持以及稳定市场价格。在对家庭调查数据的分析中，贾哈和梅拓发现 NFA 分配的许多补贴大米被非贫困家庭消费。他们引用了这样的证据：2006 年贫困家庭实际大米消费不到 NFA 声称提供的大米总量的一半。计划的目标有效性低，因为仅有 25% 的穷人受益于该计划，而其余 75% 的人被排除在外。同时，流失程度高，并且城市地区比农村地区更严重。

贾哈和梅拓指出，价格重新上行的趋势将影响菲律宾的食品安全。当局将需要准备好通过目标明确、可靠和有效的食品保障网来保障穷人不受价格的冲击。NFA 的制度改革——包括明确其目标和其垄断大米进口的理由、提高针对性以及增强透明度——是解决食品安全问题的前提条件。普遍存在但仅限于当地平民阶层的饥饿问题要求实施本地化的政策干预，而不是试图控制主食价格的笼统措施，尤其是在菲律宾试图减少债务负担而以财政审慎为优先的情况下。

附录　发展中亚洲的组成

阿富汗	蒙古
亚美尼亚	缅甸
阿塞拜疆	瑙鲁
孟加拉国	尼泊尔
不丹	巴基斯坦

文莱达鲁萨兰国	帕劳
柬埔寨	巴布亚新几内亚
中国	菲律宾
库克群岛	萨摩亚
斐济群岛	新加坡
格鲁吉亚	所罗门群岛
中国香港	斯里兰卡
印度	中国台湾
印度尼西亚	塔吉克斯坦
哈萨克斯坦	泰国
基里巴斯	东帝汶
韩国	汤加
吉尔吉斯共和国	土库曼斯坦
老挝	图瓦卢
马来西亚	乌兹别克斯坦
马尔代夫	瓦努阿图
马绍尔群岛	越南
密克罗西尼亚联邦	

参考文献

ADB. 2008. *Strategy 2020: The Long-Term Strategic Framework of the Asian Development Bank 2008–2020.* Asian Development Bank, Manila.

_____. 2009. *Asian Development Outlook 2009.* Asian Development Bank, Manila.

Ali, I. 2007. Pro-Poor to Inclusive Growth: Asian Prescriptions. ERD Policy Brief No. 48, Economics and Research Department, Asian Development Bank, Manila.

Ali, I., and J. Zhuang. 2007. Inclusive Growth toward a Prosperous Asia: Policy Implications. ERD Working Paper Series No. 97, Economics and Research Department, Asian Development Bank, Manila.

Bourguignon, F., F. H. G. Ferreira, and M. Walton. 2007. "Equity, Efficiency and Inequality Traps." *Journal of Economic Inequality* 5:235–56.

Central Committee of the Communist Party of Viet Nam. 2001. *Strategy for Socio-Economic Development 2001–2010.* Hanoi.

Chaudhuri, S., and M. Ravallion. 2007. "Partially Awakened Giants: Uncover Growth in China and India." In L. Alan Winters, and S. Yusuf, eds., *Dancing with Giants: China, India, and the Global Economy.* The World Bank, Washington, DC.

Easterly, W. 2007. "Inequality does Cause Underdevelopment: Insights from a New Instrument." *Journal of Development Economics* 64:755–76.

ESCAP, ADB, and UNDP. 2010. *Achieving the Millennium Development Goals in an Era of Global Uncertainty: Asia-Pacific Regional Report 2009/10.* United Nations Economic and Social Commission for Asia and the Pacific.

Ianchovichina, E., and S. Lundstrom. 2009. What is Inclusive Growth? A note requested by donors supporting the Diagnostic Facility for Shared Growth. Available: http://siteresources.worldbank.org/INTDEBTDEPT/Resources/468980-1218567884549/WhatIsInclusiveGrowth20081230.pdf.

Kakwani, N., and E. M. Pernia. 2000. "What is Pro-Poor Growth?" *Asian Development Review* 18(1):1–16.

Planning Commission of India. 2006. *Towards Faster and More Inclusive Growth: An Approach to the 11th Five Year Plan.* New Delhi.

Rajan, R., and L. Zingales. 2007. The Persistence of Underdevelopment: Constituencies and Competitive Rent Preservation. NBER Working Paper Series No. 12093, National Bureau of Economic Research.

Ravallion, M., and S. Chen. 2003. "Measuring Pro-Poor Growth." *Economics Letters* 78(1):93–99.

Roemer, J. E. 1996. *Theories of Distributive Justice.* Cambridge, MA: Harvard University Press.

_____. 2006. Economic Development as Opportunity Equalization. Cowles Foundation Discussion Paper No. 1583, Yale University, New Haven.

State Council of China. 2006. *The 11th Five Year Plan of National Economy and Social Development of People's Republic of China 2006–2010.* Beijing.

Tandon, A., and J. Zhuang. 2007. Inclusiveness of Economic Growth in the People's Republic of China: What Do Population Health Outcomes Tell Us? ERD Policy Brief Series No. 47, Economics and Research Department, Asian Development Bank, Manila.

UNDP. 2007. *Thailand National Human Development Report 2007.* United Nations Development Programme, Bangkok.

World Bank. 2006. "Equity and Development." In *World Development Report 2006.* Washington, DC.

第一部分

衡量不平等和贫困

第2章 亚洲的不平等和贫困状况

J. 萨尔赛多·凯恩、拉纳·哈桑、
罗达·麦格桑博

2.1 引言

20 世纪 60 年代至 80 年代，亚洲的经济发展呈现出如下特点：许多新兴工业化经济体——中国香港、韩国、新加坡以及中国台湾（其次是几个东南亚经济体）的经济迅猛增长，而南亚地区的经济增长则较为缓慢。有趣的是，尽管存在一些例外，在上述两类经济体中，收入不平等的程度均较低，这与其他地区（尤其是拉丁美洲）的发展中国家形成了鲜明对比。然而，至少从 20 世纪 90 年代起，该地区的高速经济增长已经成为普遍现象，因而人们倾向于认为，许多国家的不平等程度已经加深。

这一观点是否正确？亚洲国家具备如此复杂的多样性，这一观点又是否能够广泛适用于所有国家呢？本章力图将收入不平等的最新证据，尤其是有关消费支出的最新证据整合在一起。① 很明显，收入或支出绝

① 正如后文将要解释的，消费支出的数据可以视作代表了家庭的“不变”收入；此外，数据的可用性以及其他因素都表明消费支出数据比收入数据更能全面地反映出经济福祉。

不是对经济福祉（即个人获得商品和服务）起决定作用的全部因素。[①]教育和健康状况、政治权力或者公平的实现，才是提高经济福祉的重要因素。相应地，有关不平等的研究应考虑到上述因素在给定人口当中的分配方式所产生的影响。尽管如此，本章侧重于通过收入和支出数据来推知经济福祉的分配情况（参见第3章对教育和卫生相关的问题而展开的详细调查）。

本章重点对过去十几年中，经济福祉的分配在诸多亚洲发展中国家中，是否已经或多或少地实现了“平等”而展开详细调查。在该地区的大多数国家内部，不平等现象都在加剧。事实上，在握有充分数据的21个发展中经济体当中，有15个经济体中的不平等程度在过去10年左右已经大幅度上升，而在孟加拉国、柬埔寨、中国、老挝、尼泊尔以及斯里兰卡等国家，不平等程度的加深尤其显著。[②] 但是不平等程度的上升并非总是如此严重——的确如此，大多数国家的不平等程度都低于拉丁美洲和撒哈拉以南非洲地区的许多国家的高水平。与此相反，许多中亚共和国以及受到1997—1998年经济和金融危机影响最严重的三个东南亚国家，即印度尼西亚、马来西亚和泰国，都呈现出不平等程度逐渐下降的特征。

然而，对于亚洲发展中国家的政策制定者应当如何看待收入不平等日渐上升的情况，绝不能一概而论。一方面，有几个原因需要关注。首先，不断扩大的不平等程度或许只表明消除贫困的脚步放缓。目前普遍认为，在一定的经济增长率下，如果经济的增长伴随着不平等程度的急剧扩大，则意味着在这个进程中消除贫困的步伐比较缓慢。从更广义的角度上来说，不断上升的不平等程度表明，较为贫困的个人和家庭从经济增长中获益的程度低于较富裕的个人和家庭，且参与经济增长的程度也相应较低。其次，有诸多令人信服的原因向我们解释了，为何不平等的程度越高对经济增长的扼制作用越大。在考察亚洲地区分配越来越不平等的状况时，对上述观点加以考虑尤为重要。此外，不

① 在本章的大部分内容中，术语“消费”和“支出”交替使用。尽管这两者从概念上说并不完全相同，但将两者交替使用并不会引起问题。

② 数据限制使得几个国家采用了小于10年的时间段。

平等的程度较高还会对社会凝聚力以及制度和政策的质量产生负面影响。继而，社会分化和质量不高的制度和政策都会对增长前景产生负面效应。

另一方面，我们还需要认识到经济发展可能会引发加剧不平等的过程。这并不意味着政策制定者应当赞成“库兹涅茨曲线”（或“倒 U 字型假说”）的观点。该观点认为，不平等应当随着经济增长而先升后降。正如大量研究已经证实的，库兹涅茨曲线所代表的观点证据不足（参见费尔兹 2001 年查看全文观点）。此外，从图 2.1 中可以看出，两个新兴工业化经济体——韩国和中国台湾——在 20 世纪 70 年代至 90 年代的经济快速增长期，其收入的基尼系数从未达到过 40，且在一段时期内甚至出现下滑。

图 2.1　不平等呈现出来的趋势：韩国和中国台湾

（基尼系数，20 世纪 70 年代至 21 世纪初）

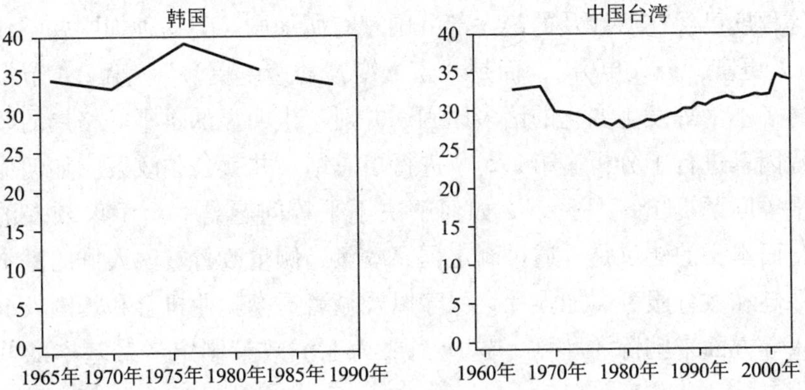

注：基尼系数基于收入调查获得。

资料来源：世界经济发展研究所，“世界收入不平等数据库”（中国台湾）；费尔兹（1989 年）；韩国国家统计厅。

此外，诺贝尔奖获得者阿瑟·刘易斯对不平等及其发展进程所持的观点比较具有说服力：

“发展一定是不平等的，因为它不会在经济体中的各个层面同时开始。某个人开发一个矿，要雇佣一千个人。某一个省的农场主开始种植可可树，而可可树只在该国 10% 的面积上种植。再比如，一场‘绿色革命’只能使那些降水充沛地区或具有良好灌溉条件的农场主获益，而对另外50%处于较干旱地区的农民则作用甚微”（刘易斯，1983年，第443页）。

最后，政策指导应当基于对不平等情况的细致分析基础之上。尤其是对导致不平等得以迅速增长的各种原因进行审视是非常重要的，而这些原因可能包含在数据当中。需要加以考虑的一些重要问题包括：对于贫困人群更有可能从事的部门和行业的政策歧视会在多大程度上导致不平等的加剧？收入、支出、健康状况以及教育程度等方面上的不平等能在多大程度上反映出机会的不平等？由于不断扩大的不平等中相当一部分都与政策偏见和/或在获得机会（如积累人力资本、获得金融服务等）方面的不平等有关，这是一个值得注意的重要问题。只有通过对不平等及其演变过程进行审视，此类问题才可得到解决。

第2.2节对不平等的指标进行了简要讨论，第2.3节对于最近的收入不平等程度进行了审视。数据表明，在过去10年左右的时间里，不平等程度已经在所涉及的绝大部分国家有所加剧。但这种加剧并不代表“富人更富，穷人更穷”，而是“富人变富的速度更快”。第2.4节深入探讨了不平等发生变化的诸多原因，并对产生明显的不平等格局的政策环境因素进行了分析。第2.5节进行了总结，并就公共政策应如何应对不平等问题提出一些见解。如何解决不平等问题是一个争议颇多的话题，而本文的建议是，通过制定国家政策，侧重改善贫困人群的基本医疗保健和教育服务、加强社会保障以及显著提高就业机会和贫困人群的收入等方面来消除不平等，这应当成为亚洲政策制定者最基本的共同议程。

2.2 衡量不平等的指标

“不平等”一词包含多种不同含义。在本章中，主要用来描述一种经济福祉的指标是如何在某一特定人群当中进行分配的。而有关不平等的一项指标[①]可以提供对某一给定人群人们之间收入差异的一个“数值

① 考埃尔（1995年）和费尔兹（2001年）对衡量不平等的指标进行了透彻而详尽的讨论。

表示”（考埃尔，1995 年）。从更广义上来说，不平等指标可以将某一差异进行量化，差异是指对于一些重要选择，一些人有权获得，而另一些人被拒绝（雷，1998 年）。专栏 2.1 对文献中所使用的不平等指标进行了描述。

专栏 2.1　　有关不平等的一些常见指标

衡量不平等的指标各不相同，区别在于其理论依据的不同以及对于收入在收入分配的不同点上的敏感度的差异。不平等概念的差异在正文中进行了讨论，本专栏仅对不平等的一些常见指标及其在整体分配中所侧重的部分进行描述。该讨论是针对收入不平等展开的，但对支出不平等也完全适用。

五分位收入比率将人口当中收入最高的 20% 人口与收入最低的 20% 人口进行收入对比。从更广义的范围来讲，收入比率可以根据不同的“分位数”来加以计算：“分位数”泛指任何特定的人口组成比例。例如，收入比率可以基于十分位数进行计算（将人口按收入排序划分为十分位），四分位的基础进行计算（划分为四分位）等。值得注意的是，收入比率只能使用全部分配中的具体部分。

基尼系数是最常用的衡量不平等的指标之一，其范围在 0 到 1 之间（或按百分比计算时，是 0 至 100 之间，如本章中所表示的）。在完全平等的情况下，基尼系数为零。在完全不平等的情况下，基尼系数为 1（或 100）。如果用数字来表示，基尼系数可以用下列公式来计算：

$$Gini = \frac{-(n+1)}{n} + \frac{2}{n^2\mu_x}\sum_{i=1}^{n} i \cdot x$$

其中 xi 是接收者/个人 i 的收入，μx 是平均收入，n 是接收者/个人的总数目。

广义熵（简称 GE）指标源于信息理论中熵的概念。正如在正文中所详细讨论的，他们将各种分配中的不平等进行比较时满足五个重要属性。计算公式如下：

专栏 2.1（续）

$$GE(\alpha) = \begin{cases} \dfrac{1}{\alpha(1-\alpha)}\dfrac{1}{n}\sum_{i=1}^{n}\left[1-\left(\dfrac{x_i}{\mu_x}\right)^{\alpha}\right] & for\ \alpha \neq 0 \\ \dfrac{1}{n}\sum_{i=1}^{n}\dfrac{x_i}{\mu_x}\ln\left(\dfrac{x_i}{\mu_x}\right) & for\ \alpha = 1 \\ \dfrac{1}{n}\sum_{i=1}^{n}\ln\left(\dfrac{x_i}{\mu_x}\right) & for\ \alpha = 0 \end{cases}$$

其中，参数 α 代表在收入分配的不同点赋予收入差异的权重。广义熵指标对于位于分配下端 α 值较低时的收入变化更为敏感。当 α 值较高时，广义熵指标对于位于分配上端的收入变化更为敏感。参数 α 可以采用任何实数值。不过，通常采用的 α 值为 0、1 和 2。广义熵指标在将 α 值设为“0”时，将更多的权重置于处于分配下端的收入差异上，而在 α 值为 2 时，将更多的权重置于分配上端的收入差异上。当 α 值为 1 时，即所谓的泰尔指数，对整个分配中的收入差异都赋予相同的权重。

资料来源：费尔兹（2001 年），亚洲开发银行（2004 年）。

衡量不平等的哪一项具体指标（或哪些具体指标）应当用于在各种分配中对不平等进行比较？在第一个例子当中，答案的关键取决于对不平等如何定义。举例说明能够更好地对这一点进行阐释。先考虑不平等的两个简单指标：（1）在某个给定人群当中最高收入和最低收入的差异（也称为范围）；（2）最高收入与最低收入的比率（与专栏 2.1 中所述的五分位比率类似）。为简化起见，假设人口只由两人组成，通过两个时间点，即 1995 年和 2005 年来对他们的收入进行观察。在 1995 年，第一个人的收入是每个月 100 美元，而第二个人的月收入为 1 000 美元。假设 10 年后，两个人的收入都翻了一番，那么第一个人的月收入为 200 美元，而第二个人为 2 000 美元。两者之间的不平等是呈增长的趋势、下降的趋势，还是保持不变？这取决于分析者的角度。在这个例子当中，它取决于分析者是更加侧重于相对的不平等（如，收入的比例差异），还是绝对的不平等（如，收入的绝对差异）。如果对前者更为关注，那么收入的比例差异所显示出的不平等毫无变化（＄1 000/＄100 = ＄2 000/＄200 = 10）。但是如果分析者对高收入与低收入的绝对差异加以考虑的话，不平等则显示出明显上升趋势（两组收入的差异分别为：1995 年为 900 美元，而在 2005 年为 1 800 美元）。

从更广义的角度来说，对于各个不平等指标之间的差异加以考虑的一个重点在于，它们满足这五个属性①（原则）的程度：（1）收入规模的独立性；（2）人口的独立性；（3）匿名性；（4）迁移原则；（5）可分解性。

上述属性中的第一个是已经遇到过的。从形式上看，收入规模的独立性这一属性要求，当所有人的收入发生成比例变化时，不平等程度并不发生改变。相对不平等的指标满足这一属性，而绝对不平等指标则不然。

重要的是，我们发现不满足收入规模的独立性的不平等指标既不是“错误的”，也不是“正确的”。如费尔兹（2001 年，第 16 页）所指出的，“绝对的不平等和相对的不平等不是对于同样基本概念的可替代指标，而是针对根本不同的两个概念的指标。”尽管大部分经济学家都愿意使用满足规模的独立性的各种指标对不平等进行分析（如，他们喜欢使用相对不平等的各种指标），这个问题与分配公平的价值判断相联系。

一种非常实用且现实的观点是，不平等的绝对概念和相对概念之间存在的明显区别具有重要意义。而这个论点是基于对从全球化中获得的经济利益如何分享而展开的辩论之上的。拉瓦雷（2004a）的观点认为，围绕贫困人群究竟能从全球化所带来的诸种好处中获得多少益处展开的辩论，其关键原因在于辩论双方采用了不同的不平等概念（直白或隐含的）：全球化的支持者采用相对不平等的概念，而全球化的反对者则采用绝对不平等的概念。

第二个和第三个属性受争议的程度不那么强烈。人口独立性原则通过假设两组人口的不平等情况是相似的（仅在人口规模上存在差异），

① 即使是在不平等的相似概念化背景下，就对于各种分配之间的不平等进行比较而言，不同的指标可以导致不同的结论。正如下面将要进一步说明的，不平等的指标将根据其对于在收入分配不同点的收入的敏感程度而有所不同。

可以使不同规模的人口群体之间的不平等得以进行比较。匿名性原则通过要求不平等指标仅取决于收入而非人口的其他特性，使考察的目标完全集中在收入上（或者其他考察中的任何福利指标）。

第四个和第五个属性更重要一些。根据转让原则，将一个较富有的人的一部分收入转让给一个较贫困的人，无需对他们在收入分配中的排名作出改动，则应视为不平等程度的下降。不平等指标的可分解性所关注的是，在特定人群中的不平等与其附属部分（或人口的子组当中）中的不平等之间的关系。例如，对在国家层面上的、农村层面上的以及城市层面上的不平等相互之间的关系加以考虑。满足可分解性的不平等指标可以将国家层面上的不平等分解为每一个农村部门和城市部门内部的不平等以及农村部门和城市部门之间的不平等。正如后面将要展开讨论的，可分解性是一个相当重要的属性，尤其是当我们对特定人群中存在的不平等的直接原因进行分析时。

根据考埃尔（1995 年）的观点，表 2.1 根据除匿名性以外（该属性各指标均满足）的四种属性对各种不平等指标进行比较。① 尽管基尼系数的应用非常普遍，但除非在特殊情况下，基尼系数并不满足可分解性属性。然而，广义熵类不平等指标满足可分解性这一属性。事实上，满足所有五种属性的不平等指标属于广义熵类指标。

表 2.1　　　　衡量不平等的常见指标的属性

不平等指标	收入规模的独立性	人口的独立性	转让原则	可分解性
方差	否[a]	否	是[b]	是
对数方差	是	是	否	否
基尼系数	是	是	是	否
广义熵	是	是	是[b]	是

a. 随着收入的增加而升高。

b. 转让原则以较强的方式得到满足，如由于将较富有的人的收入转让给较贫困的人所导致的不平等的减少，仅取决于两个个体之间的“收入差异”。详情请参见考埃尔（1995 年）。

资料来源：摘自考埃尔（1995 年，第 66 页）。

① 如果所分析的人口子组就收入或支出而言没有重合部分，那么基尼系数就具有可分解性。如果设计方法的目的在于对基尼系数进行分解，那么总的不平等中的组成部分就缺乏直观的吸引力。

许多经济学家都偏爱那些满足全部五种属性的不平等指标（或至少是五种属性中的四种——如基尼系数这个被广泛使用的指标就并不满足可分解性）。那么，为什么需要满足特定原则的衡量不平等的替代指标呢？例如，为什么广义熵类有若干替代指标？其原因在于，衡量不平等的不同指标在收入分配（支出）的不同点上对于收入（支出）的敏感程度不同；这个原因具有普遍性，而并不仅限于广义熵类。

如专栏 2.1 中所示，尤其是广义熵指标的参数为零时的情况，即广义熵（0）对于位于收入分布下端的收入差异更敏感。反之，广义熵（2）对位于分布上端的收入差异赋予更多权重，而广义熵（1）指标对整个分布中的收入差异赋予同等权重。因此，例如若位于分布上端的收入变得更加不公平，那么主要是由于广义熵（2）起着作用，广义熵（1）指标对不平等的变化起着很小的作用，而广义熵（0）指标则根本不起任何作用。至于基尼系数，该不平等指标对于收入分配中间部分的收入差异更敏感。

2.3　亚洲地区的不平等情况

本章首先使用现有消费支出（在某些情况下是收入）的分布数据对国家内部的不平等情况进行了调查。本章对数据可及的最近年份以及大约 10 年前的不平等情况进行了评估和考察。其次，本章对经济福祉（而非简单的不平等），在过去 10 年左右时间当中发生了怎样的变化进行了描述。最后，本章还对数据当中所反映的不平等、贫困以及增长之间的实证关系进行了说明。具有技术视野的读者会注意到，本节中对不平等的估计和分析都是基于劳伦茨曲线的，即使用分组/汇总分布数据（详情请参见附录）。

2.3.1　亚洲发展中经济体内部的不平等

A. 最近的估计值

表 2.2 展示的是对于 22 个亚洲发展中经济体的基尼系数以及分配中排位最高的 20%（第五五分位）与排位最低的 20%（即第一五分

位）在人均支出/收入方面的比率（即第五五分位与第一五分位的比率）的最近估计值。大多数的基本分配数据都是指人均消费支出数据。例外情况在备注中有所阐释。

表 2.2　　基尼系数以及最高 20% 与最低 20% 之间的比率：亚洲发展中国家

经济体	最近年份	基尼系数（百分比）	五分位比率
亚美尼亚[a]	2003	33.80	5.08
阿塞拜疆	2001	36.50	5.96
孟加拉国	2005	34.08	5.03
柬埔寨[a]	2004	38.05	7.04
中国[a, b]	2004	47.25	11.37
印度[a, b]	2004	36.22	5.52
印度尼西亚	2002	34.30	5.13
哈萨克斯坦	2003	33.85	5.61
韩国[c]	2004	31.55	5.47
吉尔吉斯共和国	2003	30.30	4.43
老挝[a]	2002	34.68	5.40
马来西亚	2004	40.33	7.70
蒙古	2002	32.84	5.44
尼泊尔[a]	2003	47.30	9.47
巴基斯坦	2004	31.18	4.46
菲律宾	2003	43.97	9.11
斯里兰卡	2002	40.18	6.83
中国台湾[c]	2003	33.85	6.05
塔吉克斯坦	2003	32.63	5.14
泰国	2002	41.96	7.72
土库曼斯坦[a]	2003	43.02	8.33
越南	2004	37.08	6.24

a. 估计值来自分组/汇总数据中的贝塔·劳伦茨参数化法。

b. 估计值是基于将分散的农村分配与城市分配情况相结合的数据。

c. 韩国和中国台湾的分配指家庭收入（前者指城市工薪家庭）。

注：对基尼系数和支出/收入比例的估计是基于参数化的（广义二次方程式或 β）劳伦茨曲线，使用的数据为人均支出/收入分配的分组/汇总数据。

资料来源：作者的估计是使用世界银行的分组/汇总数据，POVCALNET；世界经济发展研究所，“世界收入不平等数据库”（中国台湾）；国家统计局出版物或个人交流资料（印度、韩国、土库曼斯坦以及越南）；由单位记录数据提供的十分位层次的分配情况（孟加拉国、马来西亚和菲律宾）。

图 2.2 显示了基尼系数和五分位比率的数值。基尼系数的范围从低至 30.30（吉尔吉斯共和国）到高至 47.30（尼泊尔）不等。亚洲发展中国家的基尼系数的中位值约为 34.50。

图 2.2　基尼系数以及最高 20%与最低 20%之间的比率

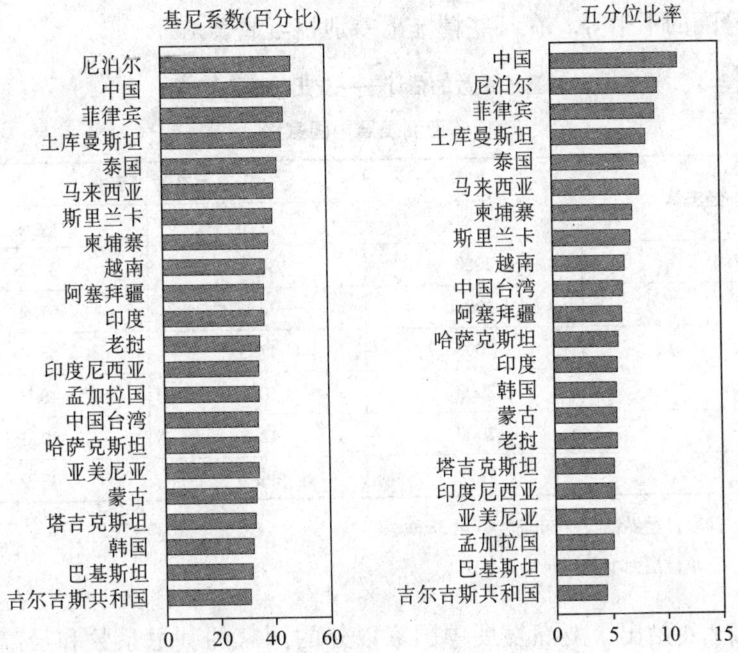

注：估计值是针对下列年份展开的：亚美尼亚（2003 年）、阿塞拜疆（2001 年）、孟加拉国（2005 年）、柬埔寨（2004 年）、中国（2004 年）、印度（2004 年）、印度尼西亚（2002 年）、哈萨克斯坦（2003 年）、韩国（2004 年）、吉尔吉斯共和国（2003 年）、老挝（2002 年）、马来西亚（2004 年）、蒙古（2002 年）、尼泊尔（2003 年）、巴基斯坦（2004 年）、菲律宾（2003 年）、斯里兰卡（2002 年）、中国台湾（2003 年）、塔吉克斯坦（2003 年）、泰国（2002 年）、土库曼斯坦（2003 年）和越南（2004 年）。

资料来源：作者的估计是使用世界银行提供的分组/汇总数据，POVCALNET；世界经济发展研究所，“世界收入不平等数据库”（中国台湾）；国家统计局出版物或个人交流资料（印度、韩国以及越南）；由单位记录数据提供的十分位层次的分配数据（孟加拉国、马来西亚和菲律宾）。

可能有人会说，许多中亚共和国的基尼系数最低。但事实并非总是如此，正如土库曼斯坦的基尼系数所表明的。就最高 20% 与最低的 20% 之间的比率而言，其变化范围从低至 4.43（仍然是吉尔吉斯共和国）到高至 11.37（中国）不等。亚洲发展中国家的比率的中位值为5.78。[①]

表2.2 和图2.2 所显示的几乎所有的不平等估计值均是根据支出作出的。表2.3 对亚洲发展中经济体的收入分配的基尼系数所做的一些估计值进行了描述。可以看出，基于收入分配的不平等的估计值高于基于支出分配的不平等，在某些情况下差别相当显著。

表2.3　对基尼系数的估计——支出与收入调查：亚洲发展中国家

经济体	年份	基尼系数（百分比）	
		支出	收入
孟加拉国[a]	2000	33.4	39.2
尼泊尔[a]	1996	36.6	51.3
尼泊尔[b]	2003	47.3	56.4
菲律宾[b]	2003	40.0	48.7
泰国[a]	2000	42.8	52.3
越南[a]	1998	36.2	48.9

a. 数据来自世界银行（2005 年，第38 页）。

b. 基于单位层面上的纪录数据。

表2.4 给出了亚洲发展中国家以外的国家的基尼系数和最高20%与最低20%之间比率的估计值。与上表中亚洲发展中国家的基尼系数相比之后的结果表明，不平等估计值存在一些有趣的地区特点。

总的来说，拉丁美洲的不平等情况最为严重。非洲的不平等状况可能也较为突出。事实上，如表2.4 所示，基尼系数最高的国家是南非（根据一项消费支出调查，其基尼系数为57.77）。工业化国家的不平等程度要低很多，日本收入不平等的基尼系数仅为24.90。在许多欧洲国家（尤其是北欧国家）和新西兰，基尼系数同样也比较低。在工业化国家中，无论是就基尼系数而言，还是从收入/支出最高20%与收入/支出最低20%之间的比率来说，美国的不平等程度最为严重。

① 基尼系数和最高20%与最低20%之间的比率存在高度的相关性。斯皮尔曼将这种相关系数确定为0.90。

表 2.4　　国际层次上的不平等估计值：选定的经济体

经济体	年份	调查类型	基尼系数（百分比）	五分位比率
澳大利亚	2002	收入	30.90	—
阿根廷（城市）	2003	收入	51.28	18.40
白俄罗斯	1998	收入	27.67	3.97
巴西	2004	收入	56.99	23.00
加拿大	2000	收入	32.45	5.48
智利	1998	收入	55.77	16.72
厄瓜多尔	1998	收入	53.53	18.70
埃及	1995	支出	34.42	4.70
萨尔瓦多	1997	收入	50.79	15.20
埃塞俄比亚	1995	支出	28.66	5.09
芬兰	2003	收入	25.80	3.58
法国	2001	收入	27.00	4.11
德国	2001	收入	25.00	3.50
加纳	1998	支出	40.75	8.40
意大利	2002	收入	33.30	5.80
牙买加	1998	支出	38.45	8.05
日本	1993	收入	24.90	3.37
墨西哥	1998	收入	53.11	16.90
新西兰	1997	支出	23.65	—
尼日利亚	2003	支出	43.60	9.80
挪威	2002	收入	29.60	4.64
巴拿马	1997	收入	57.19	28.86
南非	2000	支出	57.77	20.50
西班牙	1998	收入	34.00	5.86
瑞典	2002	收入	25.80	3.58
英国	2002	收入	34.37	5.59
美国	2000	收入	39.42	8.45

— = 无相关数据。

资料来源：世界经济发展研究所，“世界收入不平等数据库”；世界银行，POVCALNET。

总体而言，亚洲发展中国家的不平等程度均低于拉丁美洲。然而，这种差异从某种程度上反映出这样一个事实，即拉丁美洲的不平等估计值都是基于收入作出，而亚洲许多国家的不平等估计值则基于支出。更重要的是，对亚洲发展中国家的不平等情况进行的几项估计表明，其严重程度已经接近拉丁美洲。

B. 近期趋势

让我们将目光转向上述22个亚洲发展中国家中的21个国家，针对其不平等的趋势进行讨论，[①] 表2.5向我们提供了最近两年的基尼系数和收入/支出最高20%与收入/支出最低20%之间的比率情况。图2.3对基尼系数和比率的变化情况进行了详细描述。

表2.5　　　　不平等的趋势

经济体	时期	基尼系数（百分比）			五分位比率		
		首年	最后一年	年化增长率	首年	最后一年	年化增长率
亚美尼亚	1998—2003	36.01	33.80	-1.27	5.87	5.08	-2.90
阿塞拜疆	1995—2001	34.96	36.50	0.72	6.09	5.96	-0.36
孟加拉国	1991—2005	28.27	34.08	1.34	4.06	5.03	1.53
柬埔寨	1993—2004	31.80	38.05	1.63	5.24	7.04	2.68
中国	1993—2004	40.74	47.25	1.35	7.57	11.37	3.70
印度	1993—2004	32.89	36.22	0.88	4.85	5.52	1.18
印度尼西亚	1993—2002	34.37	34.30	-0.02	5.20	5.13	-0.15
哈萨克斯坦	1996—2003	35.32	33.85	-0.61	6.20	5.61	-1.43
韩国	1993—2004	28.68	31.55	0.87	4.38	5.47	2.02
老挝	1992—2002	30.40	34.68	1.32	4.27	5.40	2.35
马来西亚	1993—2004	41.22	40.33	-0.20	7.72	7.70	-0.02
蒙古	1995—2002	33.20	32.84	-0.16	5.53	5.44	-0.23
尼泊尔	1995—2003	37.65	47.30	2.85	6.19	9.47	5.31
巴基斯坦	1992—2004	30.31	31.18	0.24	4.22	4.46	0.46
菲律宾	1994—2003	42.89	43.97	0.28	8.34	9.11	0.98
斯里兰卡	1995—2002	34.36	40.18	2.24	5.34	6.83	3.52
中国台湾	1993—2003	31.32	33.85	0.78	5.41	6.05	1.12
塔吉克斯坦	1999—2003	31.52	32.63	0.87	4.97	5.14	0.84
泰国	1992—2002	46.22	41.96	-0.97	9.41	7.72	-1.98
土库曼斯坦	1998—2003	41.08	43.02	0.92	7.88	8.33	1.11
越南	1993—2004	34.91	37.08	0.55	5.40	6.24	1.31

资料来源：作者的估算使用了世界银行提供的分组/汇总数据，POVCALNET；世界经济发展研究所，“世界收入不平等数据库”（中国台湾）；国家统计局出版物或个人交流资料（印度、韩国、土库曼斯坦以及越南）；由单位记录数据提供的十分位层次的分配情况（孟加拉国、马来西亚和菲律宾）。

---

① 略去的国家是吉尔吉斯共和国，因为其基尼系数的估计数据来源于较早年份——1993年的数据，当时的基尼系数为53.7。该项估计值准确与否以及是否存在严重的调查错误都很难推断。

图 2.3　基尼系数和五分位比率的变化情况

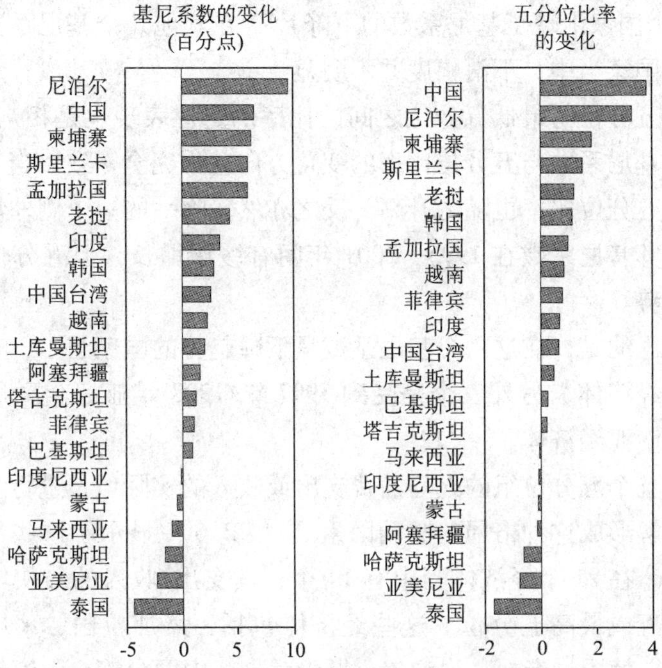

注：在下列年份中计算出的变化：亚美尼亚（1998—2003 年）、阿塞拜疆（1995—2001 年）、孟加拉国（1991—2005 年）、柬埔寨（1993—2004 年）、中国（1993—2004 年）、印度（1993—2004 年）、印度尼西亚（1993—2002 年）、哈萨克斯坦（1996—2003 年）、韩国（1993—2004 年）、老挝（1992—2002 年）、马来西亚（1993—2004 年）、蒙古（1995—2002 年）、尼泊尔（1995—2003 年）、巴基斯坦（1992—2004 年）、菲律宾（1994—2003 年）、斯里兰卡（1995—2002 年）、中国台湾（1993—2003 年）、塔吉克斯坦（1999—2003 年）、泰国（1992—2002 年）、土库曼斯坦（1998—2003 年）和越南（1993—2004 年）。

资料来源：作者的估算使用了世界银行提供的分组/汇总数据，POVCALNET；世界经济发展研究所，“世界收入不平等数据库”（中国台湾）；国家统计局出版物或个人交流资料（印度、韩国、土库曼斯坦以及越南）；由单位记录数据提供的十分位层次的分配情况（孟加拉国、马来西亚和菲律宾）。

在 21 个列举的国家当中，有 15 个国家的基尼系数出现上升，尽管上升幅度不大。例如，在阿塞拜疆，基尼系数在过去的六年当中仅仅上升了 0.5 个百分点。然而，有几个国家的基尼系数上升非常显著，其中包括孟加拉国、柬埔寨、中国、老挝、尼泊尔以及斯里兰卡。在所有这些国家当中，基尼系数的平均年增长率比表中所述年份高出 1% 以上。

相比较而言，基尼系数的下降呈现出类似的大幅度变化仅发生在美国（共有六个国家出现了基尼系数的下降）。[①] 在其他几个基尼系数也呈下滑趋势的国家当中，下滑幅度并不明显。

最高五分位与最低五分位之间的比率的定性表现也是相当接近的。例如，其基尼系数与五分位比率的变化方向几乎完全一致，当基尼系数升高时，五分位比率也随之升高，反之亦然。唯一的一个例外情况是阿塞拜疆，其基尼系数在1995—2001年间有缓慢增长，但五分位比率却呈下降趋势。

有意思的是，在这六个基尼系数呈下降趋势的国家当中，有三个属于过渡型经济体，另外三个是受到1997年/1998年亚洲金融危机严重影响的东南亚经济体。

对于五个五分位组的人均消费支出或收入的实际增长进行考察有助于我们了解形成这种格局的驱动因素。[②] 表2.6中显示了这些不同程度的增长率。在21个经济体当中有14个，其支出/收入的最快增长一直出现在第五或最高五分位。这些经济体包括：孟加拉国、柬埔寨、中国、印度、韩国、老挝、尼泊尔、斯里兰卡、中国台湾、土库曼斯坦以及越南。相比较而言，在六个亚洲发展中经济体中，最低五分位的支出/收入增长最快，该组国家由过渡经济体（亚美尼亚、阿塞拜疆、哈萨克斯坦和蒙古）和两个东南亚经济体（印度尼西亚和泰国）组成。

我们可以看出，绝大多数亚洲发展中经济体呈现出的整体趋势是不平等的程度有所上升（至少根据前文所述的指标）。然而，基本上不平等程度的飙升并未表明富人变得更富，而穷人变得更贫困。相反，只是富人变富的速度快于较贫困的人。大多数情况下，在不平等程度呈下降趋势的国家中，要么是该经济体正处于转型期，要么是该经济体正在经历金融危机。

如果用不同的方式对不平等程度进行计量，结果会发生变化吗？以上述阿塞拜疆为例（回想一下表2.5给出的数字），两个不平等指标给

① 如第48页脚注①中所讨论的，吉尔吉斯共和国在1993年时的基尼系数非常高，这表明该国的不平等程度已大幅下降。

② 任何五分位组的人均支出/收入可以很容易通过平均人均支出/收入和支出/收入的五分位所占比例计算出来。

表2.6　　按五分位划分的人均支出/收入的年化增长率

经济体	人均支出/收入的年化增长率（百分比）					
	时期	第一五分位（最低五分位）	第二五分位	第三五分位	第四五分位	第五五分位（最高五分位）
亚美尼亚	1998—2003	5.05	3.61	2.80	2.19	2.15
阿塞拜疆	1995—2001	5.43	3.42	3.16	3.34	5.07
孟加拉国	1991—2005	0.07	-0.24	-0.08	0.27	1.60
柬埔寨	1993—2004	0.69	1.27	1.84	2.39	3.38
中国	1993—2004	3.40	4.46	5.42	6.19	7.10
印度	1993—2004	0.85	0.77	0.82	1.04	2.03
印度尼西亚	1993—2002	2.09	1.97	1.86	1.77	1.93
哈萨克斯坦	1996—2003	0.81	0.19	-0.20	-0.51	-0.63
韩国	1993—2004	2.00	3.32	3.69	3.91	4.02
老挝	1992—2002	1.47	2.22	2.85	3.40	3.82
马来西亚	1993—2004	2.26	2.65	2.72	2.68	2.23
蒙古	1995—2002	0.95	0.94	0.86	0.77	0.69
尼泊尔	1995—2003	1.92	2.04	2.56	3.32	7.23
巴基斯坦	1992—2004	-0.07	0.19	0.31	0.38	0.39
菲律宾	1994—2003	1.28	1.70	2.00	2.25	2.27
斯里兰卡	1995—2002	0.64	0.59	1.08	1.83	4.14
中国台湾	1993—2003	1.42	1.37	1.60	1.86	2.55
塔吉克斯坦	1999—2003	5.87	4.85	5.36	6.19	6.69
泰国	1992—2002	2.35	2.27	1.96	1.51	0.38
土库曼斯坦	1998—2003	6.79	6.21	5.91	5.91	7.90
越南	1993—2004	3.37	3.92	4.29	4.61	4.69

资料来源：作者的估算使用了世界银行提供的分组/汇总数据，POVCALNET；世界经济发展研究所，“世界收入不平等数据库”（中国台湾）；国家统计局出版物或个人交流资料（印度、韩国、土库曼斯坦以及越南）；由单位记录数据提供的十分位层次的分配情况（孟加拉国、马来西亚和菲律宾）。

出了相反的结果，这会使人考虑这样一个问题，即是否采用其他不平等指标分析亚洲发展中国家的不平等趋势会得出完全不同的结果呢？通过考察劳伦茨曲线就能很快对这个问题作出回答。只有当劳伦茨曲线交叉的时候才会显示出不同的趋势。表2.7列出了21个经济体的劳伦茨曲线之间的关系。图2.4则给出了选定经济体的劳伦茨曲线图。

表 2.7　　劳伦茨曲线：初始年和最近年度

劳伦茨曲线状态	经济体
最近年度位于初始年之下的	孟加拉国、柬埔寨、中国、印度、韩国、老挝、尼泊尔、巴基斯坦、菲律宾、斯里兰卡、中国台湾、塔吉克斯坦、土库曼斯坦、越南
最近年度位于初始年之上的	亚美尼亚、哈萨克斯坦、马来西亚、蒙古、泰国
交叉点	阿塞拜疆、印度尼西亚

图 2.4　劳伦茨曲线：所选经济体

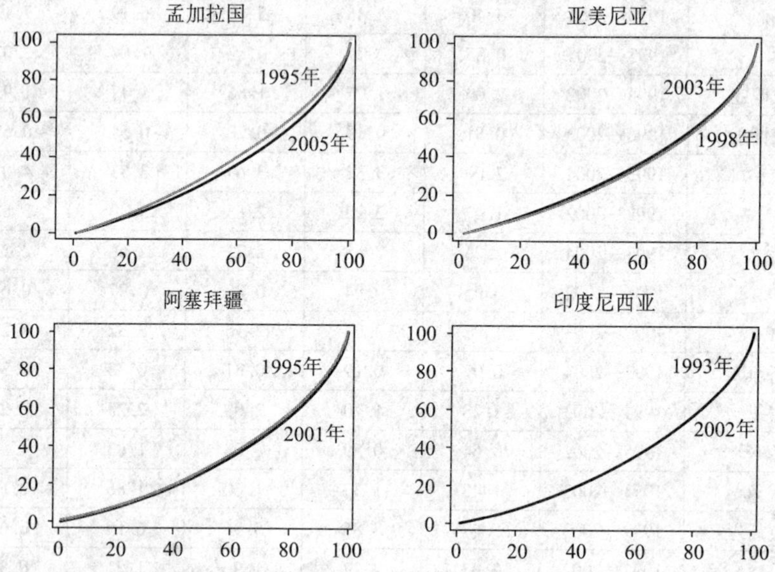

注：x 轴代表人口的累计比例（百分比）；y 轴代表人均消费的累计比例（百分比）。

资料来源：作者的估算使用了世界银行的分组/汇总数据，POVCALNET；单位记录数据产生的十分位层次的分配情况（孟加拉国）。

先以孟加拉国的劳伦茨曲线为例。2005 年的曲线位于 1991 年的曲线下方，这表明，相对不平等的全部指标都显示在 1991 年至 2005 年之间，不平等程度呈现出显著增长的趋势。绝大多数经济体的劳伦茨曲线的走向都是如此，即较近期的劳伦茨曲线都完全位于较早的劳伦茨曲线下方。[①] 第二组劳伦茨曲线的主角是亚美尼亚。我们可以看到，其劳伦

① 值得强调的是，此处的劳伦茨曲线并不基于单位层次上的记录，而是基于广义二次方程式或对分组/汇总分配数据外推得到的 β 劳伦茨曲线之上。这些一般都有助于对实际的分配进行追踪研究，除了顶端和下端的分配数据。

茨曲线与孟加拉国的完全相反，即较近期的劳伦茨曲线完全位于较早期的劳伦茨曲线上方。因此，相对不平等的全部指标都确定无疑的显示不平等程度有所减缓。最后两组劳伦茨曲线分别表现的是阿塞拜疆和印度尼西亚。其中，早期和后期的劳伦期曲线显示出有重叠/交叉的区域。图 2.5 进一步验证了这种情况，该图向我们展示了这两个国家的劳伦茨曲线之间的差异。

图 2.5　阿塞拜疆和印度尼西亚的劳伦茨曲线的差异

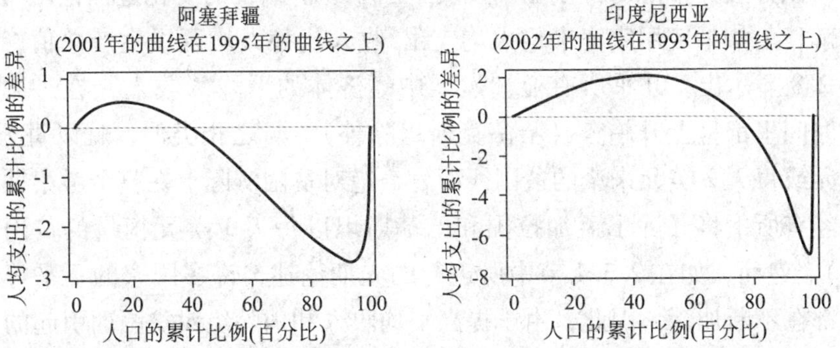

资料来源：作者的估算使用了世界银行的分组数据，POVCALNET。

2.3.2　亚洲地区的经济福祉

从上一小节中的估计值和分析中我们可以看出，许多亚洲发展中经济体的支出/收入分配在过去 10 年左右的时间里已经变得越来越不平等了。但这并不表明代表家庭或个人获得商品和各项服务的经济福祉也呈下降趋势。尽管收入或支出的分配正在变得愈发不平等，但随着时间的流逝，也可能使家庭或个人获得更多商品以及各项服务的机会，即使对于那些位于分配的最底层的人群也是如此。当我们将经济福祉这一因素纳入考虑之后发现，关注的问题就转向收入/支出分配是否已经变得“更好”上来了。

但是很明显，“更好”掺杂着价值判断。例如，对两个分配进行比较的观察者可能将自己希望身处的分配模式视为“更好”（费尔兹，2001 年）。

对两种方法进行考虑，以决定是否——及在哪些国家——分配在过去的10年当中已经变得更好。[①] 方法之一是，通过简化的社会福利函数，作为一个整体，社会经济福祉用给定的收入分配或支出分配所产生的数据来表示。例如，费尔兹（2001年）认为，一种特定形式的简化社会福祉函数包括三个变量：人均国民生产总值（GNP，代表平均收入）、作为不平等指标的基尼系数以及作为绝对贫困指标的每天1美元的贫困率。这三个变量与社会福祉之间的关系可以视为，后者随着人均收入的提高而增长，随着不平等的加剧而降低，且随着绝对贫困的增长而减少。

该方法并不能对许多亚洲发展中国家经济福祉的变化过程作出明确的解释。如果使用家庭平均人均支出/收入代替人均国民生产总值，则表2.8显示出，几乎所有亚洲发展中经济体的平均“收入”在过去这段时间里都呈上升趋势（哈萨克斯坦除外）。与之相类似，就以每天1美元或每天2美元来论的贫困线而言，绝对贫困实际上在整个考察期间已经有所下将（除了孟加拉国和巴基斯坦以每天1美元衡量的贫困以外）。然而，如在2.3.1节中所进行的先期论述，许多国家的不平等情况都在不断加深。因此，由于提高平均收入和消除绝对贫困而引起的社会福祉的提高，就会因不平等加剧而受到负面影响。

另一种确定一种分配是否优于另一种分配的方法是随机优势分析法，即分配是按社会福祉（即给定人口的福利水平）来排名。一种特别直观的随机优势是“一阶优势”。这需要检查在进行对比的过去两年中，支出或收入是否在每一分配点上均有所上升。例如，对某一给定国家的人均支出，是否2004年的分配情况在每个百分位上都高于1993年的相应百分位。如果2004年的数据至少在若干百分位上较高，且在其余的百分位也不全部处于劣势，那么可以据此推知，2004年的分配比1993年的分配具有“一阶优势”。也就是说，就收入增长的任何福祉函数而言，2004年的分配情况显示出更高水平的福利记录（并且是匿名的）。[②]

① 两种方法取决于“以成果为基础的评估标准”，即评估是基于各个国家实际的消费或收入分配之上，而非基于具体消费或收入分配增长的过程（见费尔兹，2001年）。

② 如果给定一定人口的收入分配或支出分配，社会福祉函数对一定人口的福利水平进行总体分配（如，整体人口的经济福祉指标）。对社会福祉函数有许多不同的定义方式，如将收入或支出的给定分配映射到所讨论的给定人口的福祉水平上。收入不断上升的社会福祉函数具有这样一种属性，即社会福祉随着个人收入的增加而上升（如果其他收入固定不变的话）。匿名属性仅表明福利函数取决于收入而非个人所得的细节。

一阶优势的第一次近似测定，可以通过对表 2.8 中所示的 21 个经济体中的每一个经济体在 20 世纪 90 年代和 21 世纪初的 10 年当中，五分位组的平均人均支出或收入进行对比而获得。以中国和印度为例，农村地区和城市地区分别列示。有关 21 个经济体的数据详见表 2.9。

表 2.8　　对一段时间的简化社会福祉进行评估

经济体	参考年份	年化增长率（百分比）（对数差除以初始和最后年份之间的年数）			
		来自家庭调查的平均人均支出/收入	基尼系数	每天 1 美元的贫困线	每天 2 美元的贫困线
亚美尼亚	1998—2003	2.64	-1.27	-26.05	-6.91
阿塞拜疆	1995—2001	4.21	0.72	-24.46	-5.29
孟加拉国	1991—2005	0.66	1.34	0.52	-0.31
柬埔寨	1993—2004	2.50	1.63	-2.91	-1.96
中国	1993—2004	6.23	1.35	-8.75	-4.86
印度	1993—2004	1.39	0.88	-1.60	-0.61
印度尼西亚	1993—2002	1.90	-0.02	-9.13	-2.15
哈萨克斯坦	1996—2003	-0.33	-0.61	—	-1.17
韩国	1993—2004	3.69	0.87	—	—
老挝	1992—2002	3.18	1.32	-5.06	-1.66
马来西亚	1993—2004	2.45	-0.20	—	-6.13
蒙古	1995—2002	0.79	-0.16	-2.61	-1.23
尼泊尔	1995—2003	4.78	2.85	-4.13	-2.32
巴基斯坦	1992—2004	0.31	0.24	0.36	-0.46
菲律宾	1994—2003	2.12	0.28	-3.52	-2.11
斯里兰卡	1995—2002	2.52	2.24	-4.93	-1.33
中国台湾	1993—2003	2.00	0.78	—	—
塔吉克斯坦	1999—2003	6.06	0.87	-16.90	-8.07
泰国	1992—2002	1.12	-0.97	—	-3.73
土库曼斯坦	1998—2003	6.88	0.92	-27.16	-29.60
越南	1993—2004	4.43	0.55	-10.75	-4.84

— = 无相关数据。

注：初始年份的贫困估计值在韩国和中国台湾非常低/非常不明显。基础数据和贫困线用 1993 年购买力平价美元表示。

资料来源：作者的估算使用了世界银行提供的分组/汇总数据，POVCALNET；世界经济发展研究所，“世界收入不平等数据库”（中国台湾）；国家统计局出版物或个人交流资料（印度、韩国、土库曼斯坦以及越南）；由单位记录数据提供的十分位层次的分配情况（孟加拉国、马来西亚和菲律宾）。

表 2.9 按五分位组划分的每月平均人均支出/收入（1993 年购买力平价美元）

经济体	时期	人均支出/收入									
		第一五分位		第二五分位		第三五分位		第四五分位		第五五分位	
		初始年份	最后年份	初始年份	最后年份	初始年份	最后年份	初始年份	最后年份	初始年份	最后年份
亚美尼亚	1998—2003	35.65	45.57	54.13	65.27	72.68	83.56	98.02	109.76	207.68	231.60
阿塞拜疆	1995—2001	29.45	40.80	50.60	62.13	69.97	84.58	95.00	116.11	179.38	243.16
孟加拉国	1991—2005	21.56	21.78	31.15	30.11	39.74	39.31	50.72	52.66	87.45	109.48
柬埔寨	1993—2004	24.88	26.84	34.77	39.97	44.61	54.61	59.13	76.94	130.36	189.09
中国（农村）	1993—2004	19.70	27.17	28.58	42.03	37.46	58.15	49.65	81.63	91.32	177.68
中国（城市）	1993—2004	55.85	90.80	83.15	143.47	107.99	194.55	140.12	264.14	233.80	500.93
中国	1993—2004	21.59	31.38	33.90	55.37	49.06	89.03	76.27	150.68	163.40	356.71
印度（农村）	1993—2004	18.83	20.67	26.37	28.57	33.24	35.85	42.57	46.12	75.95	90.26
印度（城市）	1993—2004	25.15	27.11	37.53	41.60	50.74	57.87	69.39	81.47	136.25	171.70
印度	1993—2004	19.81	21.76	28.21	30.71	36.40	39.85	48.43	54.30	96.03	120.00
印度尼西亚	1993—2002	28.42	34.31	40.17	47.94	53.44	63.20	72.90	85.49	147.94	175.95
哈萨克斯坦	1996—2003	50.52	53.47	84.73	85.84	120.43	118.80	169.51	163.61	313.37	299.85
韩国	1993—2004	238.99	297.75	378.42	545.13	493.85	741.23	634.87	975.58	1 046.44	1 629.17
老挝	1992—2002	19.77	22.90	26.75	33.39	33.67	44.79	43.53	61.17	84.39	123.61

续表

经济体	时期	人均支出/收入									
		第一五分位		第二五分位		第三五分位		第四五分位		第五五分位	
		初始年份	最后年份	初始年份	最后年份	初始年份	最后年份	初始年份	最后年份	初始年份	最后年份
马来西亚	1993—2004	51.39	65.87	82.81	110.80	119.51	161.15	174.66	234.52	396.70	507.18
蒙古	1995—2002	29.40	31.41	48.01	51.28	66.84	71.00	92.14	97.23	162.68	170.76
尼泊尔	1995—2003	20.57	23.99	30.64	36.07	41.44	50.85	57.37	74.83	127.45	227.26
巴基斯坦	1992—2004	33.03	32.77	44.45	45.47	56.11	58.22	72.19	75.59	139.28	145.98
菲律宾	1994—2003	26.66	29.92	42.60	49.65	62.63	74.95	94.36	115.59	222.35	272.64
斯里兰卡	1995—2002	35.43	37.04	52.19	54.40	69.98	75.46	95.04	108.00	189.23	252.84
中国台湾	1993—2003	250.59	288.94	456.65	523.86	621.24	728.90	818.14	985.78	1 354.57	1 748.07
塔吉克斯坦	1999—2003	27.76	35.11	44.59	54.13	58.90	72.98	76.75	98.33	138.04	180.43
泰国	1992—2002	36.45	46.12	56.78	71.22	84.04	102.20	129.64	150.70	342.88	356.13
土库曼斯坦	1998—2003	65.55	92.03	109.14	148.87	157.98	212.35	229.47	308.32	516.34	766.41
越南	1993—2004	23.60	34.19	34.18	52.64	45.72	73.31	62.27	103.42	127.36	213.43

资料来源：作者的估算使用了世界银行提供的分组/汇总数据，POVCALNET；世界经济发展研究所，“世界收入不平等数据库”（中国台湾）；国家统计局出版物或个人交流资料（印度、韩国、土库曼斯坦以及越南）；由单位记录数据提供的十分位层次的分配情况（孟加拉国、马来西亚和菲律宾）。

只有少数几个国家的近期的分配与较早期的分配相比不具有一阶优势。因此，即使是在尼泊尔这个在1995—2003年期间基尼系数增长了将近10个百分点的国家，其每个五分位组的人均支出也高于早期的相应数值。例如，其第一五分位组在1995年的人均支出是每月20.6美元(1993年购买力平价消费美元)，到2003年则上升至23.8美元。

较近期的分配与较早期的分配相比未能显示出一阶优势的国家包括：孟加拉国、哈萨克斯坦和巴基斯坦。正如对1991年和2005年人均消费支出进行调查的结果显示的，孟加拉国的第二和第三五分位人群在支出方面略有下降。较近期的分配与较早期的分配相比，其他几乎未能显示出一阶优势的是1993年和2004年之间的印度农村地区以及1995年和2002年之间的斯里兰卡。

图2.6向我们展示了检查一阶优势的图形化手段。这使得对两个（或多个）分配的“分位数”函数（即描绘每一个分位的收入或支出的曲线）所处的相对位置进行比较成为可能。图中给出的是选定国家的曲线图，包括阿塞拜疆、印度和中国的农村地区、孟加拉国、尼泊尔、印度尼西亚、菲律宾以及越南，其中阿塞拜疆1995年和2001年的劳伦茨曲线出现交叉（正如前文所述）。

对这些分位数函数的结果进行解释时不可太过草率，不过分析结果确实验证了其他削减数据体现出来的两个特征。首先，支出水平在分配的所有分配点上都有所提高，因此，与较早的分配相比，大多数亚洲发展中国家较近期的分配显示出一阶优势。第二，位于分配较低端的支出的增长在许多情况下相对较低。这表明较贫困的家庭参与整体增长和/或从整体增长当中受益的程度要低于较富裕的家庭。这是一种“绝对”情形下的例子——我们只需对位于分配的较高端的分位数函数之间的较大差距进行比较；对于许多亚洲发展中经济体在“相对”情况下也是如此（如在对表2.5的讨论中已经提到的）。

2.3.3 消除贫困：与不平等和增长之间的关系

上述对贫困进行的分析和讨论说明了什么？在过去近10年中，大多数亚洲发展中经济体各个阶层的支出水平都有所提高。这表明，如果从广义程度来衡量的话，无论使用哪条贫困标准，贫困状况都处于下降

图 2.6　选定经济体的分位数函数，20 世纪 90 年代与 21 世纪头 10 年相比

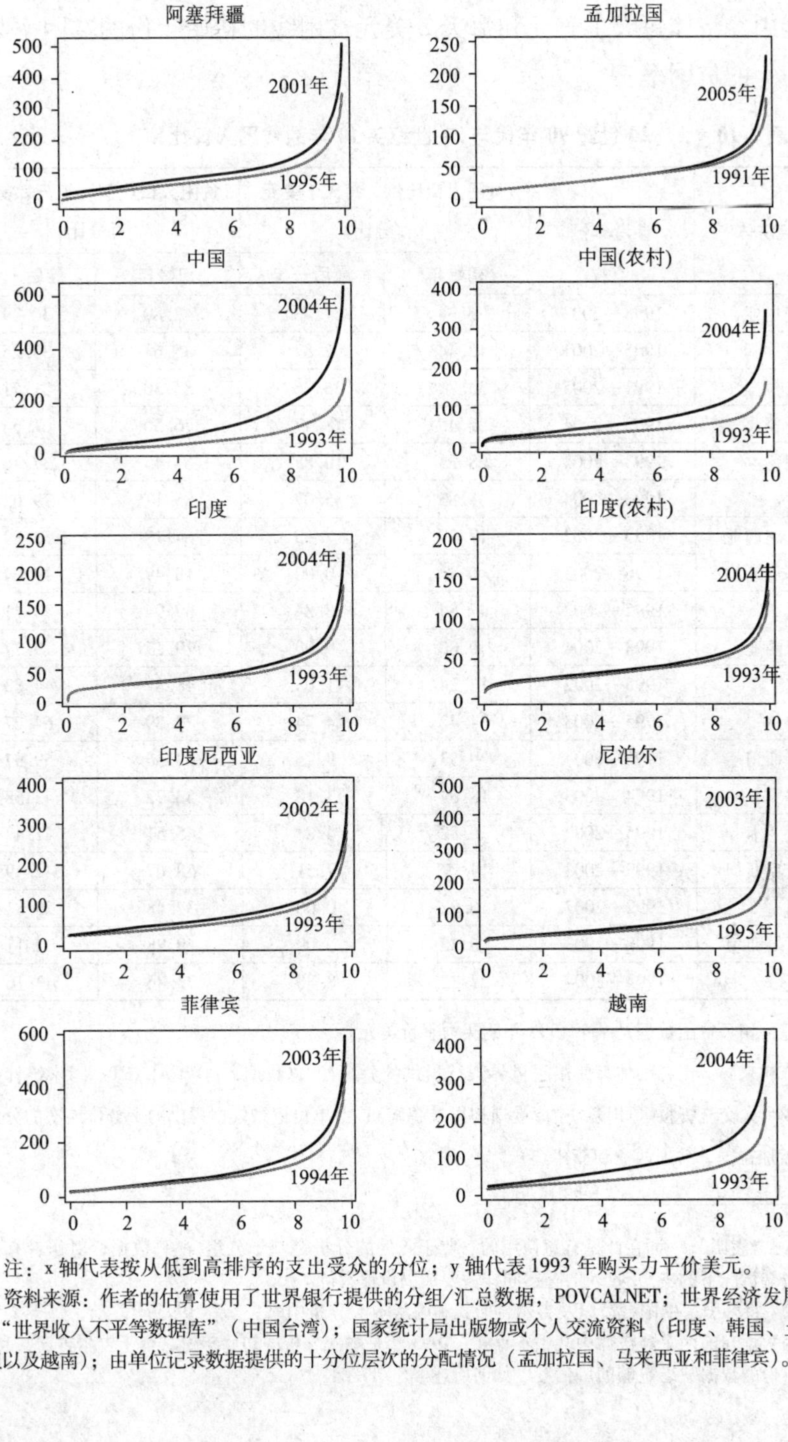

注：x 轴代表按从低到高排序的支出受众的分位；y 轴代表 1993 年购买力平价美元。

资料来源：作者的估算使用了世界银行提供的分组/汇总数据，POVCALNET；世界经济发展研究所，“世界收入不平等数据库”（中国台湾）；国家统计局出版物或个人交流资料（印度、韩国、土库曼斯坦以及越南）；由单位记录数据提供的十分位层次的分配情况（孟加拉国、马来西亚和菲律宾）。

趋势。① 这确切反映了表 2.10 中所阐释的情形，该表展示了 19 个亚洲发展中经济体每天 1 美元和每天 2 美元贫困线的初始年份的贫困率与最后一年的贫困率。②

表 2.10　　20 世纪 90 年代与 21 世纪头 10 年的贫困人口比率

经济体	参考年份	贫困人口比例，每天 1 美元（百分比）		贫困人口比例，每天 2 美元（百分比）	
		初始年	最后一年	初始年	最后一年
亚美尼亚	1998—2003	6.38	1.73	42.80	30.29
阿塞拜疆	1995—2001	12.44	2.87	45.67	33.25
孟加拉国	1991—2005	33.71	36.26	85.30	81.71
柬埔寨	1993—2004	25.45	18.47	76.50	61.66
中国	1993—2004	28.33	10.82	64.45	37.76
印度	1993—2004	41.83	35.07	85.11	79.63
印度尼西亚	1993—2002	17.39	7.65	64.19	52.89
哈萨克斯坦	1996—2003	0.42	0.00	18.49	17.04
老挝	1992—2002	47.84	28.84	89.94	74.41
马来西亚	1993—2004	0.00	0.00	19.17	9.77
蒙古	1995—2002	13.24	11.03	48.87	44.83
尼泊尔	1995—2003	34.42	24.74	77.39	64.27
巴基斯坦	1992—2004	9.33	9.75	63.36	59.97
菲律宾	1994—2003	18.09	13.18	52.72	43.58
斯里兰卡	1995—2002	6.82	4.83	45.51	41.47
塔吉克斯坦	1999—2003	14.77	7.51	58.67	42.49
泰国	1992—2002	6.02	0.00	37.48	25.81
土库曼斯坦	1998—2003	0.35	0.09	9.28	2.11
越南	1993—2004	27.32	8.38	73.46	43.16

注：相关贫困数据是基于 1993 年购买力平价美元。

资料来源：作者的估算使用了世界银行提供的分组/汇总数据，POVCALNET；国家统计局出版物或个人交流资料（印度、土库曼斯坦以及越南）；由单位记录数据提供的十分位层次的分配情况（孟加拉国、马来西亚和菲律宾）。

---

① “表明”一词在此是有意使用的。鉴于此处的分析是基于分组/汇总数据，对作者有关分配的极端情况下的支出/收入的陈述同样需要加以审慎看待。

② 将韩国、中国台湾以及吉尔吉斯共和国从本次分析中略去。在 1993 年之前，每天 2 美元的贫困数据在前两个经济体中几乎不存在；1993 年是本次分析的初始年份。至于吉尔吉斯共和国，初始年份的数据缺乏足够的可信度，如前所述。

毫无疑问，各个经济体贫困下降的程度相去甚远。能对下降率的差异进行解释的一个关键因素是总量增长。图 2.7 显示出所选国家中贫困率的变化随总量增长的两个可替代指标（即人均国内生产总值以及家庭平均人均支出）变化的情况。

图 2.7　增长与消除贫困：每天 2 美元的贫困线

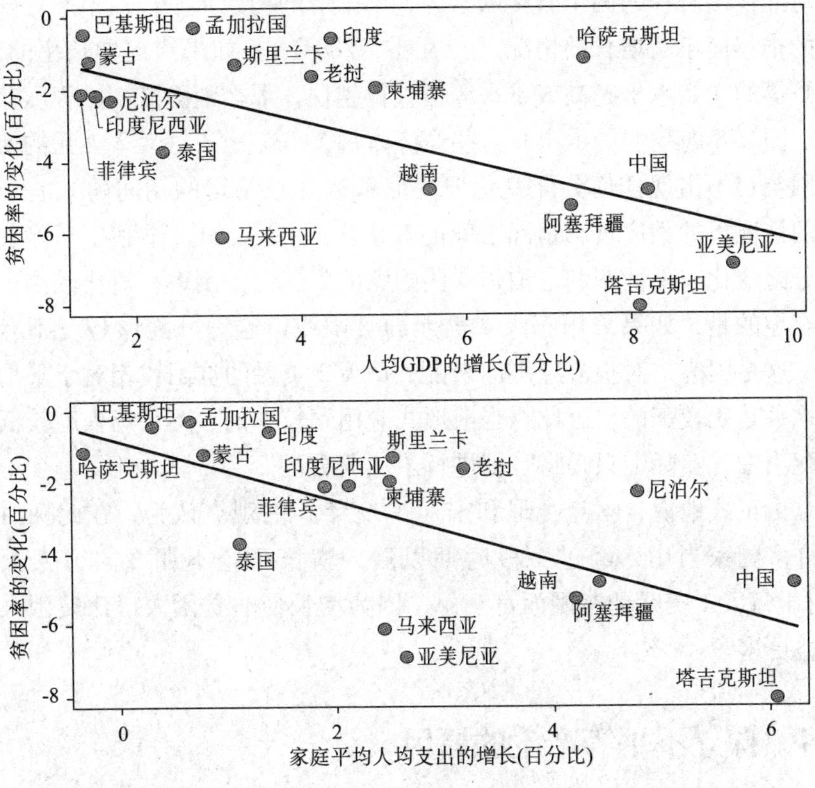

GDP = 国内生产总值。

注：基础数据使用的是每天 2 美元的贫困线，基于 1993 年购买力平价美元（估计值中不包括韩国、吉尔吉斯共和国、中国台湾和土库曼斯坦）。每个国家的参考年份如下：亚美尼亚（1998—2003 年）、阿塞拜疆（1995—2001 年）、孟加拉国（1991—2005 年）、柬埔寨（1993—2004 年）、中国（1993—2004 年）、印度（1993—2004 年）、印度尼西亚（1993—2002 年）、哈萨克斯坦（1996—2003 年）、老挝（1992—2002 年）、马来西亚（1993—2004 年）、蒙古（1995—2002 年）、尼泊尔（1995—2003 年）、巴基斯坦（1992—2004 年）、菲律宾（1994—2003 年）、斯里兰卡（1995—2002 年）、塔吉克斯坦（1999—2003 年）、泰国（1992—2002 年）以及越南（1993—2004 年）。

资料来源：作者的估算使用了世界银行提供的分组/汇总数据，POVCALNET；国家统计局出版物或个人交流资料（印度和越南）；由单位记录数据提供的十分位层次的分配情况（孟加拉国、马来西亚和菲律宾）。

在这两个国家当中，总量增长与消除贫困状况密切相关。然而，用家庭平均支出而非国内生产总值的增长进行衡量时，两者之间的关系更为密切。从而反映出这样一个事实，人均国内生产总值的变化与家庭支出的变化之间并非是如影随形的。

但是，即使是相同的增长率也可能与消除贫困的不同速度相联系。能对此作出解释的两个直接因素为，不平等的初始水平以及不平等随时间的推移而不断增长的情况（拉瓦雷，2004b）。如果给定增长率的话，不平等的初始水平越高或不平等增长得越快，那么消除贫困的程度就越低。图 2.8 向我们展示出，这些经济体每天 1 美元和每天 2 美元的实际贫困与在不出现任何分配变化但基尼系数（在给定的期间内）有所上升的情况下的相应贫困情况之间的对比。① 可以看出，不利于消除贫困的分配变化在柬埔寨和尼泊尔这些国家的 1 美元贫困率相对比较高。颇为有趣的是，如果采用每天 2 美元的贫困线，这种分配形势就不存在了。这是因为，对很多经济体来说，每天 2 美元的贫困线相对于平均支出水平是比较高的，因此将当前形式应用到较早的、不平等程度较低的分配当中，实际上只是将贫困进行了“再分配”。

更正式地说，喀克瓦尼和宋（2009 年）的观点认为，在此探讨过的许多国家当中，经过一段时期以后，增长已经不那么向穷人倾斜（对于每天 1 美元的贫困而言）了，因为增长使非贫困人口比贫困人口受益更多。

2.4　探寻不平等产生的原因

2.3 节中所讨论的内容强调了亚洲发展中国家的下列不平等情况。首先，支出/收入的相对不平等指标在过去 10 年左右已经大幅度上升。绝对不平等——就最高五分位与最低五分位群体之间人均支出/收入的差距而言——从各个方面都有所提高。其次，在相对不平等已经加剧的

① 值得注意的是，如果保持平均消费支出/收入不变，在基尼系数与贫困的变化当中不存在一对一的单一关系。两者之间的确切关系取决于贫困线与给定分配的关系，以及随着时间的推移分配发生变化的具体形式。然而在大多数情况下，基尼系数的实际增长都与平均人均消费支出在给定增长情况下的贫困率的增长有关。

图 2.8　贫困人口比率（百分比）

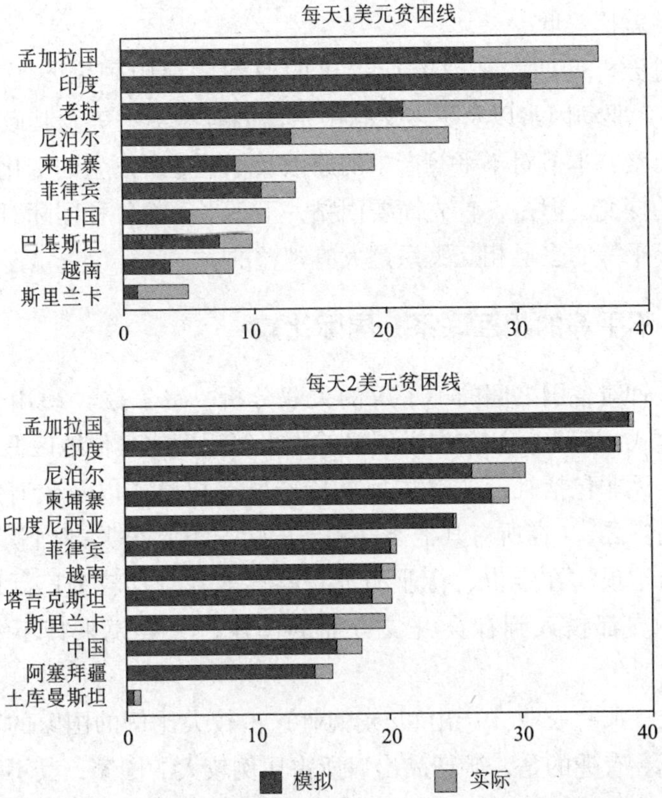

注：相关贫困数据是基于1993年购买力平价美元。贫困率针对下列年份：阿塞拜疆（2001年）、孟加拉国（2005年）、柬埔寨（2004年）、中国（2004年）、印度（2004年）、印度尼西亚（2002年）、老挝（2002年）、尼泊尔（2003年）、巴基斯坦（2004年）、菲律宾（2003年）、斯里兰卡（2002年）、塔吉克斯坦（2003年）、土库曼斯坦（2003年）以及越南（2004年）。模拟贫困率根据支出分配计算得出、针对下列年份：阿塞拜疆（1995年）、孟加拉国（1991年）、柬埔寨（1993年）、中国（1993年）印度（1993年）、印度尼西亚（1993年）、老挝（1992年）、尼泊尔（1995年）、巴基斯坦（1992年）、菲律宾（1994年）、斯里兰卡（1995年）、土库曼斯坦（1998年）以及越南（1993年）。

资料来源：作者的估算使用了世界银行提供的分组/汇总数据，POVCALNET；世界经济发展研究所，"世界收入不平等数据库"（中国台湾）；国家统计局出版物或个人交流资料（印度、韩国、土库曼斯坦以及越南）；由单位记录数据提供的十分位层次的分配情况（孟加拉国、马来西亚和菲律宾）。

大部分经济体中，分配当中的各个点的支出/收入都有所提高，因而经济福祉得到了改善。第三，持续加深的不平等相当引人注目，因为它部分地反映了贫困人口支出和收入的增长放慢——而该群体的消费和收入从一开始就比较低。

通过分析近期实证研究所提供的亚洲发展中国家不平等的近似（或直接）驱动因素以及更多文献中指出的有关不平等及其政策和结构性驱动要素，本节对不平等产生的原因及不平等所发生的变化进行了较深层次的探究。但是，首先简要回顾一下不平等的各种国际对比中所反映出的不平等的多层相互关系是大有裨益的。

2.4.1 不平等的相互联系：国际比较

借鉴针对各国之间的不平等的关联分析，费尔兹（2001 年）指出了几种模式。首先，社会主义国家的不平等程度比其他地区低很多。究其原因，无非包括社会主义国家的资产所有权模式以及政府的支出模式。推而广之，（在所有其他条件相同的情况下）公共部门就业比例较大、政府干预（在定价、行业和贸易监管等方面）较为广泛以及将大量公共开支都投入到社会开支方面的国家，一般说来其不平等程度较低。

第二，那些农业（产出和/或就业）占较大比例的国家的不平等程度比较低。有趣的是，矿产品出口所占比例较大的国家，其不平等程度更为严重。该结果很有可能是由矿产资源所有权的不平等性以及生产的资本密集性所导致。

第三，经济的二重性指标，即具有类似特征的劳动者因从业于不同的经济部门而导致薪酬出现巨大的差距，这似乎也与不平等相关联。例如，非农业劳动生产率与农业生产率的比值（代表二重性的程度）更高，该比值通常与较高的不平等程度有关系。

第四，具有较高的资产不平等的国家，其收入不平等情况也通常比较严重。原则上，资产不平等有几种类型——例如，在土地分配或获得土地方面、金融资本方面，或人力资本（从教育/培训和经验中获得）等方面的不平等。从传统上说，在发展中国家的背景下，收入不平等的一个重要关联因素是土地不平等。

通过教育所获得的人力资本的影响更为复杂。从理论上说，不平等程度的加剧或降低是否由于教育的发展引起取决于对不同程度的教育的供应和需求的发展变化。从实证角度看，使用截至 20 世纪 80 年代的数据展开的各项研究表明，较高的识字率和教育率与较低程度的不平等密切相关（在其他因素保持不变的情况下），而最近的数据所反映的结果如何还尚待进一步厘清。一份关于劳动力调查的数据分析显示，在包括印度和菲律宾在内的几个国家，受过大学教育的人与教育程度较低的人相比，其收入差异随着时间的推移而逐渐加大——该现象被描述为在教育回报方面的不断增强的“中凸”现象（亚洲开发银行，2007a 和 2007c）。中国（朴东炫等人，2004 年）、尼泊尔（世界银行/英国国际发展部/亚洲开发银行，2006 年）、泰国（亚洲开发银行，2007a）以及越南（阮等人，2007 年）也有此种现象发生。当然，“中凸”的不断增多并不表明不平等将一直呈上升趋势，而如果所有其他条件都相同的话，不平等就会出现上升。

2.4.2　亚洲发展中国家的不平等：近似动因与政策动因

A. 近似动因：增长中的不均衡

正如乔杜里和拉瓦雷（2007 年）所指出的，对许多国家的不平等不断扩大加以思考的一种有效方式是通过分析其增长是否不均衡，以及在哪些维度上出现不均衡。乔杜里和拉瓦雷重点对中国和印度进行分析。他们指出，不均衡增长的表现形式有三种：（1）中国各省和印度各邦之间；（2）从部门上来说，由于农业的增长落后于第二和第三产业，其结果是，城市收入的增长快于农村收入的增长；（3）在家庭层面上，位于分配顶端的收入比位于中间和/或底端的收入增长要快。

如果通过上述角度进行调查，那么第 2.3 节的分析表明了什么？在第 2.3 节所述的有关中国的汇总数据确实与上述观点一致。尽管这些数据不能明确区分各省差异，但表明了农村地区和城市地区人均支出的显而易见的差异，以及位于分布顶端的支出/收入的迅猛增长（回想表 2.5 以及图 2.6 所显示的介绍中国情况的两个图表）。

使用有关中国 1985—2005 年收入分配的分组数据，林等人在第 11 章中告诉我们，就名义收入而言，造成目前的不平等局面以及研究期间内不平等的持续加剧的主要原因之一是农村家庭和城市家庭之间在平均收入方面的差距。与此同时，城市家庭间收入增长的不均衡也成为导致近期不平等不断加剧的突出原因（如2001—2005年）。从图2.9（a）中可看到这些规律，该图将由泰尔指数所计量的国家不平等，即广义熵为（1）时，分解为1990年至2005年期间每一个农村部门和城市部门内部的不平等以及农村各部门和城市各部门之间的不平等。从图2.9（b）中可以看出，虽然在使用实际收入值时，每一个部门的相对贡献都发生了变化，但在城乡之间的不平等以及城市内部的不平等仍然赫然在目。

图2.9　中国不平等情况分解图，1990—2005年

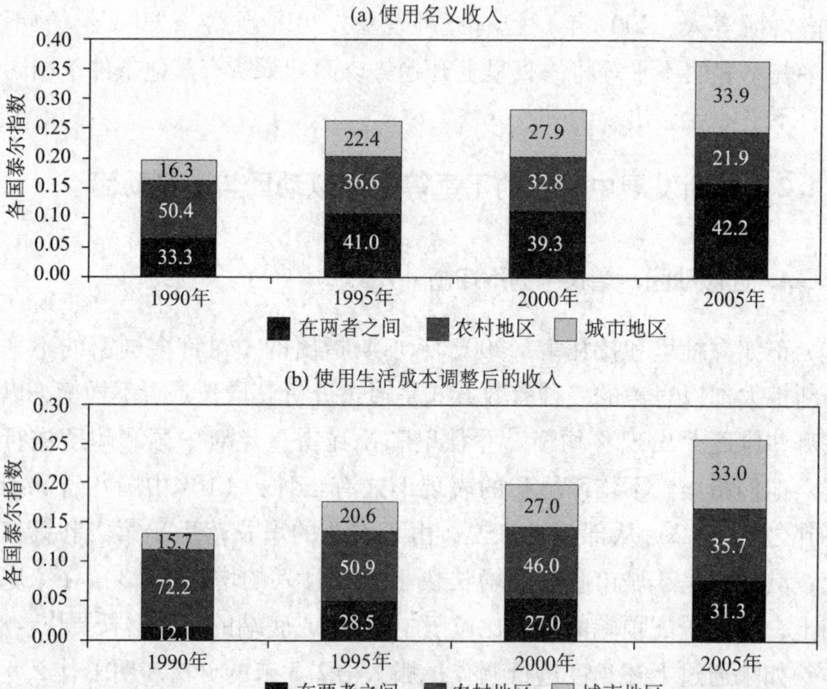

注：柱状图中每个柱形内数字的总和为100%。

资料来源：请参见图11.8，本书第11章。

以上诸种分析同样适用于越南。在一定期间，城乡支出差距不断扩大。全国有代表性的家庭开支统计调查的数据显示，在1993年，城市地区每月的平均人均支出几乎是农村地区的两倍（以2002年的价格水平计，是310 500比157 800盾）。在接下来的九年中，城市地区的人均支出每年增长 5.6%，而农村地区的相应数字降低了两个百分点。

此外，区域性差异和城乡差异都是引起基尼系数所表示的不平等不断加深的主要原因。还可以使用费尔兹（2003 年）创建的以回归为基础的分解技术来进行分析，以确定可观察到的各种家庭特征在多大程度上成为导致不平等的因素。

表 2.11 中的前两列数据描述了各种可观察到的家庭特征在 1993—2002 年期间的基尼系数中所起的作用。R 的平方表示，所述的家庭特征对导致 1993 年和 2002 年的不平等所起到的作用分别为 32% 和 47%。家庭处于农村抑或是城市以及家庭所居住的区域对导致不平等所起到的作用超过了 50%。

表 2.11　家庭特征对于解释消费支出的不平等以及基尼系数的变化所起的作用（百分比）：越南

家庭特征	1993 年	2002 年	对基尼系数的变化所起到的作用（1993—2002 年）
年龄[a]	5.8	3.3	-2.1
性别[a]	3.0	2.2	2.1
生产部门	19.4	15.4	18.8
农村/城市	26.9	30.5	81.3
教育[a]	19.6	28.2	94.3
区域	25.3	20.4	27.1
剩余的			-121.5
R 的平方	0.32	0.47	
对数方差	0.32	0.37	
基尼系数	33.25	36.11	
基尼系数中的变化			2.86

a 指户主的特征。

注：分类变量的作用是累计的，通过对构成变量的作用进行总结获得（如，教育的作用是基于四个教育类别；生产部门的作用是基于三个行业类别；年龄由两个术语组成，年龄与年龄的平方）。

资料来源：亚洲开发银行（2007c，表 5.9）。

然而，从该表的最后一栏可以看出——该栏描述了各种家庭特征对于基尼系数在 1993—2002 年之间的变化所起的作用——这两个因素占基尼系数在 1993—2002 年之间增长的 2.9 个百分点的 108.4%。换言之，如果其他因素（主要是不明显的）对于扼制不平等程度的加剧不起作用的话，那么，由于区域差异和城乡差异的共同作用，基尼系数的增长将会比实际增长的幅度大得多。与此同时，家庭之间教育程度的差异也是与基尼系数增长有关的唯一最重要的家庭特征。

对于其他国家的研究也表明，跨部门和地区的不均衡增长是加剧不平等的重要推手。我们在第2.3节中看到，柬埔寨的基尼系数在1993—2004年期间经历了大幅增长，而最近一项研究突出表明，该国农业部门和非农业部门之间的不均衡增长，以及农村地区相对于城市地区而言较低的增长，都是导致不平等不断加深的关键动因（世界银行，2006年）。正如该研究所指出的，绝大多数柬埔寨的劳动力都在农业部门就业；而该部门的较低增长限制了收入的提高。实体基础设施的匮乏（尤其是与灌溉和交通有关的基础设施）、日趋严重的无地可用的现状以及公共财产资源的可用性和可获得性的日益下降都成为了导致增长水平滞后的原因。

尼泊尔的情况与之相类似。第2.3节中所纪录的不平等大幅上升的情况表明，城市地区和农村地区的增长非常不均衡（世界银行/英国国际发展部/亚洲开发银行，2006年）。尽管在1995年/1996年和2003年/2004年之间，城市地区的人均实际支出增长了42%，而农村地区仅增长了27%。由于农村地区以较低的支出/收入为起点，而这种较低的增长率只会大幅扩大城乡差距。与之类似，虽然在加德满都、西部丘陵农村和特莱地区东部，人均实际支出都提高约30%，但在东部丘陵农村仅提高5%左右。最后，不断扩大的不平等的一个重要层面体现在较高的教育程度以及高技能职业（及在制造业和服务业方面的自营职业）的就业所带来的回报的显著提高。高技能专业人员以及制造业和服务业中的自营职业者在总人口中所占比例仅略超过10%。因此，这也解释了尼泊尔的不平等程度迅速飙升的主要原因。

从更广义的角度来说，在亚洲发展中国家，与工业和服务业的增长率相比，农业部门的增长率一直以来受到更大的限制。表2.12表明，在10个亚洲发展中经济体中，1991—2005年的平均年增长率比1980—1990年的增长率有所下降。而1991—2005年，在一半此类经济体当中，工业和服务业的增长率有所增长。

表 2.12　　按部门划分的增加值总额的增长率（百分比），1980—1990 年和 1991—2005 年

经济体	农业		工业		服务业	
	1980—1990 年	1991—2005 年	1980—1990 年	1991—2005 年	1980—1990 年	1991—2005 年
孟加拉国	2.32	2.98	4.79	7.11	3.74	4.88
中国	5.54	3.85	10.00	12.67	11.78	10.11
印度	4.40	2.74	6.89	6.20	6.39	7.93
印度尼西亚	3.98	2.42	7.77	5.11	7.28	5.08
马来西亚	3.07	1.63	7.12	7.26	6.81	6.79
尼泊尔	3.79	2.77	7.40	5.68	3.46	5.35
巴基斯坦	4.30	3.81	8.03	5.01	6.56	4.79
菲律宾	1.44	2.48	1.03	3.08	3.66	4.41
斯里兰卡	2.93	1.43	4.53	5.55	5.23	5.62
泰国	3.70	1.75	9.82	6.43	7.60	4.06

资料来源：世界银行，《世界发展指标》在线。

以其本身而言，亚洲发展中国家的这两个增长特点都不存在问题。确实如此，工业和服务业的较快增长对于经济发展和结构转型都是不可或缺的。但是，当总就业中大部分比例是农业就业且生产率较低时，问题就浮出水面了。因此，在亚洲的绝大部分发展中经济体当中，包括那些人口数量非常大的经济体（如孟加拉国、中国、印度、印度尼西亚以及巴基斯坦），农业在总就业当中仍然占有 40% 或更大的比例，且与工业和服务业相比，生产力水平非常低（如表 2.13 所示）。

B. 政策与结构动因

究竟有哪些政策因素和结构因素能够对目前的不平等的增长格局作出解释呢？在此种格局之下，城市地区的增长超过了落后区域，城市收入超过农村收入，教育程度较高者的收入超过了未受过大学教育的人的收入。

对于全国范围内不平等的相关因素展开讨论（如在第 2.4.1 节），主要侧重于不同程度的不平等产生的原因。但是，这也为引起不平等程

表 2.13　　按部门划分的每个工作者的增加值以及农业就业所占比例：若干亚洲发展中经济体

地区/经济体	年份	农业就业的比例（百分比）	每个工作者的附加值（2000 年定值美元）		
			农业	工业	服务业
中亚					
阿塞拜疆	2001	39.3	635	5 993	1 098
哈萨克斯坦	1999	33.5	1 142	5 376	2 198
吉尔吉斯斯坦	1999	52.7	494	1 676	644
塔吉克斯坦	1997	—	410	1 095	1 031
乌兹别克斯坦	1999	—	1 171	1 585	1 556
东亚					
中国	2002	44.1	600	4 961	5 080
韩国	2004	7.9	12 302	38 978	22 775
蒙古	2003	40.2	516	1 686	1 396
东南亚					
柬埔寨	2004	60.3	412	1 685	1 116
印度尼西亚	2004	44.0	748	5 111	2 153
马来西亚	2004	14.8	6 606	17 317	7 882
菲律宾	2004	37.0	1 134	5 728	3 130
泰国	2004	42.6	1 028	9 163	5 407
越南	2004	57.9	367	2 251	1 509
南亚					
孟加拉国	2003	51.7	389	1 772	1 389
印度	1999	60.8	432	1 602	2 039
尼泊尔	1998	76.1	270	1 061	1 292
巴基斯坦	2002	42.1	929	1 823	2 383
斯里兰卡	2003	34.3	1 334	2 714	3 389

– = 无相关数据。

资料来源：亚洲开发银行（2005 年）；世界银行，《世界发展指标》在线。

度不断加剧的政策变化提供了有益的线索。例如，在社会主义国家当中，不平等的程度最低，而这也表明其正处于向市场经济体过渡的时期，且公共部门职能的不断弱化也将增加不平等程度扩大的压力。与之相类似，当农业在产出或就业当中占有较大比例而不平等程度较低时，那么其他部门的迅速增长（如表 2.12 所示）就会与不平等的某些上升趋势有关。

下面对可能导致所述不平等增长的主要政策动因，从三个维度展开了简要讨论。这些相关问题的复杂性意味着该讨论的非确定性。

(1) 忽视农业

与工业和服务业及与 20 世纪 90 年代前的农业的增长相比，农业的增长相对较慢，这在一定程度上解释了部门之间（农村/城市、农业/非农业）增长的不均衡性。此外，亚洲的许多发展中国家当中的大部分贫困人口都主要依靠农业获取生活来源，因此农业的缓慢增长也说明贫困人口的收入/支出的增长也相对较慢。

目前，这种增长模式的具体成因在各个国家之间存在差异。然而，似乎各国之间还存在一些共同特征，如在农村基础设施方面的公共投资有所下滑、为开发和推广新的农业技术所投入的资源未分配到位以及自然资源的迅速耗竭。在一些国家中，使私营投资远离农业的政策环境似乎进一步恶化了公共投资不足的状况。

(2) 过渡时期

在 20 世纪 80 年代和 90 年代，该地区许多国家经济形势的一个重要特征是，从社会主义和强大的公共部门起主导作用转向更多地依赖市场这一重大转变。公共企业私有化、贸易自由化、放松对产业关系的管制以及废除行政定价制度在各个国家已经大行其道，其中包括中国、越南以及许多中亚共和国（甚至包括一些非社会主义国家，尤其是印度）。

我们不应当为之惊讶的是，所有这些措施所产生的实际效应为处于这个过渡时期的许多国家的不平等都有所上升。例如，在中国，从 20 世纪 50 年代后期至 70 年代后期，城市地区的所有工作者的工资是由人事劳动局来决定的。工厂的工人和技术人员有八个不同的级别，而行政和管理工作者有 24 个级别。工资的上涨与就职资格直接挂钩，且工资的各个级别之间的差异相当小（张等人，2005 年）。在 20 世纪 80 年代初期至中期，中国的城市部门经历着从中央计划管理体制逐步过渡到市场主导型体制来指导生产、就业以及工资设定决策。例如，工资分配可以遵从各种利润分享安排，而经济特区的创建也催生了一系列新型企业，它们在生产和劳工问题上拥有更多自主权（陶，2006 年）。

教育的收益率，尤其是大学或大专教育的收益率，似乎与这些体制变化相呼应。基于中国六个省所提供的数据，通过明瑟收益回归对各省的教育收益率进行估计，张等人（2005 年）的分析表明，例如，大学的教育收益率与中学相比，从 1988 年的 12% 上升至 2001 年的 37%。[①] 收益为何如此显著？经过对各方观点（包括贸易和外国直接投资的可能作用）的评议，张等人得出结论，在生产和劳工问题上，中央计划型的决策机制让位于市场主导型的决策机制是决定性因素。总体上，随着越南在 1986 年以后引入了以市场为导向的改革（又称为革新开放）后，也经历了与中国相当近似的过程（阮等人，2006 年）。

（3）以市场为导向的改革与国际一体化

从更广义上来说，该地区的所有经济体都在近年来经历了各种各样的以市场为导向的改革，且将其自身与国际经济融合得更密切，但中国香港和新加坡是两个例外——这两个经济体在过去的至少几十年当中，已经率先采取了非常开放且以市场为导向的政策。

但是以市场为导向的改革与国际一体化是如何导致增长的不均衡并将对（收入）不平等产生怎样的影响呢？上文已经对转型经济体的具体影响方式加以讨论，即工资确定由中央计划型模式转向由市场力量来确定，是导致家庭收入增长不均衡的一个明显动因。除此之外，这些途径还变得越来越复杂，以市场为导向的改革使得经济决策从公共部门转向私营部门，且这些改革受到国内产业政策的放松管制以及私有化等的影响。而以市场为导向的改革还可以包括贸易和投资自由化以及金融自由化。[②] 贸易与投资自由化对于使亚洲发展中国家融入全球经济尤为重

① 技校与高中相比以及高中与初中相比，其教育收益率也有所提高。然而，初中与小学相比，其收益率却未呈现出稳定趋势。

② 贸易自由化主要涉及将贸易的非关税壁垒（例如，数量限制、业绩要求以及自愿出口限制等）替代为关税壁垒，且随着时间的推移逐渐减少这些关税壁垒。相比较而言，投资自由化则主要涉及消除对私营机构作出的投资决定所施加的种种限制，既针对国内的私营部门，也包括国外的私营部门。最后，金融自由化涉及逐步转向以市场决定利率的模式，以及消除对于外国和国内民间资本的流入和流出所施加的种种限制。

要。[①] 投资自由化体制也常常与贸易自由化紧密伴随，并且在任何情况下，这些政策变化的主旨都是相当接近的。但是我们还需要进一步追问的是，这些政策变化对（收入）不平等会产生怎样的影响呢？而它们又与不均衡增长之间有何联系呢？

(4) 区域不平等

正如之前所讨论的，各国内部不同的地区/州（经济）之间的不均衡增长是促进不平等（在一些国家）迅速增长的重要动因。其中，以市场为导向的改革、国际一体化以及诸如地理、集聚经济（以一些公司与附近其他公司因空间聚集而产生的额外益处而得名）等结构特征以及历史因素（尤其是基础设施最初的不平等分布）等诸多因素的相互作用都可能是导致各地区/州之间不均衡增长的重要动因。在中国，似乎有一个普遍的共识，即开放程度的加深使沿海地区与内陆地区的收入存在巨大差距这一矛盾更加尖锐。正如林（2005年）所述，该国的国际一体化的一个重要特征是国际贸易在东部沿海一带的密集程度。一个重要原因是，中国东部沿海省份面向其主要市场，诸如中国香港、日本以及美国的运输成本比其他省份低很多。[②]

印度的情况与之相类似，在投资决策的地点选择过程中，产业放松管制的过程（在20世纪80年代中期至90年代早期开展以市场为导向改革的一个重要组成部分）不断促使商业考虑而非政府调控承担起主导作用（库马尔，2006年）。为什么这会导致地区间的增长不均衡呢？在对印度的行业选址展开工厂级别的研究后我们发现，这个国家的新的私营部门的工业投资一般分布在现有的工业区或沿海地区。然而，考虑到诸如区域间的平衡发展等因素，则不太可能对这些地区的公共部门进行工业投资（莱奥和查克拉瓦蒂，2005年）。因为私营部门的投资已经

---

① 在国家之间，金融市场的自由化已经发展得更加不均衡，尤其是就消除对私人资本的输入和输出的限制而言。此外，几个东南亚和东亚经济体在1997/1998年爆发金融危机之后，政策制定者和经济学家们对于在国内监督不善和金融部门管制不严的背景下资金流动的自由化理论予以重新考虑。就金融自由化，尤其是国际资本流动的自由化而言，几个研究者已经将他们与不平等的加剧和发生危机的趋势联系在一起（科尔尼亚和科尔特，2001年）。

② 有趣的是，贸易占重要地位的沿海省份显示出平均工资较高的趋势。的确如此，林（2005年）发现，沿海省份中25%的工资差异与内陆省份15%的工资差异可以由与贸易相关的变量进行解释。

超过了公共部门的投资，所以总投资更多的集中在国家内部。毫无疑问，另一个问题就应运而生：为什么私营部门分布在现有工业区和沿海地区呢？莱奥和查克拉瓦蒂发现，产生这种现象的原因是：这种地点的选择对私营部门有利可图。尤其是，在某个给定地区或大都市区域内部，工业多样性与某个给定工厂的生产成本较低有关。

从更广泛的意义上来说，当涉及经济增长时，以市场为导向的改革和经济聚集体之间的相互关系似乎能够使国家内部的某些区域获得某种优势。事实上，最近这种相互关系已经与东南亚和东亚的中等收入经济体的日益增长的不平等密切相关（吉尔和卡拉斯，2007 年）。

（5）给劳动力的相关回报①

对于教育和职业的差别回报——家庭之间增长的不均衡方面——是导致家庭之间增长的不平等和变化的最重要动因。除了上述的各项研究和发现以外，来自印度的劳动力调查数据分析对这种现象进行了详细描述。表 2. 14 对城市全日制有酬劳动者的明显特点对 1993—2004 年间周薪的基尼系数变化所起的作用进行了描述。

表 2. 14　个人特点对于基尼系数的变化所起的作用：印度城市

个人特点	1993—2004 年
年龄（百分比）	28. 8
性别（百分比）	11. 9
社会群体（百分比）	1. 6
生产部门（百分比）	-0. 9
职业（百分比）	25. 4
教育（百分比）	81. 5
地理[a]（百分比）	1. 8
剩余部分（百分比）	-50. 0
基尼系数的变化	6. 63

a 印度主要邦的地理类别。

资料来源：亚洲开发银行（2007c，表 6. 8）。

① “相关”一词非常重要。如从 2. 3 节中的数据可以看出，平均人均支出和收入在调查所覆盖的所有国家中都有了全面提高。然而，一些家庭和收入群体，尤其是那些处于分配上端的群体，在支出和收入方面都有较大幅度增长。不同阶层人口的支出增长的差异对不平等的影响最大——因此，需要重点指出“相关”一词。

其余部分则显示了基尼系数在 1993—2004 年期增长了 6.63 个百分点（从 40.53 上升至 47.16），其中一半的增长原因尚待探知。在余下的部分，教育和职业一起导致不平等的程度急剧上升。事实上，这两者加起来比基尼系数总的增长稍稍高一点，如果没有其他不明显的因素对收入不平等造成影响，那么城市薪酬的不平等将会由于教育和职业的差别回报而加深更多。

那么，以市场为导向的改革和国际一体化在扩大这些差异的过程中起着什么作用呢？该文献通过贸易（或投资）自由化的影响对这个问题作出了回答。

传统观念认为，自由化将大大有利于发挥一个国家丰富的生产要素。更具体地说，如果亚洲发展中国家大部分地区的劳动力充足的话，国际一体化——或更普遍地称为全球化——有望提高劳动力的相关回报，从而减轻不平等的程度。就这些新兴工业化经济体而言，随着 20 世纪 60 年代中期至 70 年代期间许多经济体都陆续采取开放的对外贸易政策，传统观点看来已经发挥过作用了（伍德，1997 年）。①

然而，自 20 世纪 80 年代以后，有证据表明，在所有发展中国家当中，全球化和衡量不平等的指标都在同期出现了增长。事实上，正如戈德堡和帕芙尼克（2007 年）在他们最近的一项针对全球化在各发展中国家的分配效应的调查中指出，现有数据中显示出两种明显的趋势。第一，发展中国家走入国际市场的程度——不管以哪种指标衡量，如保护措施、贸易在国内生产总值中所占的份额、外国直接投资或其他方式——在近年来的增长令人叹为观止。第二，各种有关不平等的现有指标呈上升趋势。尽管很难建立起因果关系，现有证据已经“几乎完全违背了传统观念。在传统观念看来，发展中国家的贸易开放将更有利于不太富裕的人群（至少从相对的层面上是如此）”（戈德堡和帕芙尼克，2007 年，第 77 页）。

为什么开放的程度越高，不平等的程度越严重呢？有两个因素需要引起我们的高度重视：一个是劳动力的议价能力，另一个是新技术。对于前者，一些人认为，较高的贸易开放程度会降低劳动力的议价能力，

① 即这些经济体开放对外贸易的方式，然而，这在学者当中饱受争议。

从而加深了不平等的程度（如，参见罗德里克，1997 年）。因为较高的开放程度使得各种商品（资本输入、制成品以及半制成品）的进口变得轻而易举，也可以轻松通过资本输入或产品进口来取代本国劳动力的服务。通过这种方式，贸易自由化能够在工人与资本的所有者分享利润时，大大削弱工人的议价能力。[①] 此外，较高的开放程度还会进一步将技术工人与非技术工人加以区分，而后者将会更多地受到议价能力下降的冲击。

对于第二个具体因素，在解释开放程度与不平等程度迅速扩大之间的关系时，较高的贸易开放程度和新技术之间的关系也已经成为人们密切关注的焦点。有以下两种观点可以对这两种关系进行阐释。第一，与全球市场的更密切融合使得发展中国家从工业国家接受了更多的技术输入（例如，以进口资本货物的方式）。如果新技术旨在为技术工人或受过高等教育的工人所用（在新技术一直处于领先地位的工业国家中，如在技术工人相对充足的条件下，这种情况是完全合乎情理的），那么开放程度越高将直接导致技术工人或受过高等教育的工人的收益增加，从而进一步加深了不平等。

第二，相当一部分贸易涉及半成品——这种现象有时指全球性的产品分工与外包。有观点认为，外包也提高了工业国家和发展中国家熟练劳动力的收益（芬斯特拉和汉森，1996 年和 2003 年）。情况为什么是这样呢？在进行外包之前，工业国家一般都专注于技术密集型的产品或生产，而发展中国家则侧重于那些技术密集程度不那么高的产品或生产。对于一个企业需要考虑外包的工业国家而言，将技术密集型程度不那么高的产品或生产进行外包最有意义。因此，我们不难看出，在工业国家，外包将使技术工人的相对需求不断增加。然而，外包也会提高发

① 哈桑、米特拉和拉马斯瓦米（2007 年）使用印度正规制造业部门提供的行业层面的固定样本数据以及有关平均关税率及非关税壁垒（NTB）覆盖率的特定行业信息，从 1991 年即开始认真研究国家的贸易自由化是否使劳动力需求变得更有弹性。他们发现，对于劳动力需求弹性的估计值在 1991 年之后比较大，而在关税率较低或非关税壁垒覆盖率较低的行业中的估计值更大。他们还发现，在 1991 年后较为开放的贸易环境中，工资支出不论是在总产出中还是在增加值中，所占的比例都比较低。例如，如果给定行业与地点的话（通过引入行业—地点固定效应），他们对于劳动力比例等式的估计表明，当关税从 150% 降到 40%，劳动力工资支出在总产出中所占的比例下降了约 4%，在增加值中所占的比例下降了 5%。

展中国家技术工人的相对需求。在发展中国家，当外包的产品或生产本身比发展中国家自己所生产/开发的普通产品或生产的技术密集型程度更高时，就会出现技术工人的相对需求不断增加的情况。通过产品分工和外包两者中的任何一种方式，随着开放程度不断扩大，不平等的程度也会迅速加深。

在某种程度上，较高的教育程度代表着更高水平的技能。有研究发现，高等教育（大专教育或大学教育）的收益率在许多国家、在一定时期内都得到了提高。而在这个期间，贸易在国内生产总值中所占的比例已经呈稳步上升的趋势，这一研究发现与上述贸易/技术和不平等之间的联系是一致的。

上述有关贸易/技术的情况是否是推动教育收益率不断增长的真正动因，这一问题亟待进一步考察。其一，对于“技能”和“偏向技能的技术变革”的定义与指标都是有些争议的。此外，还有其他一些渠道可以解释为什么高等教育的收益率节节升高、无需依赖技术变革，但仍与以市场为导向的改革息息相关？尤其值得一提的是，大专教育或大学教育的收益率的提高与那些要求人们具有大学教育的具体职业的收益率的提高相关，也与一般要求员工具有大学教育程度的具体职业的收益率的提高相关。例如，在墨西哥，专业人员和管理人员收入的迅速提高是贸易改革时期大专教育收益率不断升高的主要驱动因素。有研究发现，造成需要更多能够应对急剧变化的人员的原因是由改革引起的（克拉格和埃佩尔鲍姆，1996 年）。

以市场为导向的改革对薪酬不平等所产生影响的具体渠道需要厘清，这一点至关重要。然而，由于政策含义可能各不相同，采用何种渠道就更加重要。例如，从某种程度上来说，大专教育的收益率不断上升受到了某些特殊职业（或相关行业）的收益率的影响，受过大学教育的人群在总人口当中所占的比例不断上升一般不会促进收入的大幅提高或遏制不平等的增长（尽管它有可能会削减大学教育的收益率）。[①] 换句话说，即使提高绝大部分年轻人的教育程度，也不可能出现每个人都

① 此外，任何给定水平的教育机会的大量增多很可能与教育质量的下滑相关（至少平均而言）。

当经理的情形。

C. 小结

总的来说，以市场为导向的改革、全球化以及新技术的引进等因素之间的相互作用可能是引起家庭之间的不平等逐步加深的重要原因——尽管很多研究的具体表述可能不同。如果其他条件都相同的话，受教育程度更高的人最有可能充分利用市场改革与国际一体化所带来的机会。这或许是因为，教育本身就将某些优势赋予了某些人（如，能够通过自己的计算机编程经验充分利用计算机技术的工程学学士）。另外，最能够把握机会的人首先是最有可能获得大学教育的人（如，能够充分利用信息技术的蓬勃发展所产生的各种服务机会且能够用英语交流的年轻人）。

一种更普遍的观点认为，快速变化的经济环境也会催生出大量的经济租金，即超过支付给劳工和资本所有者的收入之外的盈余部分。如何对这些租金进行分配部分地取决于一个国家的体制框架。如果该国体制是强大而进步的，为公共利益筹资就需要对这些租金进行征税，而不致造成不利影响（吉尔和卡拉斯，2007 年）。如果该国体制较弱，经济租金就会导致寻租行为且不利于经济增长过程本身。

2.5 结束语：国家政策与不平等

针对不平等情况，国家政策应当采取何种应对措施呢？从本章所提供的证据中可以看出，亚洲发展中国家的不平等程度在持续加剧，并没有反映出“富人变得更富而穷人变得更穷”，而是富人变富的速度比穷人更快而已。此外，正如第 2.4 节所指出的，富裕人群收入的迅速增长还受到这种或那种因素的推动，如以市场为导向的改革、国际一体化以及新技术等。

解决日益加剧的不平等的方法之一是加大力度阻止改革且积极参与国际经济。然而，这种做法不仅不切实际还相当不可取。刘易斯（1983 年）认为，发展就意味着不平等并不是适用于所有情况的铁板钉钉之律——毕竟亚洲的新兴工业经济体已经快速发展起来但似乎并未显著加深不平等——但似乎有强大的动因支持这一观点，发展的过程不可能在经济的各个方面同时展开且并驾齐驱。我们可以对以市场为导向的改革与国际一体化所带来的益处采用类似的方式加以考察。①

同时，历史纪录也未表明，不平等程度的减轻是经济持续发展的自然产物。由于不平等的程度较高且/或快速加剧的不平等可能表明即使在经济持续增长的国家，贫困人口的经济福祉仍然提高得较缓慢；这不仅会削弱社会凝聚力，还会降低政策和制度的质量——公共政策不能简单地对不平等视而不见。

而一个务实的解决方式是，将工作重点集中于那些能显著提高贫困人口收入的政策上——此处是从广义角度来说，不仅包括那些生活在极端贫困中的人群，还包括生活在每天 2 美元贫困线上的人群——通过使他们获得改革与经济一体化所带来的机会，同时也确认并削弱收入和财富的集中化给社会凝聚力和促进增长的政策与制度所带来的现实风险。接下来将对与不平等问题相关的政策制定的主要原则进行描述。②

2.5.1　机会均等

并非所有的不平等都是不受欢迎的。本章中所提供的大量证据都展示了*成果方面*的不平等。成果方面的差异，如个人或家庭支出方面收入的差异，通常反映各种*努力*的差异的组合（受个人支配的全部行动），以及*环境条件*的差异（包括那些不受个人支配的因素，包括经济的、社会的或生物的因素）（罗默，2006 年）。③

由于努力的差异而导致的不平等是可以接受的，甚至是受欢迎的。从某种程度上来说，不平等也反映了经济为工作更勤奋、寻求新机会以及想方设法抓住这些机会的人们提供的各种激励措施。然而，由于环境

① 例如，贸易政策和经济增长之间的关系在经济学家当中仍然是一个饱受争议的论题，绝大部分人都认为，闭关自守的贸易政策会扼制经济的增长。若需了解贸易与增长之间关系的证据，请参阅罗德里格斯和罗德里克的文章（2000 年）。

② 其中许多原则都来源于世界银行（2005 年）。

③ 罗默（2006 年）也将政策视为影响相对于他人收入的个人收入的一个因素。如果只考虑努力差异与环境条件差异，政策就被隐含地视为个人必须面对的环境条件的一部分。

条件的差异而引起的不平等不仅从道德上是难以接受的，它还浪费了大量的生产潜力且各种资源得不到合理配置。[①] 从这个角度来说，这种以环境条件为基础的不平等加深了“机会不平等”，而这正是公共政策在削减不平等方面要实现的目标。

但是，很难直截了当地在努力与环境条件之间划分一条明确的分界线。在现实世界当中，机会不均等的现象无处不在。而对于环境条件与努力的构成因素的观点也是各不相同。[②] 尽管困难重重，要找出那些严重限制很多人获得机会的最极端情形还是相对比较容易的。这些情况，尤其是在贫困人口当中，与社会排斥、缺乏高质量的基础教育、卫生保健以及社会保障有关，还与缺乏获得提高收入与提高生产率的就业机会有关。这些情形不仅是基本不公平的，他们还有可能成为限制削减贫困、社会凝聚力以及经济增长的主要障碍；这些情形也必须成为政策的一个主要针对目标。[③]

---

① 环境差异则带来双重弊端。除了其所带来的第一重不利因素以外（如，当在获得教育、医疗卫生、就业机会等方面的分配出现不均衡时）环境条件的差异会通过影响个人在不利情况下愿意付出努力的程度而产生第二重不利因素。

② 种族、社会等级以及性别是构成人们所面临的环境条件的部分因素，当机会因此类因素而受到限制时，此类因素就会变成政策攻击的明确对象。当对机会的获取产生影响的环境条件因素变得越来越多时，情况就变得更加不乐观了。如果父母不向子女灌输良好的职业道德，当子女长大成人面对工作时，子女需要对自己的不敬业承担责任吗？从另一个层面上来说，在很多国家，给首席执行官们支付的高额薪酬与他们实际的付出相称吗？然而，当敬业成为环境条件的函数时，还会加入另一层复杂的涵义。例如，在劳动力市场中面对歧视时，人们可能会自然而然地决定，不再全力地投入和付出。

③ 基于环境条件的不平等与基于付出的不平等之间的区别与乔杜里和拉瓦雷（2007 年）对于“较好的”和“较差的”不平等之间的区分相类似。较好的不平等反映了对努力的回报且加强了以市场为基础的用来鼓励创新、开拓精神以及增长的激励措施。较差的不平等是指那些不受个人控制的情况，以及限制个人获得机会的情形，包括社会排斥、地理贫困陷阱（即，居住地是一个自然资源丰富的地域，从而使得贫困家庭能够最终脱离贫困；同样的家庭，如果居住在一个贫困地域，要脱离贫困则无异于天方夜谭）、贪污腐败、缺乏获得教育与卫生保健以及缺乏获得诸如信用和保险等各项金融服务等都会导致较差的不平等。乔杜里和拉瓦雷（2007 年）认为：（1）除了内在的不公平以外，较差的不平等还是增长和削减贫困的限制因素；（2）然而，即使是较好的不平等也会变得较差，因为那些从市场中获益的人利用其中的一些收益来投入到寻租活动中以及/或者用于“改变游戏规则”；（3）较差的不平等则排除了较好的不平等，因为较差的不平等始终如影随形，从而大大降低了社会对于即使是较好的不平等的容忍性。

2.5.2 为贫困人口扩大就业的同时，也要出台为非贫困人口提供更多机会的政策

事实上，并非只有那些对机会的分配产生有利影响的政策才会受到关注。总体政策框架以及各个政策之间如何相互作用且相互补充，以便为贫困人口创造出的更多机会才是更为重要的（世界银行，2005 年）。例如，那些能提高农村部门和城市非正式经济的生产力及收入的政策对于为贫困人口创造更好就业机会至关重要。但是这些政策还需要与那些为整个经济创造更多就业机会的政策相结合，包括能够为非贫困人口创造就业机会的政策。如亚洲开发银行（2007a）认为，促进结构变化的政策对于经济发展尤为关键。而很可能的情况是，结构性变化的第一批受益人是非贫困人口。

与之相类似，在第一重效应中，旨在提高金融服务可及性的政策主要使经营中小型企业的中低等收入群体受益。但是这些政策的第二重效应则在很大程度上使贫困人口受益。例如，通过改善金融服务可及性，中小型企业迸发出的活力将会由于他们产生的就业机会而对贫困人口更为有利。

这一原则也可以通过贸易政策体现出来。如第 2.4 节中所述，大量的实证工作表明，从更广义的角度上来说，贸易自由化与全球化都加剧了不平等。而由于全球化所创造的机会牢牢掌握在那些具有特殊才能（如，拥有大学文凭和具备熟练英语口语能力的人）或者居住在某些特定区域（如，沿海地区）的人们手中，不平等的加剧很可能将呈不断上升的趋势。对机会不平等的关注并不意味着贸易自由化或鼓励贸易的政策应当加以避免。首先，贸易所带来的整体利益是相当大的。此外，贸易自由化即使会加深不平等，但也会为削减贫困作出贡献。[①]

第二，就贸易政策的分配影响而言，设计良好的社会保障机制与技能和培训计划对于减轻由进口竞争的不断加剧所带来的不利分配影响大有裨益。同样地，如果贸易自由化对出口的影响被削弱了（例如，未能实现劳动密集型产品的大量出口时）则有必要对妨碍出口增长的各

---

① 例如，哈桑、米特拉和乌拉尔（2007 年）发现，印度的许多贸易开放程度较高的邦和地区（如，由于就业加权非关税壁垒已经大幅降低所致），其减贫的进度较快。

种因素进行仔细评估，且制定相应解决方案。

2.5.3 为进一步扩大机会均等，实行再分配将不可避免

再分配可以在各个层面上展开。如，在某一层面上可以包括诸如土地或土地使用权等资产的再分配；而在另一方面，则可以包括对公共津贴与公共投资的受助人的重新调整。例如，一部分公共津贴从高等教育转向基础教育，从城市地区转向了农村地区（从当前模式和水平来说），这对于提高贫困人群获得社会基础设施和实体基础设施也是至关重要的。

开展任何类似再分配的可行性与有效性取决于多种因素，包括与“话语权”和政治权力有关的因素。[①] 鼓励问责制与让弱势群体更有发言权都有利于再分配的顺利开展，因而也成为公共政策的重要目标。林德特（2004 年）在其针对当今工业世界的社会支出而展开的开创性研究中指出，赋予更多民众政治话语权对于政府将更多的资源投入到面向大众的教育和卫生保健事业当中具有举足轻重的作用。

2.5.4 合理正确地制定再分配政策尤为重要

合理的（政策）制定对于产生预期的效果至关重要。[②] 同样地，再分配政策也不会危及到增长过程。如果再分配政策妨碍了投资的激励措施（如，通过对收入或资产征收过高的税收），才会出现这种（危及经济增长的）情形。当然，还会以其他形式表现出来。例如，帕纳加利

① 例如，就平等获得土地而言，值得注意的是最成功的再分配均发生在非同寻常的政治环境和历史环境中。例如，在韩国和中国台湾，再分配发生在第二次世界大战前后外国占领的背景下；在中国和越南，平均分配土地发生在共产主义革命期间。那么，土地的再分配有可能在不那么极端的情形下实现吗？尽管对这一问题的答案很可能是“不”，但最近的经验的确表明为弱势群体争取到更多的土地而开展的各种土地改革并非不可能。

② 例如，与平等有关的种种考虑已经促使印度政府在由中央政府管理的高等教育机构中为“其他落后阶级”保留了27%的职位。虽然事实有可能是，以种姓为基础的歧视剥夺了弱势群体获得教育的机会，在高等教育机构保留职位的政策并不一定是十分有效的补救措施。例如，家庭调查数据显示，高等教育中弱势社会群体的代表性不足主要是由于他们的中学毕业率不高所致（哈桑与梅拓，2006 年）。这样，造成大学中各群体代表性不均衡的主要原因似乎在于教育的早期阶段。从经济的角度来说——对基础教育的质量给予更多关注，而非在大学中保留职位——才称得上是政策应对方案的上佳之选。

亚（2006 年，第 11 页）在撰写有关印度的情况时认为，“在印度，事实上，20 年来所有反增长与反贫困的政策都在试图追求平等……毫无疑问，以平等为导向、致力于提高贫困人口的机会，同时不牺牲效率和增长的政策确实存在。然而，此处的一个两难处境是，一旦机会均等成为政策制定的核心考虑要素，那些利己主义的游说集团就会打着公平的旗号来左右这些政策。而实际上所采取的政策既阻碍增长，又不利于消除贫困。”

毫无疑问，要制定出目标明确、切实有效且其资金的获得方式不会阻碍经济增长的再分配政策的困难是相当大的。但是，对再分配政策依然需要坚决贯彻执行——尤其是，如果不平等的持续加深将成为亚洲发展中国家未来 20 至 30 年的主要特征的话。包括政策制定者在内的所有利益相关者均需从过去实施的种种再分配尝试的得失成败中汲取经验。

附录　第 2.3 节中所使用的分配数据

第 2.3 节中的分析是基于人均支出/收入的分组/汇总分配数据。信息的主要来源是世界银行的 POVCALNET 在线数据库，从该数据库可以获得人均支出（或收入，如果有的话）分配的数据。POVCALNET 也对相应的月度平均人均支出（1993 年购买力平价美元）进行报告。

POVCALNET 数据库的分配信息已经得到了如下扩展或替代。①

孟加拉国：分配数据是基于“家庭收入与支出调查”（2005 年）的微观数据。

柬埔寨：分配数据来源于由世界银行东亚局编制的世界银行“2006 年贫困评估”报告。

印度：分配数据来源于国家准则制定机构第 508 号报告中的“全国抽样调查”第 61 轮消费者支出调查（2004/2005 年）。

---

① 为了保持数据的一致，第 2.4 节中的分析完全基于分组/汇总的分配数据。因此，即使是在拥有微观数据的国家，这些微观数据也用来生成基于十分位的分配数据。

韩国：涉及城市工薪家庭的家庭收入的分配数据由韩国国家统计局公布。[①] 家庭平均收入除以平均家庭人数，得出平均人均收入。

马来西亚：分配数据是基于“1993 年/1994 年和 2004 年/2005 年家庭支出调查”。[②]

菲律宾：分配数据是基于“2003 年家庭收入与支出调查”所提供的微观数据。

中国台湾：与家庭年收入相关的分配数据由世界经济发展研究所的“世界收入不平等 2a 数据库”提供。家庭平均收入除以平均家庭人数，得出平均人均收入。

土库曼斯坦：分配数据来源于“1998 年和 2003 年土库曼斯坦生活水平调查”。

越南：分配数据来源于政府统计局。

在所有这些情况当中，平均人均收入/支出均为当地货币单位转换至 1993 年购买力平价美元（且用月份来表示），并使用（1）来自世界银行和佩恩表的的购买力平价汇率（消费）（中国台湾）；（2）来自世界银行《世界发展指标》和各国资料来源（如需要）的居民消费物价指数。[③④]

① 因为城市人口所占的比例在 1993 年已经达到约 76%，对于城市部门的限制就不会有那么多问题了。

② POVCALNET 的数据相对陈旧，而且是基于人均收入。

③ 柬埔寨、老挝和越南的平均人均支出以 1993 年购买力平价美元表示，所采用的信息来源包括世界银行的《东亚时讯》（多期），并结合使用世界银行针对柬埔寨的“2006 年贫困评估”报告。

④ 印度 2004/2005 年的数据在转换为以 1993 年购买力平价美元表示的月度人均平均数时，分别采用了不同的农村和城市消费者物价指数。

参考文献

ADB. 2004. *Development Indicators Reference Manual.* Asian Development Bank, Manila.

_____. 2005. "Labor Markets in Asia: Promoting Full, Productive, and Decent Employment." In *Key Indicators 2005.* Asian Development Bank, Manila.

_____. 2007a. "Education and Structural Change in Four Asian Countries." In *Asian Development Outlook 2007.* Asian Development Bank, Manila.

_____. 2007b. "Growth Amid Change." In *Asian Development Outlook 2007.* Asian Development Bank, Manila.

_____. 2007c. "Inequality in Asia." In *Key Indicators 2007.* Asian Development Bank, Manila.

Bureau of Statistics. 2005. Household Income and Expenditure Survey Dataset. Dhaka.

Chaudhuri, S., and M. Ravallion. 2007. "Partially Awakened Giants: Uneven Growth in China and India." In L. A. Winters, and S. Yusuf, eds., *Dancing With Giants: China, India and the Global Economy.* World Bank, Washington, DC.

Cornia, G. A., and J. Court. 2001. Inequality, Growth and Poverty in the Era of Liberalization and Globalization. UNU-WIDER Policy Brief No. 4, World Institute for Development Economic Research, United Nations University, Helsinki.

Cowell, F. A. 1995. *Measuring Inequality.* 2nd ed. Hemel Hempstead: Harvester Wheatsheaf.

Cragg, M. I., and M. Epelbaum. 1996. "Why has Wage Dispersion Grown in Mexico? Is it the Incidence of Reforms or the Growing Demand for Skills?" *Journal of Development Economics* 51(1):99–116.

Department of Statistics. Various years. Household Expenditure Survey Datasets for 1993/94 and 2004/05. Putrajaya.

Feenstra, R. C., and G. H. Hanson. 1996. "Foreign Investment, Outsourcing and Relative Wages." In R. C. Feenstra, G. M. Grossman, and D. A. Irwin, eds., *The Political Economy of Trade Policy: Papers in Honor of Jagdish Bhagwati.* Cambridge, MA: MIT Press.

_____. 2003. "Global Production Sharing and Rising Inequality: A Survey of Trade and Wages." In E. K. Choi, and J. Harrigan, eds., *Handbook of International Trade.* Malden, MA: Blackwell.

Fields, G. 1989. *A Compendium of Data on Inequality and Poverty for the Developing World.* Ithaca: Cornell University.

_____. 2001. *Distribution and Development: A New Look at the Developing World.* New York: Russell Sage Foundation.

_____. 2003. "Accounting For Income Inequality and Its Changes: A New Method with Application to the Distribution of Earnings in the United States." *Research in Labor Economics* 22:1–38.

General Statistics Office. Various years. Viet Nam Living Standards Survey Datasets. Hanoi.

Gill, I., and H. Kharas. 2007. *An East Asian Renaissance: Ideas for Economic Growth.* World Bank, Washington, DC.

Goldberg, P., and N. Pavcnik. 2007. "Distributional Effects of Globalization in Developing Countries." *Journal of Economic Literature* 45(1):39–82.

Hasan, R., and A. Mehta. 2006. "Under-representation of Disadvantaged Classes in Colleges: What Do the Data Tell Us?" *Economic and Political Weekly* 3791–6.

Hasan, R., D. Mitra, and K. V. Ramaswamy. 2007. "Trade Reforms, Labor Regulations, and Labor-Demand Elasticities: Empirical Evidence from India." *Review of Economics and Statistics* 89(3):466–81.

Hasan, R., D. Mitra, and B. P. Ural. 2007. "Trade Liberalization, Labor Market Institutions, and Poverty Reduction: Evidence from Indian States." *India Policy Forum 2006–07* (3):71–122.

Kakwani, N., and H. H. Son. 2009. "Poverty Equivalent Growth Rate." *Review of Income and Wealth* 54(4):643–55.

Kumar, U. 2006. "Economic Geography, Spatial Inequality and Liberalization: Evidence from India." University of Maryland. Processed.

Lall, S. V., and S. Chakravorty. 2005. "Industrial Location and Spatial Inequality: Theory and Evidence from India." *Review of Development Economics* 9(1):47–68.

Lewis, W. A. 1983. "Development and Distribution." In M. Gersovitz, ed., *Selected Economic Writings of W. Arthur Lewis.* New York: New York University Press.

Lin, S. 2005. "International Trade, Location and Wage Inequality in China." In R. Kanbur, and A. J. Venables, eds., *Spatial Inequality and Development.* Oxford: Oxford University Press.

Lindert, P. H. 2004. *Growing Public: Social Spending and Economic Growth Since the Eighteenth Century.* New York: Cambridge University Press.

National Institute of State Statistics and Information (Turkmenmillihasabat). Various years. "Grouped/Tabulated Expenditure Distribution Data." In Living Standards Survey 1998 and 2003. Turkmenistan.

National Sample Survey Organization. 2007. "National Sample Survey Reports." NSS, Round 61, Schedules 1 and 10. New Delhi.

_____. Various years. Consumer Expenditure Survey Datasets. New Delhi.

_____. Various years. Employment and Unemployment Survey Datasets. New Delhi.

National Statistical Office. 2005. "Grouped/Tabulated Income Distribution Data." *Social Indicators in Korea.* Seoul.

National Statistics Office. Various years. Family Income and Expenditure Survey Datasets. Manila.

_____. Various years. Labor Force Survey Datasets. Manila.

Nguyen, B. T., J. W. Albrecht, S. Vroman, and M. D. Westbrook. 2007. "A Quantile Regression Decomposition of Urban-Rural Inequality in Vietnam." *Journal of Development Economics* 83(2):466–90.

Nguyen, B. T., C. C. Loi, and N. C. Thang. 2006. "A Stocktaking of Viet Nam's Labor Market Policies." In J. Felipe, and R. Hasan, eds., *Labor Markets in Asia: Issues and Perspectives.* London: Palgrave MacMillan for the Asian Development Bank.

Panagariya, A. 2006. "Pursuit of Equity Threatens Poverty Alleviation." *Financial Times.* 31 May, Page 11.

Park, A., X. Song, J. Zhang, and Y. Zhao. 2004. "The Growth of Wage Inequality in Urban China, 1988 to 1999." Department of Economics, University of Michigan, Ann Arbor. Processed.

Ravallion, M. 2004a. Competing Concepts of Inequality in the Globalization Debate. Policy Research Working Paper No. 3243, World Bank, Washington, DC.

_____. 2004b. Pro-Poor Growth: A Primer. Policy Research Working Paper No. 3242, World Bank, Washington, DC.

Ray, D. 1998. *Development Economics.* Princeton: Princeton University Press.

Rodriguez, F., and D. Rodrik. 2000. "Trade Policy and Economic Growth: A Skeptic's Guide to the Cross-National Evidence." *NBER Macroeconomics Annual* 15:261–325.

Rodrik, D. 1997. *Has Globalization Gone Too Far?* Institute of International Economics, Washington, DC.

Roemer, J. 2006. Economic Development as Opportunity Equalization. Discussion Paper No. 1583, Cowles Foundation for Research in Economics, Yale University, New Haven.

Tao, R. 2006. "The Labor Market in the People's Republic of China: Development and Policy Challenges in Economic Transition." In J. Felipe and R. Hasan, eds., *Labor Markets in Asia: Issues and Perspectives.* London: Palgrave MacMillan for the Asian Development Bank.

Wood, A. 1997. "Openness and Wage Inequality in Developing Countries: The Latin American Challenge to East Asian Conventional Wisdom." *The World Bank Economic Review* 11(1):33–57.

World Bank. World Development Indicators Online. Available: http://devdata. worldbank.org/dataonline/.

_____. 2005. *World Development Report 2006: Equity and Development.* New York: Oxford University Press.

_____. 2006. Cambodia: Halving Poverty by 2015? Poverty Assessment 2006. Report No. 35213-KH. Washington, DC.

_____. Various years. "East Asia Updates." Washington, DC. Available: www.worldbank.org/eapupdate/.

World Bank, Department for International Development, and Asian Development Bank. 2006. Nepal: Resilience Amidst Conflict: An Assessment of Poverty in Nepal, 1995–96 and 2003–04. Report No. 34834-NP, World Bank, Washington, DC.

World Institute for Development Economic Research. Various years. World Income Inequality Database. Available: www.wider.unu.edu/wiid/wiid.htm.

Zhang, J., Y. Zhao, A. Park, X. Song. 2005. "Economic Returns to Schooling in Urban China, 1988–2001." *Journal of Comparative Economics* 33:730–52.

第3章

亚洲的非收入贫困与不平等情况

阿贾伊·坦登、苏珊·斯帕克斯[①]

3.1 引言

本章对亚洲的非收入贫困和人类发展情况进行了概述。不论是从伦理的和道德的角度，还是从这些问题对于政局稳定和社会稳定所具有的重大现实意义角度来说，将这两个方面作为重点都是具有充分理由的。必须将人类的发展视为目标本身，而不仅仅是实现经济增长的一种方式；这一点我们随后将要讨论。但是，该地区经济增长一直以来缺乏包容性，并达到了对该地区的增长前景构成威胁的程度。不断加剧的社会经济不平等常常引发犯罪以及政治动乱和公众骚乱。随着人类发展上升到更高的水平以及收入不平等降至更低的程度，贫困的增长弹性也变得更大了。[②]

本章第3.2节对非收入贫困和不平等的概念和计量进行了讨论。第

① 本文中表达的观点仅代表作者本人的观点，并不代表其所属机构的观点和看法。本章的部分内容源自亚洲开发银行（2006年）。

② 贫困的增长弹性是指，人均收入提高一个百分点所引起的贫困下降的百分点。

3.3 节对非收入贫困指标的总体趋势进行了概括，而第 3.4 节则对非收入贫困指标中的不平等进行了调查，这两节的调查重点都是亚洲的发展中经济体。第 3.5 节探究了收入贫困与非收入贫困之间的联系，并对一些实证研究成果进行了总结。第 3.6 节通过简短的讨论得出了结论。

3.2 非收入贫困和不平等的概念和衡量

从广义上来说，非收入贫困所包含的维度不同于那些由货币和消费所主导的传统意义上的个人福祉和社会福祉。尽管了解个人和国家的消费水平或收入水平非常重要，但是对实现非收入“人类发展”福祉指标（如营养状况、健康状况、教育状况等）在一个给定的收入或消费水平上进行评估也同样重要。本章隐含的一个关键主题是，尽管衡量收入贫困和非收入贫困的指标通常是相互联系的，但对这种关联性却不能持想当然的态度。非收入贫困衡量指标揭示的有关个人福祉和社会福祉的情况通常要远远多于收入贫困指标。

从概念层面上说，非收入贫困的出现可以视为对福利的一种度量，这在很大程度上要归功于阿玛蒂亚·森以及其他一些人的工作。他们认为，收入本身对于人类福利来说，仅仅是一个*工具性*目标。森（1998 年）认为，健康和教育——与收入不同——具有*内在的*价值，因为其对于能力的增长至关重要：健康和教育可以帮助个人过一种他们有理由去珍惜的生活。这种思路是联合国开发计划署的人类发展指数形成的动因。该指数根据收入状况、健康状况和教育状况（具有相同权重）对国家进行排名（联合国开发计划署，2007 年）。卫生水平和教育情况作为内在福祉成果的重要意义也在联合国千年发展目标（简称 MDG）中有大量佐证。MDG 由 189 个国家签署，规定所有国家针对多项指标进行限时改进，包括那些与营养不良、儿童死亡率、产妇死亡率以及降低艾滋病、疟疾以及肺结核等疾病传播相关的指标（联合国，2000 年）。

本章对非收入贫困指标的概念化和计量进行了更全面的描述。很难仅凭一个计量指标就对非收入贫困进行概括，因此，我们不打算利用一个单一尺度对各国的表现情况进行描述。非收入贫困有几个不同的维度，本章用大部分篇幅对被广泛认可和接受的非收入贫困指标的完成情况进行讨论。这些指标包含千年发展目标以及人类发展指数中的部分指标，其中包括预期寿命、婴儿死亡率、五岁以下儿童死亡率、产妇死亡率、营养不良率、入学率、识字率等等。其中，每一项指标本身对于任何一个给定国家都不能从非收入贫困的维度对其福利进行完整的说明，因此，接下来在对亚洲发展中国家的水平和趋势的讨论就集中在这些指标中极少提及的多样性方面。术语“非收入贫困”和“人类发展”在本章的其余部分中可以相互替换，表明在卫生情况、营养情况和教育状况等广泛领域内所取得的成就。

在对非收入不平等进行讨论的过程中也存在类似的情况。同样，在一系列非收入贫困指标中，并不存在一个单一的衡量标准用来判定一个国家是否比另一个国家的不平等程度更为严重。对于收入不平等最常用的衡量指标是基尼系数，它对收入在一定人口当中均匀分布的程度进行计量。基于 2000—2005 年的数据，亚洲发展中国家的基尼系数在蒙古的 0. 328 至中国的 0. 469 之间变化。这表明，在收入不平等的程度相对比较高且其程度各不相同的情况下，其通常与非收入贫困的各项指标之间存在密切联系。贫困与不良健康水平和教育状况之间的双重因果关系影响了收入和非收入指标之间不平等的水平。然而，并非所有的非收入不平等都能直接归因于收入水平上的差异。例如，在某个国家，由于文化因素或与性别歧视有关的因素，男性和女性之间在教育程度的水平上差异很大。

瓦格斯塔夫（2002 年）认为，贫困人口在获得卫生保健和卫生状况方面更趋于弱势，而这种情况反过来又会使他们更加贫困。贫困人口无法获得卫生服务，这会引起健康状态的恶化，从而无法工作并提高收入水平。这一观点也适用于教育。贫困人口可能无法送他们的孩子去学校，从而阻碍了他们接受教育，同时也有可能妨碍他们提高总收入用于抚养子女。通过这个循环，非收入不平等不仅确实存在，而且还加强了长期以来的收入不平等以及无法突破贫困的恶性循环这一事实。

尽管本章主要侧重于通过关注非收入因素对国家内部存在的不平等进行调查，研究者们也对家庭内部的不平等进行了调查。拉瓦雷（1996 年）指出，对于非收入不平等展开的多层次分析包括：儿童的营养状况、食物消费、获得公共卫生和教育服务、婴儿死亡率以及小学入学率。

本章重点讨论亚洲发展中国家内部非收入贫困指标的不平等。为了衡量它们的相对水平，考察男性与女性之间、农村与城市之间、高收入与低收入之间以及不同年龄组的差异是非常重要的。该问题并未得到广泛的探讨；相反，一些相关例子表明，在某些国家中，健康指标和教育指标的差异强调了贫困的这个重要维度。尽管总体数据很重要，但对贫困状况的发展变化以及国家内部的不平等展开调查也至关重要。

3.3 非收入贫困

亚洲发展中国家在减少收入贫困率方面所取得的成就是引人注目的。绝对贫困率（每天生活费为 1 美元或更少的人口所占的比例）在该地区已经实现了大幅下滑，主要原因在于中国和印度以及越南等国家经济的迅猛增长。例如，从 1994 年到 2004 年的 15 年间，在中国，以每天 1 美元生活费（或以下）为衡量标准的贫困率从 32.5% 降至 10.8%；在印度，从 43.5% 降至 35.1%；在越南，从 50.7% 降至 8.4%；在巴基斯坦，从 47.8% 降至 9.8%（亚洲开发银行，2007 年）。本节对亚洲在过去几十年当中在收入贫困方面的大幅下滑趋势是否与非收入贫困指标上所取得的进展相匹配进行了评估。

3.3.1 当前人口卫生保健方面的进展

图 3.1 向我们清晰展示了，2007 年亚洲地区相对于世界其他地区在婴儿死亡率和预期寿命方面的对比情况（垂直线和水平线代表世界平均值）。可以看到，在卫生指标方面呈现出明显的多样性。诸如孟加拉国、柬埔寨、印度、巴基斯坦以及巴布亚新几内亚等国家都位于象限的左上角，表明其预期寿命和婴儿死亡率都低于世界平均水平——而这是两个重要的人口卫生方面的成果。相比较而言，中国、印度尼西亚、菲律宾、斯里兰卡以及越南等国，其在人口卫生方面的成果都高于世界平均水平，某些国家的表现尤其突出。总的来说，从图 3.1 中可以看到，较高的预期寿命与较低的婴儿死亡率密切相关，因为成人死亡率与婴儿死亡率往往呈现同样的变化规律。然而，有几个国家在这方面却是

违反常规的，如：在哈萨克斯坦，婴儿死亡率低于世界平均水平，但预期寿命却低于世界平均水平，这从某种程度上反映了几个前苏联加盟共和国的最近的情况。而在另一方面，阿塞拜疆的情况则恰恰相反：其婴儿死亡率相对比较高，而预期寿命却高于平均水平。

在亚洲发展中国家，五岁以下儿童死亡率与婴儿死亡率的情况大致相同。尽管如此，作为千年发展目标之一——具体目标为在 1990—2015 年期间实现五岁以下儿童死亡率下降 2/3——顺应该趋势是非常重要的。5 岁以下儿童死亡率的千年发展目标是一个相对的指标，因为对某个给定国家所取得成绩的判断是基于其在 1990 年的水平，而不是在一个绝对的标准之上。如图 3.2 所示，这个千年发展目标的实现对于亚洲各个国家和地区而言差别很大。2006 年，在太平洋地区，似乎大部分国家都处于“偏离目标”状态，因为对于降低 2/3 的目标，所有国家应当已经完成这一任务的 64%。印度是南亚唯一“偏离目标”的国家，因而显得引人注目。阿塞拜疆、格鲁吉亚以及巴基斯坦也处于“偏离目标”状态。

图 3.1　婴儿死亡率与预期寿命的比较，2007 年

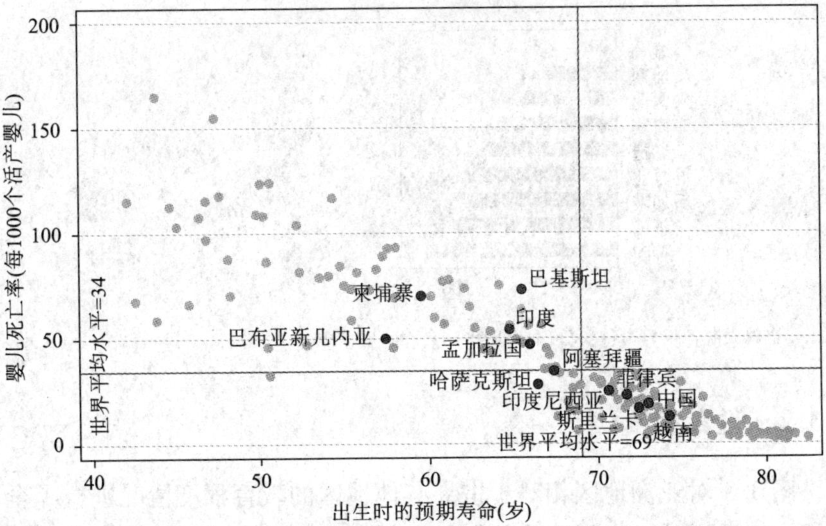

注：平均数经过人口加权获得。

资料来源：世界银行，《世界发展指标》在线数据库。

图 3.2 所选定亚洲国家在实现五岁以下儿童死亡率这一千年发展目标方面的进展情况（实现目标的百分比），2006 年

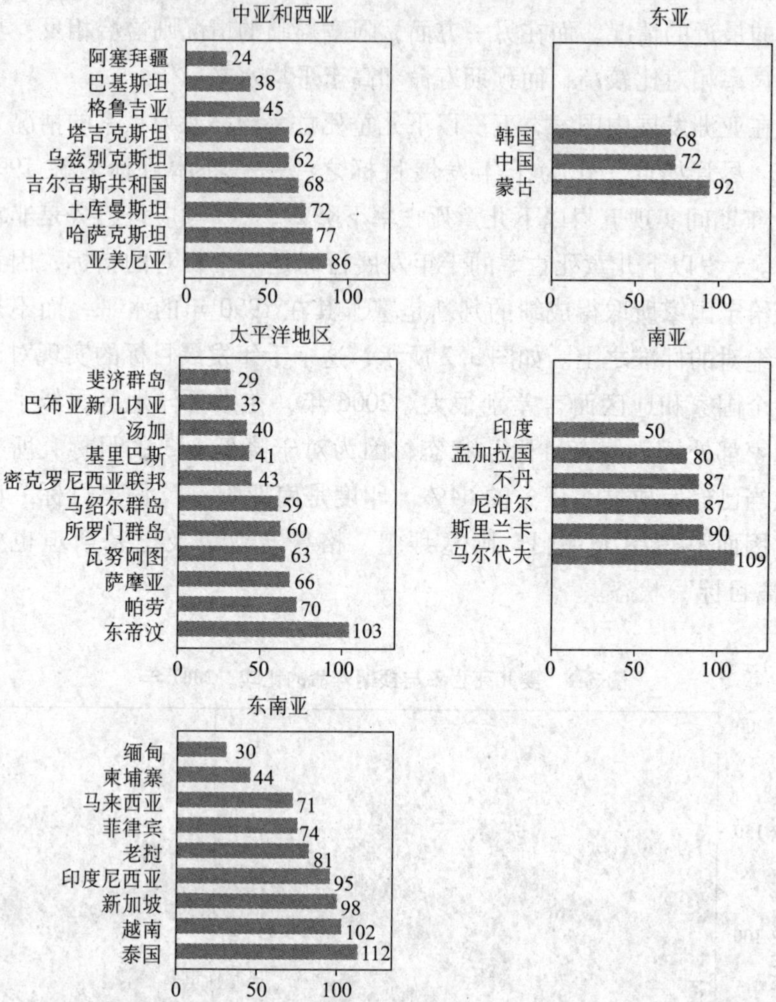

资料来源：世界银行，《世界发展指标》在线数据库。

3.3.2 教育程度

图 3.3 对亚洲地区相对于世界其他地区的教育程度情况进行了全面概述。X 轴指某一个国家的预期教育年限，这是有关一个国家教育年限的综合指标，通过该国在某一给定年份的特定年龄入学率数据获得。Y 轴计量的是小学净入学率，这是千年发展目标之一。这两个指标均采用

2000—2007 年的平均数，因为对于特定的某个年份而言，总是无法获得所有国家的数据。我们可以看到，像阿塞拜疆、印度尼西亚、哈萨克斯坦以及菲律宾这几个国家都在右上角象限，表明他们在小学入学率和预期受教育年限方面都高于平均水平，而预期受教育年限也能反映中学教育和高等教育的情况。值得注意的是，巴基斯坦的小学入学率和预期受教育年限都较低。在孟加拉国和柬埔寨这两个国家，小学入学率都相对比较高，但预期受教育年限却处于落后状态。

图 3.3　预期受教育年限与小学入学率的对比，2000—2007 年

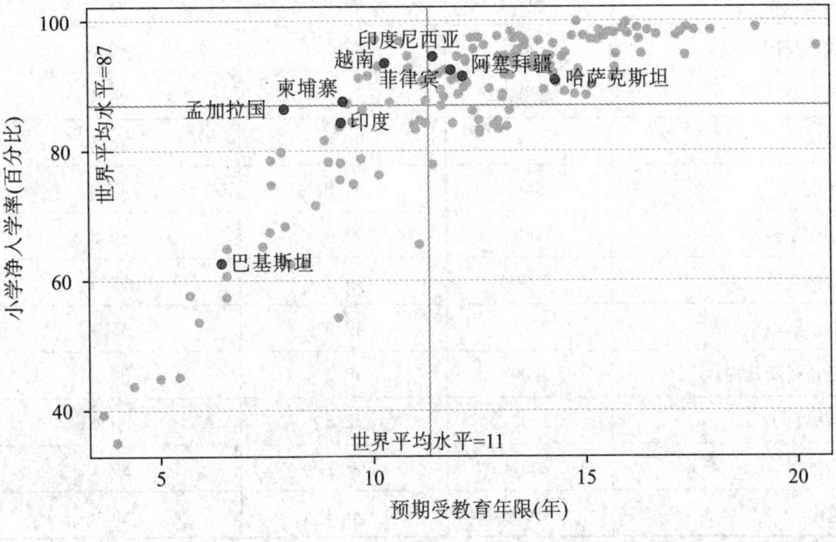

注：平均数经过人口加权获得。

资料来源：世界银行，《世界发展指标》在线数据库。

预期受教育年限与小学入学率是“流动性的”指标，因为其反映了在教育程度方面未来可能发生的变化。表 3.1 用成人识字率和女性成人识字率等更“常用的”指标对所选亚洲国家的现状进行了概括。流动性指标所反映的是亚洲国家在成人识字率与女性成人识字率之间的差异。表中所示的 12 个国家中，有七个都显示出识字率在 90% 以上。而在另一方面，如在孟加拉国和巴基斯坦等国家，其成人识字率非常低（约 40%）。当我们观察女性成人识字率时发现，所选的 12 个国家的平均水平用女性总人口加权后（即 68.8%），这个平均数仍比总人口的平均数更低。孟加拉国和巴基斯坦的情况最差，女性成人识字率分别为40.8%和35.4%，而在阿塞拜疆和哈萨克斯坦，成人女性的识字率分别为98.2%和99.3%。在预期受教育年限与小学入学率和识字率之间存在密切联系，而那些希望在当前的识字人口中取得更大进步的国家，还期望在衡量未来的教育程度的指标方面做得更好。

表3.1　　在一些所选的亚洲国家中，成人识字率与女性成人识字率的比较

国家	年份	成人识字率（百分比）	女性成人识字率（百分比）
阿塞拜疆	1999	98.8	98.2
孟加拉国	2001	47.5	40.8
柬埔寨	2004	73.6	64.1
中国	2000	90.9	86.5
印度	2001	61.0	47.8
印度尼西亚	2004	90.4	86.8
哈萨克斯坦	1999	99.5	99.3
巴基斯坦	2005	49.9	35.4
巴布亚新几内亚	2000	57.3	50.9
菲律宾	2003	92.6	93.6
斯里兰卡	2001	90.7	89.1
越南	1999	90.3	86.9

注：最新的现有数据。

资料来源：世界银行，《世界发展指标》在线数据库。

3.3.3　历史点滴概览

早在20世纪初期，在亚洲的大部分国家，人类发展水平相当落后，这可能是由于该地区的大部分国家都处于殖民统治之下；当时低水平的人力资本反映出这种提取式公共管理并没有真正专门针对人力资源投资。[①] 表3.2展示的是亚洲所选国家在1940—2006年的预期寿命，以及

① 例如，埃斯莫格卢等人（2001年）认为，在那些定居者死亡率高的殖民地当中，总体的体制发展是薄弱的。

该地区的部分殖民者（如日本、荷兰、英国以及美国）的预期寿命。尽管样本国家在 1940 年可用的有关预期寿命的数据非常少，但是一些有趣的趋势值得注意。首先，即使是在 1940 年，情况在亚洲国家之间也存在差异，其中南亚（除斯里兰卡以外）的预期寿命总的来说低于东亚和东南亚，如韩国、马来西亚以及菲律宾等国家。另外一个值得注意的现象是，预期寿命在 1940 年为 30 多岁的国家，到 2006 年其预期寿命为 60 多岁；而那些在 1940 年预期寿命为 40 多岁的国家，到 2006 年其预期寿命是 70 多岁；这一点很有规律性。至少如表 3.2 所示的一些样本国家，在过去的 65 年中，其预期寿命的相对排名的变化微乎其微，甚或毫无变化。

表 3.2　　所选国家和殖民者的预期寿命（岁）

国家	1940 年的预期寿命	2006 年的预期寿命
孟加拉国	29.9	63.7
中国	43.9	72.0
印度	30.0	64.5
印度尼西亚	34.3	68.2
韩国	48.7	78.5
马来西亚	42.6	74.0
缅甸	36.6	61.6
巴基斯坦	30.0	65.2
菲律宾	47.3	71.4
斯里兰卡	42.3	75.0
泰国	42.6	70.2
日本	50.0	82.0
荷兰	67.4	80.0
英国	65.0	79.1
美国	63.8	77.8

资料来源：埃斯莫格卢和约翰逊（2007 年）；布罗迪等人（2000 年）；世界银行，《世界发展指标》在线数据库。

从图 3.4 中我们可以看到，在亚洲，1900 年的平均预期寿命远远低于欧洲和美洲，但在 20 世纪，亚洲几乎已经迎头赶上。在亚洲，其平均预期寿命是 67.1 岁——尽管仍然低于欧洲和美洲（分别为 76.8 岁和 70.8 岁）——但却正在迅速接近更发达地区的水平。

图 3.4　地区平均预期寿命对比，1900—2001 年

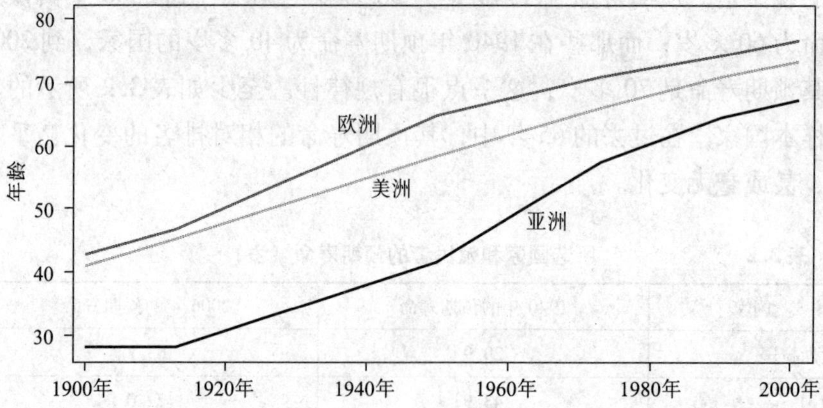

资料来源：瑞利（2005 年）。

与之相类似，图 3.5 向我们展示了在 19 世纪末和 20 世纪初，北美和北欧在小学入学率方面与亚洲和撒哈拉以南非洲地区相比较，所显示出的巨大差异。北美和北欧早在 1900 年所达到的小学入学率，亚洲的几个发展中国家目前仍未达到。图 3.6 表明，在 1870—1940 年，在所选的亚洲国家当中，小学入学率呈分散状态分布。一些与殖民因素有关的异常是显而易见的，这说明有必要在平均值的基础之上，对各个国家进行分别考量。例如，与印度（低于 5%）相比，斯里兰卡在 1900 年的小学入学率相对比较高（20%），尽管这两个国家都是英国的殖民地。一些人认为，斯里兰卡在 19 世纪进行的科尔布鲁克·卡梅伦改革将全国人民统一起来，且在一定程度上激励了当地人的参与，也为产生这种差异的原因作出了部分解释（见专栏 3.1）。同样地，1900 年在美国接管前西班牙的殖民地之后，菲律宾的小学入学率也得以迅速提高。

图 3.5　所选定地区的小学入学率情况，1870—1940 年

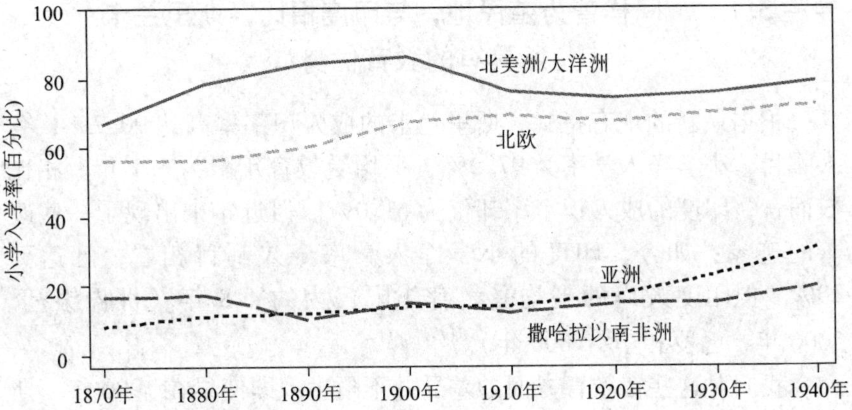

资源来源：伯纳沃特和里德尔（1988 年）。

图 3.6　一些所选的亚洲国家的小学入学率，1860—1940 年

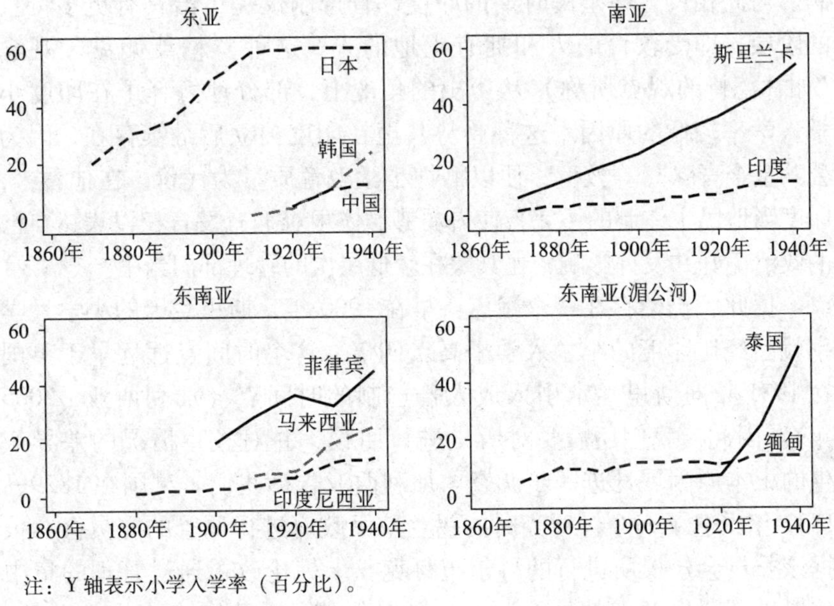

注：Y 轴表示小学入学率（百分比）。

资料来源：伯纳沃特和里德尔（1988 年）。

专栏 3.1　同样曾为殖民地，与印度相比，斯里兰卡所具有的教育优势

根据最新的现有指标，斯里兰卡的成人识字率高达 90.7%，令人瞩目。小学净入学率为 97.2%，平均受教育年限为 6.1 年。相比较而言，印度的成人识字率却仅为 61.0%。但近年来出现了一些改善的迹象：如今，印度的小学净入学率令人刮目相看，已达到 90%。但印度人口的平均受教育年限仅为约 4.8 年（世界银行，2006 年；巴罗和李，2000 年）。[①]

我们对这些在教育方面的差异并不陌生：即使早在 1900 年，斯里兰卡的入学率也比印度高得多（图 3.6）。那么，同为英国殖民地的这两个国家的教育情况存在差异的历史渊源是什么呢?

针对上述问题，林德特（2003 年）认为，一个关键的差异涉及当地的民主参与程度。英国在 1931 年就向斯里兰卡引入了成人普选制。与此相反，在殖民时期的印度，普选制仅提供给具有更多特权的阶层，即受教育的人和拥有土地的人。这种“精英偏见”观念（如林德特的观点所称）从历史的角度上，部分地解释了在印度小学入学率较低的原因。这种趋势甚至在印度独立后继续存在，因为公共基金青睐高等教育，便以牺牲小学教育质量为代价。在他看来，印度当地民主体制的不完善使得弱势群体很难拥有发言权以表达自己的政治偏好并发挥影响，尤其是在较低层次的管理部门当中。

据此，仍然存在一个疑惑：早在 1900 年，斯里兰卡的小学入学率就已经比印度的小学入学率高出四倍，这个时间点远远早于英国在 1931 年向斯里兰卡引入成人普选制的时间点（加利西亚，2005 年）。因此，我们还需要对历史进行回顾，并对教育情况的差异产生的根本原因展开进一步调查。加利西亚告诉我们，英国在 1829—1832 年派遣了一个针对当时的锡兰殖民政府进行调查的委员会，根据该委员会建议所进行的科尔布鲁克·卡梅伦改革通过管理的集中化增进了斯里兰卡的社会凝聚，同时促使行政事务向当地人开放，促进了行政权力下放，还催生了一个统一的英语授课的教育制度。

① 入学率和识字率的数据是 2003 年时的数据；平均受教育年限是针对年龄在 25 岁或以上的人，是 2000 年的预计数据。

为什么从历史的角度来考察卫生与教育情况是非常重要的呢？首先，加利西亚（2005 年）指出，过去与现在之间存在的密切联系达到令人吃惊的程度。例如，在 1900 年的小学入学率与 1985—1995 年的平均受教育年限之间的相关系数是 0. 79。班纳吉和伊耶（2005 年）向我们展示了历史经验是如何对当今的政策选择产生影响的。基于 20 世纪 50 年代至 90 年代期间的数据，他们发现，在印度的一些地区——在那些英国殖民当局将土地权利和税收征收移交给土地所有者的地方——即使在 1947 年印度独立以后，在卫生和教育方面的投资仍然比较少。据此，他们认为原因之一是由于两级分化，这导致不同阶层之间的偏好大相径庭，且这种差异似乎在这些地区已经由来已久并将长期存在。拉詹和津加莱斯（2006 年）也提出了类似的观点。在他们看来，更为富有成效的做法是探寻人口亚群当中的两极分化和“自我永存选民”的历史根源，而非将重点放在体制上。他们认为，前者是不发达状态一直存在的根本原因。在很多情况下，与其说这是实施何种政策的问题，不如说是寻求政治共识以便实施适当政策的方法问题。

正如上述讨论中所强调的，为了更好地理解某些能对目前的卫生和教育缺陷进行解释的体制上的弱点，我们很有必要采取一种更广泛的视野对过去的趋势和“初始条件”加以探究。然而，即便历史因素不可小视，亚洲的几个国家却无视这些初始缺陷的存在（如韩国和马来西亚在教育方面的情况）。了解这些国家是如何克服自身的劣势且走出了不同寻常的发展道路，将为各国的政策制定者提供重要的指引和启示。

跨国比较显示了亚洲地区的非收入贫困成果的变化情况。尽管，平均看来，虽然在削减收入贫困和非收入贫困方面已经取得了显著的进步，但在卫生和教育成果方面仍然存在非常明显的差异。在上述两个方面，这种国家之间的成果差异不仅在当前十分明显，在历史上也是如此。举例来说，在大多数情况下，这些在教育和健康成果方面都低于平均水平的国家，时至今日情况依然如此，尽管从整体上来说已经取得了相对进步。下一节将在多国比较分析的基础之上，继续对国家内部非收入贫困指标的趋势进行调查。在国家平均水平的基础上做进一步调查，可以看到国家内部在卫生和教育成果方面呈现出越来越严重的不平等。

3.4 非收入贫困当中的不平等

卫生和教育的获得水平只是从一个方面描述了亚洲的发展情况。然而，教育和健康成果的不平等程度也是同等重要的，因为它们都能显示出贫困人口及其他社会人口群体在经济发展过程中正在被（或未被）边缘化的程度。此外，所述的不平等也具有较强的地理维度。了解这些可以毫不费力地制定具有高成本效益的政策干预措施，从而提高教育程度并改善贫困人群的卫生状况。[①]

尽管就亚洲的发展中国家而言，人类发展取得了相当大的进步，但是非收入贫困的不平等程度依然十分严重。有证据显示，这种情况仍然呈不断恶化的趋势。在亚洲，人类发展的不平等程度的不断加深，已经折射出该地区收入不平等呈不断加大的趋势。例如，根据亚洲开发银行（2007 年）的资料，21 个亚洲经济体当中有 15 个经济体对于自 20 世纪 90 年代至 21 世纪初所亲历的收入不平等不断加剧的情况进行了回顾。[②]更具体地说，在 15 个所选的亚洲国家当中，从 20 世纪 90 年代中期至 21 世纪初，基尼系数的平均百分比变化为 5%。[③] 尽管这个数字并未否认该地区在消除贫困方面所取得的重大进展，但它同时也突出了需要将重点集中于制定更具包容性的增长策略上，从而确保处于较贫困阶层的人口没有被“遗忘”。

3.4.1 卫生方面的不平等

有证据表明，在亚洲，国家内部卫生方面的不平等程度仍然相当严重，尽管在整个亚洲地区，平均人口卫生情况已经得到了全面的改善。并且有数据显示，在某些国家，与卫生有关的不平等确实呈上升趋势。例如，根据《人口与卫生调查》提供的数据，米努金和德拉莫尼卡

① 例如，在对印度的千年发展目标的分析中，迪奥拉里卡（2005 年）称，就营养不良而言，约 10%—20% 的乡村和地区中的营养不良情况造成的婴儿死亡人数占全国婴儿总死亡人数的一半。

② “凡有的，还要加给他，叫他有余。”参见《经济学人》（2007 年）。

③ 数据源自世界银行，在线《世界发展指标》。

（2003年）告诉我们，根据财富水平的不同，自20世纪80年代中期至90年代中期，儿童死亡率方面的不平等程度在孟加拉国、印度尼西亚、哈萨克斯坦以及菲律宾呈不断上升的趋势。表3.3利用最新数据反映出最贫困和最富有的20%家庭在五岁以下儿童死亡率方面存在相当严重的不平等。在农村人口与城市人口之间，与财富相关的不平等的差异则更大。而且，在样本国家之间也存在很大差异。例如，在印度尼西亚，最贫困的20%家庭五岁以下儿童的死亡率是最富有的20%家庭的3.5倍；但在土库曼斯坦，这一比例仅为1.5倍。

表3.3　　　　五岁以下儿童死亡率的不平等情况

地区/国家	年份	较低/较高比例	农村/城市比例
中亚和西亚			
亚美尼亚	2005	2.3	1.6
哈萨克斯坦	1999	1.8	1.5
巴基斯坦	1991	1.7	1.4
吉尔吉斯共和国	1997	2.0	1.4
土库曼斯坦	2000	1.5	1.4
南亚			
孟加拉国	2004	1.7	1.1
印度	2006	3.0	1.6
尼泊尔	2006	2.1	1.8
东南亚			
柬埔寨	2005	3.0	1.5
印度尼西亚	2003	3.5	1.5
菲律宾	2003	3.1	1.7
越南	2002	3.3	2.2

注：较低/较高比例显示的是，最富有的20%家庭与最贫穷的20%家庭在五岁以下儿童死亡率方面的比例。农村/城市比例显示的是农村人口与城市人口在五岁以下儿童死亡率方面的比例。

资料来源：世界卫生组织（各个年份），格沃特金等人（2007年）。

卫生成果方面的不平等可以通过卫生产出的变化反映出来。图3.7向我们展示了印度尼西亚的各个地区在白喉、百日咳以及破伤风（简称“白百破三项”）的免疫方面以及得到熟练的助产护理方面所呈现出的差异。在印度尼西亚的一些地区，白百破三项的免疫情况与土耳其和越南相似，而其他地区的比例低于尼日尔和索马里的水平。印度尼西亚国内在熟练助产护理方面也表现出类似的卫生产出变化。

图 3.7　白百破三项免疫和熟练助产护理水平：印度尼西亚的一些地区和部分所选国家，2005 年

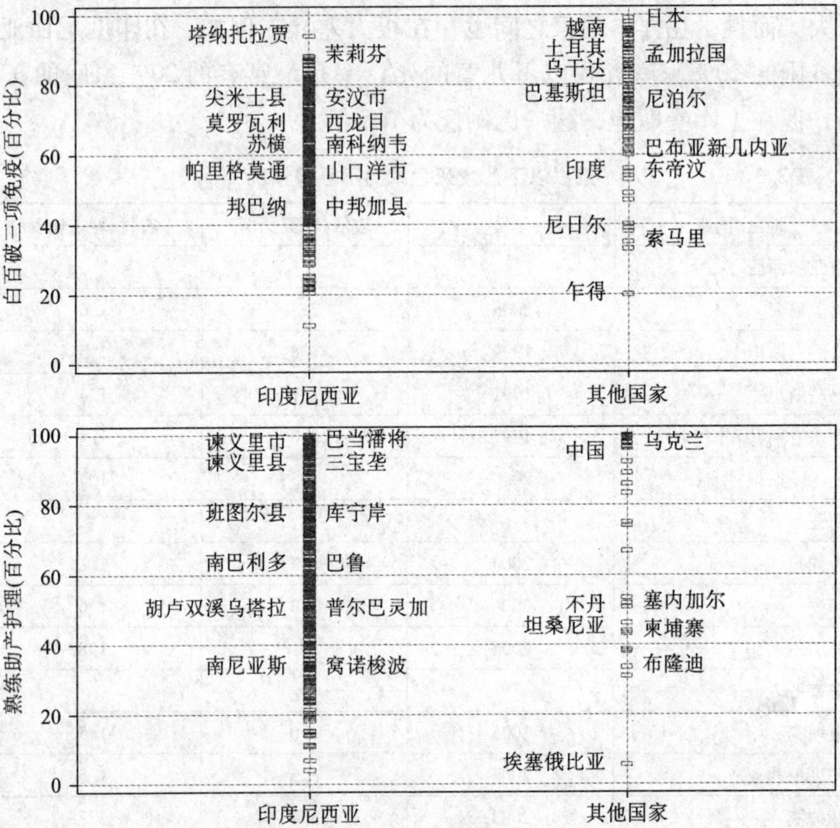

资料来源：苏色纳斯（中央统计局，2005 年）；世界银行，《世界发展指标》在线数据库。

3.4.2　教育方面的不平等

对教育方面的不平等进行衡量实非易事，因为，尤其是教育的质量维度，很难通过调查和普查等工具对其进行准确把握。鉴于应该将这些差异考虑进来，同卫生情况一样，在亚洲发展中国家当中，教育方面存在的不平等也由来已久，且将长期存在。在较富有的孩子和较贫困的孩子之间最突出的不平等在于辍学率。从全球范围来看，据估计有将近

20% 的小学适龄儿童处于失学状态。然而，在许多亚洲国家中，这个数字远远高于世界平均水平。比如说，老挝的最近估测数据显示，来自最贫困的 20% 家庭有 60% 的小学适龄儿童处于辍学状态，而来自最富有的 20% 家庭仅有 12.7% 的小学适龄儿童处于辍学状态（表 3.4）。

表 3.4　　小学适龄儿童的辍学率（百分比），1999—2003 年

地区/国家	合计	最贫困的 20% 家庭	最富有的 20% 家庭
中亚和西亚			
亚美尼亚	3.0	2.7	3.9
阿塞拜疆	9.1	11.3	6.4
哈萨克斯坦	1.5	3.0	0.6
巴基斯坦	19.7	23.0	14.6
塔吉克斯坦	19.3	20.1	17.7
东亚			
蒙古	20.8	29.4	9.8
南亚			
孟加拉国	20.7	35.9	13.6
印度	23.1	33.2	9.8
尼泊尔	33.8	41.4	25.4
东南亚			
柬埔寨	34.7	52.4	14.3
印度尼西亚	5.6	11.2	2.0
老挝	37.9	60.0	12.7
缅甸	20.5	35.8	10.1
菲律宾	18.1	30.0	10.6
越南	12.4	21.3	7.0

资料来源：联合国科教文组织（2005 年）。

表 3.5 对印度和印度尼西亚这两个大国之间在更深层次上的教育不平等情况进行了调查。尽管这两个国家的文化结构和社会人口结构大相径庭，基于不同的性别、地区和所属财富阶层，其小学适龄儿童的分布情况却显示出相似的趋势。然而，在这两个国家的辍学儿童群体之间却表现了巨大的差异。在印度，小学适龄男孩的数量要多于女孩，但男孩的辍学率却比女孩低。这种趋势在印度尼西亚却恰恰相反。虽然总的适

龄儿童的小学入学率当中男孩的所占比例较大，但男孩的辍学率（56.6%）还是高于女孩（43.4%）。尽管如此，在这两个国家，来自最贫困家庭的辍学儿童所占比例是来自最富裕家庭的辍学儿童所占比例的九倍。

表 3.5　印度和印度尼西亚的小学适龄儿童入学率的不平等，2000—2003 年

阶层		小学适龄儿童			
		在总数中所占比例（百分比）		辍学率（百分比）	
		印度	印度尼西亚	印度	印度尼西亚
性别	女孩	48.6	47.9	59.0	43.4
	男孩	51.4	52.1	41.0	56.6
地区	农村	76.7	55.3	87.1	70.2
	城市	23.3	44.7	12.9	29.8
经济状况	最贫穷的 20% 家庭	22.7	23.6	37.3	52.2
	最富有的 20% 家庭	15.2	17.6	3.6	6.0

注：总数是指在校的和辍学的小学适龄儿童。

资料来源：联合国教科文组织（2005 年）。

由于收入不平等是非收入不平等的一个重要决定因素，且各个国家之间收入水平相差很大，所以卫生成果和教育成果方面的差异也非常显著。收入不平等程度相对较高的国家，其卫生成果和教育成果方面的不平等程度也可能较低，例如在印度，来自最富有的 20% 家庭的孩子中，有 5% 的孩子体重偏轻，而相比之下，来自最贫困的 20% 家庭的孩子中，这一比例为 28%。相比之下，柬埔寨的基尼系数较高，这意味着其收入不平等程度高于印度，该国来自最富有的 20% 家庭的孩子中有 5.6% 存在严重的体重不足现象，而来自最贫困的 20% 家庭的孩子中，这一比例为 16.7%；这个比例相对来说是比较低的。（格沃特金等人，2007 年；亚洲开发银行，2007 年）。在学校参与率方面的差异与这种规律相吻合。越南的收入不平等情况与印度相似，来自收入最高的 20% 家庭中有 98.1% 的女孩在校就读，而来自收入最低的 20% 家庭中有 90.6% 的女孩在校就读，差别并不明显。在印度，来自收入最高的 20% 家庭中有 94% 的女孩在校就读，而来自收入最低的 20% 家庭中只有 58.1% 的女孩在校就读。

卫生方面不平等的一个指征是，贫困人口寻求专业治疗的可能性较低，尽管他们患病的可能性更大。此外，有数据表明，一般而言，政府补贴更惠及富人，尽管他们更方便获得私营医疗服务（瓦格斯塔夫，2002 年）。由于富人相对于贫困人口来说更容易吸收新技术从而实现收入的不断增长，因此，这也是导致卫生方面不平等的一个因素（瓦格斯塔夫，2001 年）。卫生方面不平等的加剧还与该地区收入不平等程度的不断增加有关（坎布尔等人，2006 年）。总的来说，卫生不平等程度更高通常表明，获得医疗服务的机会减少或者所接受的医疗服务质量的差异程度不断扩大。

在国家内部，收入不平等与教育和卫生方面的不平等也密切相关。此外，鉴于收入贫困也是非收入贫困的一个决定因素，从更深层次对这种关系进行探究对于更好地评估亚洲地区不断增长的非收入贫困的不平等程度以及通过有针对性的政策干预对此加以解决也是非常重要的。

3.5　收入贫困与非收入贫困之间的关系

正如先前我们所注意到的，在收入贫困指数与非收入贫困指数之间存在密切的联系。然而，如本节所强调的，对于收入福利获得与非收入福利获得之间的关系不能持想当然的态度。对这两者之间的关系进行仔细探究对于理解包容性增长的理论基础至关重要。

本节侧重于收入贫困与非收入贫困之间的相互作用，具体关注亚洲发展中国家的情况。就收入贫困而言，本节对经济增长是否是改善非收入贫困的关键推手进行评估。在展开评估的过程中，从政策角度对经济增长与非收入贫困之间的关系的几个关键方面进行了重点讨论。首先，改善非收入福利本身即为促进经济增长的推动因素。其次，与收入贫困的情况不同——经济增长并非改善非收入贫困的必要条件。再次，获得更高水平的非收入福利措施增加了经济增长与收入贫困之间关系的弹性。此外，长期稳定的经济增长不仅取决于经济增长所具有的包容性的程度，还可以转化为在非收入福利措施方面的改善程度。下面将对部分上述问题进行讨论。

到目前为止，减少收入贫困最重要的决定因素在于运行良好的、旧式经济增长（朵拉和克雷，2002 年）。持续的经济增长与生产性就业和资本方面的相关增长是消除绝对贫困的内在推手。在过去的几十年当中，没有一个地区比亚洲更能说明这一点了。始于 20 世纪 60 年代的、持续的经济增长改变着原来的亚洲四“小龙”：中国香港、韩国、新加坡以及中国台湾。紧接着，其他的亚洲经济体也加入了这个“龙之队”，包括中国、印度尼西亚、马来西亚、泰国以及新近加入的印度和越南。这些都归功于削减收入贫困方面所取得的突出成就。增长与发展委员会（2008 年）向我们展示了基于 13 个国家实际经验的范例及其政策选择；这些国家在 1950 年之后的至少 25 年中连续实现了 7% 或更高的经济增长。在委员会报告中所强调的 13 个高增长经济体当中，有九个来自亚洲，它们是：中国、中国香港、印度尼西亚、日本、韩国、马来西亚、新加坡、中国台湾以及泰国。只有四个来自其他地区，它们是博茨瓦纳、巴西、马耳他和阿曼。

3.5.1 人类发展与经济增长

从理论上来说，人力资本——教育、卫生以及营养状况等对于经济增长的重要作用显而易见。人力资本增强了功能性能力、创收潜力，以及最值得一提的经济生产力，也因此对于经济增长具有重要意义。尽管对于上述推测性观点的意义存在大量争议，但从实证角度看，有证据表明人力资本确实是经济增长的一个决定性因素。

对于卫生水平来说，人口卫生成果（如预期寿命）与在任何给定的时间点上的各国之间的收入水平之间存在明确的正相关关系（图 3.8）。但平均来说，尽管人口卫生成果通常与收入之间存在着密切关联，但这种趋势却存在显著变化。例如，就 2007 年的人均国民总收入（GNI）情况而言，大多数亚洲发展中国家（除哈萨克斯坦和巴布亚新几内亚）的表现都优于世界平均水平。然而，五岁以下儿童死亡率却并非如此。许多亚洲发展中国家（包括阿塞拜疆、印度、哈萨克斯坦以及巴基斯坦）就其收入水平而言，其五岁以下儿童死亡率高于平均水平（图 3.8）。

图 3.8　预期寿命和五岁以下儿童死亡率与收入之间的关系，2007 年

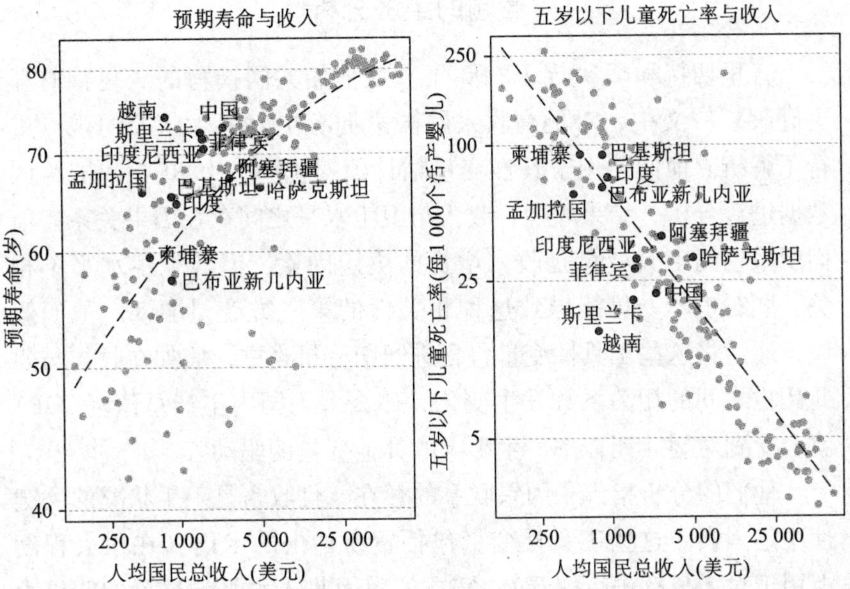

注：坐标轴是对数坐标轴。

资料来源：世界银行，《世界发展指标》在线数据库。

图 3.8 向我们证实了在各国之间的卫生水平与收入之间呈正相关关系，但并不意味着卫生水平促进了经济增长（或者反之亦然）。为了判定卫生水平与经济增长之间是否存在因果关系，我们还需要对较高的收入水平可能对卫生水平产生的影响以及其他可能的混杂变量所产生的影响进行控制。一个在增长回归中所采用的策略是，通过对经济增长的其他决定因素进行控制和使用工具性变量，对初始的卫生水平对随后的经济增长水平所产生的影响进行考察（布卢姆和坎宁，2007 年；参见专栏 3.2）。有关文献总体而言倾向于卫生水平与随后的经济增长之间存在正相关关系；布卢姆、坎宁和塞维利亚（2004 年）以及巴尔加瓦等人（2001 年）向我们提供了这方面的范例。

专栏 3.2 单纯增长对于卫生状况所产生的影响的经济分析

普里切特和萨默斯（1996 年）在他们共同撰写的《更富有即更健康》一文中，对更高收入的国家拥有更好卫生状况的观点进行了解析。他们使用工具性变量估计值对 1960—1990 年间的跨国数据进行分析，结果表明，收入与卫生水平之间存在因果关系。他们所采用的工具变量是收入增长的决定因素，但与卫生水平不相关，同时也不受可能导致这种相关性的第三方变量驱动。他们假设，通过将这些工具性变量包含进回归分析当中，假如在收入与婴儿死亡之间的相关系数发生变化，那么人均国内生产总值（GDP）就会受到对婴儿死亡率产生影响的其他变量的驱动。

他们的分析指出了因果联系的存在，且收入是卫生状况的关键性决定因素。这些工具性变量包括贸易冲击的术语（在很大程度上用于对增长率进行解释）；官方汇率因收入水平调整后的购买力平价水平而产生的偏差（代表外向型有所减弱的政策）；投资与国内生产总值的比率（因为其与经济增长有关）；黑市溢价（对经济增长存在负面影响）。作为最终的工具性变量，如果国家受到来自外部环境的类似冲击，那么一国的增长率与其他国家的增长率之间的变化就可以作为外部环境对前者增长率产生影响的一个指标。为了对这种影响进行计量，作者们构建了一个指标，即国家之间类似的增长矢量。

通过使用这种方法，他们的研究结果表明使用与一组其他变量中任一变量相关的收入变化的任何组成部分来估计对卫生状况的影响，其结果要优于仅使用收入本身。在采用所有工具性变量时，婴儿死亡率的人均国内生产总值弹性是 -0. 32。如果不使用这些指标，在仅控制受教育年限的情况下，则弹性较小，为 -0. 19。这些结果表明，收入与婴儿死亡率之间不仅存在因果关系，还存在结构性联系。

增长与发展委员会的报告（2008 年）也强调了在儿童早期的健康状况不佳与营养不良程度对于经济增长和经济不平等产生的负面影响。儿童早期的健康状况不佳与营养不良可能永久性地削弱孩子的学习潜力。此外，对于营养不良和健康状况不佳的人口来说，较低的学习能力和较差的体力水平都会导致与那些在幼年获得良好卫生服务与良好营养状况的儿童之间的差距不断扩大。委员会的报告还突出强调，在幼儿早期健康方面进行有针对性的政策干预以及将弱势群体的卫生状况纳入国家的整体经济增长战略具有举足轻重的作用。

图 3.9　相对于收入而言的识字率和教育成果，2000—2007 年

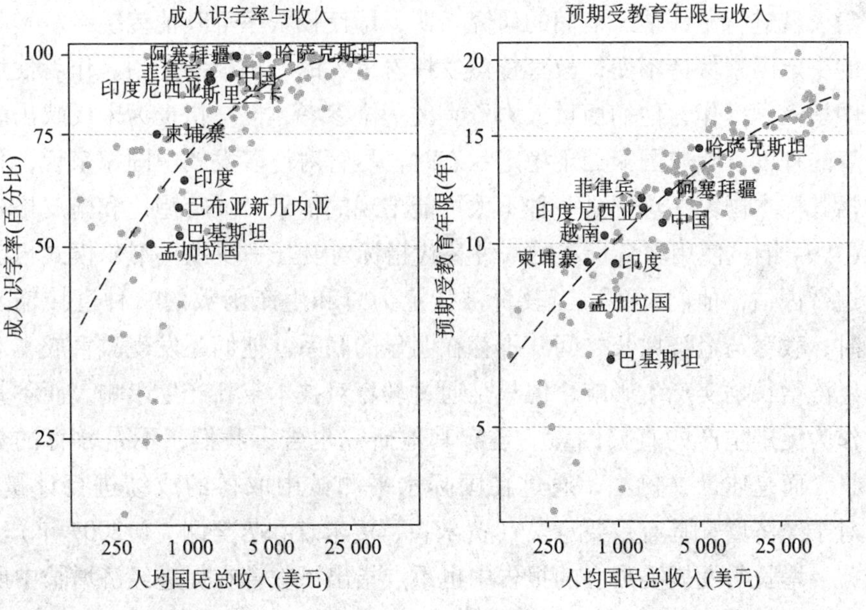

注：坐标轴是对数坐标轴。

资料来源：世界银行，《世界发展指标》在线数据库。

综观其他几个非收入贫困指标，如与教育相关的指标，这些指标在各国之间在给定的时间点上与收入水平之间也存在正相关关系。然而，各国之间在教育与收入水平之间存在的联系比卫生水平与收入水平之间的联系所要表现出来的变化要大得多，至少表面上看起来如此。图 3.9 显示的是预期受教育年限和成人识字率与人均国民总收入之间的对比情况，同时预测线表明这两组指标之间的平均关系。其中，就这几个国家的收入水平而言，柬埔寨、中国、印度尼西亚、菲律宾以及斯里兰卡的成人识字率都高于平均水平。有趣的是，在这几个国家当中，成人识字率高于平均水平并不意味着预期受教育年限也高于平均水平。只有印度尼西亚和菲律宾这两个国家是两枝“独秀”。在哈萨克斯坦和越南，预期受教育年限相对于其收入来说比较高。这种在收入与成人识字率和预期受教育年限之间的正相关联系表明，非收入贫困与收入贫困之间是相互联系的，尽管还需要对这种因果关系判定进行额外分析。

尽管教育确实对经济增长产生影响，曼丘、罗默和韦尔（1992 年）的开创性研究利用 1960 年到 1985 年期间的跨国数据对人力资本增强索洛模型进行了评估。他们的研究表明，即使投资率等其他传统经济增长的决定因素保持不变，教育依然发挥着重大的、积极的作用。作者使用中学入学率作为他们衡量人力资本的一个参考，但被指责为未反映出教育的程度，除非国家处于稳定状态时，尽管对许多发展中国家来说，包括其样本国家，这都是一种不太可能出现的情景。贝哈鲍比和施皮格尔（1994 年）使用教育资本的一种替代指标对曼丘—罗默—韦尔模式再次进行评估，他们发现，当教育被指定为总和生产函数的一种直接输入时，教育与经济增长之间并不存在明显的联系。他们还发现教育成本对经济增长确实产生影响，但只是通过教育对技术革新产生影响，而不是作为促进生产的直接因素。还有其他研究也告诉我们，不是教育的数量，而是质量（例如，通过在国际水平测试中取得的成绩进行计量）对于经济增长具有重要意义（贾米森、贾米森和哈努谢克，2007 年）。

增长与发展委员会的报告中也重点指出了教育在促进经济增长中所起的重要作用。报告称，经济稳定增长的 13 个经济体中的每一个经济体都在提高教育和改善人力资本方面进行了大量投资。此外，该报告还认为，有证据表明，那些没有经历高速经济增长的国家与高速发展的国家相比，在人力发展方面也没有投入那么多的资金。委员会还提出，公共部门应大力参与教育事业，这是因为教育存在很高的潜在经济回报，同时该部门会引发市场失灵。此外，援引该报告中的另一个观点，对教育投资的回报不是千篇一律的：更多的教育回报与儿童早期投资直接相关。

3.5.2　与经济增长脱钩的人类发展

经济增长对收入贫困会产生影响，对于这一点人们已经习以为常，但经济增长对非收入贫困产生的影响却有所不同。换言之，这并不意味着经济增长会自然产生消除非收入贫困的结果，或者说，经济增长是人类发展的前提条件。这个观点的论据来自这样一个事实，即各小节中所提供的数据所反映出的收入水平与卫生水平之间的关系本身会随着时间的推移而发生变化。例如，在收入水平相当的两个时间点：1960 年和 2000 年，在 2000 年会比在 1960 年具有更好的卫生状况。这些在卫生成果方面的周期性的变化有可能是较好的公共卫生干预和卫生技术进步以及推广的结果（普雷斯顿，1975 年）。收入本身并不能对过去 100 年中卫生方面所取得的巨大进步作出解释，也不能将其视为未来在卫生方面取得巨大进步的唯一策略（贾米森等人，2006 年）。此外，在对收入水平与卫生水平之间的关系进行解析的过程中，结果所显示出的变化指向了具体国家的干预变量，即对经济增长转化为卫生成果方面的进步产生影响的变量。

虽然在大多数情况下，经济上更富有的国家往往有更好的卫生状况，但还是有不遵循这一趋势的例外情况。改革开放前的中国、古巴、喀拉拉邦（印度）和斯里兰卡的情况都表明，快速的经济增长并不是卫生水平提高的前提条件。举例来说，在 20 世纪 60 年代到 70 年代之间，中国的预期寿命快速增长，但同期其经济增长速度则较为迟缓。与之相比较，1980 年之前印度的人均国内生产总值比中国高，但预期寿命却远远低于中国。1980 年之后的改革开放时代，中国的经济迅速腾飞，预期寿命的增长速度却大大降低，发展曲线一改以往与韩国类似的情形，而与菲律宾靠近（图 3.10）。

一些福祉指标，如预期寿命、婴儿死亡率、五岁以下儿童死亡率、产妇死亡率、营养不良状况、入学率以及识字率，基本上都与供水及卫生条件的改善、基础设施的提高、获得医疗服务与教育的情况、社会规范与文化规范的适应情况、宣传活动、工业化、城市化、技术改进以及有针对性的干预等密切相关。这些决定因素与经济增长齐头并进，但绝不是前提条件。即使在经济没有强劲增长的情况下，也有可能将公共的

图 3.10　所选定国家预期寿命的历史演进情况，1960—2006 年

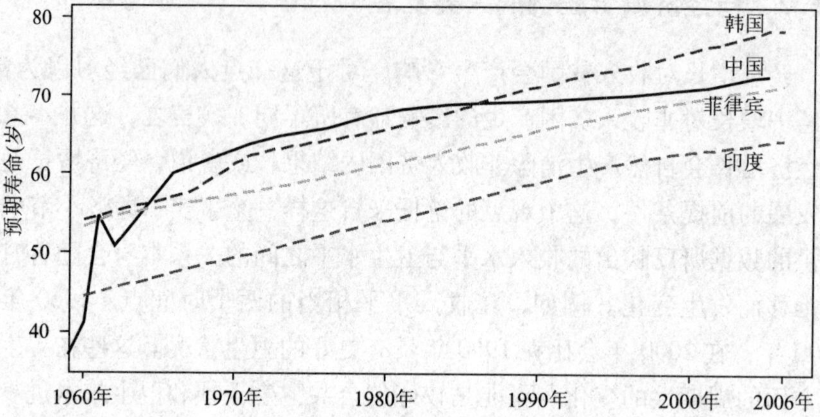

资料来源：世界银行，《世界发展指标》在线数据库。

和私人的干预措施集中在消除非收入贫困方面。这些干预措施可能是以投资、公共政策、激励措施或改善环境等形式展开，在此仅举几个例子。在国家内部，卫生和教育方面的不平等可以通过一些能够充分解决其根源问题的、有针对性的政策干预来解决。

在试图对非收入贫困的决定因素进行解析的过程中，兰伯特、拉瓦雷和万·德·瓦力（2007 年）通过使用《摩洛哥和越南的生活水平调查》所提供的数据对一段时期以来在入学率方面的变化展开调查，并将人类发展的总成果所发生的变化分解成四个部分：（1）与平均收入的差异有关的单纯“增长”效应；（2）归因于收入分配差异的再分配效应；（3）“非收入”因素；（4）用来计量与收入和非收入因素相关的人类发展回报的结构性成分。作者发现，增长不仅对学校入学率的明显变化起着重要作用，而且结构性因素在对这些变化的解释中也是主导性的决定因素。尽管目前尚不清楚产生这些结果的原因，但它至少表明，特别注重于提高入学率的政府政策是非常成功的。

孟加拉国和印度的例子还能说明进一步的问题。虽然在 1990 年，印度在入学率和儿童死亡率方面比孟加拉国的情况要好一些（图 3.11），到 2004 年情况却有了逆转，印度在这两个方面都比孟加拉国的情况更糟糕。（按 2000 年定值美元计算，印度的人均收入是 315 美元，而孟加拉国是 274 美元），而在 1990—2004 年的 15 年期间，印度比孟加拉国增长得快得多。到 2004 年，印度的人均收入是 538 美元，而孟加拉国是 402 美元。但是，尽管印度在经济上的增长有所减缓，其社会指标的增长率却比孟加拉国快得多。此外，孟加拉国的政府每年在卫生和教育方面的花费要比印度少得多，无论是从人均总支出还是从国内生产总值的百分比来说。很明显，正如孟加拉国和印度之间的比较所说明的，如果较贫困的国家在卫生和教育方面的人均支出较少，就可以达到较好的社会成果。这应该表明，与其他国家相比，他们所采取的卫生和教育系统的运作方式有不正确的因素。

图 3.11　教育和卫生趋势：孟加拉国和印度，1990—2004 年

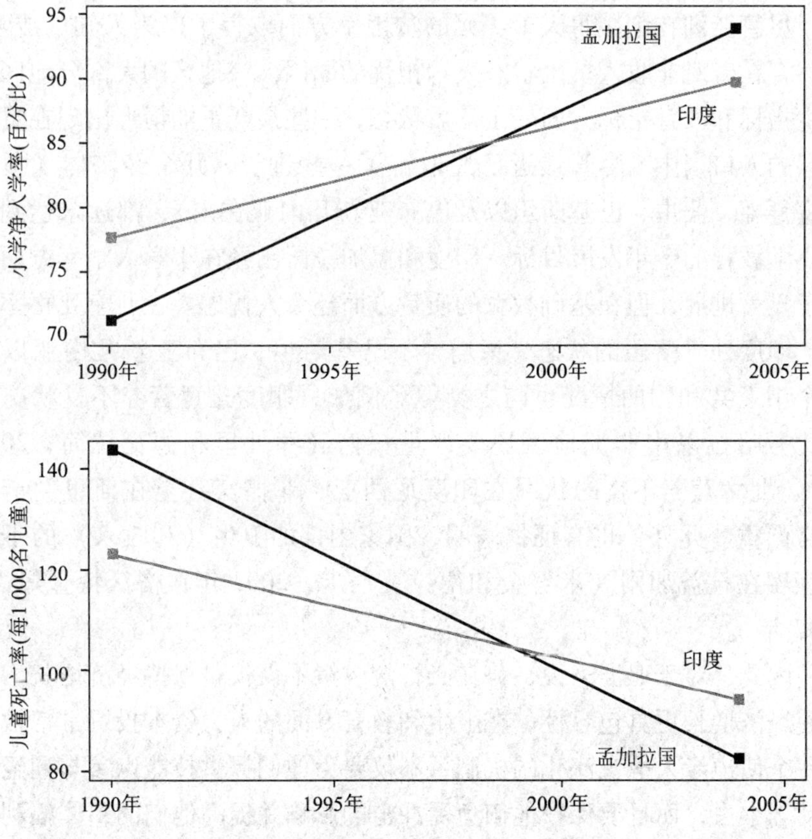

资料来源：世界银行,《世界发展指标》在线数据库。

尽管收入变量与非收入变量之间的关系值得重点说明，该分析还告诉我们，仅关注收入贫困不一定会带来非收入贫困的大规模降低。对于国家是如何将明显的经济增长转化为在卫生和教育方面的进步，在亚洲内部还是存在很大程度的差异。有证据表明，通过在提高教育和收入成果以及提高国家内部这些指标的权益方面采取有针对性的政策，尽管降低了收入贫困的水平，但亚洲国家从经济增长当中获益最多。

3.6 结论

尽管亚洲在削减每天1美元的贫困率方面取得了广为人知的成功，仍然存在着对非收入贫困状态表示担忧的原因。该地区的大部分地区在卫生指标和教育指标方面处于落后状态，一些最严重的情形出现在贫困阶层的人口当中。尽管最近已经取得了一些进步，几个经济体（包括阿塞拜疆、蒙古、巴基斯坦以及巴布亚新几内亚在内），都远未达到普及小学教育的千年发展目标。印度和孟加拉国已经在小学入学率方面取得了显著进展，但在基础教育的质量方面还令人忧虑。在儿童死亡率方面，印度处于落伍的状态，柬埔寨、巴基斯坦、巴布亚新几内亚以及几个中亚共和国的情况也与之类似。例如，印度儿童营养不良状况几乎比撒哈拉以南非洲地区还要严重一倍（乔杜里和德瓦拉简，2006年）。儿童营养不良的状况在印度尼西亚、菲律宾甚至在斯里兰卡都非常严重。此外，也有证据表明，国家内部的卫生（和收入）的不平等程度在日益加剧（米努金和德拉莫尼卡，2003年；格沃特金等人，2007年）。

因此，对于亚洲来说，势在必行的政策不仅仅是保持经济增长，还要使经济增长更具包容性。在卫生和教育方面的人力资本投资常常被视为一个使边缘人群主流化的机制：不仅要为他们提供技能以参与到经济活动当中去，而且要保护他们免受冲击的影响并提高他们的整体福利水平。当前样本数据[①]表明，教育是带领人们走出长期贫困的最突出因素

① 对同一单位进行长期的观察和跟踪调查所获得的数据（如一个给定的家庭或国家）。

之一，尽管各个国家对于教育所要求的水平各不相同（麦凯和劳森，2002 年）。例如，在印度，文盲与长期贫困如影随行。据研究发现，在其他国家，中学教育是脱贫的关键因素。而在另一方面，健康方面的重大问题是使人们陷入贫困的突出因素。为了阻止人类发展的不平等对未来的经济增长造成限制，亚洲还需在当前公平的竞争环境中投入更多的资金。

参考文献

ADB. 2006. "Measuring Policy Effectiveness in Health and Education." In *Key Indicators 2006*. Asian Development Bank, Manila.

____. 2007. "Inequality in Asia." In *Key Indicators 2007*. Asian Development Bank, Manila.

Acemoglu, D., and S. Johnson. 2007. "Disease and Development: The Effect of Life Expectancy on Economic Growth." *Journal of Political Economy* 115(6):925–85.

Acemoglu, D., S. Johnson, and J. A. Robinson. 2001. "Colonial Origins of Comparative Development: An Empirical Investigation." *American Economic Review* 91:1369–401.

Banerjee, A., and L. Iyer. 2005. "History, Institutions, and Economic Performance: The Legacy of Colonial Land Tenure Systems in India." *American Economic Review* 95(4):1190–213.

Barro, R. J., and J-W. Lee. 2000. International Data on Educational Attainment: Updates and Implications. NBER Working Paper No. 7911, National Bureau of Economic Research, Cambridge, MA.

Benavot, A., and P. Riddle. 1988. "The Expansion of Primary Education, 1870–1940: Trends and Issues." *Sociology of Education* 61(3):191–210.

Benhabib, J., and M. M. Spiegel. 1994. "The Role of Human Capital in Economic Development: Evidence from Aggregate Cross-Country Data." *Journal of Monetary Economics* 34:143–73.

Bhargava, A., D. Jamison, L. Lau, and C. J. L. Murray. 2001. "Modeling the Effects of Health on Economic Growth." *Journal of Health Economics* 20:423–40.

Bloom, D. E., and D. Canning. 2007. Population Health and Economic Growth. Working Paper, Harvard School of Public Health, Boston.

Bloom, D. E., D. Canning, and J. Sevilla. 2004. "The Effect of Health on Economic Growth: A Production Function Approach." *World Development* 32:1–13.

Brody, J. A., M. D. Grant, L. J. Frateschi, S. C. Miller, and H. Zhang. 2000. "Reproductive Longevity and Increased Life Expectancy." *Age and Aging* 29:75–8.

Central Bureau of Statistics. 2005. Survei Sosial Ekonomi Nasional (SUSENAS, National Socioeconomic Survey). Indonesia.

Chaudhury, N., and S. Devarajan. 2006. "Human Development and Service Delivery in Asia." *Development Policy Review* 24(s1):s81–97.

Commission on Growth and Development. 2008. *Growth Report: Strategies for Sustained Growth and Inclusive Development*. World Bank, Washington, DC.

Deolalikar, A. B. 2005. *Attaining the Millennium Development Goals in India*. New Delhi: Oxford University Press.

Dollar, D., and A. Kraay. 2002. "Growth is Good for the Poor." *Journal of Economic Growth* 7:195–225.

Economist, The. 2007. "High Gini is Loosed Upon Asia." 7 August. Available: www.economist.com/displaystory.cfm?story_id=9616888.

Gallego, F. 2005. Historical Origins of School: The Role of Political Decentralization. Massachusetts Institute of Technology, Cambridge, MA. Available: econ-www.mit.edu/graduate/candidates/download_res.php?id=214. Processed.

Gwatkin, D. R., S. Rutstein, K. Johnson, E. A. Suliman, A. Wagstaff, and A. Amouzou. 2007. Socioeconomic Differences in Health, Nutrition and Population within Countries: An Overview. World Bank, Washington, DC.

Jamison, D. T., J. G. Breman, A. R. Measham, G. Alleyne, M. Claeson, D. B. Evans, P. Jha, A. Mills, and P. Musgrove, eds. 2006. *Disease Control Priorities in Developing Countries*. 2nd Ed. World Bank, Washington, DC.

Jamison, E. A., D. T. Jamison, and E. A. Hanushek. 2007. "The Effects of Education Quality on Economic Growth and Mortality Decline." *Economics of Education Review* 26:772–89.

Kanbur, R., A. J. Venables, and G. Wan, eds. 2006. *Spatial Disparities in Human Development: Perspectives from Asia*. New York: United Nations University Press.

Lambert, S., M. Ravallion, and D. Van De Walle. 2007. A Micro-Decomposition Analysis of the Macroeconomic Determinants of Human Development. Policy Research Working Paper No. 4358, World Bank, Washington, DC.

Lindert, P. 2003. "Voice and Growth: Was Churchill Right?" *The Journal of Economic History* 63(2):315–50.

Mankiw, N. G., D. Romer, and D. N. Weil. 1992. "A Contribution to the Empirics of Economic Growth." *Quarterly Journal of Economics* 107(2):407–37.

McKay, A., and D. Lawson. 2002. Chronic Poverty: A Review of Current Quantitative Evidence. CPRC Working Paper No. 15, IDPM, University of Manchester, Manchester.

Minujin, A., and E. Delamonica. 2003. "Mind the Gap! Widening Child Mortality Disparities." *Journal of Human Development* 4(3):397–418.

Preston, S. 1975. "The Changing Relationship between Mortality and Level of Economic Development." *Population Studies* 29(2):231–48.

Pritchett, L., and L. Summers. 1996. "Wealthier is Healthier." *Journal of Human Resources* 31(4):841–68.

Rajan, R. G., and L. Zingales. 2006. The Persistence of Underdevelopment: Institutions, Human Capital, or Constituencies? NBER Working Paper No. 12093, National Bureau of Economic Research, Cambridge, MA.

Ravallion, M. 1996. Issues in Measuring and Modeling Poverty. Policy Research Working Paper No. 1615, World Bank, Washington, DC.

Riley, J. C. 2005. "Estimates of Regional and Global Life Expectancy, 1800–2001." *Population and Development Review* 31(3):537–43.

Sen, A. 1998. "Mortality as an Indicator of Economic Success and Failure." *Economic Journal* 108:1–25.

UNDP. 2007. *Human Development Report.* New York: Oxford University Press.

UNESCO. 2005. *Children Out of School: Measuring Exclusion from Primary Education.* UNESCO Institute of Statistics, Montreal.

United Nations. 2000. "United Nations Millennium Declaration." 55th Session General Assembly, 8 September, New York.

Wagstaff, A. 2001. Inequalities in Health in Developing Countries: Swimming Against the Tide? Policy Research Working Paper No. 2795, World Bank, Washington, DC.

_____. 2002. "Poverty and Health Sector Inequalities." *Bulletin of the World Health Organization* 80(2):97–105.

World Bank. 2006. *World Development Indicators 2006.* Washington, DC.

_____. Various years. World Development Indicators Online. Available: http://devdata. worldbank.org/dataonline/.

第4章 亚洲的性别平等与包容性增长

新见洋子[①]

4.1 引言

长期以来，追求性别平等的重要性在世界范围内备受关注，在亚洲和太平洋地区也是如此。事实上，该地区所有国家均为《消除对妇女一切形式歧视公约》的缔约国，性别平等在许多国家的宪法和法律中都有明确规定（亚洲开发银行等，2006年）。诚然，在过去的几十年当中，该地区在消除性别不平等方面已经取得了显著的进步。尽管如此，在获得经济机遇和经济资源、基本人权以及在政治上的发言权方面，妇女仍然处于劣势地位（世界银行，2007年）。因为性别歧视直接影响着妇女的福祉，性别平等本身就是一个合法的政策目标。同时，发展组织（development organization）越来越强烈地认识到性别平等的作用以及赋予妇女权力是促进发展和消除贫困的强有力的手段（如，亚洲开发银行，2007和2008年；世界银行，2008年）。

---

① 笔者对世界银行的A. R. 莫里森、S. 萨巴沃以及M. 施杰布洛姆表示感谢，感谢他们与我们分享有关监测性别平等进展的指数的宝贵数据。

不平等源于各种差异，或者是由于个人努力程度的不同——这属于个人控制因素，或者是由于外在因素的不同——如性别、宗教背景、地理位置以及父母受教育的情况——这不属于个人控制因素（罗默，2006 年）；而性别不平等属于后一种情况，而且较为突出。如本书中其他章节所述，包容性增长是一种不仅能创造经济机会，还能确保社会各阶层机会均等的增长方式（阿里和庄，2007 年）。因此，只有在妥善解决性别不平等问题的前提下，才有可能实现包容性增长。

由外在因素的差异性产生的不平等常常反映出社会的排他性，应当通过公共政策干预的方式来加以解决（阿里，2007 年）。然而，作为一种典型的“不平等陷阱”（世界银行，2006 年），性别不平等是由家庭内部和外部的相互交织的文化的、社会的以及经济的因素引起，并得到进一步加强。毫无疑问，消除性别不平等没有唯一的灵丹妙药。本章对亚洲和太平洋地区的性别不平等现状进行分析并考察了现有的实证性研究，以期增进对该问题的理解并帮助政策制定者制定相应的有效政策。

第 4.2 节为理解性别平等以及性别不平等为什么需要通过经济增长和消除贫困来实现，提供了一个概念框架。该节还介绍了一组能够对性别不平等加以计量的指标。通过以上内容，第 4.3 节对最近取得的进展进行了回顾，同时也着重指出了巨大的性别差距。第 4.4 节针对现有文献关于性别不平等的几个关键层面的实证研究进行了评议。第 4.5 节侧重于主要研究成果以及改善性别平等的可能性措施。

4.2　性别平等与包容性增长：概念与措施

4.2.1　概念框架

联合国千年项目教育与性别平等专门工作组（联合国千年项目，2005 年）从三个维度对性别平等进行了定义。它们是：（1）能力；（2）获取资源和机会；（3）安全（见图 4.1）。能力是指可以通过教育、健康以及营养状况来衡量的人的基本能力，其中每一项对于个人福祉都是至关重要的，同时也是获得机会的重要途径。获取资源和机会主要是指，通过获得经济资产（如，土地、房屋以及基础设施）使用或应用基本能力的平等机会；资源（如，收入和就业）；政治决策（如，在议会或其他政治实体中有发言权）。最后，安全是指受暴力和冲突的影响程度，它会削弱个人、家庭以及社会团体发挥自身潜能的能力（联合国千年项目，2005 年）。

图 4.1　三个领域内的性别平等

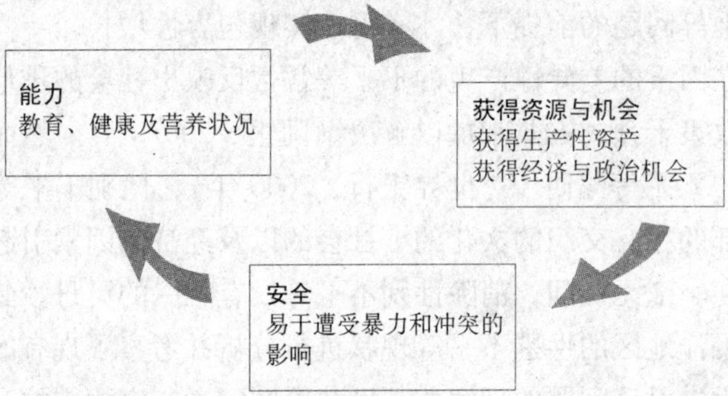

资料来源：基于联合国千年项目有关教育和性别平等专门工作组制定的运行框架（联合国千年项目，2005 年）。

这三个领域是相互联系、密不可分的。例如，能力方面的改善将会大大提高妇女获得经济和/或政治机会的可能性。与之相类似，获得机会也会降低妇女遭受暴力的可能性（联合国千年项目，2005 年）。因此，确保这三个方面的共同进步对于全面实现性别平等至关重要。还需注意的是，性别平等不是男性与女性之间所获取成果的平等，而是这些成果的决定因素的平等（世界银行，2001 年）。

对性别平等在促进包容性增长中所起的重要作用进行评价时，它的内在价值和工具价值需加以区分（克雷森，2002 年）。内在价值是基于这一观点，即公平地获得机会是一项基本人权，在这方面对个人区别对待是不道德的（阿里和庄，2007 年）。因此，性别平等应当毫无疑问地被视为一项发展目标，正如《消除对妇女一切形式歧视公约》以及千年发展目标 3（简称 MDG3）在性别平等和赋予妇女权力方面所述。工具价值来源于这样一种认识，即获得机会的不平等缩小了增长潜力及其可持续性。性别不平等也会削弱其他发展目标，而这些目标也会反过来影响增长。

许多实证研究都对性别不平等（尤其是在教育方面）对于经济增长的影响进行了研究。[①] 现有的实证证据常表明这两者之间的负相关关系，即性别不平等的程度越高，经济增长速度越慢（如，克雷森，2002 年；联合国亚洲及太平洋经济社会委员会，2007 年）。需要提出的一个重要问题是，内在机制是什么？性别不平等在获取经济机会方面所产生的后果之一是资源得不到有效配置和/或利用不足。如果一名具有适当能力的妇女因为其性别被排除在劳动力市场之外，而她不能最大限度地发挥其生产潜力，因此会降低社会产出，并增加经济发展的成本。对妇女获取机会进行限制，还会间接影响到家庭当中男女之间的权力关系，有可能导致资源配置不当。在能力方面的性别不平等也会降低平均人力资本和生产力，从而阻碍经济增长。此外，以性别为基础的暴力会对受害者造成持久的心理影响，降低妇女的自尊和生产力，还会破坏婚姻，而其带来的所有后果最终不得不由孩子来承担（联合国亚洲及太平洋经济社会委员会，2007 年）。

在性别不平等与经济增长之间的另一个重要联系是通过其对儿童的福祉的影响（莫里森等人，2007 年）。母亲的健康或福祉影响其怀孕及哺育能力（如，盖乐威和安德森，1994 年；托马斯和施特劳斯，1992 年）。据调查，例如，由于教育程度较好的母亲可以更好地利用现有的卫生保健服务和计划，母亲较好的教育程度与良好的儿童发展成果具有相关性（如，宿务研究小组，1991 年）。对家庭资源拥有更多支配权的妇女也有可能为儿童的健康和教育分配更多的资源（如，霍迪诺特和哈达德，1995 年；基松宾和马路索，2003 年）。通过这些影响，在性别平等方面的改善能提高后代的能力与生产力，并且最终将会大大改善一个国家在经济增长和消除贫困方面的长期前景。

4.2.2　性别不平等指标

有许多方法可以衡量性别不平等。莫里森等人（2008 年）对两大方法进行了区分：（1）使用复合或组合的指标；（2）使用不连续的或

① 参见克雷森（2002 年）以及莫里森等人（2007 年）对于现有文献中有关性别不平等对于经济增长所产生的影响的评论。

个别的指标。有关性别不平等的最著名的复合指标是由联合国发展计划署（简称 UNDP）引入的性别赋权指标（简称 GEM）和性别发展指数（简称 GDI）。性别赋权指标主要是从三个维度来对女性权利进行衡量——政治参与、经济参与、对经济资源的权利。性别发展指数是一种调节后的人类发展指数，从三个维度上根据对性别不平等和差距表示不满的程度来进行划分——健康长寿、知识、体面的生活水平（UNDP, 2007 年）。[①] 这类指标为备受媒体和公众关注的性别不平等提供了一种有用的总结性统计或计量。然而，除了与权重的选择与组合的方法有关的问题以外，对该组指标进行解释常常不能开诚布公，且所提供的信息尚不足以帮助政策制定者在政策、计划以及资源配置方面作出判断（格隆，2008 年）。

最常用来对性别不平等进行评价的个别指标是指那些在《千年宣言》中得到定义，并对千年发展目标 3 在促进性别平等和赋予妇女权力方面进行监测的指标。它们包括：（1）在初等、中等和高等教育中，女孩和男孩的入学率的比例；（2）在 15—25 岁年龄段的女性与男性识字率的比例；（3）妇女在非农业部门的有酬就业中所占的比例；（4）妇女在国家议会中所占席位的比例。

这些个别指标对于在性别平等方面所取得的进展进行监测是非常有用的，但是它们只勾画了部分图景（如，联合国千年项目，2005 年；世界银行，2007 年）。为了对性别平等进行更为全面和细致的描述，世界银行（2007 年）提出了另外五项指标，它们是基于三项标准进行选择的：数据的有效性（如，国家覆盖范围广），与消除贫困和增长之间

① 性别赋权指标是基于四个独立指标建立起来的：（1）男性和女性在议会席位中所占的比例（政治参与的维度）；（2）男性和女性在立法委员、高级官员以及经理等职位中所占的比例；（3）男性和女性在职业的和技术的职位中所占的比例（（2）和（3）都属于经济参与的维度）；（4）男性和女性预计的所得收入（经济资源维度上的能力）。从另一方面来说，性别发展指数对人类发展指数进行了调节，从而反映了男性和女性在使用下列四个指标时的不平等：（1）男性和女性在出生时的预期寿命（健康长寿的维度）；（2）男性和女性成人识字率；（3）男性和女性在初等、中等和高等教育中的入学率的综合比率（（2）和（3）都属于知识维度）；（4）男性和女性预计所得收入（体面的生活水平维度）。详情请参见联合国开发计划署的技术说明 1（2007 年）。

有密切联系以及对政策干预的服从程度。[①] 这些新增指标包括：（1）女孩和男孩的小学毕业率；（2）五岁以下女孩和男孩的死亡率；（3）育龄妇女及其性伴侣使用现代避孕方法的比例；（4）妇女在 20—24 岁年龄段和 25—49 岁年龄段的劳动力参与率（世界银行，2007 年）。[②] 莫里森等人（2008 年）将这组指标——包括他们自己推荐的另外一个指标，用来衡量第一产业、第二产业和第三产业中女性和男性的小时工资比——统称为“千年发展目标 3 及措施”；表 4.1 对该组指标进行了总结。这些指标从不同组合层次上（家庭、经济与市场、社会）涵盖了性别平等三个领域之中的两个，即能力领域与获得资源与机会领域。

表 4.1　　根据“千年发展目标 3 及措施”划分的性别平等指标

领域	指标	组合层次
能力		
教育	女孩与男孩在初等、中等和高等教育中的入学率的比率	家庭
	女性与男性在 15—24 岁年龄段的识字比率	
	女孩和男孩的小学毕业率	
健康	五岁以下女孩和男孩的死亡率	
	育龄妇女及其性伴侣使用现代避孕方法的比例	
	15—19 岁年龄段的女孩成为母亲或首次怀孕的比例	
获得资源和机会		
就业	女性在非农业有酬就业中所占的比例	经济与市场
	20—24 岁年龄段和 25—49 岁年龄段的妇女的劳动力参与率	
	第一产业、第二产业和第三产业中女性与男性的小时工资比	
政治参与	妇女在国家议会中所占席位的比例	社会

资料来源：莫里森等人（2008 年）。

① 联合国千年项目特别工作组也提出了若干指标，以弥补千年发展目标第三个目标的官方指标的不足之处（联合国千年项目，2005 年）。然而，对于他们建议的许多指标，很多数据无法获取（莫里森等人，2008 年）。

② 参见世界银行（2007 年）有关针对这些额外指标选择的详细讨论。

当然，千年发展目标3及措施也有其局限之处。例如，它不包括与安全相关的性别平等，而这是性别平等的一个重要方面。现有的证据表明，在世界很多地区，妇女都遭受着其男性伙伴的暴力（海斯等人，1999年）。然而，由于与暴力相关的指标缺乏具有可比性的跨国数据，因此本组指标中并未包括与暴力相关的数据（世界银行，2007年）。此外，千年发展目标3及措施还不包括性别平等的其他重要方面，如生产性资产（如，土地和信贷）的获取以及基础设施的使用权。而这类指标对于确认妇女获得经济权力的制约因素尤其有用。此外，为衡量政治机会获取方面的性别平等而提出的指标并不能评估妇女在政治决策过程中发挥的实际影响，以及她们在地方或区域政界的参与水平（格隆等人，2005年）。

尽管存在上述局限性，这组指标还是能对千年发展目标3的官方指标之外的更广泛范围内的性别平等进行监测。本章使用千年发展目标3及措施对于最近在性别平等方面所取得的进展进行了描述。

4.3 亚洲和太平洋地区在性别平等方面取得的进步

据作者所知，在所有针对此类问题的研究当中，莫里森等人（2008年）对世界范围内在性别平等方面取得的进步作出了最新的概述。[①] 莫里森等人主要是对地区层面上取得的进步进行了详细介绍，而本章则为单个国家层面上的性别平等问题提供了证据，并使用千年发展目标3及措施对该地区的发展中国家给予了特别关注。在数据可获取的前提下，这些指标适用于亚洲和太平洋地区的所有发展中国家。[②] 为便于比较，也列出了世界其他地区相应的平均数字。

4.3.1 能力：教育

在教育和健康能力等方面实现性别平等，对于提高妇女的机会与儿

① 例如，亚洲开发银行等，2006年；莫里森等人，2008年；联合国亚洲及太平洋经济社会委员会，2007年；世界银行，2007年。

② 请注意，在对青少年生育、避孕方法的使用以及男女薪酬差距进行衡量时所使用的指标有细微的差别，以保证指标适用的国家范围比较广泛。

童的福祉并最终促进经济增长都是一个可行的途径。图 4.2 和图 4.3 对于 1991—2006 年期间在初等和中等教育中的入学率方面，性别平等所取得的进展进行了阐释。图 4.4 显示了 2006 年女孩和男孩在高等教育阶段入学率的比例。① 大多数国家在 2006 年都实现了或基本实现了初等教育方面的性别平等（见图 4.2）。无论是在 1991 年性别不平等程度相对较高的国家，如印度和尼泊尔，还是在情况较好些的国家，如柬埔寨、老挝人民民主共和国（简称老挝）以及所罗门群岛，所取得的进步都是非常显著的。相比之下，阿富汗和巴布亚新几内亚，同期在性别平等方面所取得的进步微乎其微或者毫无进展。除了这两个特例以外，该地区的所有经济体所取得的进展都比撒哈拉以南非洲地区更为显著，撒哈拉以南非洲地区在性别平等方面取得的进展在世界所有地区位居最末。

图 4.2　初等教育阶段女孩与男孩的毛入学率之比，1991 年和 2006 年

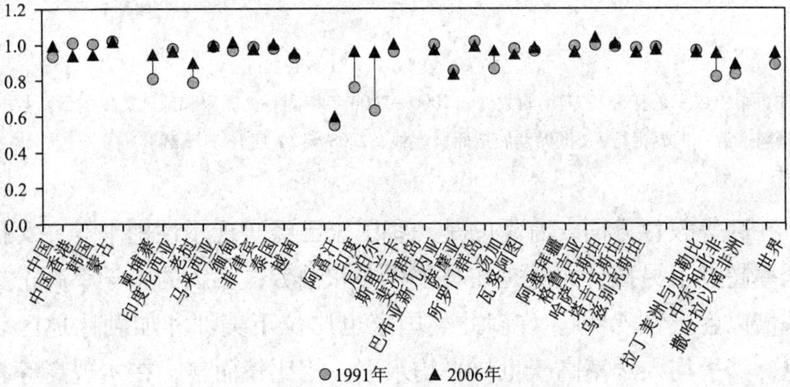

注：图中数字是基于 1991 年的数据和 2000—2006 年期间每个国家和地区提供的最新数据。

资料来源：世界银行，《世界发展指标》在线，2008 年 10 月 16 日下载。

至于中等教育，尽管性别平等的程度不如初等教育那么一致，但该地区的许多国家都取得了明显进步（见图 4.3）。性别平等在东亚、中亚以及东南亚的大部分国家都得以实现。但在除斯里兰卡外的其他南亚国家以及东南亚和太平洋地区的许多国家，性别差距仍然很大。尽管这些国家的情形比撒哈拉以南非洲地区好得多，但却全部落后于拉丁美洲

① 由于早期高等教育入学率的有关数据比较有限，对于女孩和男孩在高等教育阶段入学率的比例只有 2006 年的相关报告，或者数据可用时的最近一年的相关报告。

和加勒比地区以及中东和北非。在阿富汗，女孩与男孩的中等教育入学率的比例降低这一事实令人担忧。基本数据表明，男孩入学率有较大幅度的增长扩大了这种差距。在改善国家教育制度的过程中，还应该采取措施来确保女孩没有“掉队”。

图 4.3　中等教育阶段女孩与男孩的毛入学率之比，1991 年和 2006 年

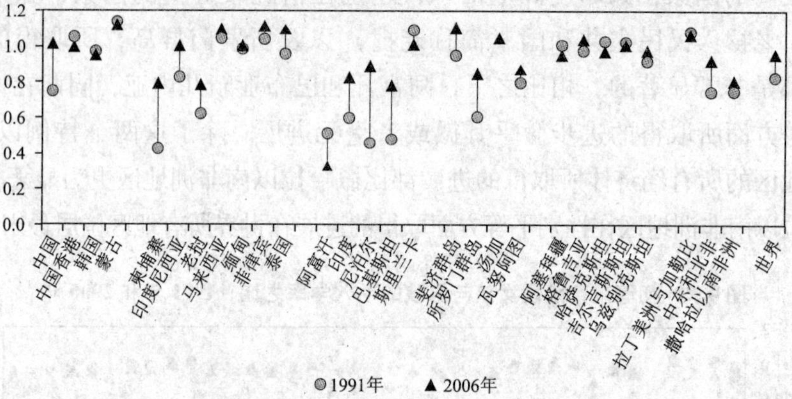

注：图中数字是基于 1991 年的数据和 2000—2006 年期间每个国家和地区提供的最新数据。

资料来源：世界银行，《世界发展指标》在线，2008 年 10 月 16 日下载。

在高等教育方面，有趣的是一些国家已经实现了性别平等，女孩的入学率超过了男孩，尤其是在马尔代夫和帕劳，女孩的入学率高于男孩的一倍以上（图 4.4）。许多此类国家也比拉丁美洲和加勒比地区表现出色，其平均入学率高于世界平均水平。相比较而言，在实现高等教育阶段入学的性别平等方面，南亚的其他国家似乎远远落后于其他地区（一些国家甚至落后于撒哈拉以南非洲地区）。

衡量教育方面的性别平等旨在突出入学率的差异，仅能大体说明教育方面的性别差异。有人认为，表示结果的变量，如毕业率或技能指标，都与经济发展的联系更为密切（莫里森等人，2008 年）。图 4.5 显示了女孩和男孩的初等教育入学率与毕业率的比例。尽管毕业率似乎较好地反映了入学率，但在许多国家，毕业率与入学率相比有更大的性别差距，尤其是在阿富汗。在这些国家，导致女孩辍学率较高的基本原因还亟待探究解决，从而确保女孩们能完成初等教育。

图 4.4 高等教育阶段女孩与男孩的毛入学率之比，1991 年和 2006 年

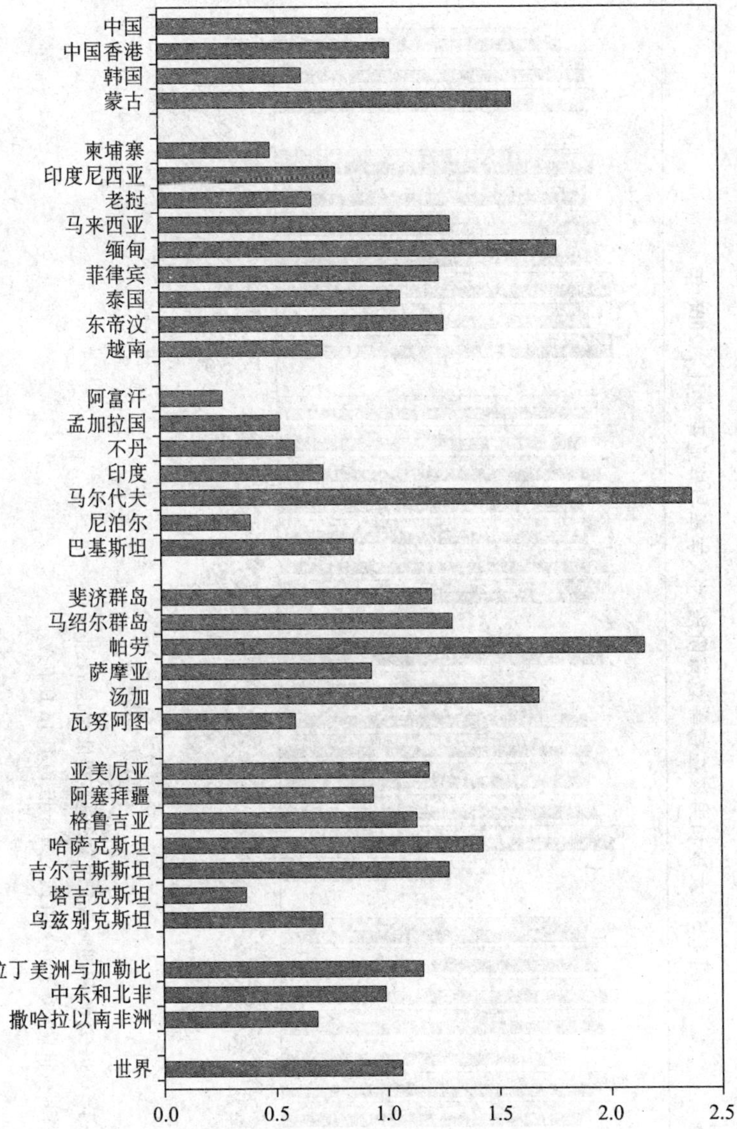

注：图中数字是基于 2000—2006 年期间每个国家和地区提供的最新数据。

资料来源：世界银行，《世界发展指标》在线，2008 年 10 月 16 日下载。

图 4.5　女孩和男孩在初等教育阶段的入学率与毕业率之比，2006 年

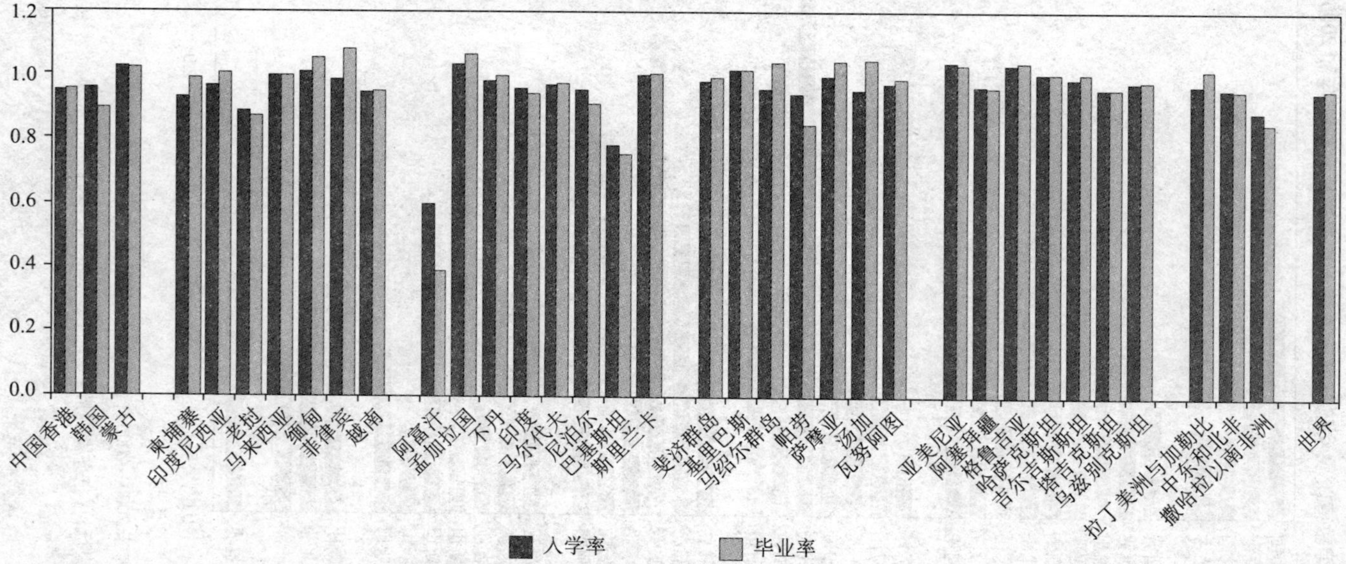

注：图中数字是基于 2000—2006 年期间每个国家和地区提供的最新数据。

资料来源：世界银行，《世界发展指标》在线，2008 年 10 月 16 日下载。

衡量教育成果的性别差异的另一个方法是将男性与女性的识字率进行比较。图 4.6 显示的是有关 15—24 岁年龄段的女性与男性识字率的最新数据。该图清晰地显示了除马尔代夫和斯里兰卡以外的一些南亚国家在消除识字率的性别差距方面明显落后于世界其他地区。在这个地区的入学率方面所取得的最新进展将有助于缩小今后的差异。

图 4.6　15—24 岁年龄段女性与男性识字率之比，2006 年

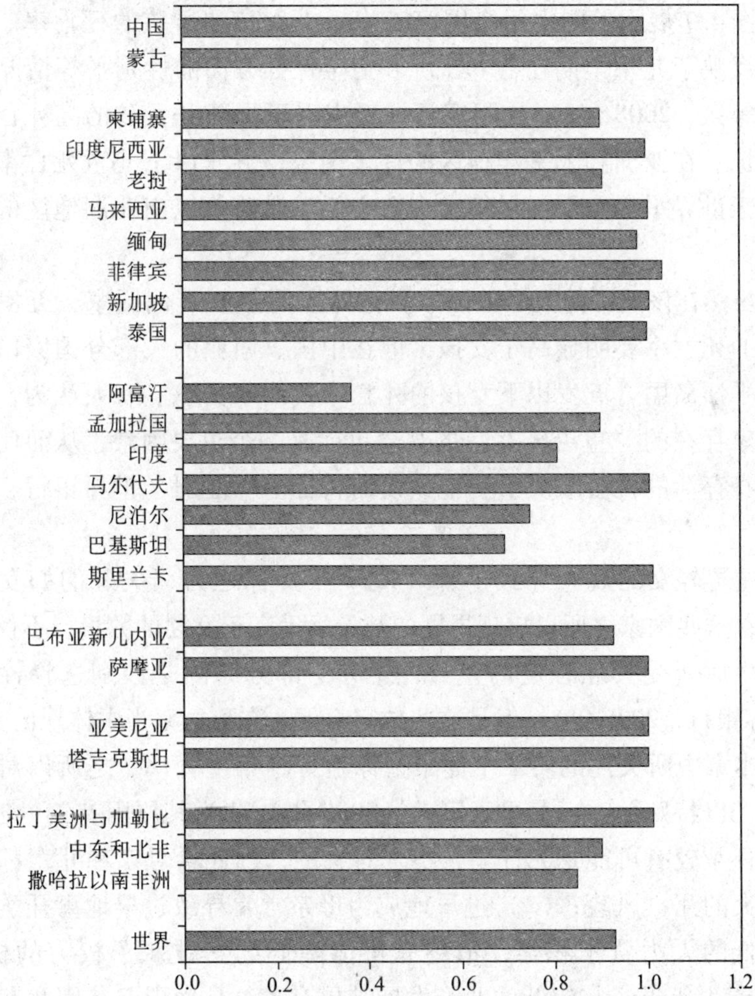

注：图中数字是基于 2000—2006 年期间每个国家和地区提供的最新数据。

资料来源：世界银行，《世界发展指标》在线，2008 年 10 月 16 日下载。

4.3.2 能力：健康

健康——人类能力的一个重要组成部分——能够使妇女获得机会且更好地照顾她们的孩子，良好地健康状况是一项基本人权。但是千年发展目标3的指标并不包含任何对于妇女和女孩的健康状况的衡量。本节将使用千年发展目标3及措施对衡量健康方面的性别平等的三个指标进行探讨。

图4.7展示了图中每个国家五岁以下女孩和男孩的死亡率。该死亡率反映了儿童早期在营养状况和卫生保健方面的性别平等情况（莫里森等人，2008年）。在阿富汗，五岁以下男孩和女孩的高死亡率令人震惊。在亚洲和太平洋地区的许多国家，五岁以下儿童死亡率都相对高于世界平均水平，尽管这个数字低于撒哈拉以南非洲地区的平均水平。

虽然在该地区的大多数国家和世界上的一些其他国家，五岁以下男孩的死亡率要明显高于女孩，但在中国、南亚的大部分国家以及一些太平洋岛国，五岁以下女孩的死亡率要高于男孩。有人认为，在这些国家存在的“重男轻女”的观念可能是一个重要因素，从而使得生命本身存活的机会取决于一个预设的特征——性别（世界银行，2006年）。

重男轻女的观念导致了森（1992年）称之为“失踪的妇女”现象。在这些国家之所以出现男婴的数量远远高于女婴的数量，不仅是由于出生后所受关注程度的差异，还有一部分原因是性别选择性流产（世界银行，2006年），但是这些数字都无法在死亡率当中体现出来。

本章中所关注的第二个健康指标是青少年生育率。之所以对这个指标予以特殊关注，莫里森等人（2008年）认为其原因有三：（1）青春期怀孕较有可能是无计划且不合时宜的，因此给母亲和儿童都会带来较大的死亡风险；（2）过早地成为母亲常常导致过早地离开学校以及较低的人力资本积累，最终有可能降低妇女被赋予权力的机会；（3）青少年母亲与较低的儿童发展结果有关，从而引起贫困状态的恶性循环。

图 4.7　五岁以下女孩和男孩的死亡率（每千名新生儿的死亡人数），2000—2005 年

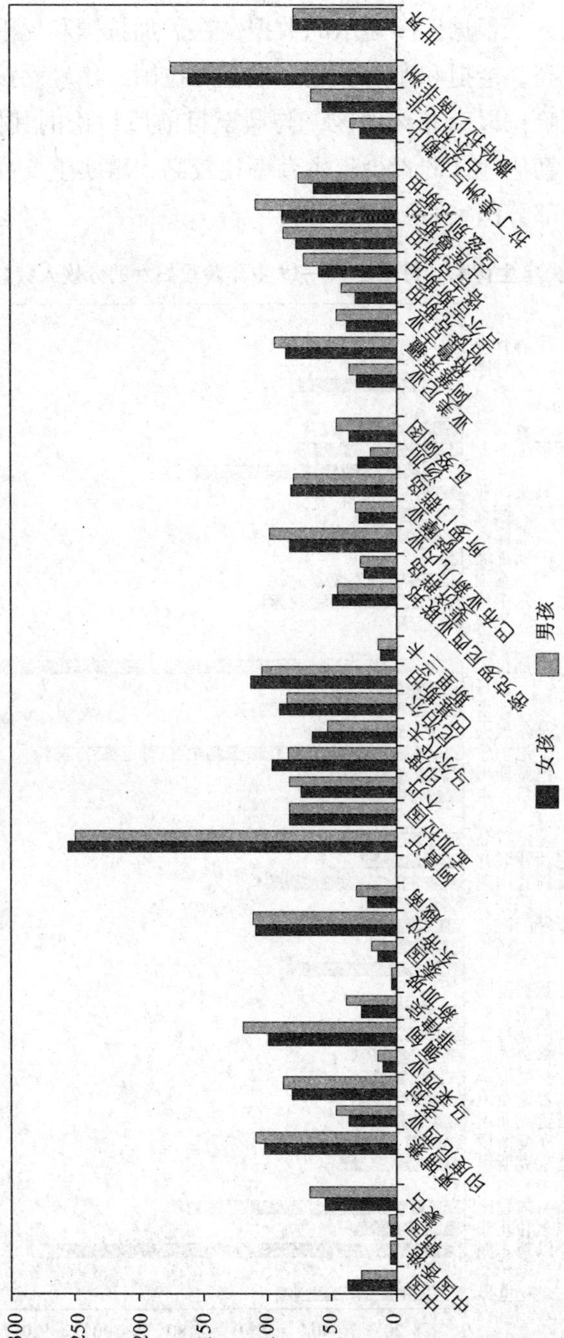

资料来源：联合国，世界人口展望数据库，2008 年 10 月 16 日下载。

图 4.8 所公布的青少年生育率反映的是每 1 000 名 15—19 岁年龄段妇女分娩的人数。根据该图显示的数据，在孟加拉国和尼泊尔，年轻女孩的生育率较高，老挝和印度次之。在孟加拉国，年轻女孩的平均生育率甚至高于撒哈拉以南非洲地区。与截至目前所讨论的其他指标不同，拉丁美洲与加勒比地区的青少年生育率比较高，事实上要高于亚洲和太平洋地区的大部分国家。

图 4.8　青少年生育率（每千名 15—19 岁年龄段妇女的分娩人数），2006 年

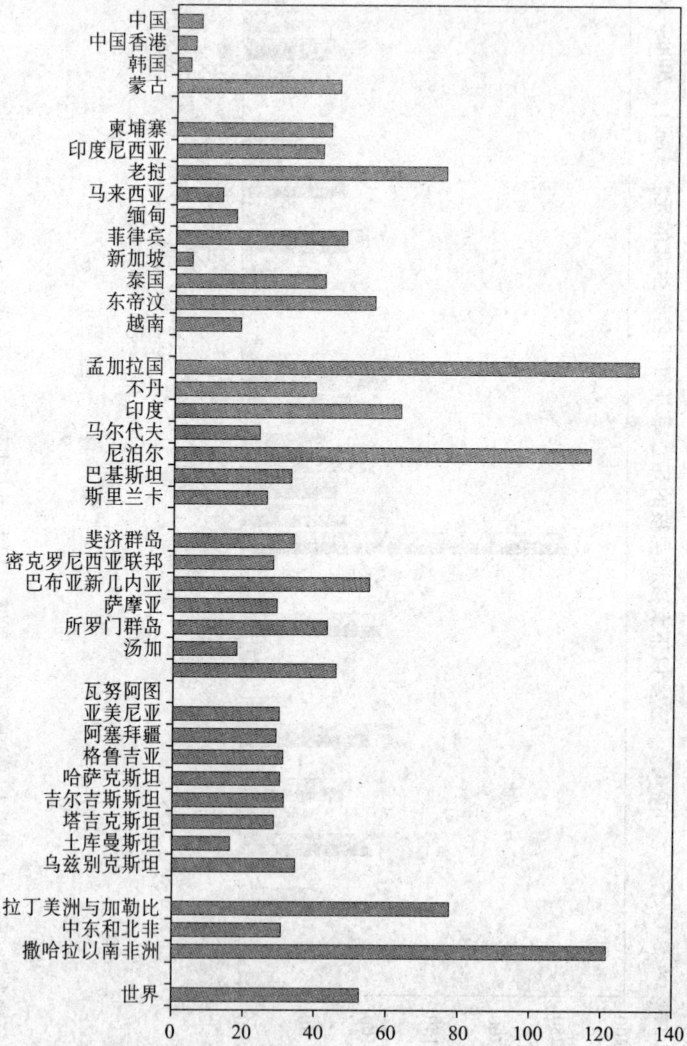

资料来源：世界银行，《世界发展指标》在线，2008 年 10 月 16 日下载。

第三个与健康有关的指标是避孕用具的使用率，用来衡量 15—49 岁年龄段的已婚妇女使用避孕用具的百分比。避孕用具的使用提高了妇女对于生育决定的控制权（如对怀孕的时间间隔或生育孩子的数量）。因此，这也可能使妇女对经济活动具有控制权。根据图 4.9 所示，有相当数量的国家自 20 世纪 90 年代初期以来在普及使用避孕方法方面取得了显著进步。尽管如此，相比于接近 60% 的世界平均水平，亚洲和太平洋地区大部分国家的普及率仍然很低，但高于撒哈拉以南非洲地区。为了保证妇女的生育权利，还需要在该地区大力推广避孕方法的使用。

图 4.9　避孕用具使用普及率（占 15—49 岁年龄段已婚妇女的百分比），1990 年和 2006 年

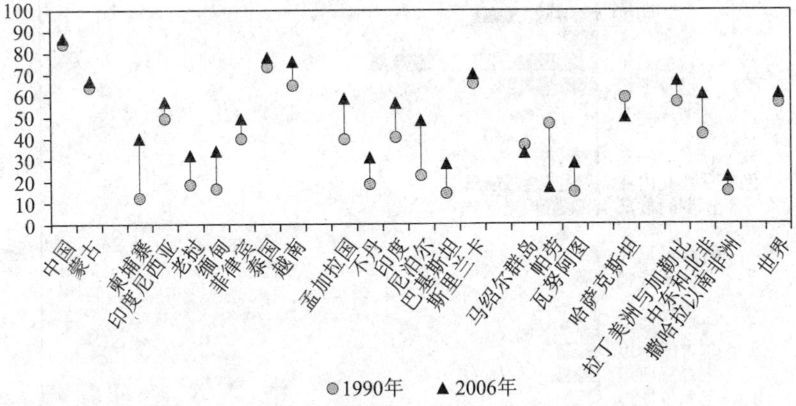

注：图中数字是基于 1990—1995 年期间的最早数据和 2000—2006 年期间每个国家和地区提供的最新数据。

资料来源：世界银行，《世界发展指标》在线，2008 年 10 月 16 日下载。

在开始对机会获取方面的性别平等情况进行讨论之前，对产妇死亡率给予更多关注是很有必要的，尽管它们不属于千年发展目标 3 或千年发展目标 3 及措施的内容（它们属于千年发展目标 5 的内容）。产妇死亡率通常与妇女获得健康服务的程度有关。图 4.10 对亚洲和太平洋地区，尤其是南亚许多国家较高的孕妇死亡率进行了图解说明。虽然该地区（除阿富汗以外）的产妇死亡率低于撒哈拉以南非洲地区的平均水平，但东南亚、南亚以及太平洋地区的许多国家的比率要高于拉丁美洲与加勒比地区、中东以及北非。这说明那些在降低产妇死亡率方面滞后的国家必须改善妇女的产前和产后护理以及助产状况。

图 4.10　孕妇死亡率（每 10 万例活产婴儿的孕妇死亡人数），2005 年

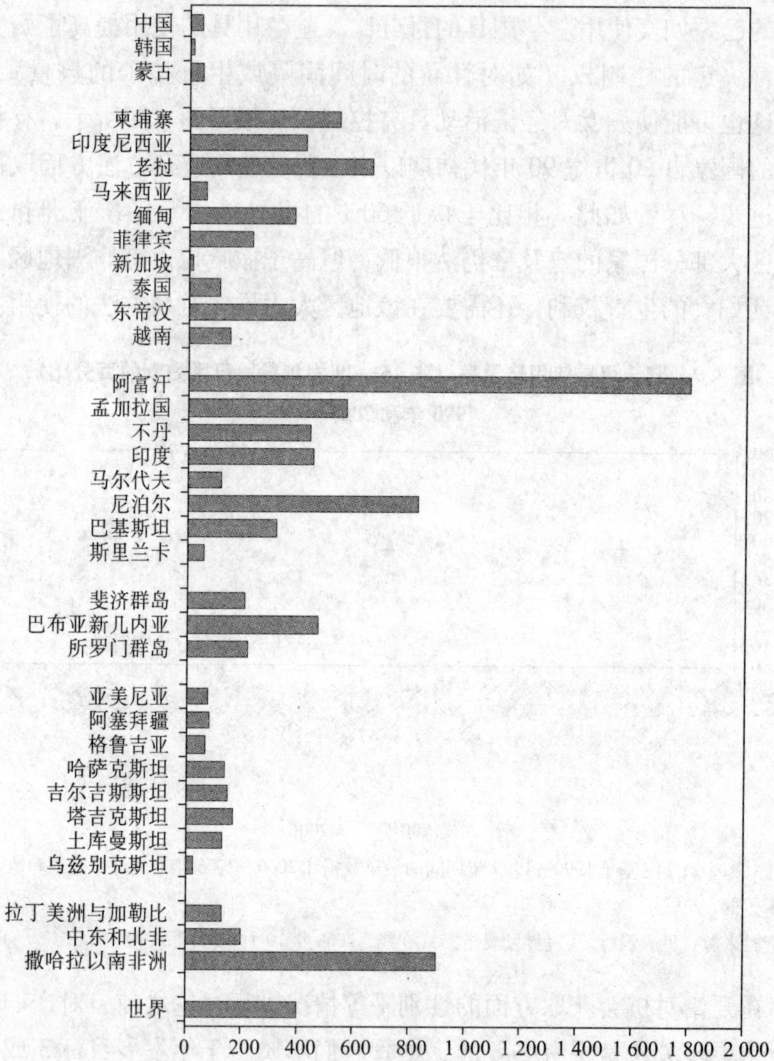

资料来源：世界银行，《世界发展指标》在线，2008 年 10 月 16 日下载。

4.3.3　获得资源与机会：就业

尽管很多国家在基本人类能力方面的性别平等取得了进步，但性别平等对于经济发展的帮助效应是很有限的，除非妇女与男人获得同样多的经济与政治机会。如下一节将要阐述的，妇女的经济赋权对于在家庭内部和外部减少性别不平等都是关键所在。

图 4.11 向我们展示的是 1990—2006 年妇女在非农业有酬就业中所占比例的变化。总体来说，妇女在非农业部门有酬就业中所占的比例呈不断上升的趋势。但是妇女所占比例仍然比较小，尤其是在南亚（除马尔代夫和斯里兰卡外），其所占比例远远低于世界平均水平，甚至低于撒哈拉以南非洲地区的水平。需要注意的是，中东和北非地区的妇女也极少参与非农业有酬就业。这似乎反映了女性人口流动的局限性，至少部分原因是由于受到文化和社会因素的限制，另外也由于获得教育和医疗保健的机会有限所致。

图 4.11　妇女在非农业部门有酬就业中所占的比例（百分比），1990 年和 2006 年

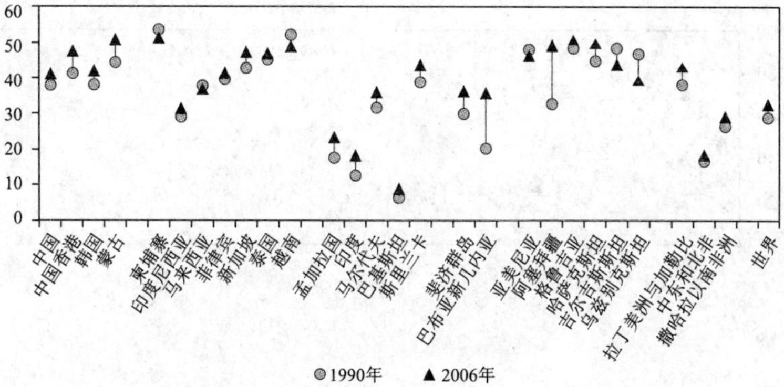

注：图中数字是基于 1990—1995 年期间的最早数据和 2000—2006 年期间每个国家和地区提供的最新数据。

资料来源：莫里森等人（2008 年）。

对于千年发展目标 3 的官方指标的主要批评之一是，它并不能对妇女获取经济机会的全部状况进行描述。在许多发展中国家，绝大部分穷人（包括妇女）都受雇于农业部门。因此，妇女在非农业有酬就业中所占的比例不足以对获取经济机会方面的性别平等进行衡量。千年发展目标 3 及措施采用其他指标的初衷就在于克服上述的部分不足之处。

基于从各类家庭和劳动力调查中获得的数据，图 4.12 为我们呈现了 20—24 岁年龄段和 25—49 岁年龄段妇女的劳动力参与率的情况，并尝试对女性经济活动的定义进行扩展和标准化（莫里森等人，2008 年）。对此可以作出若干评论。首先，在 1991—2007 年期间，妇女在劳动力参与方面几乎毫无进步可言（仅有个别的例外情况）。在一些国家，包括亚美尼亚、印度尼西亚、尼泊尔以及巴基斯坦，这两个年龄段女性的劳动力参与率实际上在走下坡路，尤其是在尼泊尔和巴基斯坦。第二，在南亚，妇女参与劳动力市场的比例似乎特别低，在非农业部门中情况亦然。相比较而言，将妇女在农业部门和非农业部门参与劳动力市场的情况进行综合考虑，我们发现撒哈拉以南非洲地区的妇女的参与率要高于世界平均水平。这表明在撒哈拉以南非洲地区，妇女在农业部门中所占的比例相对比较高。

图 4.12　20—24 岁年龄段和 25—49 岁年龄段妇女的劳动力参与率（百分比），1991 年和 2007 年

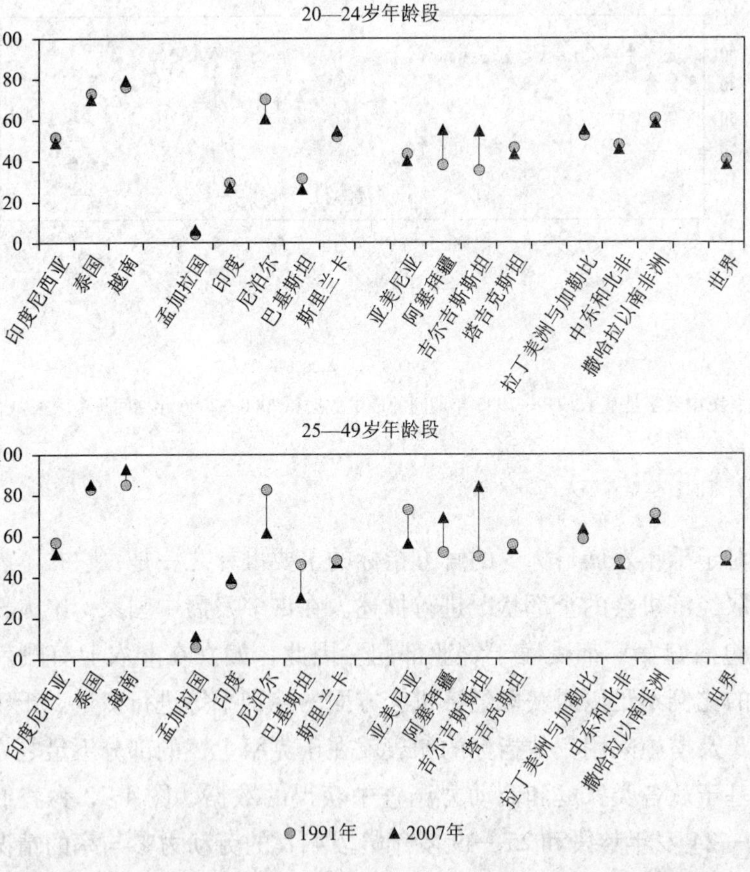

注：图中数字是基于 1991—1998 年期间的最早数据和 2000—2007 年期间的最新数据。

资料来源：莫里森等人（2008 年）。

即使当妇女进入劳动力市场也不一定意味着她们重返岗位、有机会获得技能，或者她们的工作条件与男性的一样。事实上，对于妇女来说，尤其是发展中国家的妇女，她们更有可能进入那些工资水平低、缺乏正规社会保障以及获得技能的机会有限的非正规部门（联合国亚太经济与社会委员会，2007 年）。遗憾的是，关于按性别分类的工资数据非常少，为了保持相对较宽的国家覆盖范围，图 4.13 呈现出了与工资相关的指标，涉及女性与男性从事类似工作所得工资的比率——根据世界经济论坛管理人员意见调查提供的数据（世界经济论坛，2007 年）。虽然这个比率仅反映了正规部门中的有限工作者群体，但该图仍能明确显示，在所有地区，尤其是在南亚，还存在较大的性别差距。

图 4.13　从事类似工作的女性与男性的工资比率，2007 年

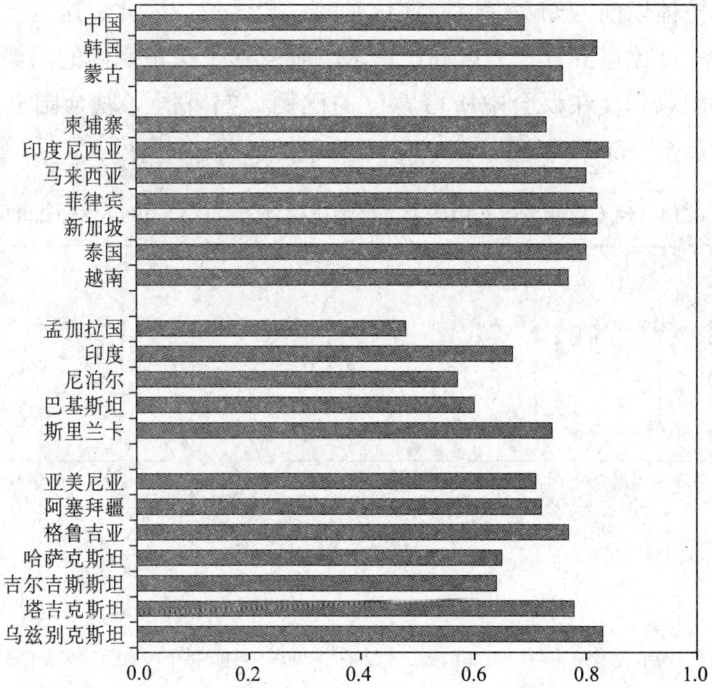

资料来源：世界经济论坛（2007 年）。

总而言之，与在教育入学方面缩小性别差距已经取得重大进步相反，妇女在获取经济机会方面所得到的全面进步乏善可陈。下一节的文献综述中将会阐述阻碍妇女进入劳动力市场的主要障碍在于，与其生育子女的职责存在冲突、男性与女性之间的传统劳动分工以及使这种情况趋于严重的文化规范和人们的态度。

4.3.4 获得资源与机会：政治参与

妇女参与公共决策是赋予她们权力的一项重要指标。通常根据妇女在国家议会中所占的席位来进行衡量，如图 4.14 所示。尽管妇女所占的比例仍然比较小，但在 1990—2007 年的 18 年中，相当多的国家在这方面都取得了显著的进步，这是非常令人欣慰的。相比较而言，在太平洋地区的许多国家，妇女在议会中的席位少之又少，甚或仍无一席之地。当然还有一些例外，亚美尼亚、蒙古以及土库曼斯坦在这 18 年间，妇女所占席位却在大幅度减少。在中亚，一些曾经采用中央计划经济模式的经济体以前为妇女保留一定数量的议会席位，因此，这些国家妇女的地位一度比世界其他地区高出许多。随着这个保留制度的取消，在其中一些国家妇女在议会中所占席位的比例大幅下滑（联合国亚太经济社会委员会，2007 年）。

图 4.14 妇女在国家议会中所占席位的比例（百分比），1990 年和 2007 年

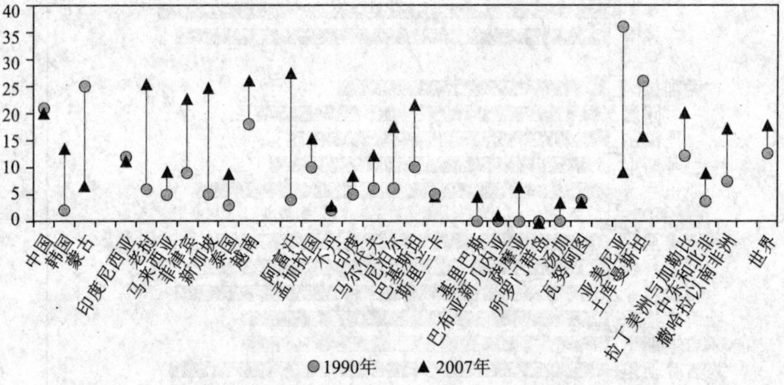

注：图中数字是基于 1990 年的数据和 2006—2007 年期间每个国家和地区提供的最新数据。

资料来源：世界银行，《世界发展指标》在线，2008 年 10 月 16 日下载。

相比之下，尽管在亚洲和太平洋地区的大部分国家中，妇女在国家议会中所占比例都低于世界平均水平，但是在东南亚和南亚，妇女所占比例却比较高。值得注意的是，该指标仅能在一定程度上反映妇女参与政治的水平，因为它并不能对妇女在政治决策过程中发挥的实际影响或她们在当地或本区域的政治代表性进行衡量（格隆等人，2005 年）。此外，妇女在议会中的代表性的提高并不能自动保证她们的赋权或性别不平等的消除。在过去，孟加拉国、印度以及巴基斯坦都有女性国家元首，但从很多维度上来看，这些国家在缩小性别差距方面还是处于落后状态（联合国亚太经济社会委员会，2007 年）。

本节对性别平等在能力领域和获得机会领域所取得的进展进行了回顾，我们可以看到，亚洲和太平洋地区与世界其他地区一样，在教育（尤其是初等教育阶段）方面的性别平等上取得了巨大进步。但是在东南亚、南亚以及太平洋地区的许多国家，中等教育阶段的性别差距还是很大的。这些国家的差距甚至比撒哈拉以南非洲地区的差距还要大，在中等教育入学率方面缩小性别差异所取得的进展相对比较小。在高等教育阶段，虽然在一些已经实现了性别平等的国家，女孩的入学率高于男孩，但是仍然存在巨大的性别差距，尤其是在南亚。

在健康方面缩小性别不平等上所取得的进展仍不够明显。在中国、南亚的大部分国家以及一些太平洋岛国，五岁以下女孩的死亡率仍然高于男孩，但是在世界其他地区，男孩的比率要高于女孩。青少年生育率在许多国家仍然居高不下，包括孟加拉国、印度、老挝以及尼泊尔。然而，在该地区的大部分国家，青少年生育率都低于拉丁美洲和加勒比地区或撒哈拉以南非洲地区。对于该地区的所有国家来说，除阿富汗以外，产妇死亡率都要低于撒哈拉以南非洲地区的平均值，但东南亚、南亚以及太平洋地区很多国家的产妇死亡率都高于世界其他地区。

一个更令人担忧的问题是，性别平等在获取经济机会方面几乎毫无进展。妇女的劳动力参与程度仍然相当有限，尤其是在南亚，在过去的几年当中，妇女的劳动力参与率在一些国家甚至呈下滑趋势。除了在能力领域为减少性别不平等继续加大力度之外，还应该采取一些措施放宽对妇女参加经济活动的限制。

4.4　对性别不平等的实证研究的评述

尽管在过去的几年当中，在性别不平等方面已经取得了一些进展，但涉及妇女生活的很多方面都存在性别差距，如前一节中所阐述的。为了针对缩小差距制定有效的政策，理解性别不平等产生的根本原因是具有重要意义的。因此，本节的主要意图是通过对相关的实证研究进行评述来探寻一些深层的缘由。本节将针对下列两个领域进行重点讨论：(1) 家庭内部的资源配置；(2) 劳动力市场。前者对女孩在获得诸如教育和健康等基本权力方面比男孩处于劣势的深层原因进行了剖析，而后者也会大大提高我们对于限制妇女获得就业机会的主要因素的理解。

4.4.1 家庭内部资源配置的性别偏见

在对女孩和男孩之间获得基本能力方面存在明显的不平等进行解释的过程中，家庭内部资源配置是一个重要领域。自从20世纪90年代初起，它开始得到政策制定者和学者的日益关注。究其原因，主要是由于人们逐渐认识到它在政策的设计、执行及取得成果的过程中所起的重要作用，因为影响个人福祉的很多决策都是在家庭内部作出的（基松宾，2003b）。有传统假设认为，每位家庭成员将他们的资源整合在一起并且进行平均分配，即所谓的统一模式（贝克，1965和1981年）。在这种模式下，家庭的特点是一个整体，同时假定家庭资源得到平均分配。

然而，越来越多的文献对这种统一模式所包含的关键假设提出质疑。[①] 另一种模式，如集体模式，假设不同家庭成员有不同的偏好，并将家庭内部的资源配置视为一种在家庭成员之间进行讨价还价的结果（如：麦克尔罗伊和霍尔奈，1981年；曼瑟和布朗，1980年）或如同通过一个集体决策的过程所实现的帕雷托有效配置成果一样（如基亚波里，1988年）。实证研究为推翻这种假设提供了越来越多的证据。这种假设认为，每位家庭成员在家庭内部对资源配置享有同样的优先权，同时资源在家庭成员之间进行平均分配。其中最被人普遍认可的一个调查结果是，当妇女对家庭资源拥有更多的支配权时，她们比男人更加倾向于将家庭资源的较大比例投入到营养、健康以及孩子的教育方面。[②] 这类调查结果的一个重要含义是，资源的控制方式因人而异，而这种变

① 参见哈达德等人（1997年）对文献的评述。
② 参见哈达德等人（1997年）和基松宾（2003a）对文献的评述。

化可以转化为家庭内部资源配置方式的变化（基亚波里，1992年和1997年）。

有观点认为，对家庭资源配置的控制权由家庭成员的议价能力所决定（如，麦克尔罗伊和霍尔奈，1981年；曼瑟和布朗，1980年；波拉克，1994年）。研究者通常很难以实证的方式对相对议价能力进行衡量，因为这种能力源于多种因素。议价能力存在许多可能的决定因素：（1）特定个人对于诸如非劳动收入、带入婚姻的婚前财产、转移支付以及福利收入等家庭资源的控制权；（2）法定权利（如，离婚法和有关离婚后的财产处分的法律所规定的权利）和教育等事项的议价过程的影响因素；（3）个人的人际关系网络，如家庭的支持；（4）基本的态度因素包括自尊、自信以及情感上的满足（基松宾，2003c）。令人遗憾的是，权利的分配以及由之产生的对家庭内部资源的控制权往往有利于男性（基松宾，2003b）。

另一个重要的实证问题是，如果在家庭成员之间不能实现资源平均配置的假设被否定的话，如何在家庭内部对儿子和女儿之间实行家庭资源配置呢？如前一节中已经强调的，女孩和男孩在诸如入学率和健康状态方面的实际状况存在明显的差异。对这些差异可能的解释之一是，家庭资源在男孩与女孩之间的分配是不同的。

通过进行消费分析来发现在家庭资源配置过程中产生的歧视主要有两种方法。鉴于一般的家庭调查中常常缺少单个家庭成员的消费数据，上述方法的优势在于，只需使用易于获取的家庭层次的消费数据。第一种是罗斯巴茨方法，其基于的论点是，成人商品支出（如，酒和烟草）应被视为一项衡量父母福利的指标（罗斯巴茨，1943年）。鉴于家庭预算通常是数额固定的，而孩子的增加可被视为一种负面收入效应，为孩子支出的费用取代了成人商品消费，从而导致成人商品支出和福利的减少（迪顿，1997年）。根据罗斯巴茨方法，如果男孩的出现比女孩引起的成人商品支出减少的额度要大，这就表明男孩比女孩的估值更高。然而，这种方法仅适用于人们能够找到一组仅供成人消费的商品，而这些商品对儿童没有替代效应。

第二种方法，通常被称为恩格尔方法，通过家庭对某种特殊商品（如学费和医疗保健）的家庭支出是如何随家庭的年龄、性别构成的不同而变化展开调查，旨在发现家庭内部的差别待遇（迪顿，1989 年）。恩格尔方法尤其在对于调查家庭内部资源配置方面的性别偏见颇受欢迎，且广泛应用于分析各个国家所提供的数据。

一些使用这些间接的家庭支出方法进行的研究表明，在家庭资源的配置方面存在对女孩的偏见；如伯吉斯和庄（2002 年）论述的中国的情况，以及吉布森和罗泽尔（2004 年）论述的有关巴布亚新几内亚的情况。但是，大多数研究——基于罗斯巴茨方法或者基于恩格尔方法——都未能在家庭消费模式中发现对女孩的偏见。例如，各项研究均未发现在用于孩子的家庭消费的分配上存在系统性的性别差异。[①] 但是，女孩和男孩的实际分配状况存在着明显的差异，这些研究结果令人费解。迪顿也意识到这一问题并指出，"即使是在男孩和女孩之间的成果计量表现出差异时，开支模式也一直未能显示出明显的性别影响，这是令人费解的。"（迪顿，1997 年，第 240 页）。

对于未能发现对女孩存在偏见的原因还存在几种解释。[②] 例如，金顿（2005 年）就指出了恩格尔方法的局限性。基于年龄在 35 岁或以下的每个家庭成员关于教育成果及其开支的个别数据，[③] 金顿（2005 年）采用两种方法对教育经费配置的性别偏见进行了调查，一个是通过直接对男孩或女孩的个别教育支出展开调查，另一个是采用间接的恩格尔方法。她发现，尽管恩格尔方法没能发现资源配置中对女孩的偏见，但在个别层次上有关教育开支的数据却进一步证实，在印度的 16 个邦中，有证据显示女孩教育成果的恶化程度比男孩严重得多，对于女孩在教育方面的家庭开支也明显低于对男孩的开支。

因此，金顿（2005 年）指出，恩格尔方法的失败之处有两个原因。其一，以印度的农村家庭为例，性别偏见主要表现为对女孩的教育投入基本为零（即入学率为零），而不是表现为女孩的开支比男孩少（这一

① 迪顿（1989 年）对于科特迪瓦和泰国的研究，哈达德和霍迪诺特（1991 年）对科特迪瓦的研究，苏布拉马尼亚姆和迪顿（1991 年）对印度的研究，阿哈迈德和默多克（1993 年）对孟加拉国的研究，哈达德和里尔登（1993）对布基纳法索的研究，以及巴罗特拉和阿特菲尔德（1998 年）对巴基斯坦的研究。

② 请参见吉布森和罗泽尔（2004 年）和金顿（2005 年）的评述。

③ 通过 1994 年对印度的 16 个主要的邦开展国家应用经济委员会农村家庭调查进行收集。

结论的前提是男孩和女孩都入学）。然而，恩格尔方法只是对一个预算份额方程式进行了简单的估计，忽略了两个阶段的决策过程（即，关于是否送孩子去上学及为孩子的教育投入多少经费的二元判定——前提是送他/她去上学）。在两个机制之间进行平衡可以在一定程度上削弱没有送女孩去上学这一主要歧视性过程，并得出没有重男轻女偏见这一结论。其二，在衡量家庭资源配置方面的性别歧视程度时，家庭层次上的消费数据并不能很好地代表个体层次上的数据。

对于未能找出在家庭资源配置方面的性别偏见的原因还有多种解释，但是都与方法论问题无关。其中一种解释认为，女孩被歧视的程度已经到了引起她们大量死亡的程度，也就是说在死亡率选择方面存在性别歧视（罗斯，1999 年；尤德里，1997 年）。此论点得到了在东亚和南亚的某些地区“失踪的妇女”的现象的支持，在这些地区，女孩和男孩在出生率和儿童存活率方面的比例呈现出向男孩高度倾斜的趋势（如，森，1992 年）。另一种解释认为，如果父母双方非常希望拥有一个儿子，他们将会持续生育，直到至少拥有了一个男孩。结果出现了女孩拥有更多兄弟姐妹以及拥有更庞大家庭的比率远远高于男孩的情况。鉴于在较大家庭里为每个孩子配置的资源较少，女孩们获得的成果就比男孩更糟糕，即使在家庭内部资源配置方面父母并未给予明显的差别对待的情况下也是如此（延森，2002 年）。

在家庭资源配置方面无法找出对女孩的歧视的另一个可能的解释是，在某些国家，妇女实际上具有经济生产力，而且女孩在父母面前受到的待遇相对公平。在菲律宾，在土地的代际转移、教育的投资以及家庭开支的配置方面，都未发现对女孩有偏见。尽管呈现出女孩获得的土地比男孩少的趋势，但她们可以通过获得更多的教育来得到补偿。这也部分地解释了这样一个事实，即从历史角度来看，菲律宾妇女已经与本国男性一样，享有相对平等的地位，包括在劳动力市场方面。事实上，在菲律宾，男性和女性之间的收入差距比美国、日本或许多其他国家还要小（艾斯图迪略等人，2001 年）。因此，有观点认为，随着妇女的经济机会的增多，对女孩的歧视会逐步减少（哈达德和里尔登，1993 年）。

与之相类似，基于巴基斯提供的数据，曼苏理（2007 年）发现，迁移引起的资源流动对女孩的年龄、身高及教育程度都有积极而重大的影响，而对男孩的影响甚微。这表明，在资源紧张时，男孩会优先获得教育、营养以及医疗保健，而只在当拥有额外的资源时，女孩才能获得更好待遇。这些发现似乎印证了，重男轻女观念不但来自根深蒂固的文化传统，也是由于经济因素所致。一些研究的确告诉我们，女孩获得的医疗保健与教育的程度比男孩更容易受到收入状况的影响，如：巴基斯坦的医疗保健情况（阿尔德曼和格特勒，1997 年）、马来西亚（迪特雷，1988 年）和越南（贝尔曼和诺尔斯，1999 年）的教育情况。通过参照中国一个富裕的省份（江苏省）和一个贫困的省份（四川省）提供的数据，伯吉斯和庄（2002 年）还发现，在医疗保健和教育方面对女孩的偏见主要发生在贫困的、主要依靠农业为生的农村家庭。此外，泽田和洛克申（2001 年）发现，在巴基斯坦农村地区，尽管一些针对特定性别和出生顺序的效应会对家庭配置模式产生影响（这说明兄弟姊妹之间存在资源竞争），但在较高的教育水平方面，女孩和男孩之间的教育进展率变得具有可比性了。这些调查结果都显示了父母可能对“获胜者”进行挑选，而这与附带信贷约束的情况下的优化教育投资行为的理论内涵相一致。

可能是出于上述某种原因，对于家庭内部资源配置的性别偏见所展开的多项研究的成果是五花八门的。尽管如此，本节还提供了实证证据并籍以说明，在能力方面的性别不平等，至少部分地归因于父母在儿子与女儿之间对家庭资源进行配置的方式。本文还说明，在家庭资源配置中的性别偏见不仅仅是由于文化和社会因素引起的，还由于经济困难所致。这意味着，不仅在改善女孩和妇女在获得教育和医疗设施方面要加大力度，还要在提高性别平等的公众意识方面投入更多努力，政策制定者也要通过促进经济发展来加强女孩和妇女的能力。

4.4.2 劳动力市场中的性别不平等

在获取经济机会方面的性别不平等，尤其是在与劳动力市场有关的方面，更是一个饱受争议的问题。男性与女性之间的区别通常反映在劳动力参与、职业隔离以及性别工资差异等方面。尽管在一些方面已经有所改善——如妇女的教育程度不断提高、引入反歧视和平等机会法——

但是在劳动力市场方面的性别平等所取得的进展还远非令人满意，即使在发达国家，正如第4.3节所阐释的，情况也是如此。

劳动力市场中的性别不平等不仅导致资源不能有效利用以及经济不能较快增长，还会对男性与女性在家庭内部的权力关系产生影响。因此，政策制定者要确保男性和女性获得同样的经济机会是非常重要的。本节的目的是对长期以来在劳动力市场中出现性别不平等的原因进行逐一分析，找出（1）阻止妇女进入劳动力市场的限制因素；（2）引起劳动力市场中性别不平等的因素。

A. 劳动力参与

第4.3节重点讨论了在亚洲和太平洋地区的许多国家中男性和女性在劳动力参与方面的巨大差异，尤其是在南亚。现有的实证研究列举了很多限制女性进入劳动力市场的重要因素，其中包括：（1）妇女有限的教育程度；（2）妇女工作者较低的工资水平；（3）劳动力市场参与和妇女生育孩子的角色以及男性和女性在传统的劳动分工方面的不相容性。然而值得注意的是，在发展中国家，在教育和工资水平上的改善不一定代表女性劳动力参与率的提高，尤其是对于贫困家庭更是如此，下文中将就此进行讨论。

教育是女性劳动力参与的一个关键的决定性因素。尽管普遍的观点认为，拥有更好教育程度的妇女更有可能进入劳动力市场，但在发展中国家，情况并非如此。通过将亚洲的五个国家进行对比，卡梅伦等人（2001年）得出结论说，在传统性别角色被严格界定的国家，如韩国和斯里兰卡（与菲律宾和泰国相比），妇女教育程度的提高不太可能提高妇女的劳动力参与率。这些研究结果似乎都印证了文化和社会传统对于女性劳动力参与的重要影响。[①] 然而，根据埃及提供的数据，艾尔—哈米迪（2004年）认为，尽管社会和传统性别角色左右着妇女参与劳动力市场，当家庭收入锐减到一定程度的时候，经济因素在决策当中的作

① 费尔南德斯（2007年）还基于美国移民第二代妇女的数据（以便将市场和制度因素的影响与文化的影响区分开来），对文化与妇女的劳动力供给之间的可能关系进行了研究。将这些妇女原籍国的劳动力参与率以及态度作为文化的表征指标，她发现，这些文化指标对妇女的劳动力供给存在重大的定量影响。

用就凸显出来了。换言之，处于低收入水平或低于某个限度，经济困境就有可能迫使妇女走出家庭以满足家庭的经济需要。

另一个决定劳动力参与的重要因素是工资水平。研究发现，妇女的劳动力供给常常比男人对工资更敏感。[①] 这主要是因为她们还要负责家务劳动。但是，传统的劳动力供给模式有时被批评为未能体察到贫困妇女的行为，尤其是在发展中国家，如果薪酬降低，她们更愿意工作更长的时间以满足她们的基本需要（如，戴欣，2002 年）。基于菲律宾的数据，戴欣（2002 年）发现，妇女的工资水平如果很低，则工资弹性较低。与此类似，达斯古普塔和戈达尔（2006 年）解释，在印度农村地区，对于来自贫困线以下家庭的妇女来说，她们的劳动力供给和工资水平及家庭当中有酬成员的人数呈负相关。这些研究结果表明，我们不能简单地推测认为工资的增加就会提高来自贫困家庭的妇女的劳动力参与程度。

毫无疑问，妇女的受教育程度和工资水平会对她们的劳动力参与情况产生影响。妇女的参与机会有限的主要潜在原因包括，劳动力参与和她们传统的生育儿女的角色的不相容性，以及由于男性与女性之间传统的劳动分工被文化传统与人们的态度强化了。由于家庭规模扩大导致经济需求不断提高，这可能会推动妇女走向劳动力市场，但绝大部分实证研究都表明，生育子女对妇女的劳动力参与产生了负面影响（如，安格里斯特和埃文斯，1998 年；谢瓦利埃和维塔宁，2002 年；秦和欧，2002 年；纳拉扬和史密斯，2006 年）。妇女劳动力参与程度的有限也与男性和女性在家庭中所扮演的传统角色密切相关——“父亲去上班，母亲待在家里照顾孩子”仍然是普遍存在的家庭模式，尤其是在发展中国家（希格诺，2007 年）。即使是在女性劳动力参与率一直呈上升趋势的发达国家，男性与女性在参与率方面仍然存在巨大差异。虽然在过去的几十年当中，人们对于性别分工的态度已经呈较平等的趋势（包括对于妇女有权选择事业的态度），但夫妻双方在实际生活中远非平等可言——仍主要由妇女来继续承担家务劳动和照看孩子的任务（阿尔瓦雷斯和迈尔斯，2003 年）。

---

① 请参见布伦戴尔和麦柯迪（1999 年）对于多项研究的调查。

对于家庭内部丈夫和妻子之间家务分工不均的主要解释之一是基于比较优势框架，即夫妻双方的任何一方都承担着其具有比较优势的任务（贝克，1981 年）。因此，拥有最低机会成本的一方（即，最低人力资本或最高的家务劳动生产率）为家务劳动的贡献最多。然而也有一种观点认为，妇女的议价能力较弱，主要是由于她们为家庭带来的收入较低，因而导致男性和女性之间的家务分工不均（麦柯迪和霍尔奈，1981 年；伦德伯格和波拉克，1993 年）。这两种观点的共同之处在于，妇女收入和教育水平的提高会导致在家庭内部的分工更加平等。此外，男女之间家务分配更为平等将对妇女的生活水平以及她们的劳动力市场成果产生积极的影响（布劳等人，1998 年；赫什和斯特拉顿，1997 和 2002 年），从而形成一个潜在的自我实现反馈机制（奥利维蒂和阿尔巴内西，2006 年）。

尽管如此，现有的实证证据表明，在家务劳动中的性别不平等与劳动力市场成果之间存在着更复杂的关系（如阿吉亚尔和赫斯特，2006 年；阿尔瓦雷斯和迈尔斯，2003 年；陈等人，2007 年；费尔南德斯和塞维利亚—桑斯，2006 年）。例如，由于存在社会传统等因素的影响，妇女在劳动力市场成果方面取得的一些进步并不能想当然地解释为男性和女性之间的家务分工更平等。实际情况可能是，这些进步未能使妇女从家庭职责中解放出来，但提高了妇女在劳动力市场的活跃程度，导致了妇女背负“双重压力”（陈等人，2007 年）。

尽管上述许多关于性别分工的实证证据都来自发达国家，仍有大量研究侧重于发展中国家在时间分配上的性别不平等（如，伊拉希，2001 年；汉得克，1988 年；斯科菲亚斯，1993 年）。最重要的问题之一是，这是否受到当地社会规范和传统习惯的支配，或者妇女是否也会对经济激励与各种限制因素作出反馈，随时调整她们在家可用的时间。根据孟加拉国农村地区提供的数据，汉得克（1988 年）发现，妇女使用时间的模式并不仅仅受社会因素所限，还部分地受到个体的与家庭层次经济限制因素的影响。鉴于妇女确实会对劳动力市场的机会作出反馈，如果孟加拉国的农村地区的经济发展保持增长趋势，那么更多的妇女有可能参与到以市场为中心的生产中，即使“父权制”依然存在。换言之，在提高女性的劳动力参与方面，政策干预尚有空间，如通过制定反对性别工资差异的反歧视政策、增加女孩获得教育的机会，以及最为重要的，实施将会增加妇女进入劳动力市场机会的现代化发展计划（汉得克，1988 年）。

B. 劳动力市场中的性别不平等

令人遗憾的是，一旦妇女进入劳动力市场，她们有可能面临性别不平等。在过去的几十年中，针对这一点已经展开了广泛研究，且几乎所有的研究都证实它的存在由来已久。[①] 关于性别不平等，最明显的表现形式是性别工资差距及职业隔离，尽管后者常被视为引起性别工资差异的可能原因之一。在发展中国家，除了职业隔离以外，妇女在非正规部门所占比例较大是印证劳动力市场中性别不平等的另一个有力佐证。[②] 因此，除了要探究性别工资差距的影响因素以外，还将对与非正规部门有关的一些问题进行讨论。

许多研究都已经试图通过各种各样的因素对性别工资差异进行解释。[③] 现有的文献告诉我们，性别工资差异的主要原因包括：（1）女性比男性的人力资本低；（2）职业隔离；（3）对妇女的歧视。

对于性别工资差异，最常被人注意到的解释之一是，妇女在人力资本方面投资较少，尤其是在教育和工作经验方面（贝克，1964 年；明瑟，1974 年）。许多实证研究都支持这个观点。[④] 在发展中国家，相对于男性而言，女性在能力方面更弱，如第 4.3 节所述，这很可能限制了她们的收入。

鉴于存在不同职业之间的工资差异非常显著的现象，另一组文献表明，性别职业隔离对于解释性别工资差距具有重要意义（如，布罗伊

① 请参见阿尔同济和布兰克（1999 年）对文献的评述。

② 请注意，“非正式部门”本身常用来指代一组经济安排，其范围包括从自雇生产商和贸易商到诸如临时工和转包商在内的有酬劳动者。此外，无酬家务有时被视为非正式部门的类别之一。

③ 对性别工资差异进行分析的最通用的方法之一是将其差异分解为两个部分——在可以观察到的特点诸如资质方面的差异，以及对待同样合格的男性和女性的待遇方面的差异。后者有时解释为对歧视的一种计量。这类分析通常是通过应用瓦哈卡（1973 年）提出的分析方法来完成的。

④ 例如，布朗和科科伦（1997 年），伊尔卡拉坎和塞利姆（2007 年），莱特和尤瑞塔（1995 年），劳里（1997 年），梅钦和普哈尼（2003 年），密克和保罗（2004 年），奥尼尔和波拉切克（1993 年）。

尼希和罗斯帕布，2007 年；布朗等人，1980 年；伊尔卡拉坎和塞利姆，2007 年；孟和米勒，1995 年）。在性别工资差异中职业隔离所起的相对重要的作用意味着，各种职业内部的工资结构是公平的，尽管妇女更多地集中在收入微薄的职业，其原因包括体力限制因素、与她们的家庭角色的不相容性以及受教育程度较低。然而，还有一些研究显示，实际上大部分性别工资差距存在于职业内部，如在中国香港（宋等人，2001 年）和中国台湾（茨威格里希和范·德·缪伦·罗杰斯，2004 年）的情况。这些研究结果表明就从事同等价值的工作而言，妇女并没有获得同样的工资。

导致性别工资差距的另一个因素，也许是更为突出的因素，是在劳动力市场中对妇女的歧视。有时雇主会将潜在工人的某些诸如种族和性别等明显的外部特征等同于能力、态度等内在特征以及表征其未来生产能力的标志信号（如，艾罗，1973 年；费尔普斯，1972 年）。考虑到妇女在家庭中要承担更重要的责任，普遍的观点认为她们在工作当中的生产力较低，所以提供给她们的工资往往也比较低（如，贝克，1985 年；布赖恩和桑斯，2007 年；休斯和毛雷尔—法齐奥，2002 年）。例如，有分析显示在中国，已婚妇女比未婚妇女所面临的性别工资差距要大得多（休斯和毛雷尔—法齐奥，2002 年）。同样的分析也表明，对已婚妇女的歧视而引起的性别工资差距的比例高于对未婚妇女的歧视引起的性别工资差距。一项令人鼓舞的研究结果认为，教育拥有减少歧视的作用，因为它表明妇女坚定自己对于工作和事业的信念（如，芒克—特纳和特纳，2001 年；蒙哥马利和鲍威尔，2003 年，本书第 13 章）。芒克—特纳和特纳（2001 年）发现，在韩国，受教育程度更好的妇女所面临的工资差异相对来说更小一些。在第 13 章中，孙也发现，教育在泰国和越南也产生着减少歧视的作用。

从另一方面来说，性别工资差异也可能是由于社会文化习惯促使雇主们对妇女产生歧视而忽视她们的能力（如，贝克，1957 年；刘，2004 年；安提克尔，2001 年）。刘（2004 年）以越南为例进行了调查，那里存在一种过渡经济，即随着一种中央确定的工资制度的取消，雇主在根据生产能力对劳动者进行奖励方面拥有了越来越多的自主权，但这也取决于雇主个人对妇女是否歧视及程度如何。她的分析阐释了性别歧视是实现性别工资趋同的一项重要障碍。她发现，这种歧视深深植根于越南基于儒家思想的基本文化信念和传统，而儒家思想倾向于歧视妇女。

然而，有观点认为，持歧视态度的雇主可以被驱逐出劳动力市场，如果歧视产生的成本太高的话（如，艾罗，1973 年；贝克，1957 年；费尔普斯，1972 年）。举例来说，在开放经济当中，贸易很可能会增加竞争，从而使得雇主们为歧视所付出的成本更高昂（如，布莱克和布雷纳德，2004 年；刘等人，2000 年；卫希萨尔鲍姆和温特—艾布摩，2007 年）。在中国，虽然经济自由化和地方分权扩大了性别工资差异，但市场竞争却相对缩小了性别歧视的程度及其对整体性别工资差异所起到的作用（刘等人，2000 年）。但应该指出的是，如果由于国际竞争导致妇女所处的行业出现衰退，则竞争也会伤害她们的议价能力。别瑞克等人（2003 年）提供了其在韩国和中国台湾的调查结果来支持这一观点。

在发展中国家，劳动力市场中的性别不平等的另一个重要方面是非正规部门就业。在发展中国家，劳动力市场上的活跃人士有很大比例就职于非正规部门。一般认为，这种就业是极度贫困的人的一种生存活动（苏达尔沙纳和乌尼，2003 年），而以妇女为甚，因为妇女在非正规部门所占的比例非常之大（伯尼利亚和罗尔丹，1987 年；卡尔等人，2000 年；米特拉，2005 年；斯坦丁，1999 年）。在东亚和东南亚那些曾一度发展迅速的经济体中，尽管这些经济体曾经历过现代化行业就业的大幅增长，但女性工作者中有很大比例仍然被隔离于正规部门之外（卡尔等人，2000 年）。

从广义上说，现有的关于妇女在非正规部门就业的文献可以分为两派（盖拉威和伯纳赛克，2002 年）。其中一派对非正规部门持相对积极的观点，认为它为极度贫困的群体和最边缘化的群体提供了赚取收入的机会。对于妇女来说，非正规部门就业是一个选择，因为它与家务劳动不相冲突。根据这一观点，公共政策应当通过提高妇女在非正规部门就业的机会和改善工作条件来支持她们所做的选择（如，阿代尔等人，2002 年；伯杰和布韦尼克，1989 年；唐娜和哈韦特，1995 年）。相比较而言，另一派对非正规部门则持有较负面的观点，认为该部门进一步加剧了社会上最贫困群体和包括妇女在内的最脆弱群体的边缘化程度。

为了解决这一问题，公共政策应当通过消除那些阻止妇女进入正规劳动力市场的限制因素，从而使妇女获得更多的正规部门就业机会（伯尼利亚和罗尔丹，1987 年；米特拉，2005 年；莫泽，1984 年）。

尽管两派的观点截然不同，但双方都认为妇女选择在非正规部门工作，至少部分地归因于她们的家庭责任。此外，不可否认的是，就收入、安全性以及免受剥削而言，非正规部门就业较之于正规部门就业是一种相对较差的选择（盖拉威和伯纳赛克，2002 年）。鉴于这些事实，在非正式就业方面有很多重要的问题应当予以注意。首先，妇女就职于非正规部门的较大比例表明，妇女处于缺乏任何正规的社会保护的、脆弱的就业状态。其次，鉴于非正规经济一般来说并不包含在国民经济核算体系当中，所以妇女对经济所作的贡献很可能被低估了。最后，性别工资差距常常是基于正规部门提供的数据。而非正规部门的平均收入水平比正规部门的平均收入水平低，且妇女在非正规部门中占有相对较大的比例，因此，报告中所显示的性别工资差异有可能比整体的性别工资差异小。虽然政策制定者应当消除那些阻止妇女获得正规部门就业的制约因素——通过提高妇女受教育水平和职业技能以及贯彻实施平等机会和反歧视立法——他们还应当采取措施来改善非正规部门的工作条件，包括提供社会保障。

本节对有关家庭内部的资源配置和获取经济机会方面的性别歧视的现有文献进行了评述，旨在找出在获得能力方面和劳动力市场中存在性别不平等的潜在原因。虽然社会规范和文化规范在这些领域内的性别歧视方面起着重要作用，经济因素似乎也影响着男性和女性的行为。本节还突出强调了妇女的经济赋权对于她们在生活的各个方面实现性别平等的重要意义，因为经济赋权对丈夫和妻子之间在家务劳动的分配、妇女对家庭资源的控制权以及男孩和女孩的资源配置方面发挥着积极的作用。因此，提高妇女的能力以及增加她们获取经济机会的程度似乎是促进在家庭内部和外部的性别平等方面取得更大进展的关键。

4.5　结论

本章对过去几十年当中在亚洲和太平洋地区就性别平等方面所取得

的进展进行了回顾。通过对千年发展目标3及措施所提供的许多指标进行调查，我们发现，该地区的大多数国家在性别平等方面都取得了一些进展。然而，从性别平等的不同维度上以及从不同国家来说，取得进展的速度各不相同。虽然教育领域所取得的进展已经非常显著，但健康状态方面所取得的进展却不太明显，而在劳动力市场成果方面的进展则更加令人失望。妇女的能力的提高并不能理解为男人和女人在经济和政治活动中拥有同样的参与机会。此外，在回顾中所涉及的几乎所有方面存在的性别差异仍然非常显著，尤其是在南亚。在很多方面，除马尔代夫与斯里兰卡以外，南亚国家比撒哈拉以南非洲地区的表现更为糟糕，而从许多维度上来分析，撒哈拉以南非洲地区在性别平等方面所取得的进展都是最小的。因此，务必采取一致行动来帮助南亚赶上世界其他地区。

此外，还需要在改善能有效监测性别平等所取得进展的指标的数据收集方面加大力度。尽管在性别平等的安全方面具有重要意义，但有限的数据获取妨碍了从这个维度上对性别平等的状态进行调查。同时，生产性资产（如，土地和信贷）按性别分类的数据以及获得基础设施方面的数据十分稀缺，在这方面也应该取得进展。这不仅有利于对这些方面的性别平等进行衡量，还有助于找到妇女经济赋权过程中存在的障碍。与之相类似，为了更好地了解妇女的经济活动，尤其是发展中国家的妇女在非正规部门的经济活动（包括用以维持生计的农业劳动以及以家庭为基础的经济活动）的数据是非常必要的。另一个挑战是，对每个国家内部在更加细分的层次上对性别不平等进行监测。该地区的几个国家的千年发展目标进展报告显示，弱势群体或社会排斥的群体中的妇女（由于她们的种族、民族、阶层、收入、地点、残疾状态或其他因素）更容易在性别平等方面落后于国家平均水平（亚洲开发银行等，2006年）。为了确保弱势群体当中的女童和妇女在性别平等取得进展方面不处于落后的状态，监测数据必须在更为细分的层次上展开，从而使政策制定者能够制定出更有针对性的政策。

通过对相关文献的调查，本章还尽力对性别不平等得以普遍存在和持续存在的潜在原因作出解释。实证研究表明，性别不平等是由相互交织的文化、社会和经济因素引起，并得到进一步强化。针对妇女的性别偏见的普遍存在很大程度上归因于文化传统和社会传统，而这一点给政策制定者带来了严重的挑战。消除这些障碍决非一日之功可为，要消除家庭内部和外部的性别不平等，必须逐步完成。政策制定者可以通过引入和实施反歧视立法以及对公众进行教育的方式来加快这一进程。

许多实证研究成果还强调了经济因素在性别不平等方面所起到的潜在作用。一些研究告诉我们，在该地区的某些地方存在的重男轻女现象不仅深深植根于文化传统当中，还源于经济贫困。因此，经济增长可以减轻父母的经济压力，从而使得父母平等地对待其子女。这些研究结果表明，公共政策通过促进经济增长和现代化进程，在提高女孩的地位方面起着举足轻重的作用。此外，在教育和健康方面对女孩进行投资的回报要比男孩低（由于有限的就业机会及给妇女的工资水平较低），这也部分地解释了男孩和女孩之间在能力获得方面的明显差异。因此，提高妇女就业机会以及在劳动力市场中给予男性和女性更平等的待遇，有可能减少在家庭资源配置方面的性别差异。

此外，现有文献表明，某一方面的性别不平等可以加剧另一方面的性别不平等，从而形成一个自我实现机制。例如，不断提高劳动力成果的妇女能增加她们在家务劳动分担方面以及家庭内部的资源配置方面的议价能力。在另一方面，男性和女性之间更平等地分配家务劳动，使得妇女能从事家庭以外的工作，只要她们有适当的能力且获得相应的经济机会。然而，现有的证据也表明，尽管在不同维度的性别不平等之间存在密切的联系，但在某一方面的性别平等所取得的进展并不能转变为在其他方面的进展。最明显的例子是，即使当妇女走出家门去上班，常常并不能把她们从家务劳动中解放出来，结果反而使她们承受着双重压力。

本章已经强调了妇女的经济赋权对于妇女在生活的各个方面实现性别平等具有重要意义。令人遗憾的是，到目前为止，在劳动力市场中就性别平等所取得的进展是有限的，还需要加大力度减少劳动力市场成果方面的性别不平等。政策制定者不仅应当引入反歧视立法，还应当确保这些法规得以有效贯彻执行。此外，在提高妇女的教育程度方面所投入的公众努力应当继续下去，从而使得妇女能够充分利用现有经济机会。总之，通过增强公众意识、加快经济发展、提高妇女的能力以及为她们提供更多经济机会来加大清除文化障碍和社会障碍的力度，对加快性别平等方面的进展至关重要，并且最终将会促进包容性增长。

参考文献

Adair, L., D. Guilkey, E. Bisgrove, and S. Gultiano. 2002. "Effect of Childbearing on Filipino Women's Work Hours and Earnings." *Journal of Population Economics* 15:625–45.

ADB. 2007. *Gender and Development Plan of Action (2008–2010)*. Asian Development Bank, Manila.

_____. 2008. *Strategy 2020: The Long-Term Strategic Framework of the Asian Development Bank 2008–2020*. Asian Development Bank, Manila.

ADB, United Nations Development Programme, and United Nations Economic and Social Commission of Asia and the Pacific. 2006. *Pursuing Gender Equality through the Millennium Development Goals in Asia and the Pacific*. Asian Development Bank, Manila.

Aguiar, M., and E. Hurst. 2006. Measuring Trends in Leisure: The Allocation of Time Over Five Decades. NBER Working Paper No. 12082, National Bureau of Economic Research, Cambridge, MA.

Ahmad, A., and J. Morduch. 1993. Identifying Sex Bias in the Allocation of Household Resources: Evidence from Linked Household Surveys from Bangladesh. Harvard Institute for Economic Research Discussion Paper No. 1636, Harvard University, Cambridge, MA.

Alderman, H., and P. Gertler. 1997. "Family Resources and Gender Differences in Human Capital Investments: the Demand for Children's Medical Care in Pakistan." In L. Haddad, J. Hoddinott, and H. Alderman, eds. *Intrahousehold Resource Allocation in Developing Countries: Models, Methods, and Policy*. Baltimore, MD: Johns Hopkins University Press.

Ali, I. 2007. "Inequality and the Imperative for Inclusive Growth in Asia." *Asian Development Review* 24(2):1–16.

Ali, I., and J. Zhuang. 2007. Inclusive Growth Toward a Prosperous Asia: Policy Implications. ERD Working Paper Series No. 97, Economics and Research Department, Asian Development Bank, Manila.

Altonji, J. G., and R. M. Blank. 1999. "Race and Gender in the Labor Market." In O. Ashenfelter, and D. Card, eds., *Handbook of Labor Economics* Vol. 3. Amsterdam: North-Holland.

Alvarez, B., and D. Miles. 2003. "Gender Effect on Housework Allocation: Evidence from Spanish Two-Earner Couples." *Journal of Population Economics* 16:227–42.

Angrist, J. D., and W. N. Evans. 1998. "Children and Their Parent's Labor Supply: Evidence from Exogenous Variation in Family Size." *American Economic Review* 88:450–77.

Antecol, H. 2001. "Why is There Interethnic Variation in the Gender Wage Gap? The Role of Cultural Factors." *Journal of Human Resources* 36(1):119–43.

Arrow, K. 1973. "The Theory of Discrimination." In O. Ashenfelter, and A. Rees, eds. *Discrimination in Labor Markets*. Princeton, NJ: Princeton University Press.

Becker, G. 1957. *The Economics of Discrimination.* Chicago: University of Chicago Press.

_____. 1964. *Human Capital: A Theoretical and Empirical Analysis with Special Reference to Education.* Chicago: Chicago University Press.

_____. 1965. "A Theory of the Allocation of Time." *Economic Journal* 75:493–517.

_____. 1981. *A Treatise on the Family.* Cambridge, MA: Harvard University Press.

_____. 1985. "Human Capital, Effort, and the Sexual Division of Labor." *Journal of Labor Economics* 3(1):S33–58.

Behrman, J. R., and J. C. Knowles. 1999. "Household Income and Child Schooling in Vietnam." *World Bank Economic Review* 13:211–56.

Beneria, L., and M. Roldan. 1987. *The Crossroads of Class and Gender: Industrial Homework, Sub-Contracting and Household Dynamics in Mexico City.* Chicago: Chicago University Press.

Berger, M., and M. Buvinic, eds. 1989. *Women's Ventures: Assistance to the Informal Sector in Latin America.* Hartford: Kumarian Press.

Berik, G., Y. van der Meulen Rodgers, and J. E. Zveglich, Jr. 2003. International Trade and Wage Discrimination. Policy Research Working Paper No. 3111, World Bank, Washington, DC.

Bhalotra, S., and C. Attfield. 1998. "Intrahousehold Resource Allocation in Rural Pakistan: A Semiparametric Analysis." *Journal of Applied Econometrics* 13:463–80.

Black, S. E., and E. Brainerd. 2004. "Importing Equality? The Impact of Globalization on Gender Discrimination." *Industrial Labor Relations Review* 57(4):540–59.

Blau, F. D., M. A. Ferber, A. E. Winkler. 1998. *The Economics of Women, Men and Work* 3rd ed. Upper Saddle River: Prentice Hall.

Blundell, R., and T. MaCurdy. 1999. "Labor Supply: A Review of Alternative Approaches." In O. Ashenfelter, and D. Card, eds., *Handbook of Labor Economics* Vol. 3A. Amsterdam: Elsevier.

Breunig, R., and S. Rospabe 2007. Parametric vs. Semi-parametric Estimation of the Male-Female Wage Gap: An Application to France. Center for Economic Policy Research Discussion Paper No. 538, Australian National University, Canberra.

Brown, C., and M. Corcoran. 1997. "Sex-Based Difference in School Content and the Male-Female Wage Gap." *Journal of Labor Economics* 15(3):431–65.

Brown, R. S., M. Moon, and B. S. Zoloth. 1980. "Incorporating Occupational Attainment in Studies of Male–Female Earnings Differentials." *Journal of Human Resources* 15(1):3–28.

Bryan, M. L., and A. S. Sanz. 2007. Does Housework Lower Wages and Why? Evidence for Britain. Economic Series Working Papers No. 331, Department of Economics, University of Oxford, Oxford.

Burgess, R., and J. Zhuang. 2002. Modernization and Son Preference in People's Republic of China. ERD Working Paper Series No. 20, Economics and Research Department, Asian Development Bank, Manila.

Cameron, L. A., J. M. Dowling, and C. Worswick. 2001. "Education and Labor Market Participation of Women in Asia: Evidence from Five Countries." *Economic Development and Cultural Change* 49(3):461–77.

Carr, M., M. A. Chen, and J. Tate. 2000. "Globalization and Home-Based Workers." *Feminist Economics* 6(3):123–42.

Cebu Study Team. 1991. "Underlying and Proximate Determinants of Child Health: The CEBU Longitudinal Health and Nutrition Study." *American Journal of Epidemiology* 133(2):185–201.

Chen, N., P. Conconi, and C. Perroni. 2007. Women's Earning Power and the "Double Burden" of Market and Household Work. Warwick Economic Research Paper No. 800, University of Warwick, Coventry.

Chevalier, A., and T. K. Viitanen. 2002. "The Causality between Female Labor Force Participation and the Availability of Childcare." *Applied Economics Letters* 9:915–18.

Chiappori, P. A. 1988. "Rational Household Labor Supply." *Econometrica* 56(1):63–89.

_____. 1992. "Collective Labor Supply and Welfare." *Journal of Political Economy* 100(3):437–67.

_____. 1997. "Introducing Household Production in Collective Models of Labor Supply." *Journal of Political Economy* 105(1):191–209.

Chun, H., and J. Oh. 2002. "An Instrumental Variable Estimate of the Effect on the Labour Force Participation of Married Women." *Applied Economics Letters* 9:631–34.

Cigno, A. 2007. A Theoretical Analysis of the Effects of Legislation on Marriage, Fertility, Domestic Division of Labour, and the Education of Children. CESIFO Working Paper No. 2143, University of Florence, Florence.

Dasgupta, P., and B. Goldar. 2006. "Female Labour Supply in Rural India: An Econometric Analysis." *Indian Journal of Labour Economics* 49(2):293–310.

Deaton, A. 1989. "Looking for Boy-Girl Discrimination in Household Expenditure Data." *World Bank Economic Review* 1(1):1–15.

_____. 1997. *The Analysis of Household Surveys: A Microeconometric Approach to Development Policy*. Baltimore, MD: Johns Hopkins University Press.

Dessing, M. 2002. "Labor Supply, the Family and Poverty: The S-Shaped Labor Supply Curve." *Journal of Economic Behavior and Organization* 49:433–58.

DeTray, D. 1988. "Government Policy, Household Behavior, and the Distribution of Schooling: A Case Study of Malaysia." *Research in Population Economics* 6:303–36.

Dignard, L., and J. Havet. 1995. *Women in Micro and Small Scale Enterprise Development*. Boulder: Westview Press.

El-Hamidi, F. 2004. "Does Wealth Influence Women's Labor Participation Decision?: Evidence from Egypt." Paper presented at the Economic Research Forum Workshop on Gender, Work and Family, 8–10 June, Mahdia City, Tunisia.

Estudillo, J. P., A. R. Quisumbing, and K. Otsuka. 2001. "Gender Differences in Wealth Transfer and Expenditure Allocation: Evidence from the Rural Philippines." *Developing Economies* 39(4):366–94.

Fernandez, R. 2007. Women, Work, and Culture. NBER Working Paper No. 12888, National Bureau of Economic Research, Cambridge, MA.

Fernandez, C., and A. Sevilla-Sanz. 2006. Social Norms and Household Time Allocation. Discussion Paper Series No. 291, Department of Economics, University of Oxford, Oxford.

Gallaway, J. H., and A. Bernasek. 2002. "Gender and Informal Sector Employment in Indonesia." *Journal of Economic Issues* 36(2):313–21.

Galloway, R., and M. A. Anderson. 1994. "Prepregnancy Nutritional Status and Its Impact on Birthweight." *SCN News* 11:6–10.

Gibson, J., and S. Rozelle. 2004. "Is it Better to be a Boy? A Disaggregated Outlay Equivalent Analysis of Gender Bias in Papua New Guinea." *Journal of Development Studies* 40(4):115–36.

Grown, C. 2008. "Indicators and Indices of Gender Equality: What Do They Measure and What Do They Miss?" In M. Buvinic, A. R. Morisson, A. W. Ofosu-Amaah, and M. Sjoblom, eds., *Equality for Women: Where Do We Stand on Millennium Development Goal 3?* World Bank, Washington, DC.

Grown, C., G. Gupta, and A. Kes. 2005. *Taking Action: Achieving Gender Equality and Empowering Women.* London: Earthscan and the Millennium Project.

Haddad, L., and J. Hoddinott. 1991. Gender Aspects of Household Expenditures and Resource Allocation in the Cote d'Ivoire. Economics Series Working Papers, Department of Economics, University of Oxford, Oxford.

Haddad, L., J. Hoddinott, and H. Alderman, eds. 1997. *Intrahousehold Resource Allocation in Developing Countries: Models, Methods, and Policy.* Baltimore, MD: Johns Hopkins University Press.

Haddad, L., and T. Reardon. 1993. "Gender Bias in the Allocation of Resources within Households in Burkina Faso: A Disaggregated Outlay Equivalent Analysis." *Journal of Development Studies* 29(2):260–76.

Heise, L., M. Ellsberg, and M. Gottemoeller. 1999. Ending Violence Against Women. Population Reports Series L No. 11, Johns Hopkins School of Public Health, Baltimore, MD.

Hersch, J., and L. S. Stratton. 1997. "Housework, Fixed Effects, and Wages of Married Workers." *Journal of Human Resources* 32(2):285–307.

_____. 2002. "Housework and Wages." *Journal of Human Resources* 37(1):217–29.

Hoddinott, J., and L. Haddad. 1995. "Does Female Income Share Influence Household Expenditures? Evidence from the Cote d'lvoire." *Oxford Bulletin of Economics and Statistics* 57(1):77–96.

Hughes, J., and M. Maurer-Fazio. 2002. "Effects of Marriage, Education, and Occupation on the Female/Male Wage Gap in China." *Pacific Economic Review* 7(1):137–56.

Ilahi, N. 2001. Gender and the Allocation of Adult Time: Evidence from the Peru LSMS Panel Data. Policy Research Working Paper No. 2744, World Bank, Washington, DC.

Ilkkaracan, I., and R. Selim. 2007. "The Gender Wage Gap in the Turkish Labor Market." *Labour* 21(3):563–93.

Jensen, R. 2002. Equal Treatment, Unequal Outcomes? Generating Gender Inequality through Fertility Behavior. John F. Kennedy School of Government, Harvard University. Processed.

Khandker, S. R. 1988. "Determinants of Women's Time Allocation in Rural Bangladesh." *Economic Development and Cultural Change* 37:111–26.

Kingdon, G. G. 2005. "Where Has All the Bias Gone? Detecting Gender Bias in the Intrahousehold Allocation of Educational Expenditure." *Economic Development and Cultural Change* 53(2):409–51.

Klasen, S. 2002. "Low Schooling for Girls, Slower Growth for All? Cross-Country Evidence on the Effect of Gender Inequality in Education on Economic Development." *World Bank Economic Review* 16(3):345–73.

Light, A., and M. Ureta. 1995. "Early-Career Work Experience and Gender Wage Differentials." *Journal of Labor Economics* 13(1):121–54.

Liu, A. Y. C. 2004. "Gender Wage Gap in Vietnam: 1993 to 1998." *Journal of Comparative Economics* 32:586–96.

Liu, P. W., X. Meng, and J. Zhang. 2000. "Sectoral Gender Wage Differentials and Discrimination in the Transitional Chinese Economy." *Journal of Population Economics* 13:331–52.

Loury, L. D. 1997. "The Gender Earnings Gap among College-Educated Workers." *Industrial and Labor Relations Review* 50(4):580–93.

Lundberg, S., and R. A. Pollak. 1993. "Separate Spheres Bargaining and the Marriage Market." *Journal of Political Economy* 101(6):988–1010.

Machin, S., and P. Puhani. 2003. "Subject of Degree and the Gender Wage Differential: Evidence from the UK and Germany." *Economics Letters* 79(3):393–400.

Manser, M., and M. Brown. 1980. "Marriage and Household Decision Making: A Bargaining Analysis." *International Economic Review* 21(1):31–44.

Mansuri, G. 2007. "Does Work Migration Spur Investment in Origin Communities? Entrepreneurship, Schooling, and Child Health in Rural Pakistan." In C. Ozden, and M. Schiff, eds., *International Migration, Economic Development, and Policy*. Washington, DC: Palgrave Macmillan for the World Bank.

McElroy, M. B., and M. J. Horney. 1981. "Nash-Bargained Household Decision: Toward a Generalization of the Theory of Demand." *International Economic Review* 22(2):333–49.

Meng, X., and W. P. Miller. 1995. "Occupational Segregation and its Impact on Gender Wage Discrimination in China's Rural Industrial Sector." *Oxford Economic Papers* 47(1):136–55.

Mincer, J. 1974. *Schooling, Experience and Earnings.* National Bureau of Economic Research, Cambridge, MA.

Mitra, A. 2005. "Women in the Urban Informal Sector: Perpetuation of Meager Earnings." *Development and Change* 36(2):291–316.

Monk-Turner, E., and C. G. Turner. 2001. "Sex Differentials in Earnings in the South Korean Labor Market." *Feminist Economics* 7(1):63–78.

Montgomery, M., and I. Powell. 2003. "Does an Advanced Degree Reduce the Gender Wage Gap? Evidence from MBAs." *Industrial Relations* 42(3):396–418.

Morisson, A. R., D. Raju, and N. Sinha. 2007. Gender Equality, Poverty and Economic Growth. Policy Research Working Paper No. 4349, World Bank, Washington, DC.

Morisson, A. R., S. Sabarwal, and M. Sjoblom. 2008. "The State of World Progress: 1990–2007." In M. Buvinic, A. R. Morisson, A. W. Ofosu-Amaah, and M. Sjoblom, eds., *Equality for Women: Where Do We Stand on Millennium Development Goal 3?* World Bank, Washington, DC.

Moser, C. 1984. "The Informal Sector Revisited: Viability and Vulnerability in Urban Development." *Regional Development Dialogue* 5:135–78.

Myck, M., and G. Paull. 2004. The Role of Employment Experience in Explaining the Gender Wage Gap. Working Paper WP04/16, Institute for Fiscal Studies, London.

Narayan, P. K., and R. Smyth. 2006. "Female Labor Force Participation, Fertility and Infant Mortality in Australia: Some Empirical Evidence from Granger Causality Tests." *Applied Economics* 38:563–72.

Niimi, Y. 2009. Gender Equality and Inclusive Growth in Developing Asia. ADB Economics Working Paper Series No. 186, Asian Development Bank, Manila.

Oaxaca, R. 1973. "Male–Female Wage Differentials in Urban Labor Markets." *International Economic Review* 14(3):693–709.

Olivetti, C., and S. Albanesi. 2006. Home Production, Market Production and the Gender Wage Gap: Incentives and Expectations. NBER Working Paper No. 12212, National Bureau of Economic Research, Cambridge, MA.

O'Neill, J., and S. Polachek. 1993. "Why the Gender Gap in Wages Narrowed in the 1980s." *Journal of Labor Economics* 11(1):205–28.

Phelps, E. 1972. "The Statistical Theory of Racism and Sexism." *American Economic Review* 62:659–61.

Pollak, R. 1994. "For Better or Worse: The Roles of Power in Models of Distribution within Marriage." *American Economic Review* 84(2):148–52.

Quisumbing, A. R., ed. 2003a. *Household Decision, Gender, and Development: A Synthesis of Recent Research.* International Food Policy Research Institute, Washington, DC.

_____. 2003b. "What Have We Learned from Research on Intrahousehold Allocation?" In A. R. Quisumbing, ed., *Household Decision, Gender, and Development: A Synthesis of Recent Research.* International Food Policy Research Institute, Washington, DC.

_____. 2003c. "Power and Resources within the Household: Overview." In A. R. Quisumbing, ed., *Household Decision, Gender, and Development: A Synthesis of Recent Research.* International Food Policy Research Institute, Washington, DC.

Quisumbing, A. R., and J. A. Maluccio. 2003. "Intrahousehold Allocation and Gender Relations: New Empirical Evidence from Four Developing Countries." In A. R. Quisumbing, ed., *Household Decision, Gender, and Development: A Synthesis of Recent Research.* International Food Policy Research Institute, Washington, DC.

Roemer, J. E. 2006. Economic Development as Opportunity Equalization. Cowles Foundation Discussion Paper No. 1583, Yale University, New Haven.

Rose, E. 1999. "Consumption Smoothing and Excess Female Mortality in Rural India." *Review of Economics and Statistics* 81(1):41–9.

Rothbarth, E. 1943. "A Note on a Method of Determining Equivalent Income for Families of Different Composition." In C. Madge, *Wartime Pattern of Saving and Spending.* Occasional Paper No. 4, National Institute for Economic and Social Research, London.

Sawada, Y., and M. Lokshin. 2001. Household Schooling Decisions in Rural Pakistan. World Bank Policy Research Working Paper No. 2541, World Bank, Washington, DC.

Sen, A. 1992. "Missing Women." *The British Medical Journal* 304:586–7.

Skoufias, E. 1993. "Labor Market Opportunities and Intrafamily Time Allocation in Rural Households in South Asia." *Journal of Development Economics* 40:227–310.

Standing, G. 1999. *Global Flexible Labour: Seeking Distributive Justice.* London: MacMillan.

Subramanian, S., and A. Deaton. 1991. "Gender Effects in Indian Consumption Patterns." *Sarvekshana* 14:1–12.

Sudarshan, R. M., and J. Unni. 2003. "Measuring the Informal Economy." In R. Jhabvala, R. M. Sudarshan, and J. Unni, eds., *Informal Economy Centrestage: New Structures of Employment.* New Delhi: SAGE Publications.

Sung, Y. W., J. Zhang, and C. S. Chan. 2001. "Gender Wage Differentials and Occupational Segregation in Hong Kong, 1981–1996." *Pacific Economic Review* 6(3):345–59.

Thomas, D., and J. Strauss. 1992. "Prices, Infrastructure, Household Characteristics and Child Height." *Journal of Development Economics* 39(2):301–31.

Udry, C. 1997. "Recent Advances in Empirical Microeconomic Research in Poor Countries: An Annotated Bibliography." *Journal of Economic Education* 28(1):58–75.

UNDP. 2007. *Human Development Report 2007/2008*. United Nations Development Programme, New York.

UNESCAP. 2007. *Economic and Social Survey of Asia and the Pacific 2007: Surging Ahead in Uncertain Times*. New York: United Nations.

United Nations. Various years. World Prospects Population Database. Available: http://esa.un.org/unpp/.

UN Millennium Project. 2005. *Taking Action: Achieving Gender Equality and Empowering Women*. London: Earthscan and the Millennium Project.

Weichselbaumer, D., and R. Winter-Ebmer. 2007. "The Effects of Competition and Equal Treatment Laws on the Gender Wage Differential." *Economic Policy* 50:235–73.

World Bank. 2001. *Engendering Development: Through Gender Equality in Rights, Resources, and Voice*. New York: Oxford University Press.

_____. 2006. *World Development Report 2006: Equity and Development*. Washington, DC.

_____. 2007. *Global Monitoring Report 2007: Confronting the Challenges of Gender Equality and Fragile States*. Washington, DC.

_____. 2008. *Gender Equality as Smart Economics: A World Bank Group Action Plan*. Washington, DC.

_____. Various years. World Development Indicators Online. Available: http://devdata.worldbank.org/dataonline/.

World Economic Forum. 2007. *The Global Gender Gap Report 2007*. Geneva.

Zveglich, J. E., Jr., and Y. Van der Meulen Rodgers. 2004. "Occupational Segregation and the Gender Wage Gap in a Dynamic East Asian Economy." *Southern Economic Journal* 70(4):850–75.

第二部分

有关包容性增长的若干政策问题

第5章
促进充分就业、实现包容性增长：投资和产业政策的作用

吉瑟斯·菲利普[①]

5.1 引言：什么是包容性增长？

尽管亚洲发展中国家在过去40年中取得了巨大成就，增长率高而且贫困大幅减少，但菲利普和哈桑（2006年）估计该地区仍有五亿人失业或未充分就业。也许正是由于这个原因，在过去几年中，中华人民共和国（简称中国）提出“和谐社会”，泰国提出“充足经济”，其他国家也提出了类似的说法，这些术语成为亚洲政策制订讨论的议题。比如，印度政府宣称促进“包容性增长”。这意味着政府预算增加了对学校餐食或农村道路建设的投入（《经济学人》，2008年）。所有这些实例传递的信息是相似的：发展绝不仅仅是增长这么简单。自20世纪60年代以来，该地区实行的高增长政策非常成功，人均收入增加、贫困大

---

① 本文作者感谢庄巨忠所做的探讨、评论和建议。本章根据“包容性增长、充分就业及结构调整：发展中亚洲的问题和政策”（菲利普，2009年）一文写成。一般的免责声明适用。

幅减少，从而缩小了与发达国家的差距。但是，今天人们感觉这些政策已经过时，亚洲人民所要求的不仅仅是增长，比如不平等、环境、健康、气候变化等问题在政策制订者的议程中变得越来越重要。世界银行或亚洲开发银行等机构也认识到这一问题并表明增长与全球化应该是具有包容性的。

什么是包容性增长？尽管这一术语还没有正式的定义，但阿里和庄（2007 年）认为关于它的意思和涵义正在达成一致，即“机会均等的增长”（阿里和庄，2007 年）。在一篇相关的论文中，阿里和孙（2007 年）还主张包容性增长“不仅可以创造新的经济机会，还会确保社会的每一份子平等地获得所创造出来的机会。如果增长允许所有社会成员平等地参与到增长过程中并为之作出贡献而不论其个人情况如何”，那么这种增长就是包容性的。

本章将讨论亚洲发展中国家在决策中涉及的包容性增长问题。如果包容性增长这一术语对于发展中国家来说是有用的理念，那么出于政策目的，该如何解读它？为了达到这一目标，政策制订者应实施什么样的政策？这一目标能够达到吗？中心论点是为了达到包容性增长，政府必须在追求劳动力的充分就业方面投入努力和资源。人参与社会并对社会发展作出贡献的最重要的方式是富有成效的、体面的工作。而且使经济体尽可能地保持充分就业会降低弱势群体的保障网络支出的必要性。充分就业是达到经济政策最终目标的最直接方式，即提高该国全体国民，尤其是最弱势群体的长期福祉。

这并不是说增长不重要。增长对发展中国家是至关重要的。例如，经济增长与结构调整之间存在密切的关系，这一点已是大家的共识（菲利普和埃斯特拉达，2008 年；菲利普等人，2007 年），并且了解后者的动力对于理解达到充分就业的难点来说非常重要。但是，有证据表明在亚洲的许多地方就业的弹性与产量相比不是特别高，在一些情况下甚至有所降低（见表 5.1）。这意味着什么？引用菲利普与哈桑在讨论中国的就业弹性时所做的评论：“在 20 世纪 80 年代，产量增长 3%，带动就业增长一个百分点；而到了 90 年代，增长率需要翻倍，约 7.8%，才能获得同样的效果”（菲利普和哈桑，2006 年，第 113 页）。

表 5.1　　亚洲就业增长弹性

经济体	20 世纪 80 年代	20 世纪 90 年代
孟加拉国	0.550	0.495
中国	0.330	0.129
印度尼西亚	0.435	0.379
印度	0.384	0.312
韩国	0.223	0.225
马来西亚	0.683	0.406
巴基斯坦	0.406	0.553
菲律宾	0.535	0.731
新加坡	0.375	0.711
泰国	0.315	0.193
中国台湾	0.242	0.139

资料来源：菲利普和哈桑（2006 年，表 3.6）。

在过去的 15 年中，希望从农业中解放出来的劳动力迅速被吸收到工业中在很大程度上并没有实现。在大多数发展中的亚洲国家，从事农业生产的劳动力比例已经降低，劳动力在服务业找到新工作（不管是正式的还是非正式的），在贸易和个人服务业中从事生产率比较低下的工作。换句话说，高增长的经济体是否一定会创造出许多亚洲发展中国家需要的就业水平和就业质量目前尚不清楚。如果不能创造就业，减少贫困将会非常困难。如果增长是包容性的，那么它就必须减少贫困，尤其是应观察到在一定的增长率下贫困快速减少。然而，实验性的证据（帕莎，2007 年）指出除东亚外，亚洲增长的包容性较低，南亚尤其如此。

菲律宾就是一个突出的例子。2007 年，该国的增长率达到数十年来的最高点——7.3%。但是大家普遍认为，这种增长并未使大多数的菲律宾人受益。显然，这仅仅是经济活动量的增加，通常以国内生产总值（GDP）这一指标来衡量，“实际上并不能说明普通菲律宾人的生活变得更好或更糟。它忽略了收入分配，也没有区分高收入人群与勉强维持生活的人。比如，它忽略在创造纪录时，乐观的经济数据可能付出沉重的社会代价这一事实，比如家庭破碎。政府所引以为豪的、繁荣的采矿业也付出了环境成本，在进行经济核算时也应将其计算进去”（海莱拉，2008 年）。

一个初步的结论是政策制订者也许应该颠倒增长和就业之间的因果关系，开始考虑充分就业的经济体有许多优点，而且充分就业一定导致高增长。

本章第 5.2 节在讨论发展中国家面临的主要限制条件（即缺乏固定资本和生产能力）的背景下阐述充分就业问题。第 5.3 节详细阐述了充分就业作为政策制订目标的优点并且认为社会让政府为其成绩负责。第 5.4 节探讨了投资——在发展中国家劳动力获得充分就业最重要的问题。这一节还讨论了公共部门和私营部门的作用。第 5.5 节探讨规划和产业政策的作用。第 5.6 节是结论。

5.2 发展中国家面临的主要限制条件是什么?

总的来说，大多数发展中国家面临的主要限制条件是相当一部分劳动力的失业或就业不足问题。由于缺乏固定资本和生产能力，所以限制了潜在的产量。这一观点符合经典作家的分析。卡莱茨基（1944 年，第 43 页）认为，“如果设备的最大生产能力仍不足以吸收可用的劳动力，经济落后的国家经常出现这种情况，那么立即达到充分就业很显然是毫无希望的。”这也与现代经济学家豪斯曼等人的观点一致（2005 年）。

假设用两种商品生产出来的数量在图 5.1 中用转换曲线来表示。这一曲线表现出该经济体充分运用其资源能够生产出的商品 x 和商品 y 的不同组合。假设该经济体生产出的商品组合在曲线内用 *p* 点表示。我们可以清楚地看到：在这种情况下，一些可用的资源未被充分利用（如人员失业）。此时，可以通过提高该国的生产能力获得经济增长。该国必须尽力向转换曲线靠近。这是大多数发展中国家遇到的典型问题。

这并不是说发展中国家不会遭遇有效需求不足或配置效率不佳的问题。实际上，确实如此。在发展中国家，确实存在着有效需求的问题，而且在工业化发展的高级阶段这会对生产造成约束（如，中国、马来

图 5.1　未充分利用资源的经济体

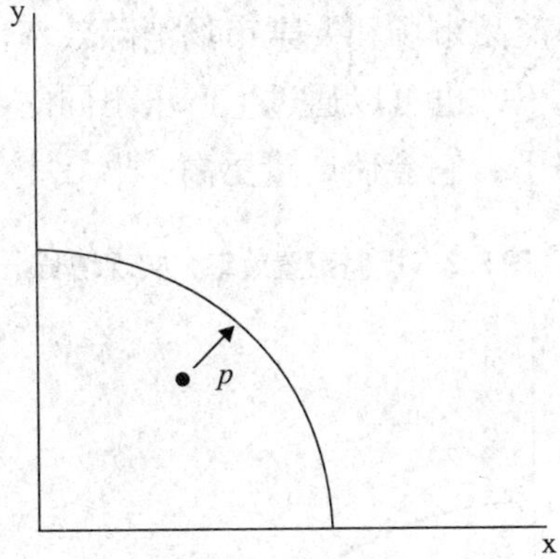

西亚、泰国)。[①] 有效需求问题还可能是国际收支约束造成的后果（麦康比和瑟尔沃尔，1994 年）。当然，市场的问题，即内需规模小导致新设立的工厂生产的产品没有市场，限制了发展中国家的增长率；换句话说，只生产出商品是不够的，还需要找到市场。因此，除非向外部市场发展，否则工业化不可能实现。这个问题还可能通过高投资获得解决，因为它会产生对投资和消费品的需求。[②]

发展中国家还存在着配置效率问题。发展中国家的商品和服务组合通常不是在现行价格下产值最大化的那个组合。在图 5.2 中，p 是转换曲线上的一点。问题是商品和服务的组合可能不是最佳的，也就是说这个组合在现行价格上没有使总产值达到最大化。两种商品的相对价格在 ZZ 这条线上。点 p' 是在这些价格上使两种商品的价值达到最大化的组合。从 p 点到 p' 点移动时即实现了增长，因此产生了不同的组合，即使生产能力没有改变。在这种情况下，增长是由于配置效率得到提

① 即使在这些情况下，各国也必须谨慎地区分市场瓶颈与有效需求这一普遍问题。比如，中国仍受内需疲软的困扰，同时经济中还有一些孤立的瓶颈问题，总的来说这里存在大量的投入可以增加产量，主要是劳动力投入。

② 要充分利用生产能力，就必须有充足的有效需求。古典经济学家（和新古典经济学家）将其归结为他们所信赖的萨依定律（即供给能够创造其本身的需求）并且忽视了需求因素。因此，他们得出结论：生产水平相当于生产能力。信奉萨依定律最终得出这样一种观点，即市场发挥的作用有效且具有竞争性，它使所有要素和产品的价格迅速调整到需求等于供给的均衡水平。按照上述假设，所有生产要素都得到充分利用。而且，市场的力量随时对可用的资源进行最优化的配置，最优化即某经济体中所有商品和服务的总价值是能够获得的最大值。

高。这个问题对大多数发达国家都有影响，所以他们努力消除效率低下问题，例如通过改革产品市场和要素市场消除效率低下。因此，即使在生产能力不变的情况下，也可以通过生产出不同的商品和服务组合来实现增长（在现行价格下，它会使产量更高）。①

图 5.2　提高配置效率，实现增长

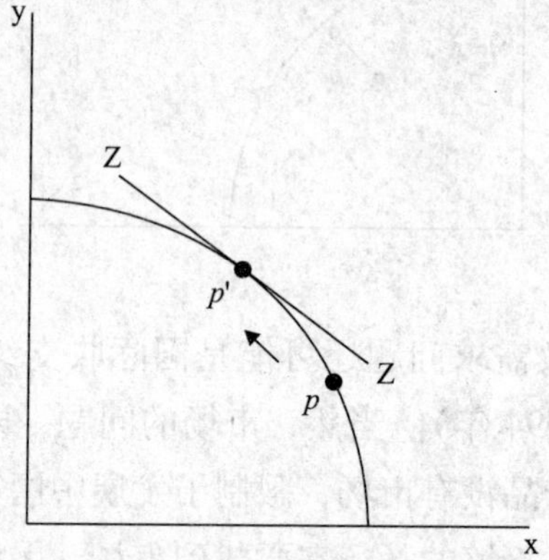

然而，虽然这个问题在大多数发展中国家非常普通，但是与缺乏生产能力相比，它就不那么重要了，因为缺乏生产能力就不能对资源进行更充分的利用。的确，从国民经济的角度看，在发展中亚洲，许多贫穷国家发展面临的最大障碍是缺乏生产能力。在印度、巴基斯坦或菲律宾等国家的政策讨论中，这个问题是显而易见的，他们还经常提到“低投资”问题。由于存在这一限制条件，即使需求增加，使扩大产量有利可图，也很难消除失业和就业不充分问题。②③④

① 这是前苏联的问题，即缺乏市场信号来引导生产决策（另外，它的预算严重向军费倾斜）。

② 然而，需要强调的是提高生产能力不一定能确保达到充分就业。

③ 当然，发展中国家有许多需要解决的根本问题。麦康比和瑟尔沃尔（1994 年）探讨了国际收支平衡的重要性。伊斯特利（2002 年）强调缺少刺激，并认为好的政策必须提供经济刺激。拉詹和津加莱斯（2003 年）强调金融业发展的重要性。但是，尤其是就本章提出的问题而言，发展中经济体分析的出发点应是缺乏生产能力。

④ 一个国家生产力的提高包含了转换曲线由内向外转移。许多增长理论（例如新古典主义模式）都对这种类型的增长作出解释。这些理论假设各个国家可以有效地配置可用资源。因此，问题是如何扩展新的领域。实际上，不管生产能力是否已得到充分利用，要在很长的一段时期内保持经济增长，就必须扩大生产能力。如何才能实现呢？这通常是资本积累和技术进步之间动态互动的结果。

发达的经济体和许多半工业化的经济体拥有能够满足现有劳动力需求的固定资本水平。因此，他们只要充分地利用资本并且富有成果，就能创造很高的劳动生产率，因而人均收入也高。① 许多发展中国家的问题不尽相同。他们的固定资本尽管比较小也可能利用得不充分，这一点也是事实。然而，问题是即使固定资本得到了充分利用，也不能吸收现有的劳动力，从而导致劳动资本率低，这也是就业不充分的一种表现形式。换句话说，许多发展中国家的问题是缺乏生产能力，而不是未充分利用资本的异常现象（卡莱茨基，1966 年）。因此，大多数发展中国家通常达不到充分就业。一般来说，国家越贫穷，缺乏生产能力的问题就越突出；而国家越发达，缺乏有效需求的问题就更严重。所以，为了便于讨论，假设限制条件是前者。从一点来说，发展的目标是提高生产能力，而经济发展的过程可以归结为资本积累的一般过程。

上述分析意味着发展中国家的公共政策目标应是提高生产能力，使劳动力充分就业（所谓充分就业指所有愿意为获得合适的工资而工作的人都能有一份工作）。充分就业一定是公平的经济社会的基本标准。这不是一个简单的目标，下面我们还要探讨这个问题。但是需要强调的是，如果一国政府没有将这一目标列为首要议程，也没有为了达到这一目标而将减少贫穷和不平等、取得包容性增长设定为宏伟的目标，那么充分就业很难实现（甚至不会有任何结果）。这就是说，一个社会必须取得“……经济的稳定发展，同时就业人口也稳步增长”（加尔布雷思，1996 年，第 33 页）。在发展中国家，这个问题更加紧迫。因为在发展中国家没有达到包容性增长的最终原因是不存在适当的就业机会（菲利普和哈桑，2006 年）。我们应该记住，提高一个国家的生产能力是一个长期的问题，在多数情况下，需要几代人的努力（发达国家也是这样）。

---

① 我们可以通过下列两个恒等式来想象这一链条：（1）人均收入 $(Y/P)=(Y/L)\times(L/P)$，其中 (L/P) 是就业人口比率；（2）劳动生产率 $(Y/L)=(Y/K)\times(K/K^*)\times(K^*/L)$，其中 (Y/K) 是按照实际资本水平或已利用资本水平 (K) 衡量的资本生产率，(K/K^*) 指使用现有资本的水平（K^* 是实际资本趋势），(K^*/L) 是资本劳动比率趋势。

5.3 为什么要充分就业？谁应该负责达到这一目标？

如果取得充分就业是发展中国家的主要目标，那么应该问问政策制订者是否为了达到这一目标正在落实政策。为了回答这个问题，首先应该注意充分就业对不同的人有不同的含义。在这个方面有两个重要问题。第一个问题关注的是资源。在本章中，充分就业指的是劳动力。如上文所述，充分利用厂房与设备不是发展中国家面临的问题。第二个问题是达到什么水平才叫“充分”。在过去 30 年中，在公认的范围内，“充分就业”一词指“非加速通货膨胀失业率”（NAIRU），这是 20 世纪 70 年代以来经济政策中最强势的概念之一。这是与价格稳定性相关的失业水平，虽然这意味着许多愿意工作的工人失业。非加速通货膨胀失业率的基本论点是除了加速通货膨胀外，政策制定者不能采用赤字开支或增加货币供给的办法使失业率降低到某一“均衡”水平。[①] 这背离了凯恩斯的观点，凯恩斯认为只有当经济体接近充分就业时，通货膨胀才会成为一个问题。[②]

显然，非加速通货膨胀失业率框架下的充分就业，抗通胀比减轻失业更为重要（作为宏观经济目标）。的确，物价的稳定要求保持一定的失业人口，这种观点意味着只要经济增长能够使失业率降到某一水平之下，就不必使用财政手段和货币手段。许多政策制定者和政治家似乎也接受这一观点，他们认为有一种自然失业率不会对总支出产生影响。他们主张这种自然失业率只有通过采取供应方面的措施才能降低，比如放松管制、私有化、福利改革（如，降低最低工资、取消失业补贴）或者提高工人技能。对于从这个角度看待经济的人来说，供应方面的措施是减少失业的唯一方法。而且，当接近非加速通货膨胀失业率水平时，

① 这意味着那些认为充分就业与宏观经济稳定（通货膨胀）不可兼得的人在实施促使劳动力充分就业政策时会犹豫不决。

② 更确切一点说，非加速通货膨胀失业率是劳动力市场达到均衡状态时的失业水平，也就是在达到所谓的自然失业率时才会发生。在这里，实际通胀率与预期通胀率是相等的（也就是说，通胀已充分预计）。在这个点上（即自然失业率），菲利普斯曲线是垂直的，而且失业率与工资通胀从长期来看不可能达到平衡。从非加速通货膨胀失业率的观点来看，菲利普斯曲线只是一种短期的关系。例如，通胀目标模型将充分就业与非加速通货膨胀失业率联系在一起。

财政当局必须采取果断的抗通胀措施，预防经济过热。如果不这么做，通胀不仅会加剧而且将呈加速趋势。不过，也可能设想出低失业导致低通胀的情况（艾斯纳，1995年）。的确，低失业最可能与更有效地使用资源联系在一起。由低失业导致的工资增长可能鼓励以劳动替代资本并提高未来的生产率，从而将降低通胀。如果利润率高，公司可能决定保持低价格，防止其他人进入这个市场。

另一方面，本章中所讨论的充分就业指非自愿失业率为零。这意味着所有愿意为获得合适的工资而工作的人都能有一份工作。这还意味着非自愿兼职就业率为零，而非自愿兼职就业是发展中国家普遍存在的一种不充分就业的类型。[①] 在发展中国家，后者非常重要。其原因是不充分就业问题比完全失业问题更为严重。因此，发展中国家充分就业的目标是减少失业和不充分就业（菲利普和哈桑，2006年）。

菲利普和哈桑（2006年）将不充分就业划分为四种类型：（1）计时工作；（2）拥有高技能的工人被迫从事低收入工作；（3）人员臃肿；（4）工人用非常少的资金完成工作。因此，充分就业的目标必须与创造有益就业这一目标互为补充。自然，这里需要考虑的问题是有益的含义。[②] 制订政策的目标还必须是创造体面的就业（也就是说，就业应提供最低生活工资、福利和合理的工作保障以及健康的工作环境）。

本章讨论的出发点是在发展中国家，自由市场系统不会保证达到充分就业。传统的新古典主义理论提出了一个理论，即在某些情况下市场经济走向充分就业。这是通过价格机制的运转发生的。然而，得出这一结论所使用的假设不适用而且事实是失业和就业不充分持续存在，因此该理论毫无用处。正如凯恩斯（1936年）指出的那样，即使是工资灵活的经济体也存在失业的趋势。为了证明这一点，他推翻了“劳动供给曲线”这一古典主义观念并表明没有理由期待过度失业会压低实际

---

① 理想的状态是贝弗里奇（1944年）的充分就业，即空岗的数量至少与正在找工作的失业人员一样多，才是充分就业。也就是说，社会的责任是创造出比求职者更多的岗位，这样公司就要寻找工人，而不是工人寻找工作。当然，在发展中国家，这是非常不现实的，因此这种观点也只是作为一种目标。

② 快速翻动汉堡包（私营部门创造的工作）比清扫街道或照顾老人（公共部门创造的工作）更具成效吗？生产率（仅仅）反映了新古典经济学中的生产技术条件（即低工资反映了低边际生产率）吗？或者它是由社会决定的？

工资。凯恩斯表明，即使失业率高企，在职工人也要抵抗减少名义工资；即使这种抵抗失败，随后名义工资的降低会压低物价，从而保持实际工资不变。①

像分析桔子市场那样分析“劳动力市场”是荒谬的。因此，加尔布雷思（1997年）谈到了“就业结构”，即“从历史、社会和政治的角度看，经济体中的公司内和公司间以及整个行业的一系列特定的状况和支付关系”（加尔布雷思，1997年，第15页）。就业结构的要素比教科书式简单的供求特点分析复杂得多。这意味着工资不是由供求的运行方式决定的，而是由非常复杂的各职业和行业内部以及各职业和行业之间的比较程序以及工人的资历决定的。一旦劳动供求观念（如桔子市场）受到质疑，非加速通货膨胀失业率的观点也随之崩溃。

在继续讨论充分就业之前，先讨论两个题外话。第一，显而易见，包容性增长涉及不平等。在这个意义上，包容性增长在本质上意味着广泛的增长，就是提高所有社会经济阶层的生活水平。② 大家普遍认为，收入分配越不平等，社会的功能就越不正常，它的总体增长和发展前景就越糟糕。因此，过度不平等本身是具有破坏作用的，社会需要照顾落后群体。③ 尽管从最优性的角度看，一部分人口的收入快速增长而其余人口的生活没有下降是一种福利的提高，而从社会和道德的角度看，这是不可接受的（森，1999年）。凯恩斯在《通论》第24章中主张：“……我相信显著的收入和财富不平等有社会和心理方面的原因，但是不应该像今天这样差异如此之大”（凯恩斯，1936年，第374页）。凯恩斯认为存在正当积累财富的活动。但是他明确指出“……无需像现在这样付出这么大的代价鼓励这些活动，实现这些倾向性”（凯恩斯，1936年，第374页）。

本章主张不论是人性还是市场系统都不符合平等原则，而且发展的

① 菲利普和麦康比（2008年和2009年）表示对所谓的“劳动需求曲线”的经验估计是由构成反向关系的会计等式促成的，“劳动需求曲线”即就业水平与工资率之间存在反向关系（自20世纪30年代起，用来显示两个变量的确是反向相关的）。这证明对劳动需求曲线的标准解读是站不住脚的，尤其是经验估计毫无意义。

② 关于亚洲的收入分配的精彩介绍及评论，参见费尔兹（1995年）。

③ 从理论上说，确定不平等到什么程度才叫“过度”有些困难。不同的社会群体对此有不同的认识。关于这个问题的详细情况，参见亚洲开发银行（2007a）第2节。

过程从本质上说也是不平等的。人们对赚钱业务的投入不同。这一点应该承认。而且资本主义作为一个经济体系根据个人对产品的贡献论功行赏。因此，这也不一定是不公平。但是，它会导致收入分配高度不平等而且带来不利的社会影响，尤其是当某个人才能还不确定或者当报酬与对产品的贡献关系不大时。过度不平等既不可接受，从理智上看也不合理；很少人认为它是对“道德权”的回应（加尔布雷思，1996 年，第 61 页）。[①]

如果不平等是一个无法更改的事实，那么为了设计出适当的收入分配政策，了解收入分配的驱动力就非常重要。当然，在同等的机会下，一些人比另外一些人工作更“努力”，他们应该为此得到回报。但这不是许多社会中普遍存在的巨大收入不平等的主要根本原因。[②] 比如，当今的现代企业界和金融界以不相称的方式通过天价工资、股票期权，甚至有时采用非法的方式奖励一部分特权人士。

我们今天在大多数亚洲发展中国家观察到的高度不平等（亚洲开发银行，2007a）是个人努力的结果吗（罗默，2006 年）？尽管罗默的观点的确有一定份量，而且在一些情况下，在解释不平等方面个人努力比环境更加重要（一般来说，要分清个人努力和环境是非常困难的），但是在许多发展中国家也很难将不平等归结为个人努力的结果；难懂的经验证据对这一说法给予更少的支持。这些国家的首席执行官和受过高等教育的知识工作者都是少数贵族阶层成员。他们的高工资和其他福利完全是对教育回报的结果吗？[③] 如果真是这样，它表明不平等加剧不能怪任何人，因为这是供求的结果。这样就很容易解释为什么一些首席执行官（他们的才能可能值得怀疑）拥有超高薪水。提升教育系统就可

---

① 阿克洛夫（1982 年）认为，如果工资率没有“公正地”反映某公司的支付能力，那么它将导致工人士气低落，因此生产率也会下降。

② 在《国富论》第一卷第十章（史密斯，1776 年）中有对“工作性质本身导致不平等”的讨论。史密斯认为有五个原因：第一，职业本身有愉快的和不愉快的；第二，职业学习有难有易，学费有多有少；第三，工作有安定的和不安定的；第四，职业所须担负的责任有重有轻；第五，成功的可能性有大有小。

③ 杜贝克和戈登（2005 年）在最近一份论文中认为：在美国，工资不平等加剧的最大原因并不是对教育和技能的回报增加，而是超级明星（比如棒球运动员）的薪酬增加和首席执行官薪酬增长失控的结果。此外，还要考虑因为发达国家外包业务而受益的某些印度工人是多么幸运。他们的薪水已经自动增长。

以减轻不平等。然而，这些不平等，假设说是个人努力造成的，那么与市场力量相比，它更是权力关系的结果。[①][②]这些讨论的论点是充分就业是对抗不平等的一种重要手段。

第二个题外话是世界观截然相反的两个人——卡尔·马克思和米尔顿·弗里德曼得出的相同结论：失业对市场（资本主义）经济是有用的。马克思将失业人口称之为后备军，而弗里德曼称之为自然失业率（波林，1998 年）。两人都认为当工人有能力运用讨价还价能力时，在资本主义经济体中会发生高失业率。[③] 他们的理论差异在于达成相同结论的方法：弗里德曼（和其他正统的经济学家）认为工人要求的比应得的报酬多，所以才会失业；而马克思认为资本家将失业作为一种武器，其目的是使工人不能得到公平的份额。[④] 但是，马克思和弗里德曼都认为不可能达到充分就业。[⑤]

非常不幸的是，许多发达国家的中央银行、政府和国际组织（国际劳工组织除外）放弃了创建充分就业的经济体这一目标，尽管他们

---

① 另一方面，歌剧演员，比如普拉西多·多明戈和卢奇亚诺·帕瓦罗蒂，他们的个人努力和技能是个例外。

② 因此，加尔布雷思（1996 年，第 63—65 页）主张解决收入不平等的一些基本政策包括：第一，贫困人口的支持体系；第二，需要解决金融领域的趋势问题，例如内幕交易、投机行为；第三，需要股东和知情的公众批评解决公司管理层的个人收入最大化问题；第四，如果存在税收减让，取消对富裕人群的税收减让；第五，累进所得税。

③ 艾斯纳指出：“我曾经半开玩笑地谴责（金融界和企业界）是不公开的马克思主义者，他们同样认为失业”后备军“对私有经济的成功运行是非常必要的……最不幸的是，在过去几十年中经济学家们用似乎非常缜密的理论为这点老旧的马克思主义信条提供了现代的合理化解释。它的种子就埋在奉为神龛的菲利普斯曲线中”（艾斯纳，1997 年）。

④ 加尔布雷思主张，“实际上失业可以在社会和经济方面产生某些具有吸引力的效果：因为缺少另外的工作机会，所以提供服务的都是表现热切的工作者；在职人员由于担心失业也会更加配合，甚至是驯服的，工会也会这样。更重要的是，对大多数公民来说，包括那些有影响力的政治人物，失业不是一种威胁”（加尔布雷思，1996 年）。

⑤ 回忆马克思关于劳动力后备军的观点，夏皮罗与斯蒂格利茨（1984 年）开发出怠工模型，强调为了解释非自愿失业的持续存在而监控工人的在职努力非常困难。其实，如果所有企业支付的工资高于市场平均工资，工人们会更加努力地工作，原因是因为偷懒而被解雇的成本增加了。当所有的企业都这样做时，平均工资水平的提高会导致失业增加。另一方面，雇主不会将工资水平降低到市场出清的工资水平，因为这样会导致怠工。夏皮罗与斯蒂格利茨得结论：实际上，市场经济国家需要这种“工人纪律工具”——持续性的失业。但是，应该注意夏皮罗与斯蒂格利茨（1984 年）的论点与马克思的观点不同。马克思认为后备军的存在是机械化提高劳动强度的结果。这对工资率构成下行压力。但是，在夏皮罗与斯蒂格利茨的模型中，企业需要将工资率提高到市场出清的工资水平以上从而使工人不偷懒，因此造成失业。

都谈到当今的失业问题和就业不失充分问题是多么严重。[①] 为什么政策制定者放弃了这个目标？从第二次世界大战到 20 世纪 70 年代早期，即所谓的资本主义黄金时期，大多数发达的西方国家政府和中央银行（以不同的形式、在不同的程度上）致力于达到这一目标，而且大多数中央银行将其纳入政府的宏观经济政策工具。因此，他们操控支出水平（财政政策）、调节利率、提供信贷（货币政策），使总需求保持在接近充分就业的水平上。同样，在这段时期，各社会阶层之间达成了一种默契，累进税收制度为不断扩大的福利国家和一系列的社会权利提供资金，相应地，社会冲突的水平也相对较低。[②] 在这段时期的大部分时间内，工资与生产率同步增长，充分就业和扩大的社会福利使工人在工资磋商中处于上风，对新技术的投资快速增加提供了一种对抗力量，使通货膨胀处于控制中。这段时间的突出特点是政府愿意保持一定的总需求水平，从而创造出足够的工作岗位满足劳动者的意愿。

自 20 世纪 60 年代后期开始，这种状态发生改变；在 70 年代中期，经合组织成员国在石油危机以后没有控制住通胀，这使充分就业作为一种目标走向衰落，因为政府开始相信低失业率与低通胀不可兼得。因此，这些政策的智力支持消失了，采用预算赤字来保持充分就业开始受到公开反对。弗里德曼的自然失业率理念在这种重心转移中发挥了重要作用。其结果是这场抗通胀的战役取得胜利，而付出的代价是在世界的许多地方增长停滞、失业率高企、收入不平等。

尽管事态如此，但今天如果发展中国家的主要机构以及多边贷款机构重视减贫、包容性发展和千年发展目标，那么主张充分就业就有充分

---

① 具有讽刺意义的是，国际货币基金组织于 1944 年成立时即设想的职责之一是在市场未弥补外部逆差（即贸易赤字）时帮助提供资金支持，从而确保继续实施充分就业政策。发展中国家没有公开承诺要达到充分就业。他们最多承认就业问题。例如，菲利普和哈桑（2006 年，第 497 页尾注 44）指出菲律宾中央银行的主要目标是确保物价稳定，中央银行也这样认为。均衡增长、持续性增长和就业与这个主要目标相比是次要的。而且这些目标没有量化指标。

② 卡莱茨基（1943 年）认为在 20 世纪三四十年代的欧洲有两种方法解决失业问题。一种是以法西斯式的专制解决方式，直接以武力镇压工人阶级取代失业规则。另一个是民主的解决方式（他喜欢的方式），工会与雇主合作换取收入的再分配和其他平等措施。这种合作在第二次世界大战以后的北欧非常普遍。比如，瑞典自 1951 年到 2000 年实施的政策使经济体接近于充分就业、低通胀，而且提供令人满意的工资。其答案是开发出一种以不同群体间相互合作为基础的系统。如果缺乏这种合作，雇主和金融业将反对充分就业政策。

的理由。首先，充分就业的经济体可以创造出很高的购买力水平或消费能力水平。这将产生更具有活力的市场、更加活跃的交易、更加积极的投资和就业。充分就业的经济体能为所有人提供机会。

第二，充分就业的经济体有能力提供很好的个人福利和社会福利。失业和就业不充分的经济成本和社会成本都非常巨大。它不仅造成直接的经济成本（例如潜在产量和潜在收入的损失、因税基减少而导致税收下降、劳动技能和生产率下降），而且还造成贫困、痛苦、营养不良和社会不公（罗尔斯，1971 年；森，1999 年）。① 持续性的失业和就业不充分违背了基本的成员和公民资格的理念，构成一种社会排斥，因此不可能达到包容性增长。

第三，就业是一种权利而且充分就业作为一种经济政策目标已经载入《经济、社会及文化权利国际公约》、《公民权利与政治权利国际公约》、《国际劳工组织公约》、《联合国宪章》（第 55 条和第 56 条）以及《联合国世界人权宣言》（第 23 条）。在美国，保持高就业是联邦储备委员会的权力。1978 年汉弗莱 - 霍金斯的《充分就业和平衡增长法案》将高就业率、均衡增长和物价稳定列为明确的政策目标。②

第四，自 2006 年起，体面的工作是千年发展目标 1（消除极度贫困和饥饿）的一个具体目标。

第五，发展中世界的充分就业将发挥至关重要的作用，因为大部分人口的消费水平高于就业不充分的状况，所以它会促进保持适当的政治稳定水平。而且，发达世界的和平与繁荣也有赖于发展中世界人民的富有安康。最后，充分就业应是当今世界的道德使命。

需要强调的是，即使由于缺乏市场机制不可能达到充分就业，这也不应该成为放弃通过其他方式追求这一目标的正当理由，例如政府的参

---

① 斯蒂格利茨等（2006 年，第 42 页）生动地描述道："对那些认为失业者愿意选择不工作的保守派来说，失业者的不幸和痛苦是心理学家的问题而不是经济学家的问题。"

② 《1946 年就业法案》使美国将目标设定为"最大限度地就业、生产和购买力"。尽管未使用"充分就业"这一说法，但它的意思很可能一致。另一方面，《汉弗莱 - 霍金斯法案》涉及"高"就业，而不是"充分"就业。实际上，美国政策从未为了确保实现后一种目标而实施政策。它是采用各种"供应方面"的政策和一些"需求方面"的政策，希望市场能够以很高的水平进行运转，从而确保高就业。市场做不到这一点，因此政府被迫出台各种"福利"项目，作为这些政策的补充。

与和推动。[①]

充分就业的好处超过取得这一目标的成本。它使每个人都受益，包括资本家（马克思反对这一点）。这可能会导致每个人分得的蛋糕份额（指百分比）减少，但是，蛋糕的规模比失业水平较高时增长更快。因此，与其说发展中国家负担不起充分就业，还不如说发展中国家负担不起失业和就业不充分更加合理。用保罗·克鲁格曼的话说："没人买的商品令人讨厌，失业的工人是一种悲剧；而极其不公平的是，由于新科技的出现、品味的变化以及总在转移的世界贸易流动，每天都在创造这种悲剧"（克鲁格曼，1999 年，第 15 页）。[②] 阿兰·布兰德也表达了类似的观点，他说："……失业高企是最大的资源浪费，真正关注效率的人对此不会满意。然而可笑又可悲的是，我们在寻找提高经济效率的方法时，似乎忽视了其中最大的无效率因素"（布兰德，1987 年，第 33 页）。因此，在制定经济政策和政府绩效评估时，充分就业必须成为一个天然的参考点。[③]

最后，如果充分就业以及生产率高而又体面的就业是一种经济体的理想状态（所以它必须是公平社会的基本衡量指标，也是经济政策的目标），人们就得问问谁应为达到这一目标负责并使经济体尽可能接近这一目标。失业和就业不充分是由于技能不匹配或失业者个人的问题，那么解决方式可能是培训。很多人认为这是失业和就业不充分的原因。这些人倾向于将失业和就业不充分归结为个人问题。解决问题的政策直接瞄准原因即可。但是，如果问题是缺少工作机会，因为经济体无法为所有愿意工作的劳动力创造就业，也就是说创造足够工作岗位的整体经济发生系统性失灵，那么培训也就于事无补。

在市场经济体中，私营部门必须创造财富和就业。为了达到这一目标，私营部门必须在政府提供的有利环境中运转。然而，私营部门的这

---

① 经常有人争论凯恩斯经济学几乎没有为发展中国家提供经济政策。这是完全错误的。参见瑟尔沃尔（1987 年）。

② 前苏联是特别的案例。苏联解体后，大多数共和国陷入衰退而且工业崩溃，造成了大规模的失业。解决这一问题的一种方法是将许多工人转移到农业和服务业中。这些国家的经验不能说明追求充分就业是"错误的"政策。造成崩溃的原因不是充分就业。

③ 波林（1998 年）讲述了他在 1990 年访问玻利维亚的故事。在那里，他被告知这个国家根据没有任何就业问题：那些正在大街上乞讨、擦鞋或者吆喝的都是被雇佣的。

种作用却与大量的非自愿失业和就业不充分同时存在。

谁最终为达到充分、具有生产力而体面的就业负责？不幸的是，社会让政府负责。目前的现实是，如果一个国家到年末失业率增加，那么将归咎于政府，而不是私营部门。的确，许多政府在竞争时承诺减少失业、创造就业（而政府自身并不能创造就业岗位）。因此，最重要的是私营部门和公共部门携手合作，并了解各自在创造就业（以及消除失业）中发挥的作用。

5.4 投资在创造充分就业方面发挥什么作用?

要达到充分就业，需要许多层面的政策同步进行，如财政政策、货币政策、利率政策等。但是经过第5.2节的讨论，发展中国家的主要问题是劳动力的失业。这是由于缺乏固定资本造成的。这一节将讨论投资的作用，然后再讨论规划和产业政策。

卡莱茨基（1944年）将达到和保持充分就业的方法划分为三种：（1）政府在公共投资上的开支（如学校、医院、高速公路等）或者为大规模消费提供补贴（如家庭津贴、减少间接课税、为压低必需品价格提供补贴等）；（2）刺激民间投资（如，通过降低利率、降低所得税或采取其他措施促进民间投资）；（3）将高收入阶层的收入再分配给低收入阶层。卡莱茨基支持第一种和第三种方法。

有活力的经济体需要提高资本存量的增长率（即资本积累），其中一种方式是通过公共交通投资和公共设施投资。提高资本存量的增长率有两种方法。第一种是提高使用资本项目的生产率（见第5.2节）。然而，这种方法实施起来非常困难。实际上，经验表明从长期来看资本生产率呈下降趋势（弗利和马奎提，1999年；弗利和迈克尔，1999年；马奎提，2003年；菲利普等人，2008年）。似乎发展意味着劳动生产率的提高，同时伴随着资本生产率的降低。

第二种提高资本存量增加率的机制是提高投资产出率。这是工业化政策的基础，也是东亚、东南亚国家（参见刘，1990年，如韩国和中国台湾）以及中国（参见王和李，1995年）的成功经验。投资对发展所起的作用是至关重要的。这里绝不缺少备选项目：学校、医院、交通、电力、通信，这些在大多数亚洲发展中国家的服务水平都很低下。这是因为投资发挥着双重作用。一方面，投资支出在发生时是需求的来源；另一方面，从长期来看投资提高了经济体的生产能力。我们在这里要考虑的是第二种作用。①

成功的亚洲国家如何提高投资在 GDP 中的比例？为了弄清楚这个问题，我们需要考虑劳动份额、实际工资率和劳动生产率之间的关系。② 在充分就业的背景下，如果劳动生产率提高而劳动份额保持不变，那么实际工资必然上涨。但是，也可能发生劳动份额减少而工人们的实际工资增加的情况。如果生产率迅速提高而生产率的提高没有按一对一的比例传递到工资上（尽管工资也迅速增长），就会出现这种情况。在这种情况下，工资的增长幅度低于劳动生产率的增长幅度，因此劳动份额会降低。③ 尽管工人们看到他们在总收入中的份额减少，但他们会容忍这种情况。因为在许多发展中国家有大量的剩余劳动力而且受到国家机关的压制，所以劳动力缺乏斗争精神。④

虽然一些发展中国家为了增加投资（大部分投入制造业）付出了巨大的努力，但应该明白这些国家起初也是有些幸运的。在 20 世纪 60 年代后期，发达世界开始经历重要的内部变革，使其将所有的工业或某

① 卡莱茨基（1939 年，第 148—第 149 页）在他的“周期性危机的原因是什么？”一文中主张，投资既是资本积累的支出，也是资本积累的增加。投资的悲剧在于因为它很有用所以才造成危机。投资隐含的根本矛盾在于投资对需求和生产能力的影响存在不同的时间范围，即对前者的影响在很短的时间内即消耗殆尽，而对生产能力的影响却更为持久。

② 采用代数的方法将它们之间的关系表示如下：$s^L = \frac{W_n}{Y_n} = \frac{W_n \times L}{Y_n} = \frac{(W_n/P_w) \times L}{(Y_n/P_y)} \times \frac{P_w}{P_y} = \frac{W_r \times L}{Y_r} \times \frac{P_w}{P_y}$，其中下标 n 指名义价值而下标 r 指实际价值。W 是工资总额、Y 是产量（因此 S^L 是劳动份额）、w 是工资率、L 是就业、(P_w/P_y) 是工资产量缩减指数。

③ 从劳动份额的定义来看，劳动份额的增长率是 $\hat{S}^L = \hat{w}_r - \hat{q} + (\hat{P}_w - \hat{P}_y)$，其中符号^指增长率而 q 指劳动生产率（即 Y_r/L）。如果 $\hat{q} > \hat{w}_r$（假定缩减指数的增加率大致相当），$\hat{S}^L < 0$ 而且劳动份额将降低。实际上，劳动份额不会下降到某个特定值。这是因为：首先，工会不会接受劳动份额在产量中所占比例持续减少；第二，随着国家的发展，服务业在经济中占主导地位，因此生产率的提高幅度较小，实际工资的增加也较少。这时，工人会更加关注工资率的提高以及劳动份额的变化。

④ 例如，在韩国，制造业的实际工资从 20 世纪 60 年代到 70 年代迅速提高（参见汉密尔顿，1986 年；戴约，1987 年）。

些工业生产转移到第三世界。其中一个重要原因是第二次世界大战后在发达经济体中建立起对劳动力有利的社会契约，导致工资上涨。同时，快速的技术进步使制造工艺高度标准化。这样就使转移某些生产阶段成为可能，即转移那些对劳动者技能要求不高的劳动密集型工艺。发达国家的公司如何选择？只有两个：拉丁美洲、东亚和东南亚。但是，拉丁美洲在政治上不稳定，所以不可取。那就只剩下亚洲。因此，在20世纪60年代后期，许多电子公司，包括惠普、德州仪器公司，以及其他企业都在新加坡设立工厂组装部件，尤其是半导体。这一进程进而扩展到马来西亚、菲律宾和泰国。

但是，东南亚的资本主义国家具备了哪些内部条件才抓住产业核心结构调整带来的机会？布朗（1997年，第262页）认为，“一个关键条件……是可以提供大量廉价、技能不足但很听话的劳动力”。在这一方面，妇女起了很大作用，她们“灵巧的手指和耐心的性情非常适合做电子元件组装或服装加工这种重复的、非常精细的工作”（布朗，1997年，第262—第263页）；[1] 而且其工会组织软弱无力。这些因素在今天是被称之为“中国竞争力”的重要组成部分。

第二个内部条件是东南亚拥有丰富的资源（新加坡除外）。在需要大量使用当地资源产业，如木制品加工、食品加工、水泥生产、化肥生产和纸制品加工方面拥有重要的优势。最后，第三个条件是这些国家的通讯、商业和行政管理的基础设施都达到了可以接受的水平。

但是，仅凭幸运和这些内部条件并不能完全解释东亚和东南亚的成功。关键在于许多国家执行的社会契约以及受到的政治压力（罗德里格斯，2005年）。其根本原因是有一系列有利于资本积累的政治利益、经济利益和官僚利益的复杂结构。

随着劳动份额的减少，资本份额自然会增加。许多证据表明工化业资本积累的资金来源大多是留存收益，而不是家庭储蓄（阿克于兹和戈尔，1996年）。的确，如阿瑟·刘易斯（1954年，第157页）所述：“……储蓄的主要来源是利润，如果我们发现储蓄在国民收入中的占比

---

① 当前，在中国的大部分外资制造业都是组装业务，劳动力一般来自农村而且大多是女性。与印度相比，中国的女性识字率很高，这使中国在吸引外资进入制造业具有关键性的优势。

增加，那么我们可以理所当然地认为这是因为利润在国民收入中的占比正在增加。”从长期来看，留存收益的比例高一般与企业投资率高有关。罗森（2000 年，第79—83 页）通过采用20 世纪80 年代30 个发展中国家的数据表明，东亚国家的高储蓄率、制造业产值在 GDP 中占比高以及利润在制造业增加值中占比高之间存在着密切的关系。[①][②]

需要强调的是工业化战略的一个关键点（提高投资产出率），即在这一过程中实际工资不得降低。这就要求保持较高的劳动生产率并且主要消费品的价格保持稳定，即供给必须与需求同步增加。要达到这一目标，还要以“正确的”比例对经济体中各行业进行投资，尤其是资本和消费品行业。还需要在食品供给和大众消费品增长的限度内调整就业增长率。当然，这不容易做到。

而且，保持工资的购买力也很重要，因为实际工资的降低会限制大众消费品市场的发展。但是，考虑到充分就业这一目标作为社会公平经济政策的基本指标具有重要性，因此实际工资不降低这一限制条件就是一个问题。所以，社会可接受的下限是收入较高的工人的实际工资保持稳定，而底层工人的工资率不断增加。

更确切一点说，包容性增长应更偏好于鼓励低收入职位的工资更快增长的政策，而不是使高收入职位的工资增长更快。这意味着：在低端，工资的增长应超过生产率的增长，而在高端，生产率的增长应超过工资的增长。这一建议与广泛增长的理念相吻合，发展的努力应面向提高底层人群的生活水平。这种政策意味着低收入行业的价格会因成本提高而上涨。要预防通胀，就应对高收入行业的价格和工资作出一些限制（见卡莱茨基，1966 年；明斯基，1965 年、1968 年和 1973 年）。

这种消费发展战略的作用是什么？考虑到工人有很高的消费倾向，所以劳动份额的降低将影响总体消费水平。政策制定者应怎么做，也就是说，哪些消费类别应减少？为了以“公平的方式”达到这一目标，政策制定者应限制消费非必需品（这在政治上是非常困难的）。因此，应征收适当的税金。在这些情况下，（由投资加速增长所导致的）收入

---

① 这是东亚国家成功应对储蓄制约的方法。采用以出口为导向的模式解决外汇制约问题。

② 参见摩根士丹利对中国和印度的调查报告（阿赫亚等人，2004 年和 2006 年）。

的加速增长将伴随着提供更多的必需品，以预防通胀压力。因此，投资在产出中所占的更大份额应通过直接和间接向上层社会征税而降低非必需品消费的份额来抵消。

投资占比达到哪个点算太高？消费占比达到哪个点算太低？这很难确定，但有一些信号（菲利普等人，2008 年）。盈利大幅下滑，使经济体的盈利情况发生衰退。另一方面，如果政府不注意而且必需品的消费占比下降，那么问题可能是消费不足。

但是，增加投资有三大潜在的阻碍（卡莱茨基，1966 年）。首先，如上文所述，在市场经济国家中，私营部门是创造财富的发动机。但在许多发展中国家，私人投资可能不配合，原因包括利润率低、不确定性高、投资成本高，或者因为公司的全部利润储蓄不得再投资。[①]

当然，一种方法是支持并放松对私人投资的约束。但是，这样做也许很不容易，也可能不足以使投资增加到所需的水平。因此，只鼓励私人投资的政策可能无法达到理想的效果。毫无疑问，在这种情况下，政府应介入以达到预期的投资水平。

必须强调的是，政府投资的作用不是取代或排挤私人投资，而是由于后者不足而加以补充。的确，达到充分就业的最有效、最公平的方式是由国家投资特定地方的高就业项目。

因此，政府的职责是提供大量的公共领域投资，比如基础设施。必须强调的是，这不是剥夺私营部门在经济中发挥积极作用，恰恰相反，私营部门应投资于任何有利可图的活动。虽然这样不能确保劳动力达到充分就业，但这能够使市场经济兴旺发达。

的确，在许多发展中国家，私营部门无法达到所需的投资水平和恰当的投资结构（比如阿富汗的情况）。[②] 原因是没有人可以强迫私营部门投资所需的金额，也无法强迫它投向发展中国家需要的领域。而且，在一些发展中国家，商业类型无法大规模地发挥优秀企业家应有的作用（与当今的发达国家在进行经济结构性改革时出现的情况完全相反），

① 可以采用增长诊断法分析产生这一现象的原因（豪斯曼等人，2005 年）。

② 当然，私营部门可将重要的专业技术引入像阿富汗这样的国家中。公共部门的管理也很差，无法正常发挥作用。这就要求公共部门和私营部门之间进行更多的规划和协调。

用凯恩斯（1936年）的术语来说，企业家是由“动物精神”（即自发的行动渴望并愿意承担风险）驱动的。

在一些情况下，由于政府的限制而导致投资环境太差（例如创立一家新企业困难重重）；在另外一些情况下，因为经济体中一些行业由少数人垄断，对某些享受租金的特权团体有利。这些团体游说政府保持这种状态。这个问题既不是投资成本高，也不是收益率低（在豪斯曼等人创建的增长诊断法中，2005年），而是希望保持特权状态。投资发生在这些团队控制的领域内，并以适合他们的步伐进行。在某些时候，他们出于战略原因不愿意扩大资本支出，仅仅因为这样做对他们的目标有利。

在许多发展中国家，必须培养和开发私营部门的企业家能力，因为资本主义经济的驱动力是投资决策和资本积累的速度（而且对劳动力的需求也有赖于此）。但是，私营部门的目标不是就业最大化，因此它不能、也不应为达到充分就业负责。虽然一些人可能不喜欢，但是这需要做一些规划（参见下一节）。

通过降低利率税率、向私人投资提供补贴等方式鼓励私人投资（卡莱茨基达到充分就业的第二种方法）不会达到充分就业。如果经济已经非常繁荣，那么鼓励进一步投资的措施是毫无意义的。而在萧条期，其中一些措施不管用，例如因存在产能过剩，降低利率不起作用。私人投资取决于预期和政治稳定，在发展中国家尤其如此。而且“一次性”降低利率或税率不会消除衰退（经济周期）。政策制定者应持续不断地降低利率或税率，使投资率保持增长。维克瑞（1993年和1997年）主张，企业的利润储蓄是收入而不是支出。这些存款使他人的收入（通过乘数效应）减少。这是因为储蓄没有立即转化为资本，那么只能“消失”而且导致收入减少。

因此，私营部门投资是一种机制，它使该部门的利润在收入流中重新循环（也就是将不可支出转变为可支出的机制）。如果将一个国家的总盈余进行再投资，那么该经济体就会更接近于充分就业。但是，如果企业的充分就业储蓄水平未通过私人投资再次循环（实际上，维克瑞认为私营部门无法将所有储蓄纳入再循环），就无法通过实际销售实现充分就业产出水平，即部分产品未销售出去、堆积在库房中。这会导致生产和就业的减少。因此失业是这种差距的证据（即储蓄“闲置”、未投入生产性投资）。收入（均衡变量，不是利率）将下降，相应地储蓄也会减少，直到它们达到与私人投资未充分就业水平相称的程度。对维克瑞来说，只有一种解决方案可以弥补差距、使经济体达到充分就业：政府赤字。

然而，通过大量的公共投资达到劳动力的充分就业面临着重大政治障碍。卡莱茨基（1943 年，第 138 页）认为“在资本主义国家中，如果政府仅仅知道如何保持充分就业，就能做到——这种假设很荒谬”。他给出了“‘产业领袖’反对通过政府支出达到充分就业的三个理由”（卡莱茨基，1943 年，第 139 页）：（1）反对以财政赤字为基础的政府支出，不喜欢政府干预就业问题；（2）反对公共投资支出（或消费补贴支出，比如通过补贴使必需品的价格保持在低位），政府支出应局限于不与私人投资相竞争的目标，即建设医院、学校、高速公路等。但有趣的是，现在即使这些领域也是私营部门竞争的领地，一些人认为公共投资排挤私人投资，理由是前者使后者的实际回报率降低（如，塔图姆，2006 年）；（3）反对保持充分就业，因为这会使工人们在谈判桌前坚持非常强硬、危险的立场（关于这一点，请参见夏皮罗与斯蒂格利茨，1984 年）。难怪卡莱茨基（1943 年，第 138 页）问道：“……他们（商人）为什么不高高兴兴地接受政府能够提供的人造的‘繁荣’？”①

卡莱茨基（1966 年）认为，增加投资的第二大潜在障碍是投资行业（如建筑业）可能已经接近或达到最大产能，因此不太可能增加产出。

第三，最后一个阻碍是国家如何保障必需品的供给充足，以满足就业增加带来的需求。由于必需品的供给（尤其是食品）是有限的，因此这种需求的增加会导致通胀压力。② 这种情况还有另外的含义。假设一个经济体有能力增加投资。这将导致就业增加、名义工资总额提高。

---

① 随着利润的增长，产量和工作福利的提高对工人和企业都有利，所以这些争论背后隐含的原因值得考虑。而且，政府支出的资金来源是贷款，以此为基础的充分就业政策不会对利润造成影响，因为它不需要另外缴税。尽管卡莱茨基在 60 多年前写下这篇论文，但直到今天这种论点仍然有效、切题。我们应该读些报纸或听听有关这一问题的商务讲座。

② 当然，如果企业家不愿意扩大资本支出，应不会出现通胀。

然而，由于物价水平上涨，实际工资总额会保持不变。这是什么意思？也就是说，尽管就业水平提高了（当然是积极的结果），而实际工资率（即每个工人的工资）却下降了，这种为提高增长率提供资金的方式是不公平的。结论是，如果食品供给缺乏弹性，会造成实际工资的下降和物价的上涨。因此，在发展工业的同时，应扩大食品生产。公共交通和公共设施投资应伴随着实行扩大农业生产的措施，如土地改革、以简单的方式向农民发放信贷。

上述讨论意味着，包容性增长不能将资本形成成本转嫁到工薪族身上以及一般的贫困人口身上。在计划经济中，投资的资金来自国营企业的收入而不是个人储蓄（多布，1959 年）；但是，在走资本主义发展道路的国家中（即储蓄和投资决策完全分开），谁承担资本积累成本是需要回答的一个重要的政治经济问题。政府必须为其行动、政策、目标负责，并最终为其表现和执行能力负责；同样，发展中国家的上层社会和商业阶层，通常是数量相对较少的个人和家族，也必须从伦理上和政治上为国家的发展负责。[①] 国内投资一般取决于这一小部分商人的决定。如果私人投资无法“实行”，公共部门必须弥补差额，以达到充分就业。但是，在许多发展中国家，税收系统未严格执行、逃税猖獗，实行进步的金融改革更是一场艰苦的战斗。[②] 在这种情况下，很难得到投资资金。农业和制造业都无法高效地发展，总产量的增长被不断增长的消费所吞噬。

最后，关于投资还有两大结论。首先，凯恩斯（1936 年，第 24 章）认为既然是投资产生储蓄（而不是古典理论所说的相反情形），而且投资可因低利率得到增长，所以保持低利率是非常重要的。然而，他接着说，银行政策自身既然不太可能确定最佳投资率，那么“一定程度的投资全面社会化将证明它是保障充分就业的唯一方式；虽然这无需

① 哈克（2006 年）指的是巴基斯坦的 22 大家族。关于菲律宾几大富裕家族如何主宰该国政治的深度分析，请参见科罗内尔等人（2004 年）。

② 案例之一就是菲律宾，征收直接税是一个重要的问题。2005 年，菲律宾政府向之前免税的能源产品征收增值税。2006 年，还将所有应税产品的增值税由 10% 提高至 12%。由于大部分能源是由较富裕的群体消费的，而且政府使用部分增值税所得减少煤油的税负、增加基础设施支出和社会服务支出，因此在一定程度上减少了对贫困人口的负面影响。然而，增值税不是累进税，而且直接征税存在很大的漏洞。

排除政府部门与私营部门合作可能发生的各种妥协和采取的各种措施。但是除此之外，关于保障社会中大部分经济生活的国家社会主义体系，尚没有明显的例证”（凯恩斯，1936 年，第 378 页）。

第二，经济学家们并未充分了解投资在发展中的作用，甚至未就这一点达成共识。虽然看起来投资是增长的关键变量这一主张是显而易见的，但经验性的证据并不令人信服。比如伊斯特利（2002 年，第 39—42 页）或奥尔顿与奥马奥尼（1994 年），他们认为资本未发挥任何特殊的作用。另一方面，普利切特（2003 年，第 217—212 页）却认为：“除了因果关系问题外，对实际投资的作用已充分了解”。关于因果关系问题，布洛姆斯特罗姆等人（1996 年）采用了因果测试并发现 GDP 增长越快，投资产出率就越高，但反之则不然。如果是这样，就意味着投资在增长过程中并不是一个关键性的外因决定变量。一旦增长正在进行中，所得利润将使投资率按凯恩斯模式得到提升。如卡尔多（1970 年）指出的那样，亨利 · 福特并非利用初始的高额储蓄而是利用他的工厂产生的利润来建立自己的汽车业务。而且，豪斯曼等人（2005 年）认为投资对于激发增长至关重要。然而，如果该国的目标是保持增长，那么问题是发展机制。菲利普与尤斯尤（2008 年）详细阐述了这一问题，并指出从历史上看，在许多情况下，即使没有较高的投资产出率，也可以产生较高的增长，而且较高的投资产出率也不一定导致较高的增长。

同样，刘易斯（2004 年）批判了资本积累是增长和发展的关键这一观点，以及公众关于贫困国家需要更多资本这一处方的讨论。他有两大论点：（1）资本不会自动提高劳动生产率；（2）资本会提升增长的能力。这意味着发展中国家可以大幅提高利润率，而无需大幅增加资本投入。不过，要变得富有，他们仍然需要增加资本。大多数发展中国家的问题是现有资本的使用效率很低。为了弄清楚这个问题，可以写下资本存量的增长率等于投资产出率和资本生产率的乘积。① 这意味着资本积累取决于两个因素：一个是投资金额（占产出的比例），另一个是这

---

① 用代数方式表示：$\hat{K} = (\Delta K/K) = (I/K) = (I/Y) \times (Y/K)$，其中：$\hat{K}$ 是资本存量的增长率，(I/Y) 是投资份额，(Y/K) 指资本生产率。

笔投资的生产率。与豪斯曼等人（2005 年）的观点相比，刘易斯似乎推翻了资本在发展中所起的作用。他认为：从短期来看，发展中国家不需要更多的资本，而是需要更加有效地使用已有资本。为了达到这一目标，改革有关竞争的法律法规是关键。另一方面，从长期来看，发展中国家需要更多的资本。

刘易斯的观点是发展中国家可以通过提高资本生产率的方式大幅提高利率润。刘易斯主张："提升有关竞争的法律法规不仅可以提高劳动生产率，而且可以提高资本生产率"（刘易斯，2004 年，第 251 页）。[①]当然，从长期看，为了成为富有的国家，拥有富余劳动力（即剩余劳动力）的发展中国家需要设立公司和制造厂，使这些人可以工作。也就是说，各国需要提高生产商品和提供服务的能力。用他自己的话说："当然，提高能力所需的总资本取决于资本使用的效率"（刘易斯，2004 年，第 250 页）。

增加个人消费也是取得充分就业的一个重要补充机制。卡莱茨基（1944 年）主张：公共投资和私人投资仅可以在其认为有用的限度内进行。如果这些投资创造的有效需求不能提供充分就业，那么应提高消费来弥补差额，而不应该继续投资，因为它很可能不会产生效果。这一点（即提高消费）是当今的一些亚洲国家（例如中国、马来西亚、泰国）接纳的建议，即通过降低间接税、开放市场引导价格竞争或发展信用卡市场等方式激活个人消费，将增长策略从投资驱动（和出口驱动）增长转向内需引导的增长。如上所述，在数十年间，许多东亚和东南亚国家都依赖投资，而且这一策略取得了成功。这种观点认为，现在是转变策略的时候。然而，该区域内还有许多其他国家仍然从投资增加中获益颇多（在印度、巴基斯坦、菲律宾等国家中，这是始终存在的问题），增加投资不是为了产生有效需求，而是加快扩大生产能力，使产量快速增长。

实际上，各国政府应追求公共投资和私人投资的合理结合，并对消

① 第 5.4 节认为历史经验显示随着国家的发展，资本生产率趋于下降。

费进行补贴。私营部门应投资于所有它认为有利可图的业务；[①] 而公共投资应投资于国家发展（和有助于私营部门发展）所需的所有领域；与充分就业之间的差距（如果仍然存在）应由更高的消费来弥补。政府支出项目应如何分摊？这是社会优先发展的问题，政府应决定在某个特定年度内是建更多的学校还是为孩子们提供更多的牛奶。

最后，在追求充分就业的过程中，收入再分配（卡莱茨基的第三种方法）能发挥什么作用？他认为，当收入从高收入者手中再分配给低收入者时，总消费会增加，因为后者有更高的消费倾向。一种可能的政策是提高富裕人群的所得税（并将其用于对个人消费进行补贴），同时降低贫困人群消费的生活必需品的间接税。这种政策的问题是政府必须观察它对私人投资的总体影响。

5.5 规划与产业政策

前一节探讨的一个重要问题是以加快投资为基础的充分就业策略要求做好“规划”，虽然规划无处不在，但不幸的是它的名声不太好（参见伊斯特利，2006 年）。的确，无论发达国家还是多数（如果不是全部）发展中国家中长期发展规划都规定了（公共）投资总额以及各行业间的分配。[②] 比如：《马来西亚第九个五年规划（2006—2010 年）》和《第三个工业发展大蓝图（2006—2020 年）》涵盖了推进马来西亚的产业向价值链上游移动的政策，并很好地确定了增长率目标以及各行业在产出中所占比例。马来西亚政府通过工业发展局（MIDA）贯彻政策和措施，旨在形成未来可以迎接挑战的产业基础。工业发展局承担了规划、协调以及促进制造业各行业发展的关键职能。

均衡的发展道路要求不仅要对未来的投资额还要对投资结构（行业及产品类别）作出系统规划，该规划必须有目的地努力打破供应瓶颈。然而，由于资源匮乏，也许“规划者”应从赫希曼（1958 年）提

① 当今考虑的一种选项是所谓的“公私合作”模式，以作为开发基础设施项目的机制。公私合作是除了传统的公共部门投资之外的另一种形式，它不仅释放了资源，而且加快了投资项目的建设。它的优势是减少对财政赤字的担忧，鼓励私人资本参与。

② 当然，由适合发展中国家的开发机构编制的所谓“国家战略项目”也是如此。

出的非均衡增长方面考虑，选择那些对发展贡献最大的项目，而不应从均衡增长的角度予以考虑。相信许多规划者都这样做。

规划并非意味着建立指令性经济，甚至也不是一种发展状态，但是公共部门和私营部门合作关系的发展以互补的方式协调着他们的活动（豪斯曼和罗德里克，2006 年）。对国家的发展进行规划是必要的，因为发展是一个长期的过程。这包括引入新的行业以及在这一过程中建设新设施的决策和实际产出之间有很大的时间间隔。

第二，如上所述，私人投资不可能涉及经济的所有领域。私营部门的投资会投向能够产生利润的领域（也理应如此），而不一定会投入发展中国家最需要资本的地方。这一论点同样适用于外国私人投资。它会投向教育和卫生吗？就业和创造工作岗位的目标怎么办？因此，政府必须介入。充分就业是政府的责任。如 5.3 节所述，仅私营部门自身不能为达到充分就业负责，因为那不是它的责任。关注社会福祉不是私人投资者的驱动力。关于就业和产出总水平，我们必须接受的一点是，并没有一只看不见的手将个人利益传递到某种社会最优状态中。毫无疑问，市场经济中的增长必须由充满活力的私营部门所驱动。但是政府的作用不能减少到仅仅支持私营部门的活动，尤其当获得充分就业作为减贫措施受到威胁的时候。在发展中经济体中，政府有两大职责。第一，它必须通过放松管制、减少政府干预，按自由市场的动力运行。第二，它必须积极介入选定的领域，其中最重要的是建设实体基础设施以及提供一个劳动力可以参与生产活动的平台。①

第三，与前一点相关，为了避免稀有资源的不匹配、资源瓶颈和资源浪费问题，政府有必要与私营部门携手合作。

第四，规划是必要的，因为只有在确定了各行业和各种商品的投资结构后，该国才能确定选择什么样的生产工艺，这对拥有大量剩余劳动力的经济体来说是一个关键问题。经济体中一些行业就其本性而言，需

① 这意味着主张政府职能是发展和维护私营部门；创造有利的营商环境，解决市场失灵、制度缺陷以及政策不足问题；投资于基础设施和人力资本、建立制度、保持宏观经济的稳定、保护财产权、维持法治，公开承认政府在发展中的作用是巨大的。如果政府做这些事情，那么必须承认政府发挥着关键性的作用。问题是许多发展中国家的政府不能恰当地履行这些职责（因此，这些国家的私营部门和政府都很软弱）。这是为什么在许多情况下需要改革公共部门的原因所在。

要资本密集型工艺。这些行业吸收了大量的投资，但不会吸收太多的劳动力。许多外国投资都是这样，因为它包含了具有较高资本劳动比的工艺。发展中国家可以做什么？一种解决方案是，支持能够吸收剩余劳动力的劳动密集型领域，如公共投资（基础设施）、房地产建设、农业，其前提是有多余的食物可以供给（尽管这些新的工人并不那么多产）。另一种解决方案是，同时支持经济体中资本密集型工艺不可避免的其他领域。

但是，还必须考虑到另外一个问题。总产出增长最多的行业往往是资本密集型行业，同时工资总额的增长所带来的附加需求会用于消费必需品，而消费必需品供给的增长可能并不同步。总之，如果上马没有经过系统规划的大型投资项目，就意味着大量浪费努力，因为它一定会导致（经济体中不同行业间的）不成比例的增长以及破坏性增长。

如上文指出的那样，现代经济体中的规划应理解为发展公共部门和私营部门之间的合作关系，以互补的方式协调双方的业务活动。这是现在产业政策的本质（豪斯曼和罗德里克，2006 年）。

产业政策在传统上被理解为任何一种选择性干预或政府政策，它试图改变生产产业结构，使之转向那些有望为经济发展提供更好前景的行业。有人赞成使用这种干预措施（即那些相信市场失灵的人），也有人反对（即那些相信市场能够有效运转的人）。后者认为，产业政策干预经常退化成“挑选赢家”的练习，这是政府官员在决定推动哪种业务和行业发展以及公共开支花在何处时玩的游戏。[①]

罗德里克（2004 年和 2006 年）在一系列的论文中支持一种新型的产业政策。他声称存在共有的市场失灵，但认为“市场失灵的地点和量级非常不确定”（罗德里克，2004 年，第 3 页）。他认为信息和协调的外部效应比技术的外部效应更重要，因为前者削弱了企业的重组动力而且使低收入经济体经营多样化。

罗德里克认为，产业政策不是以传统的方式解决畸变问题（即通过列举技术外部效应和其他外部效应，然后将政策干预指向这些市场失

① 关于评估产业政策优劣的文献没有结论。一些作者对此持积极看法（如，阿姆斯登，1989 年）而另一些人持批判的态度（如，派克和萨希，2006 年）。

灵），而是从私营部门的信息中推导出重要的外部效应以及结构转变（因此产业政策还包含农业和服务业活动）和现有机会的限制条件。这就要求公共部门和私营部门之间进行“战略协作”，确定该国拥有相对优势的领域。其原因是企业家们可能缺乏有关一个国家相对优势的信息，而政府甚至不可能知道他们不了解的内容。当然，大多数政府没有足够的知识去挑选赢家。

而且，由于缺乏沟通而带来的不确定性，即一位决策者无法同时获知其他人作出的决策和规划，使事情甚至可以复杂到阻止投资决策和制约增长的程度。在这些情况下，市场本身很可能对经济转变所需的新活动提供的刺激和需求不充足。在发展中经济体，市场失灵更为普遍。如罗德里克指出的，“政府的技巧不是挑选赢家，而是了解它在何时是输家”（罗德里克，2004 年，第 12 页）。这就要求对产业政策进行适当的制度安排。

产业政策应是国家和私营部门共同对新经济活动的堵塞源头进行诊断并提出解决方案的过程。产业升级和技术升级要求以产业政策的形式作出有针对性的努力，尤其是有效的政策行动和公私协作。但是，这首先需要政府对所推行的活动或部署的工具不持特定观点或立场。只需要政府建立公私制度环境，从而能够获得有利可图的活动信息以及有用的干预工具。主要问题不在于是否保护工业，而是如何保护才能确保技术进步，提高劳动生产率。[①] 第二，它需要私营部门愿意承担部分任务，即投资。[②]

这样就能理解产业政策是工业化和结构调整取得成功的一个非常有力的工具。也许，仅仅靠市场推动的发展模式不能加快专业化模式的转变，也不能产生一些亚洲国家所经历的高增长率。这不是因为缺少以市

---

① 阿姆斯登（2000 年）以及阿姆斯登和引野（2000 年）认为，世界贸易组织的新规则允许各国提升包括制造业在内的所有产业，特别是在发展科技的保护伞下（例如通过设立科技园）。用补助换取可监控的、以结果为导向的绩效标准是可以接受的。比如，各国可以把培育国家级旗舰巨头作为目标。发展中国家面临的障碍有以下几种性质：（1）发达国家倡导市场开放所带来的非正式的政治压力；（2）利用世界贸易组织规则促进产业发展的国家应遵守“互惠的监控机制”；（3）缺乏“远见”。

② 在一些发展中国家，这一点非常重要，因为获得大家认可的精英阶层可能根本看不到变化。

场为基础的成功先例。其原因是理论提出了完全相反的观点，即市场力量不可能有效解决生产模式和贸易模式转变过程中出现的协作问题。的确，在生产模式和行业专业化模式从旧到新的转变过程中，可能出现协作失灵。这种情况在半工业化国家中非常典型，在这些国家中，以前具有相对优势的劳动密集型行业正在衰退，而新的资本和技术密集型行业发展非常缓慢。这种观点不仅解释了韩国、中国台湾和中国的成功，也说明了新加坡成功的原因。杨（1992 年）在一份知名报纸上比较了新加坡与中国香港和中国内地的增长纪录，认为新加坡的增长单纯依靠资本积累（按克鲁格曼所说的苏联模式，1994 年）。菲利普（2000 年和 2008 年）、菲利普和麦康比（2001 年和 2003 年）已经探讨过这一文献，认为它的理论和经验主义问题使结果和隐含的结论完全错误。的确，新加坡政府曾经推动经济体进入更先进的新行业，也许这种努力并不完全成功，但毫无疑问，如果没有这种努力，经济体也不可能冒险进入许多现在做得很成功的领域。[①] 根据亚洲开发银行（2007b）文件，新加坡的制造业在亚洲是技术最先进的（但位于日本之后）。

总之，许多发展中国家经济转型成功的关键是在公共决策框架中融入私营部门的主动性，公共决策框架鼓励进行结构调整、多元化和技术动力，这些都是市场力量本身所无法产生的。

5.6 结论

本章表明为了达到包容性增长，政府必须作出努力并投入资源，以达到充分就业。其原因是发展中国家面临的主要问题是大量失业和就业不充分。这是因为缺乏固定资本和生产能力。为什么要达到充分就业？其理由在于充分就业的经济体可以创造出很高的总体购买力水平。而且，充分就业的经济体有能力消除苦难、贫困和社会不公，从而提供很好的社会福利。因此，与认为发展中国家负担不起充分就业相比，负担不起失业和就业不充分这一观点更为合理。既然充分就业理念如此重要而且

① 一个例子是：1979 年以后实际工资的快速增长，其部分原因是新加坡政府为刺激劳动生产率增长鼓励增加工资。

与当前重大问题密切相关，那么政府必须承担起达到充分就业的责任。

本章还认为，发展中国家达到充分就业的主要政策是加快投资。然而，实际上问题不是那么简单。私营部门可能决定不予合作，因为它决定投资的领域有利可图但与国家发展不相关，也可能因为公共部门在实施大规模的公共投资项目时可能面临障碍（如预算赤字在政治上不可接受）。

最后，本章认为投资需要规划，而且规划应理解为公共部门和私营部门的合作关系，它们以互补的方式协调各自的活动。产业政策应视为国家和私营部门共同对新经济活动的堵塞源头进行诊断并提出解决方案的过程。

参考文献

ADB. 2007a. "Inequality in Asia." In *Key Indicators 2007*. Asian Development Bank, Manila.

_____. 2007b. "Growth Amid Change." In *Asian Development Outlook 2007*. Asian Development Bank, Manila.

Ahya, C., A. Xie, A. Agarwal, D. Yam, and S. Lam. 2004. "India and China: New Tigers of Asia; A Special Economic Analysis." Morgan Stanley Research, New York.

Ahya, C., A. Xie, S. S. Roach, M. Sheth, and D. Yam. 2006. "India and China: New Tigers of Asia, Part II: Special Economic Analysis." Morgan Stanley Research, New York. Available: ibef.org/download/indiaandchina.pdf.

Akerlof, G. A. 1982. "Labor Contracts as Partial Gift Exchange." *Quarterly Journal of Economics* 97:543–69.

Akyüz, Y., and C. Gore. 1996. "The Investment-Profits Nexus in East Asian Industrialization." *World Development* 24:461–70.

Ali, I., and H. H. Son. 2007. Defining and Measuring Inclusive Growth: Application to the Philippines. ERD Working Paper Series No. 98, Economics and Research Department, Asian Development Bank, Manila.

Ali, I., and J. Zhuang. 2007. Inclusive Growth toward a Prosperous Asia: Policy Implications. ERD Working Paper Series No. 97, Economics and Research Department, Asian Development Bank, Manila.

Amsden, A. 1989. *Asia's Next Giant: South Korea and Late Industrialization*. New York: Oxford University Press.

_____. 2000. "Industrialization under WTO Law." United Nations Conference on Trade and Development." Available: unctad-10.org/pdfs/ux_tdxrt1d7.en.pdf.

Amsden, A., and T. Hikino. 2000. "The Bark is Worse than the Bite: New WTO Law and Late Industrialization." *American Academy of Political and Social Science* 570:104–14.

Beveridge, W. H. 1944. *Full Employment in a Free Society.* London: Allen and Unwin.

Blinder, A. 1987. *Hard Heads Soft Hearts.* Reading: Addison-Wesley.

Blomstrom, M., R. E. Lipsey, and M. Zejan. 1996. "Is Fixed Investment the Key to Economic Growth?" *Quarterly Journal of Economics* 111:269–76.

Brown, I. 1997. *Economic Change in South-East Asia, c.1830-1980.* Oxford: Oxford University Press.

Coronel, S. S., Y. T. Chua, L. Rimban, and B. B. Cruz. 2004. *The Rulemakers: How the Wealthy and Well-Born Dominate Congress.* Philippine Center for Investigative Journalism, Manila.

Dew-Becker, I., and R. Gordon. 2005. Where did the Productivity Growth Go? Inflation Dynamics and the Distribution of Income. NBER Working Paper No. 11842, Cambridge, MA.

Deyo, F., ed. 1987. *The Political Economy of the New Asian Industrialism.* Ithaca: Cornell University Press.

Dobb, M. 1959. *Economic Growth and Planning.* New York: Monthly Review Press.

Easterly, W. 2002. *The Elusive Quest for Growth: Economists' Adventures and Misadventures in the Tropics.* Cambridge and London: MIT Press.

_____. 2006. "Planners versus Searchers in Foreign Aid." *Asian Development Review* 23(1):1–35.

Economist, The. 2008. "What's Holding India Back?" 8–14 March. Page 11.

Eisner, R. 1995. "Our NAIRU Limit: The Governing Myth of Economic Policy." *The American Prospect* 21:58–63. Available: prospect.org/cs/articles?article=our_nairu_limit.

_____. 1997. "Full Employment and Inflation: Where We Stand and Where We can Go." US House of Representatives, Committee on Banking and Financial Services, Subcommittee on Domestic and Monetary Policy, Hearing of July 23, 1997. Available: financialservices.house.gov/banking/72397re.htm.

Felipe, J. 2000. "On the Myth and Mystery of Singapore's 'Zero TFP'." *Asian Economic Journal* 14(2):187–209.

_____. 2008. "What Policymakers should Know about Total Factor Productivity." *Malaysian Journal of Economic Studies* 45(1):1–19.

_____. 2009. *Inclusive Growth, Full Employment, and Structural Change Implications and Policies for Developing Asia.* London: Anthem Press.

Felipe, J., and G. Estrada. 2008. "Benchmarking Developing Asia's Manufacturing Sector." *International Journal of Development* 7(2):97–119.

Felipe, J., and R. Hasan, eds. 2006. *Labor Markets in Asia: Issues and Perspectives.* London: Palgrave Macmillan for the Asian Development Bank.

Felipe, J., and J. S. L. McCombie. 2001. "Biased Technical Change, Growth Accounting, and the Conundrum of the East Asian Miracle." *Journal of Comparative Economics* 29(3):542–65.

_____. 2003. "Some Methodological Problems with the Neoclassical Analysis of the East Asian Miracle." *Cambridge Journal of Economics* 27(5):695–721.

_____. 2008. "What can the Labour Demand Function Tell us About Wages and Employment? The Case of the Philippines." In J. Berg, and D. Kucera, eds., *In Defence of Labour Market Institutions: Cultivating Justice in the Developing World.* Houndmills, Basingstoke, Hampshire, New York: Palgrave Macmillan.

_____. 2009. "Are Estimates of Labor Demand Functions Mere Statistical Artefacts?" *International Review of Applied Economics* 23(2):147–68.

Felipe, J., and N. Usui. 2008. Rethinking the Growth Diagnostics Approach: Questions from the Practitioners. ERD Working Paper Series No. 132, Economics and Research Department, Asian Development Bank, Manila.

Felipe, J., E. Laviña, and E. X. Fan. 2008. "The Diverging Patterns of Profitability, Investment and Growth of China and India, 1980–2003." *World Development* 36(5):741–74.

Felipe, J., M-L. Ledesma, M. Lanzafama, and G. Estrada. 2007. Sectoral Engines of Growth in Developing Asia: Stylized Facts and Implications. ERD Working Paper Series No. 107, Economics and Research Department, Asian Development Bank, Manila. Forthcoming in the *Malaysian Journal of Economic Studies.*

Fields, G. 1995. "Income Distribution in Developing Economies: Conceptual, Data, and Policy Issues in Broad-Based Growth." In M. G. Quibria, ed., *Critical Issues in Asian Development.* Hong Kong, China; Oxford; New York: Oxford University Press.

Foley, D., and A. Marquetti. 1999. "Productivity, Employment and Growth in European Integration." *Metroeconomica* 50(3):277–300.

Foley, D., and T. Michl. 1999. *Growth and Distribution.* Cambridge and London: Harvard University Press.

Galbraith, John K. 1996. *The Good Society: The Humane Agenda.* Boston: Houghton Mifflin Co.

Galbraith, James K. 1997. Dangerous Metaphor: The Fiction of the Labor Market. Public Policy Brief No. 36, The Jerome Levy Economics Institute of Bard College, New York.

Hamilton, C. 1986. *Capitalist Industrialization in Korea*. Boulder, CO: Westview Press.

Haque, N. U. 2006. "Beyond Planning and Mercantilism: An Evaluation of Pakistan's Growth Strategy." *The Pakistan Development Review* 45(1):3–23.

Hausmann, R., and D. Rodrik. 2006. "Doomed to Choose: Industrial Policy as Predicament." John F. Kennedy School of Government, Harvard Universtiy. Available: www.ksghome.harvard.edu/~drodrik/doomed.pdf.

Hausmann, R., D. Rodrik, and A. Velasco. 2005. *Growth Diagnostics*. The John F. Kennedy School of Government, Harvard University.

Herrera, E. 2008. "More than Common Economic Indicators." *The Manila Times*. 18 March. Available: manilatimes.net/national/2008/mar/18/yehey/opinion/20080318opi2.html.

Hirschman, A. 1958. *Strategy of Economic Development*. New Haven, CT: Yale University Press.

Kaldor, N. 1970. The Case for Regional Policies. *The Scottish Journal of Political Economy* 17(3):337–48.

Kalecki, M. 1939. *Essays in the Theory of Economic Fluctuations*. London: Allen and Unwin.

_____. 1943 [1971]. "Political Aspects of Full Employment." In M. Kalecki, *Selected Essays on the Dynamics of the Capitalist Economy*. Cambridge, UK: Cambridge University Press.

_____. 1944. "Three Ways to Full Employment." In T. Balogh, ed., *The Economics of Full Employment*. Oxford: Basil Blackwell.

_____. 1966 [1991]. "The Difference between Crucial Economic Problems of Developed and Underdeveloped Non-socialist Economies." In J. Osiatyński, ed., *Collected Works of Michal Kalecki*. Oxford: Clarendon Press.

Keynes, J. M. 1936 [1951]. *The General Theory of Employment, Interest and Money*. London: Macmillan and Co. and St. Martin's Press.

Krugman, P. 1994. "The Myth of Asia's Miracle." *Foreign Affairs* November/December: 62–78.

_____. 1999. *The Accidental Theorist*. London: Penguin Books.

Lau, L. 1990. *Models of Development: A Comparative Study of Economic Growth in South Korea and Taipei,China*. San Francisco: ICS Press.

Lewis, A. W. 1954. "Economic Development with Unlimited Supplies of Labor." *The Manchester School* 22:139–191.

Lewis, W. W. 2004. *The Power of Productivity*. Chicago and London: The University of Chicago Press.

Marquetti, A. 2003. "Analyzing Historical and Regional Patterns of Technical Change from a Classical-Marxian Perspective." *Journal of Economic Behavior and Organization* 52(2):191–200.

McCombie, J. S. L., and A. P. Thirlwall. 1994. *Economic Growth and the Balance of Payments Constraint.* New York: St. Martin's Press.

Minsky, H. P. 1965. "The Role of Employment Policy." In M. S. Gordon, ed., *Poverty in America.* San Francisco: Chandler Publishing Co.

_____.1968. "Effects of Shifts of Aggregate Demand upon Income Distribution." *American Journal of Agricultural Economics* 59(2):328–39.

_____. 1973. "The Strategy of Economic Policy and Income Distribution." *The Annals of the American Academy of Political and Social Science* 409:92–101.

Oulton, N., and M. O'Mahony. 1994. *Productivity and Growth. A Study of British Industry, 1954–1986.* Cambridge: Cambridge University Press.

Pack, H., and K. Sagi. 2006. "Is There a Case for Industrial Policy? A Critical Survey." *World Bank Research Observer* 21:267–97.

Pasha, H. A. 2007. "Inclusive Growth: The Asian Experience." Available: www.pndpunjab.gov.pk/user_files/File/Inclusive_Growth_31%20Aug%20FINAL%20sent.pdf.

Pollin, R. 1998. "The 'Reserve Army of Unemployed' and the 'Natural Rate of Unemployment': Can Marx, Kalecki, Friedman, and Wall Street All be Wrong?" *Review of Radical Political Economics* Summer:1–13.

Prichett, L. 2003. "A Conclusion to Cross-National Growth Research: A Foreword 'To the Countries Themselves.'" In G. McMahon, and L. Squire, eds., *Explaining Growth. A Global Research Project.* Basingstoke: Palgrave Macmillan.

Rajan, R. G., and L. Zingales. 2003. *Saving Capitalism from the Capitalists.* London: Random House Business Books.

Rawls, J. 1971. *Theory of Justice.* Cambridge, MA: Harvard University Press.

Rodriguez, F. 2005. "Comment on Hausmann and Rodrik. " Department of Economics and Latin American Studies Program, Wesleyan University, Connecticut.

Rodrik, D. 2004. "Industrial Policy for the Twenty-First Century." John F. Kennedy School of Government, Harvard University. Available: ksghome.harvard.edu/~drodrik/UNIDOSep.pdf.

_____. 2006. "Industrial Development: Stylized facts and Policies." John F. Kennedy School of Government, Harvard University. Available: ksghome.harvard.edu/~drodrik/industrial%20development.pdf.

Roemer, J. E. 2006. Economic Development as Opportunity Equalization. Cowles Foundation Discussion Paper No. 1583, Yale University, New Haven, CT.

Ros, J. 2000. *Development Theory and the Economics of Growth.* Ann Arbor: The University of Michigan Press.

Sen, A. 1999. *Development as Freedom.* New York: Alfred A. Knopf.

Shapiro, C., and J. Stiglitz. 1984. "Equilibrium Unemployment as a Worker Discipline Device." *American Economic Review* 74(3):433–44.

Smith, A. 1776 [2003]. *The Wealth of Nations.* New York: Bantam Classic Edition.

Stiglitz, J., J. A. Ocampo, S. Spiegel, R. Ffrech-Davis, and D. Nayyar. 2006. *Stability with Growth.* Oxford: Oxford University Press.

Tatom, J. A. 2006. "Not all Deficits are Created Equal." *Financial Analysts Journal* 62(3):12–9.

Thirlwall, A. P. 1987. *Keynes and Economic Development.* New York: St. Martin's Press.

Vickrey, W. 1993. "Today's Task for Economists." *The American Economic Review* 83(1):1–10.

_____.1997. "A Trans-Keynesian Manifesto (Thoughts on Assets Based Macroeconomics)." *Journal of Post Keynesian Economics* 19(4):495–510.

Wang, H., and S. Li. 1995. *Industrialization and Economic Reform in China.* Beijing: New World Press.

Young, A. 1992. "A Tale of Two Cities: Factor Accumulation and Technical Change in Hong Kong and Singapore." *Macroeconomics Annual* 1992:13–63.

第 6 章

为何基本服务的获得不具备包容性？

万广华、鲁思·弗朗西斯科[①]

6.1 引言

许多人都认为，提供诸如学校教育和医疗卫生保健等基本社会服务是经济发展的终极目标和实现手段。一般而言，在亚洲，教育被视为人类发展的一个重要维度，而缺乏熟练劳动力在许多国家和部门常被当作限制经济增长的桎梏。因此，提供基本服务受到各国政府、发展机构、非政府组织（NGOs）以及研究团体的极大关注。

尽管亚洲的发展中国家和许多其他国家都增进了基本服务的提供，但有证据表明，贫困人口却未能从中充分获益。因此，本章对贫困人口未能充分获得这些服务的原因进行了探究。第 6.2 节对发展中国家提供相关服务的现状做了简要描述，尤其是针对亚洲地区的发展中国家。第 6.3 节对贫困人口在获得各项服务过程中所面临的重重障碍进行了总结，并在专栏中重点突出了发展中国家在提供有利于贫困人口的服务方

① 本文作者感谢地区和可持续发展部的部长姚先斌对促成本文所给予的帮助，以及经济研究部助理首席经济学家庄巨忠在本文的先期起草阶段给予的建设性意见。

面所采纳的良好做法。第6.4节对本章进行总结并得出结论。

6.2 获得基本服务的机会不平等：简要说明

在过去的20年中，发展中国家和发展机构在改善和获得基本社会服务与基础设施服务方面不断加大力度，并使之更具包容性。但是努力的结果喜忧参半：虽然在某些方面取得了成功，但在其他方面却使富裕人口较贫困人口获得更多收益。在发展中国家的许多社区当中，贫困人口仍然不能充分获得基本服务（奥多尼尔等人，2007年）。

6.2.1 初等教育

由于连支付生活基本必需品的资源都十分匮乏，因此，学校入学率较低的主要原因来自贫困人口的低入学率。贫困儿童上学的机会更小，同时辍学的可能性更大（世界银行，2004a）。在印度，未完成五年级学业的15—19岁的人口中，有72%来自占人口半数的贫困农村（世界银行，2004b）。在孟加拉国、巴基斯坦和菲律宾，来自最贫困的1/5家庭的儿童和来自最富裕的1/5家庭的儿童在入学率与辍学率上的差距仍然相当大（见表6.1）。

表6.1 女孩和男孩的入学率：最贫困和最富裕的1/5家庭（百分比）

国家（调查年份）	最贫困		最富裕	
	男孩	女孩	男孩	女孩
孟加拉国（2004年）	71	77	90	88
尼泊尔（2006年）	83	78	95	94
巴基斯坦（2006/2007年）	49	32	88	88
菲律宾（2003年）	69	75	90	91

注：以上数值反映的是年龄在6—10岁之间的小学适龄儿童的情况（巴基斯坦是5—9岁）。

资料来源：《人口与卫生调查》，来源：www.measuredhs.com，2008年11月17日下载。

6.2.2 医疗卫生服务与医疗卫生保健方面的公共支出

绝大部分贫困人口还未享受到医疗卫生服务，所以他们更容易受到不良健康状况的困扰。贫困家庭患病的可能性是富裕家庭的五倍（多尔顿和皮科克，2005年)，且接受基本医疗服务的机会较小（巴拉特等人，2004年；皮莱等人，2003年；彼得斯等人，2002年；马哈尔等人，2000年；德姆瑞，2000年；马基宁等人，2000年)。例如，通常而言，贫困儿童接受全部免疫接种的机会更小，即使在推广国家免疫规划的国家中，情况也是如此（亚兹柏克等人，2005年；瓦格斯塔夫，2002年)。

在医疗机构进行的分娩比例方面，贫困人口与富裕人口之间也存在很大差距，尤其是在南亚和东南亚。图6.1显示，政府提供的孕产妇和新生儿医疗服务的主要受益者是富裕人口，尽管这些设施的目的是为贫困人口服务。在孟加拉国，相比较而言，来自最贫困的1/5家庭的怀孕妇女在分娩时无法由熟练的助产士（简称SBA）接生的可能性是来自最富有的1/5家庭的怀孕妇女的八倍，而无法在医疗机构进行分娩的可能性则达到九倍（凯尼格等人，2007年)。基于21个国家提供的数据，菲尔默（2003年）得出结论说，医疗卫生的总支出在分配比例中严重向富裕人口倾斜。25%的医疗补贴惠及收入最高的1/5的富有家庭，而只有15%惠及收入最低的1/5的贫困家庭。

图6.1　在公共医疗机构和私人医疗机构进行分娩的比例（百分比）

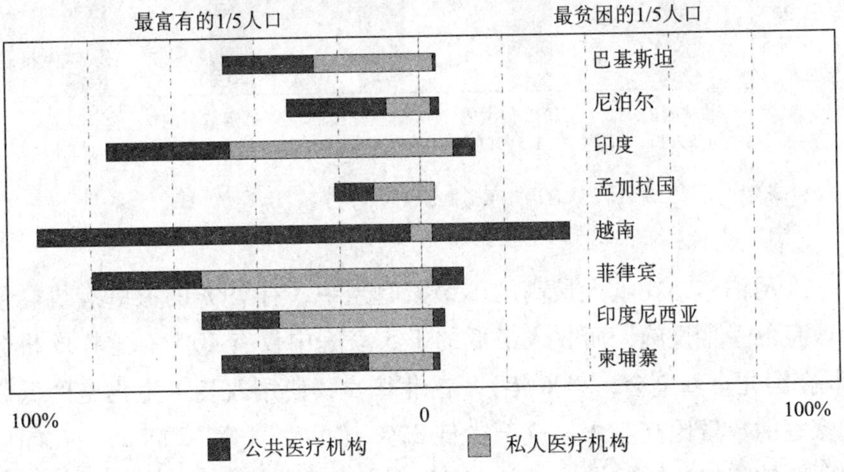

资料来源：世界银行（2004a)。

6.2.3 供水与卫生设施

在亚洲，仍有2/3的人口缺乏适当的卫生设施，他们当中绝大部分是贫困人口（布里奇斯，2007年）。在1990—2006年，贫困人口使用改良的卫生设施（包括抽水马桶、倾出式厕所/设施、通风改良坑式厕所、带有踏板的坑式厕所以及堆肥厕所）的机会少之又少（世界卫生组织/联合国儿童基金会，2008年）。最近根据《多指标调查》和《人口与卫生调查》（简称DHS）对38个发展中国家展开调查所提供的数据表明，来自最贫困的1/5人口无法使用改良卫生设施的可能性是来自最富有的1/5人口的三倍（见图6.2）。

图6.2 改良卫生设施在38个发展中国家相关人口的覆盖率（百分比）

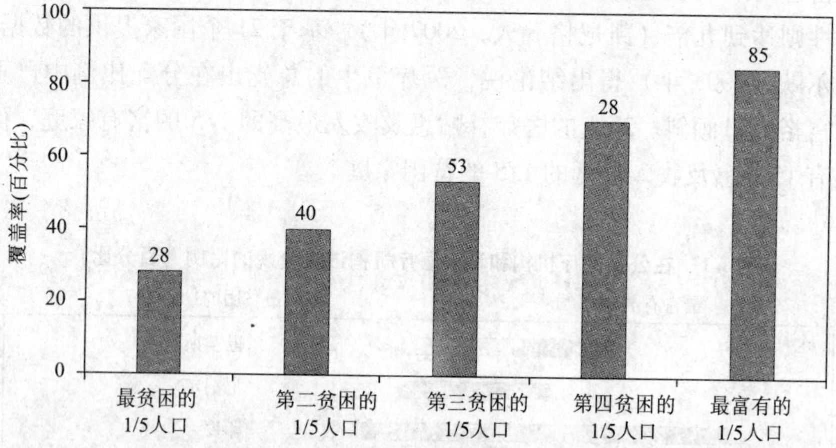

资料来源：世界卫生组织/联合国儿童基金会（2008年）。

在尼泊尔，在收入最高的1/5家庭当中，有79%的家庭有机会使用改良的卫生设施，而收入最低的1/5家庭中仅有10%有这样的机会（联合国儿童基金会，2006年）。在菲律宾，使用改良卫生设施的低收入家庭的数量比高收入家庭至少低22%（卫生部等，2008a）。在印度尼西亚的雅加达，低收入家庭与高收入家庭在获得改良卫生设施方面的差距也是很大的（世界银行，2004a）。毋庸多言，城市居民和农村居民在获得卫生设施方面的差距相当显著（普雷图斯等人，2008年，见

表6.2)。在柬埔寨，56%的城市家庭可以获得改良卫生设施；而相比之下，农村地区的家庭获得卫生设施的比例则仅为16%。

在农田、森林、丛林以及各种水体等露天场所里进行排便也证明了无法获得卫生设施的事实。在南亚，由于污水处理系统的有限覆盖率，人们选择露天排便的比例非常高，城市达到15%，而农村地区则达到63%（世界卫生组织/联合国儿童基金会，2008年）。

在发展中国家，由于供水系统较差，水传疾病非常普遍。截至2000年，亚洲的城市供水普及率还不到30%。而对于能够获得安全饮用水和卫生设施的地区来说，其服务水平又低于标准。例如，在菲律宾，由当地政府单位运营的供水系统中至少有一半未达到饮用质量标准，且水传疾病在诸多主导致病原因中位居第二（卫生部，2008b)。

在南亚，获得安全饮用水的人口所占比例较小——孟加拉国为74%、不丹为62%、斯里兰卡为79%。当然，在获得供水方面也存在不平等。在印度，贫困人口人均每天消耗量不足15升，而富裕人口人均每天消耗量高达300升（亚洲开发银行，2006年)。印度尼西亚的情况与之类似——30%以上的最贫困家庭无法获得安全饮用水，而对于较富裕的家庭来说，这个比例还不到10%（世界银行，2004a)。

表6.2　　获得改良卫生设施的家庭所占比例（百分比）

国家（调查年份）	城市	农村
柬埔寨（2005年）	56	16
印度（2005/2006年）	53	18
印度尼西亚	65	27
尼泊尔（2006年）	37	20
巴基斯坦（2006/2007年）*	76	36
菲律宾（2003年）*	77	54

注：除了印度尼西亚和菲律宾以外，改良的（独享的）卫生设施的数据包括任何冲水厕所设施、通风改良式厕所以及带踏板的坑式厕所。菲律宾提供的数据仅包括那些具有自用抽水马桶的家庭。

资料来源：《人口与卫生调查》，来源：www.measuredhs.com，2008年11月17日下载。

6.2.4　供电情况

南亚的供电覆盖率从2001年的约41%提高到2005年的52%（国

际能源署，2002 年和 2006 年），但仍在世界各地区中排名倒数第二。同时，城乡差异也非常显著，在农村社区，超过 80% 的家庭没有通电（科米韦斯等人，2005 年；国际能源署，2006 年）。

6.3 提供服务的障碍与成功干预的案例

一般而言，无法向贫困人口有效提供服务是受到需求和供给两方面因素的综合影响所致。一方面，即使在提供了基本服务且供应充足的情形下，如果需求方存在经济压力，那么基本服务的使用率仍然较低；另一方面，如果供给的数量和质量不充分或不确定的话，那么即使所有家庭负担得起这些基本服务，电力供应的获得仍然是有限的。需求与供给还会受到信息与制度方面的阻碍。

6.3.1 需求因素

就获得电力服务而言，需求方的主要障碍是支付能力。尽管如此，如下面将要讨论的，即使当某项服务以免费或较低的费用提供的话，贫困家庭可能出于其他财务方面的考虑而仍旧不能使用这一服务或放弃使用。

A. 尽管大多数发展中国家的水费和电费都比较低，但连接成本却比较高

较高的连接成本是造成许多贫困家庭无法获得水力和电力服务的主要原因。在一些地区，自来水管入户的成本高达 200 美元，而水费却低至每立方水仅 0.05 美元（麦金托什，2007 年）。在菲律宾，自来水管入户的费用占到最贫困的 1/5 家庭年收入的 25%（联合国开发计划署，2006 年）。在这种情况下，即使可以选择分期付款的方式进行安装，贫困家庭可能也无法负担得起可靠的供水。这就解释了各种非法连接情况的普遍存在，而这种情况在马尼拉的贫困地区尤甚（布里奇斯，2007 年）。

在亚洲，国内平均水价仅为每立方米 0.18 美元（亚洲开发银行，2006 年）。然而，对于那些负担不起连接费用而只好转向比公用服务设施收费更高的其他供应商的贫困人口来说，低水价的意义并不大（亚

洲开发银行，2006年）。在马尼拉，贫困人口每个月向中间服务机构缴纳15美元来获得供水，而已经接通供水的用户则只需缴纳5美元（亚洲开发银行，2006年）。这个事实明显说明，供水服务的体制结构与定价存在不匹配的现象（戴维斯等人，2008年）。在社区内部显示出的支付意愿也是林林总总、五花八门（见专栏6.1）。因此，要使分期付款选择对最贫困的社区产生影响，还需要发放自来水管入户补贴或推行延期付款的方式。专栏6.2可以使我们更清晰和更全面地了解到，亚洲的许多城市为使贫困人口更容易负担得起供水服务作出了坚持不懈的努力。

专栏6.1　　获得户内供水的支付意愿

斯里兰卡：在供水计划所面向的地方，即使贫困人口也愿意并有能力为自来水管入户支付费用（亚洲开发银行，2002年）。

中国大连：自来水管入户和供水系统的支付能力不存在问题，尽管国内水价有了大幅增长（亚洲开发银行，2002年）。

印度海德拉巴：如果能够按市场利率得到资金赞助，许多贫困家庭愿意在供水网络和污水处理系统方面进行投资（戴维斯等人，2008年）。

菲律宾：在那些使用手动泵和给水塔以及没有入户自来水管的家庭当中，只有不到一半的家庭愿意支付自来水管入户的费用。然而，如果可以采用分期付款的话，许多家庭都愿意缴纳连接费用（亚洲开发银行，2002年）。

B. 厕所建设的高昂成本

缺乏财政资源是造成贫困人口无法修建他们自己的厕所的一个主要原因。为修建厕所，大部分尼泊尔家庭不得不从私人高利贷者那里借钱，利息高达12%—36%（普雷图斯等人，2008年）。如果暂且不论信贷供应量的话，贷款偿还是大多数人，尤其是贫困人口的主要关注点，因为加德满都70%的家庭都负债累累、亟待偿还（联合国儿童基金会，2006年）。对于一个已经有债务在身的家庭来说，它所需要的不仅仅是

专栏 6.2　使贫困人口获得供水服务且负担得起

柬埔寨金边：80%以上的居民可以享受到 24 小时的清洁水供给，每立方米价格仅为 0.25 美元（比亚洲城市的推荐水价低了 0.10 美元）。尽管水价较低，因为高昂的连接费用，金边供水管理局每年可以获得足够的收入用于全面保证供水服务的运营畅通和日常维护。

马尔代夫马累：当地居民同意当地下水层受到污染而被严重破坏时，为使用每立方米的水缴纳 5 美元，以保证海水淡化厂的正常运营并提供 24 小时供水。为了支付高昂的水费，马累的居民平均每人每天只消耗 34 升水（比亚洲其他城市少 6 升）。

尼泊尔加德满都：该市的领导者将该市划分成几个独立的供水区。当市内的供水系统改造升级后，各个区分批调高水价。

资料来源：亚洲开发银行（2006 年）。

低息贷款或硬件资助（见专栏 6.3）。亚洲开发银行在尼泊尔卡皮尔瓦斯图地区的班斯科尔启动以社区为基础的供水系统和卫生计划时，便遇到了这个问题。由于循环贷款基金的获取率较低，该方案不得不采取“先来先得”的原则进行分配（普雷图斯等人，2008 年）。在尼泊尔的拉姆加特（色科耶特），尽管人们可以获得建筑材料补贴，许多家庭仍然使用非正式贷款来修建厕所。非正式贷款通常不需要抵押品，但利息却高得惊人。

C. 无力负担的教育和医疗卫生服务

在南亚，除了孟加拉国和斯里兰卡以外，公立学校也要收取学费。在东南亚国家中，如在柬埔寨，初等教育阶段的学费占到最贫困的 1/5 家庭总支出的 80%，而在泰国，这一比例接近 50%（世界银行，2004b）。即使是在中国，这一比例也达到了 29%。

就医疗卫生服务而言，在孟加拉国，较少有人寻求基本的产妇护理，主要是由于担心医疗费用的问题（凯尼格等人，2007 年）。平均来

专栏 6.3　　　　更好的卫生设施的资助方案

为了提高尼泊尔的卫生设施的覆盖率，已经采用了各种各样的方法和模式，其中包括：硬件补贴、贷款以及对社区意识的支持或者综合采用以上方法。其实施结果显示：

厕所建筑材料补贴属于资源密集型资助。它不能为多个受援对象共同所有，因而常常不具可持续性。一个全面补贴计划的最佳范例是 CARE 的“家庭服务获取”。

最低补贴与循环贷款要求较少的计划资金且鼓励所有权，但在惠及最贫困的家庭方面成效欠佳。缺乏必要的材料就无法对厕所进行建设及维护。基于这些原因，在改善卫生设施方面就毫无成效。提供最低补贴的非政府组织包括尼泊尔的“农村建设与社区森林”。

以社区为主导的厕所补贴提高了社区意识，并且鼓舞了大家采取健康卫生的行为方式，而健康行为有助于提高方案资源的针对性且促进卫生状况的可持续性。在尼泊尔，成功的社区级别的方案包括亚洲开发银行的以社区为基础的供水系统和卫生方案，以及尼泊尔健康供水组织的社区主导型全员基本卫生方案。这些方案鼓励家庭通过创建社区意识，主动修建厕所。这些方案也为极端贫困的家庭提供财政补贴以及厕所建筑材料补贴，向低收入及中等收入家庭提供循环贷款。

资料来源：普雷图斯等人（2008 年）。

说，三个人当中仅有一个人会寻求护理，即使是对于那些据称患有一种或多种危及生命的妊娠并发症的妇女们而言，情况也是如此。在柬埔寨和印度的贫困家庭，迟迟不能对儿童进行医治作出决定主要是由于缺乏资金（安尼尔等人，2008 年；皮莱等人，2003 年）。

D. 机会成本与自费支出

即使需要支付的学费很低或不付学费，孩子们仍旧无法上学，因为上学会放弃收入从而导致机会成本。参加医疗机构提供的孕产妇和儿童基本医疗服务也会导致机会成本。

对于到校上课以及贫困家庭享用医疗设施而言，还存在其他的直接和间接成本，如药品、化验、病房（对于住院患者而言）、用餐、强制性统一着装、学习用品、交通费用以及强制/自愿捐助等。在南亚，许多公立学校都收取课本费并要求向家长—教师协会以及其他团体捐助。

尤其是在南亚，作为医疗卫生支出的一部分，自费支付率仍旧比较高（见表 6.3）。在发展中国家，平均医疗总支出中，医药费用占 30%—50%（怀特黑德等人，2001 年）。在菲律宾，尤其是对贫困人口而言，没钱支付成为严重阻碍人们获取基本药物的拦路虎（卫生部，2008a）。在柬埔寨（范达姆等人，2004 年）和越南（瓦格斯塔夫和范·多尔兹拉尔，2003 年），自付医疗支出导致贫困人口负债累累且处于赤贫状态。

表 6.3　各地区的自费医疗支出，2006 年

地区	自费支出（在私人医疗支出中所占的百分比）	受到熟练医疗工作人员护理的活产婴儿（在总数中所占的百分比）
东亚和太平洋	88	87
欧洲和中亚	82	95
拉丁美洲与加勒比	74	88
中东与北非	90	77
南亚	94	41
撒哈拉以南非洲	45	45

资料来源：世界银行，《世界发展指标》在线，2008 年 11 月 2 日下载。

6.3.2　供给因素

由于各种服务的供给少得可怜，因此，儿童获得各项服务的机会常常相当有限，甚或根本没有。可用的教师、教室、桌椅以及课本的数量都明显地限制了公立学校所招收的学生的数量。在越南，由于可用的教

师和教室的数量相当有限，绝大部分农村地区的儿童每天要分成两组或更多的组轮班上课，因而导致平均每天上课的时间大概为 3 个小时左右（格列威，2004 年）。在哈萨克斯坦的农村地区，只有少量的卫生体系在发挥职能，且只有很少的地区安装了污水处理系统（布里奇斯，2007 年）。在印度尼西亚，能够使用污水处理系统的城市人口不足 3%。这些系统中有许多都缺乏维护且亟待修缮。在偏远的农村社区，一些基本用品都十分匮乏。即使在政府提供财政补贴和信贷的情况下，卫生设施的建设和维护也常常无法落实（普雷图斯等人，2008 年）。与此同时，在菲律宾，一些基本药物的供应仍然非常有限，尤其是在较贫困的地区，如棉兰老穆斯林自治区及科迪勒拉行政区，其中可预防病因的发病率和死亡率仍然居高不下（卫生部，2008b）。

A. 服务质量

如果服务质量低于标准的话，即使在获得基本服务方面投入更多的财力和物力，也不能改善发展成果。医疗卫生和教育服务的质量由教师及医疗卫生专业人员的能力、努力程度、工作态度、服务周期以及出勤率，充足的物质投入（如，教学用具、医疗用品）以及适当的医疗卫生与学校设施及基础设施所决定。

正如在新德里能明显看出的，低收入家庭最终获得的服务提供商的水平往往要低于高收入家庭（达斯和海默，2007a）。就不合格的公共保健设施而言，贫困人口更要面临不恰当的预约时间、漫长的等待时间等诸多问题（世界银行，2004b；瑟尼尔斯等人，2007 年）。印度的患者受到的护理水平低于标准水平，或者是因为医生的能力不够，或者是由于对有能力的医生缺乏适当的激励机制来对患者给予全力救治（达斯和海默，2004 年）。合格的公立医院的医生给予贫困社区居民的护理质量非常差，有时甚至比不合格的私立医院的医生所给予的护理还要差（达斯和海默，2004 年、2007a 和 2007b）。

在菲律宾的孔斯特拉峡谷省，孕产妇医疗服务使用率低且产妇死亡率高。针对该地区的一项调查结果显示，母亲们更愿意在分娩时由传统接生员（简称 TBA）协助，而不是求助于熟练接生员（简称 SBA）。这不仅是因为经济因素，还由于传统接生员通常比熟练接生员照顾得更周到（UPecon－HPDP，2008年）以及专业服务质量的名声差强人意所致。反言之，不充分利用孕产妇医疗服务却会引起更多并发症，且更容易导致产妇死亡和新生儿死亡。

与之相对应，在教育方面，如果孩子们看似学无长进，父母就不可能再送孩子去继续上学。教育质量低下自然会导致不佳的教育成果。根据世界银行（2008年）的报告称，尽管斯里兰卡在实现普及初等教育和保持学校适龄儿童在校读书方面已经取得了空前的成功，但在学习成果方面却令人难以启齿。有2/3的小学毕业生仍然缺乏基本的语言和数学技巧，而且只有80%的学生完成了小学学业。

就供水服务和供电服务而言，质量指标包括服务的频率和周期性，以及在必要时期服务人员的在岗情况。但在孟加拉国、印度和巴基斯坦，大多数供水系统的服务时数都是有限的：孟加拉国的供水系统每天最多供应4个小时。此外，尽管这些国家的人员配置比率比较高，真正热心为贫困人口排忧解难的公职人员少之又少（布里奇斯，2007年；麦金托什，2007年）。在印度的5161个城镇当中，几乎全部都安装了管道供水系统，但运营效率不高（布里奇斯，2007年）。在印度尼西亚，许多地区性的、政府拥有的供水企业大都规模太小或毫无效率可言（布里奇斯，2007年）。

B. 缺勤

专业服务人员的缺勤既影响服务质量，也影响服务数量。在发展中国家，这一问题尤其严重，贫困人口实行“用脚投票”（vote with their feet，即通过去或留等方式来表明意见）几乎是不可能的，因为替代品非常有限，而公共部门和私营部门之间的市场竞争也相当有限。在印度拉贾斯坦邦的农村贫困社区，其社区卫生中心正常开放时间的56%都处于关闭状态，因为卫生专业人员擅自离岗（班纳吉等人，2004年）。更糟糕的是，医疗卫生机构关闭没有任何形式的通知，因而根本无法预知将来何时又将关闭。专栏6.4列出了教师和医疗卫生专业人员缺勤的一些原因。

专栏 6.4　亚洲发展中国家的教师和医疗卫生专业人员的缺勤及缺乏工作动力的原因

- 对工作不满意[1]
- 非医疗职责[1]
- 医疗设施/学校基础设施差[2、3]
- 对设施管理缺乏监督及缺乏设施管理的可信度[3、1]
- 薪水较低[1]
- 居住地靠近医疗卫生设施/学校且道路交通方便[2、3]
- 农村电气化[2]

资料来源:[1]霍辛等人（2007 年），[2]乔杜里和海默（2004 年），[3]克雷默等人（2005 年）。

南亚所拥有的受过培训的小学教师所占比例在世界上排名倒数第二，这些教师的缺勤率相当高。在孟加拉国、印度以及印度尼西亚，医疗卫生专业人员的缺勤率高得令人望而生畏（见表 6.4）。缺勤与当地经济发展的水平呈负相关，而且农村初级保健诊所的医生的缺勤率高于较大诊所的医生的缺勤率（乔杜里和海默，2004 年；班纳吉等人，2004 年）。

表 6.4　小学教师和医疗卫生专业人员的缺勤率估计（百分比）

国家	缺勤率	
	教师	医疗卫生专业人员
孟加拉国	16	35
印度	25	40
印度尼西亚	19	40

资料来源：乔杜里等人（2006 年）。

对于印度尼西亚具有国家代表性的数据所进行的分析表明，教师的缺勤严重地影响了学生的表现（苏雅达玛等人，2006 年）。如果训练有素的教师在职但不在岗，那么学生的在校也不会转化为更好的教育成果。就医疗卫生服务而言，即使医生们合格，他们时而在岗时而不在岗的状况也不会带来更好的医疗卫生成果。

很明显，缺勤是亟待克服的关键障碍，尤其对于农村社区而言更是如此。最近在印度农村（见专栏6.5）开展的一项实验性干预大大减少了缺勤情况且提高了教育成果。

专栏6.5　为减少缺勤而对出勤与财政激励进行监测：来自印度农村的证据

缺乏激励措施与监督不善是导致缺勤率较高的主要原因。工资水平对于出勤率和学习成果的影响不大且相当有限（乔杜里等人，2006年；克雷默等人，2005年；世界银行，2004a）。由班主任进行监督的效果不佳，正如先前在肯尼亚展开的一项实验所表明的，他们可能出于个人动机而瞒报教职员工们的较差表现（克雷默和陈，2001年）。

在学校方面，使用数码照相机对教师们的出勤情况进行监督则使缺勤率降低了50%——从原来的36%降低至18%（班纳吉和迪弗洛，2006年）。在印度农村开展的随机调查表明，对明显的付出和教师的出勤进行监督并提供相应的财政激励可以将缺勤率降低21个百分点。此外，在所调查的学校中，教师们更有可能在出勤时进行授课。因此，授课时间和学生出勤率都随之提高。另外，缺勤率降低10个百分点可以转化为学生成绩0.10个标准方差的进步（迪弗洛等人，2008年）。

C. 专业服务人员缺乏敬业精神

克雷默等人（2005年）在报告中称，平均来说，在他们所访问的印度公立小学，出勤的教师中仅有一半在从事课堂活动。与之相类似，乔杜里等人（2006年）发现，在孟加拉国、印度和印度尼西亚，在所访问的医疗机构，并非所有医疗卫生工作者在工作岗位上时都在工作。这种缺乏敬业精神的情况与从事行政工作和非教学活动有部分关系。在对孟加拉国的农村公立学校进行的一项调查显示，这些活动占全部教学日的19%—55%（蒂钦等人，2004年）。

尽管存在上述问题，但还有一些成功的例子值得我们认真借鉴。在菲律宾，一项随机的现场实验结果发现，医生认证制度和保险给付能够提高贫困地区医院的医疗质量（见专栏6.6）。有研究发现，在柬埔寨，使用参与法和基于业绩的资源管理对于提高教育的质量行之有效（见专栏6.7）。专栏6.8对于金边供水管理局（简称PPWSA）成功"复活"的经验（即从一个效率低下的供水机构转变为一个出色的服务提供者的传奇故事）进行了讨论。

专栏6.6　认证制度及保险给付能够提高医疗质量：在菲律宾开展的质量改进和实证研究中所应吸取的经验教训

质量改进与实证研究对两种政策干预的有效性进行测试，其目的在于衡量该政策干预对米沙鄢群岛的30家医院在提高医疗质量和卫生保健水平方面所起到的作用。在这些医院当中，有10家是对照组；还有10家将获得奖金支付，如果它们达到了某项医疗指标的话；而余下的10家可以获得医疗保险给付，患者获得保险的覆盖面得到了扩大。结果显示，国家保险计划的认证和保险给付都大幅度提高了医疗质量（昆伯等人，2008年）。这一研究发现表明，财政激励的确能够促使服务提供者提高质量。

D. 在医疗卫生工作人员配给方面的城乡差距

在许多发展中国家，在医疗卫生和教育服务方面的人力资源都不够充分且分布不均（迪索和弗朗西斯切基尼，2006年；卫生部，2008c；克罗米兹等人，1998年）。其部分原因在于，如在印度尼西亚，医生和护士通常都不愿意被分配到偏远社区工作，而那里常常是最贫困人口聚集的地方（克罗米兹等人，1998年）。在菲律宾，为使医疗卫生工作人员在受到专业培训后积极参与公共卫生服务所投入的许多努力都功亏一篑，因为这些工作人员总是想方设法逃避该制度（亨戈罗和麦克佩克，2004年）。

专栏 6.7　为提高教育质量所开展的能力建设和基于业绩的资源管理

柬埔寨的《教育质量提高计划》阐释：

- 在教师培训方面的投资较少会对学生的学业表现产生很大影响。按学生人数计算，如果对教师的培训投入达到每位学生 1 美元的水平，学生的平均学业表现将会提高 1%（世界银行，2005 年）。

- 授权当地社区，让他们根据自身需要和意图进行改变及投资将提高教育质量，尤其是对处于冲突后局势的地区，情况更是如此（世界银行，2002 年）。

基于业绩的资源管理能进一步强化普及教育所带来的好处（世界银行，2004b）。

专栏 6.8　从柬埔寨的水务改革中吸取的经验教训

1993—2006 年，金边供水管理局（简称 PPWSA）成功地（1）将自来水管入户的安装工作人员比率从每 1000 次自来水管入户安排 22 个人减少至仅留 4 个人；（2）将生产能力提高了三倍多；（3）将自来水管入户的覆盖范围从 25% 扩展至 90%；（4）将供水时间由每天供水 10 个小时延长至 24 小时不间断供水；（5）将水费收缴率从低于 50% 提高到几乎 100%；（6）实现了从先前的投入大量补贴到目前的实现全部成本回收。

从金边供水管理局的经验中所汲取的重要内容如下：

- 供水服务不必面向所有人免费开放。针对各项服务收费对于优质服务的可持续性及扩展优质服务具有十分重要的意义。此外，与过去从私人供应商那里购买的存在质量问题的水相比，贫困家庭购买安全的管道自来水，其生活质量也会得到相当程度的改善。

专栏6.8（续）

- 如果政府能够给予充分的行政自主权和强有力的支持的话，将一个不断恶化、业绩欠佳的自来水公司转变成出类拔萃的服务提供者是有可能的。
- 如果环境透明，水费能够覆盖全部成本且所有人都能享受均等的服务，那么一家完全独立承担责任且独立于政治压力之外的自来水公司能够成功地实现提供清洁水的目标。

如果金边供水管理局没有在工作人员的能力建设、纪律灌输和团队合作方面进行投资，是不可能取得目前的成功的。看来，在民间团体的积极参与下，且各级政府为承诺使供水服务更具包容性都采取积极的行动，那么金边供水管理局成功的故事在其他社区是可以得到再次演绎的。

资料来源：亚洲开发银行（2007b）。

6.3.3　机构因素

A. 管理不善与贪污腐败

暂且不论公共支出[①]的水平及其组成部分，管理质量——以官僚机构的性质及贪污腐败的程度来加以衡量——也对公共支出的有效性产生影响（拉杰库马尔和斯瓦鲁普，2008年）。从本质上说，正如先前所讨论的，缺勤实际上是管理不善的一种表现，也可以看作是对公共服务规则执法不力的一种产物（如，疏于监管）。

在南亚和东南亚，各级公共部门内部滋生出的腐败现象并不少见（库阿，2003年）。戴维斯（2004年）对南亚地区在供水和医疗卫生服

① 理论文献和实证文献的观点一致认为，公共支出的水平及组成在优化人类发展成果方面至关重要。然而，一种关于最优支出构成的理论尚未出现（帕泰尔诺斯特罗和拉贾拉姆，2007年）。因此，大部分实证评估都基于在过去已经产生较好结果的公共支出水平和组成部分的实际的分析框架和实例之上。

务的提供方面所出现的腐败现象进行了真实记录，其中“寻租”在许多社区中都普遍存在。现场工作人员经常收到用户私下给予的钱款，要么是为了加快供水和下水道修复工作，要么是降低水表计数，要么是提供和隐瞒非法连接。公共供水服务机构和相关政府工作人员都会从“内定的”建筑承包商那里收受贿赂，这种情况会对竞争性的公开招标产生不利影响。

阿兹法尔和古尔古尔（2007 年）的研究发现，贪污腐败衍生出一系列恶果，如：降低了免疫接种率；延缓了新生儿接种；延长了使用医疗卫生设施的等候时间，尤其是在那些大部分人口都依靠公共医疗服务的农村地区；严重削弱了人们对于公共医疗服务和教育的满意度；降低了公立学校的表现并打击了人们使用公共医疗卫生设施的积极性。他们还发现，腐败现象对贫困人口和富裕人口的影响十分不一致，对贫困人口的影响较大。

除了通过降低累进税以及补贴分配累退所导致的收入不平等之外（古普塔等人，2002 年），贪污腐败也通过其他许多途径对公共服务的提供产生不利影响（见专栏 6.9）。管理不善和贪污腐败所产生的一系列严重后果会导致供水和其他公用设施的创收较少，尽管自来水管入户的费用非常高。这是由于管道泄漏和非法安装、水费较低以及收缴率较低造成的（布里奇斯，2007 年；麦金托什，2007 年）。在孟加拉国、印度、印度尼西亚、哈萨克斯坦、巴基斯坦和菲律宾，大部分供水系统的水源流失率较高。在孟加拉国，水源流失率一般来说约达到总供水量的 40%—60%，但最高达到 70%。在印度尼西亚，水源流失率一般占总供水量的 30%—50%（布里奇斯，2007 年）。

在孟加拉国、柬埔寨、哈萨克斯坦、巴基斯坦、菲律宾以及萨摩亚群岛，收缴的水费较低以及成本回收较差都扼制了这些地区的水务部门的发展，其总收入仅占平均运营成本的 90%（亚洲开发银行，2006 年及 2007a）。这样一来，使各项服务兼具包容性和可持续性确非易事。

B. 交通不便以及距离遥远所带来的成本

交通开支和机会成本（行程时间）随着距离的增加而不断提高。

专栏 6.9　贪污腐败对医疗卫生服务和教育服务造成破坏

基于跨国家的回归分析，我们发现，贪污腐败通过以下方式对公众使用公共服务造成破坏：

- 提高服务的价格且降低政府的产出水平与服务水平，包括在医疗卫生与教育方面减少服务和资金的提供（施莱弗和魏施尼，1993 年）；
- 减少人力资本（欧里希和吕雷，1999 年）且减少国家在教育和医疗卫生方面的开支（莫罗，1998 年；拉杰库马尔和斯瓦鲁普，2008 年）；
- 削减政府收入（亨德里克斯、基恩和穆索，1999 年）且减少公共服务的数量和降低公共服务的质量（比尔斯、格洛姆和雅内巴，2000 年）。

此外，公共服务质量差挫伤了人们的支付意愿以及使用这类服务的积极性，同时也催生了逃税漏税现象的不断蔓延。

资料来源：古普塔等人（2001 年）。

而由于路况较差及缺乏交通服务，偏远社区的贫困人口常常在获得初等教育和基本医疗卫生服务方面处于弱势地位。因此，居住在远离供水和供电设施的家庭则可能获得的基本服务较少，甚或根本没有获得基本服务。

在孟加拉国和尼泊尔的农村地区，距离卫生保健设施的远近大大影响了产妇对医疗卫生服务设施的使用比率（贾米勒等人，1999 年；霍奇基斯，2001 年；安瓦尔等人，2005 年）。居住在孟加拉国乡村的孕妇，如果她们至少要走 2 英里路才能到达诊所，则与距离较近的人相比，她们接受破伤风疫苗注射[①]的可能性会降低 20%。

外出不方便也是众多孟加拉国孕妇不愿意接受破伤风疫苗注射的原因之一，这其实也与距离的远近有关（贾米勒等人，1999 年）。如果没

① 这种免疫有助于减少分娩并发症的风险。

人能够待在家里照顾年幼的孩子们的话，母亲们的外出便会受到很大限制。在孟加拉国，距离诊所较近以及可靠的医务工作者可以提供上门服务对于儿童获得免疫服务具有很大的影响，尤其对于较贫困的家庭更是如此（贾米勒等人，1999 年）。

根据世界卫生组织的报告，如果产妇在分娩时得到及时护理的话，产妇死亡率可以降低 75%（世界卫生组织，2001 年）。在认识到交通与道路网络对于在贫困人口当中落实卫生服务的重要意义后，不仅在亚洲地区，包括在世界其他地区的发展中国家，各种与交通有关的干预措施都得以全面展开和贯彻实施（IDS，2007 年）。这些干预措施包括：（1）用于紧急运输、燃料费用以及运输司机等的不同资助机制（如，成本分摊、社区储蓄以及联保计划）；（2）对社区助产士在上门服务、应急管理以及建立待产之家这三个方面进行培训；（3）改善农村交通基础设施；（4）完善各保健中心之间的转诊网络。尽管如此，大部分此类干预措施只是小规模地得到了贯彻和落实，还有待于进行严格的评估（坎贝尔和格雷厄姆，2006 年）。

除了交通成本和市场成本以外，服务于贫困人口的中介机构也面临着要缴纳较高的水费这一事实（联合国开发计划署，2006 年），因为大部分自来水公司都采用一种分级累进收费制度，这是一种歧视性的定价策略，水价会随着用水量的增多而逐步提高。继而，供水中介服务机构将较高的水费转嫁给了那些无力支付高昂的自来水管入户费用的广大贫困客户。因此，那些生活在城市贫民窟的人们为每升用水要支付比富裕居民高出 5—10 倍的价格（联合国开发计划署，2006 年）。此外，那些游离于正式供水网络之外的农村社区在组织和管理自己的供水系统时，要面临更大的障碍。

C. 信息匮乏与意识薄弱

对于贫困人口来说，信息匮乏以及意识薄弱是有效获得医疗卫生服务的另一个绊脚石。贫困家庭无法获得足够的信息通常是由于他们缺乏正规教育所致，且公共服务提供者的宣传活动有限。

一般来说，家庭的信息获取量和教育程度通过以下一种因素或多种因素相结合对卫生保健需求产生影响：（1）卫生教育影响人们的行为和实践，如上文所讨论的；（2）识数能力和识字率有助于未来的父母，尤其是母亲，识别疾病的症状；（3）正规教育可以改善人们对于医疗机构提供的卫生保健的认知及相关行为（格列威，1999 年）。

对于身体健康状况所出现的危险迹象或症状缺乏了解会延误人们作出寻求治疗的决定。据研究发现，在印度，母亲的受教育程度与此类延误呈负相关（皮莱等人，2003 年）；而在孟加拉国，母亲的受教育程度与使用医疗卫生服务的情况呈正相关（安瓦尔等人，2005 年；查克拉博蒂等人，2003 年）。对孟加拉国、印度尼西亚、菲律宾以及其他三个国家所提供的数据进行分析表明，母亲受教育的程度较低与通过接生婆分娩密切相关（贝尔等人，2003 年）。没有完成高中学业的母亲与完成高中学业母亲相比，在分娩时接受专业医务人员护理的可能性要低 2—6 倍。在孟加拉国，对于母亲没有完成小学学业的孩子们来说，其得到全面免疫注射的可能性要降低 70%（贾米勒等人，1999 年）。

缺乏对安全饮用水的成本及相关益处的了解也会影响家庭的支付意愿并最终导致不明智的决策。根据布里奇斯（2007 年）的观点，柬埔寨的大部分农村家庭都没有意识到不安全的饮用水对健康产生的负面影响。这种原因，与高昂的自来水管入户费用一起，使贫困家庭转向替代水资源，而这些水资源可能不安全而且更为昂贵。在印度，缺乏对政府相关举措的了解使居住在偏远乡村的贫困家庭和弱势家庭被排除在接受补贴的行列之外（水援助组织，2006 年）。

缺乏卫生方面的信息和教育也是阻碍获得卫生服务的主要绊脚石。正如最近尼泊尔几项社区级别的卫生资助计划表明，缺乏卫生和保健意识以及缺乏相关教育导致厕所补贴受益者的所有权意识较差，即厕所并未投入使用或基本得不到维修（普雷图斯等人，2008 年）。如在第 6.2 节中所讨论的，在南亚地区，尽管存在潜在的危险，露天排便依然普遍盛行。而在中国的农村地区，虽然在整体改善卫生设施方面已经取得重大进展，仍有很多人选择在开放空间排便。这种不健康的方式可以通过对人们加强卫生教育和宣传活动得以大量减少（布里奇斯，2007 年）。

专栏6.10给出了许多在普及卫生知识、提高卫生意识及改善人们的卫生习惯等方面所采取的有效策略的例子。

专栏6.10　通过信息传播、普及教育以及宣传活动促使居民的日常行为发生变化

- 印度：卫生宣传活动促使农村社区厕所的利用率和普及率提高了30%（帕特纳亚克等人，2007年）。
- 印度：在对印度的北方邦农村开展的群集随机药效试验所提供的数据表明，以社区为基础的、与当地社会文化背景相适应的动员与教育活动可以提高农村地区的新生儿护理并减少新生儿死亡率（库马尔等人，2008年）。
- 尼泊尔：该国出台的旨在敦促婆婆和丈夫对即将分娩的准妈妈表示关心、分担分娩过程中的身心痛苦以及为准妈妈的分娩作充分准备的SUMATA“护理、分担以及准备”措施证明，通过参与的方法，使用多种宣传渠道对于提高人们关于妊娠并发症的认识卓有成效（霍普金斯大学国际妇产科教育项目，2004a）。
- 印度尼西亚：苏阿弥SIAGA的“警醒的丈夫”计划大大改善了准爸爸们对于产妇分娩和怀孕紧急情况的相关知识、态度以及切身感受。经常参与各种宣传活动的准妈妈们在分娩时求助于熟练助产士的可能性较大，而准爸爸们更有可能在准妈妈的整个孕期发挥积极的作用（霍普金斯大学国际妇产科教育项目，2004b；南达等人，2005年）。

许多南亚国家最近都采取了几项策略来克服在提供公共服务方面的弱点，并加快在人类发展的进程中所取得的进步。专栏6.11重点介绍了在进一步推广亚洲地区加快提供各项服务的举措的过程中所涉及的机遇和挑战。专栏6.12向我们展示了在中国的农村地区扩大供水服务和卫生服务方面应当借鉴的经验教训。

专栏 6.11　在提供服务方面加快进度：一些展望与面临的挑战

在孟加拉国的达卡，将管理下放到社区（包括能力建设），在非政府组织（简称 NGO）的大力支持下，已经成功将供水服务普及到非正式定居者所在区域（艾哈迈德，2003 年）。

孟加拉国一直以来都依靠非政府组织来向贫困人口提供多种服务。其结果是相当可观的。尽管如此，如果不对各级政府加强相互制衡与监督，贪污腐败将会大大削弱私人承包的工作效率（世界银行，2008 年）。

在尼泊尔，有约 2400 所学校将权力下放到各个社区，同时，这也显示出了在降低教师缺勤率方面的明显成果。权力下放旨在恢复服务提供者的责任。在这种背景下，由学生家长和有影响力的当地居民组成的学校管理委员会就可以从政府那里获得并支配用于学校管理的无条件分类拨款。学校管理委员会可以对教师行使聘用和解聘职权，且根据教师的在校表现来发放薪金。

虽然如此，对社区下放的权力能达到什么样的程度，还存在诸多限制。在印度，权力下放对教师的缺勤率毫无影响（世界银行，2008 年）。一个乡村教育委员会专门负责对教师在领取薪金之前的出勤率进行核实。但不论教师是否到校，大部分这类委员会都会签字予以确认。

D. 基本服务的多重性

需要着重指出的是，某项服务的可获得性和质量或缺乏该项服务，都会在很多方面对提供其他服务的有效性产生影响。例如，在尼泊尔，社会排斥限制了成功提供应急基金并对其加以管理的机会（IDS，2007 年）。在孟加拉国，受过训练的助产士离需要服务的家庭都不够近，也对及时提供服务造成了很大障碍。

专栏 6.12　扩大对贫困人口的服务面：来自中国的经验教训

中国在普及供水服务和医疗卫生服务且使其更具包容性方面取得了成功，这与该国对以下各个环节的重视是分不开的：

- 中央和地方各级政府的强大而果断的领导；
- 问责制的执行遵循简单、明确的规定；
- 政府部门和机构之间高效有序的协调；
- 社区的积极参与，从而避免了计划实施的失败；
- 用户承诺提供财政捐助，从而确保各种服务设施能收回成本；
- 各级开展能力建设以确保各项服务的可持续性；
- 各级部门之间互相分享经验和知识，从而确保为实现目标达成共识；
- 将卫生教育与健康教育和农村供水系统相整合。

资料来源：舒晨等人（2004 年）。

基于菲律宾提供的调查数据，休门等人（2006 年）发现，学龄前儿童的健康状况和营养状况都会对小学入学率和教育成果产生影响。在另一方面，父母的受教育程度，尤其是母亲的受教育程度，对生育间隔以及儿童追求健康的行为都产生代际影响。据此，我们就更容易理解，缺乏清洁水和电力供应都会大大削弱卫生服务的质量且会助长各种传染病的蔓延。对于阅读和完成家庭作业而言，照明也是十分必要的。因此，缺乏电力供应也会影响到学校出勤率以及学习成果。

6.4　结论

由于各项基本服务的提供都是相互联系的，因此，确保各项服务的提供都具有包容性具有重要意义。要使人人皆可享受各项服务且人人具有支付能力，那么所需实现的就不仅仅局限于提供免费服务。正如第 6.3 节所讨论的，在制定使各种服务更具包容性的适当策略或一个综合办法的过程中，要找出种种限制因素是首要的一步。

以下就改善基本服务方面（尤其是针对贫困地区）的几个重要因素进行了总结归纳，为政策制定者提供参考。值得注意的是，由于各社区中存在的限制因素各不相同，即在某些社区起作用的限制因素对其他社区可能不起作用，因此，开展旨在识别具体国家和具体地区存在的障碍的个案基准研究，对于使各项服务的提供更加有效和公平是至关重要的。

6.4.1 使贫困人口也能获得各项服务，并且负担得起

提高获得服务的机会涉及几个因素。例如，需要对目标机制的设计予以更多关注，因为这些机制在对于促使提供的服务更具包容性方面以及在获得各项基本服务方面不仅切合实际，而且行之有效。

此外，由于资源对于各种服务的维持和扩展至关重要，因此，需要建立与支付能力和支付意愿相适应的用户收费体系。这不仅能促使人们去获取服务，还大大增加了服务提供部门的收入并促进成本回收。

为了进一步提高可持续性，补贴方案应当与创收活动相联系。此外，补贴还应当是最小限度的，并与社区动员以及各种认识提高活动密不可分。

应当向贫困人口提供援助，从而减少他们自付费用的数额。为贫困人口提供更高额的保险支持可以通过实施创新性干预措施获得资金，如累进制的服务收费。

6.4.2 努力消除阻碍人们进一步获得服务机会的有形障碍

可靠的道路和交通网络对于贫困人口及偏远社区获得并负担卫生和教育服务是非常重要的。农场到市场的道路不仅有助于提高农业生产率和盈利能力，而且对于人们获得基本社会服务也起着极其重要的作用。建立起应急的、以社区为基础的交通和运输网络对于偏远社区尤其重要，因为在这些地区，熟练助产士十分稀缺，分娩设施非常匮乏，而且产妇死亡率和新生儿死亡率都相当高。

6.4.3 提高人们对于可以获得何种基本服务以及获得渠道的认识

更多的信息以及增强的认识提高了家庭的支付意愿以及获得基本服务的机会。为此目的，应当根据贫困社区的文化和人口背景制定各种信息、教育和宣传策略，如清洁的供水、良好的卫生及健康的习惯和行为的实际成本与益处，还有教育的重要意义等。此外，各种社会方案必须大力鼓励学校招生，尤其针对贫困家庭的招生。教育的改善也会对下一代获得基本服务的能力和意愿产生持久的影响。

6.4.4 以服务质量为重点，加大力度

服务质量直接决定着人们获得服务的意愿，支付的意愿以及人类发展的成果。在本文中，加强服务工作者和专业人士的能力建设从而使他们熟练回应客户的需求。需要采取以业绩为基础的激励机制来改善专业人士及其辅助人员的敬业程度和工作态度，尤其是在那些缺勤率较高、人力资源匮乏且分布不均以及发展成果较差的地区。

6.4.5 加强治理和惩治腐败

为了打击贪污腐败且实现更好的结果，公共部门和私营部门的合作关系应该得到加强。此外，各项服务的提供者和使用者应当充分履行其各自承担的提供服务的职责和使用服务的职责。政府当局应当积极履行其监管职能，对全体工作人员的业绩进行监测和评估，还可以通过安装可靠的且抗干扰的技术辅助工具来协助监测。同样的技术辅助工具还可以用来对用电量和用水量进行监测，从而有助于扼制贪污腐败和违法行为。另外，对于客户针对服务提供者所作的反馈进行评估与交流也是大有裨益的。除了能够提高质量以外，还有助于明确责任、树立起客户对于各项服务的信心。

参考文献

ADB. 2002. Impact Evaluation Study on Water Supply and Sanitation Projects in Selected Developing Member Countries. Asian Development Bank, Manila.

_____. 2006. Should Asia's Urban Poor Pay for Water? Water Briefs, Asian Development Bank, Manila.

_____. 2007a. *Asian Water Development Outlook 2007*. Asian Development Bank, Manila.

_____. 2007b. "Country Water Action: Cambodia Phnom Penh Water Supply Authority: An Exemplary Water Utility in Asia." Asian Development Bank, Manila. Available: www.adb.org/water/actions/CAM/PPWSA.asp.

Ahmed, R. 2003. *NGO Intermediation: A Model for Securing Access to Water for the Urban Poor*. Available: www.wateraid.org.uk/in_depth/in_depth_publications/1503.asp, downloaded 20 November 2008.

Annear, P. L., M. Bigdeli, R. C. Eang, and B. R. Jacobs. 2008. "Providing Access to Health Services for the Poor: Health Equity in Cambodia." In B. Meessen, X. Pei, B. Criel, and G. Bloom, eds., *Health and Social Protection: Experiences from Cambodia, China and Lao PDR*. Studies in Health Services Organisation and Policy No. 23, International Labour Office, Geneva.

Anwar, A. T. M. I., J. Killewo, M. K. Chowdhry, and S. K. Dasgupta. 2005. "Bangladesh: Inequalities in Utilization of Maternal Health Care Services—Evidence from Matlab." In D. R. Gwatkin, A. Wagstaff, and A. S. Yazbeck, eds., *Reaching the Poor with Health Nutrition, and Population Services: What Works, What Doesn't and Why*. World Bank, Washington, DC.

Azfar, O., and T. Gurgur. 2007. "Does Corruption Affect Health and Education Outcomes in the Philippines?" *Economics of Governance* 9(3):197–244.

Banerjee, A., and E. Duflo. 2006. "Addressing Absence." *Journal of Economic Perspectives* 20(1):117–32.

Banerjee A., A. Deaton, and E. Duflo. 2004. "Wealth, Health, and Health Services in Rural Rajasthan." *American Economic Review* 94(2):326–30.

Barat, L. M., N. Palmer, S. Basu, E. Worrall, K. Hanson, and A. Mills. 2004. "Do Malaria Control Interventions Reach the Poor? A View Through the Equity Lens." *The American Journal of Tropical Medicine and Hygiene* 71(2):174–78.

Bearse, P., G. Glomm, and E. Janeba. 2000. "Why Poor Countries Rely Mostly on Redistribution In-kind." *Journal of Public Economics* 75(3):463–81.

Bell, J., S. Curtis, and S. Alayón. 2003. Trends in Delivery Care in Six Countries. DHS Analytical Studies No. 7, ORC Macro and the International Research Partnership for Skilled Attendance for Everyone, Calverton, MD.

Bridges, G. 2007. "Country Papers." In *Asian Water Development Outlook 2007*. Asian Development Bank, Manila.

Campbell, O. M., and W. J. Graham. 2006. "Strategies for Reducing Maternal Mortality: Getting on with What Works." *Lancet* 368:1284–99.

Chakraborty, N., M. Islam, R. Chowdhury, W. Bari, and H. Akhter. 2003. "Determinants of the Use of Maternal Health Services in Rural Bangladesh." *Health Promotion International* 18(4):327–37.

Chaudhury, N., and J. S. Hammer. 2004. "Ghost Doctors: Absenteeism in Rural Bangladeshi Health Facilities." *World Bank Economic Review* 18(3):423–41.

Chaudhury, N., J. Hammer, M. Kremer, K. Muralidharan, and F. H. Rogers. 2006. "Missing in Action: Teacher and Health Worker Absence in Developing Countries." *Journal of Economic Perspectives* 20(1):91–116.

Chomitz, K., G. Setiadi, and A. Azwar. 1998. What do Doctors Want? Developing Incentives for Doctors to Serve in Indonesia's Rural and Remote Areas. World Bank Policy Research Working Paper No. 1888, World Bank, Washington, DC.

Dalton, A., and S. Peacock. 2005. Study of the Link between Health and Poverty: Technical Report. World Health Organization, Phnom Penh.

Das, J., and J. Hammer. 2004. Which Doctor? Combining Vignettes and Item Response to Measure Doctor Quality. World Bank Policy Research Working Paper No. 3301, World Bank, Washington, DC.

_____. 2007a. "Location, Location, Location: Residence, Wealth, and the Quality of Medical Care in Delhi, India." *Health Affairs* 26(3):338–51.

_____. 2007b. "Money for Nothing: The Dire Straits of Medical Practice in Delhi, India." *Journal of Development Economics* 83(1):1–36.

Davis, J. 2004. "Corruption in Public Service Delivery: Experience from South Asia's Water and Sanitation Sector." *World Development* 32(1):53–71.

Davis, J., G. White, S. Damodaron, and R. Thorsten. 2008. "Improving Access to Water Supply and Sanitation in Urban India: Microfinance for Water and Sanitation Infrastructure Development." *Water Science & Technology* 58(4):887–91.

Demery, L. 2000. *Benefit Incidence: A Practitioner's Guide*. World Bank, Washington, DC. Available: http://siteresources.worldbank.org, downloaded 15 February 2009.

DOH. 2008a. "Improve Access of the Poor to Quality and Affordable Essential Drugs." *Health Policy Notes* 1(6):1–6. Department of Health, Manila.

_____. 2008b. "Multi-sectoral Action Key to Improving Access to Water and Sanitation Services." *Health Policy Notes* 1(5):1–4. Department of Health, Manila.

_____. 2008c. "Ensure Adequate Supply and Equitable Distribution of Competent Human Resources for Health in the Country." *Health Policy Notes* 2(2):1–6. Department of Health, Manila.

Duflo, E., R. Hanna, and R. Stephen. 2008. Monitoring Works: Getting Teachers to Come to School. CEPR Discussion Papers 6682, Centre for Economic Policy Research, London.

Dussault, G., and M. C. Franceschini. 2006. "Not Enough There, Too Many Here: Understanding Geographical Imbalances in the Distribution of the Health Workforce." *Human Resources for Health* 4(12). Available: www.human-resources-health.com/content/4/1/12.

Ehrlich, I., and F. T. Lui. 1999. "Bureaucratic Corruption and Endogenous Economic Growth." *Journal of Political Economy* 107(S6):S270–29.

Filmer, D. 2003. "Determinants of Health and Education Outcomes." Background Note for *World Development Report 2004: Making Services Work for Poor People.* Available: www-wds.worldbank.org, downloaded 15 February 2009.

Ghuman, S., J. R. Behrman, S. Gultiano, and E. M. King. 2006. *Children's Nutrition, School Quality, and Primary School Enrollment in the Philippines.* New York, NY: Population Council.

Glewwe, P. 1999. "Why does Mother's Schooling Raise Child Health in Developing Countries? Evidence from Morocco." *The Journal of Human Resources* 34(1):124–59.

_____. 2004. "An Investigation of the Determinants of School Progress and Academic Achievement in Vietnam." In P. Glewwe, D. Dollar, and N. Agrawal, eds., *Economic Growth, Poverty, and Household Welfare in Vietnam.* World Bank, Washington, DC.

Gupta, S., H. Davoodi, and R. Alonso-Terme. 2002. "Does Corruption Affect Income Inequality and Poverty?" *Economics of Governance* 3(1):23–45.

Gupta, S., H. Davoodi, and E. R. Tiongson. 2001. "Corruption and the Provision of Healthcare and Education Services." In A. K. Jain, ed., *The Political Economy of Corruption.* London: Routledge.

Hindricks, J., M. Keen, and A. Muthoo. 1999. "Corruption, Extortion and Evasion." *Journal of Public Economics* 74:395–430.

Hongoro, C., and B. McPake. 2004. "How to Bridge the Gap in Human Resources for Health." *Lancet* 364:1451–56.

Hossain, N., Rashid-ud-Zaman, N. Banksand, and H. C. Geirbo. 2007. BRAC Research Report: The Incentives and Constraints of Government Doctors in Primary Health Care Facilities in Bangladesh. Research and Evaluation Division, Bangladesh Rural Advancement Committee, Dhaka.

Hotchkiss, D. R. 2001. "Expansion of Rural Health Care and the Use of Maternal Services in Nepal." *Health & Place* 7(1):39–45.

IDS. 2007. *Maternal Health and Transport, Key Issues Guide.* Institute of Development Studies, United Kingdom. Available: www.eldis.org/go/topics/resource-guides/health/key-issues/maternal-health-and-transport, downloaded 25 November 2008.

IEA. 2002, 2006. *World Energy Outlook.* International Energy Agency, Paris.

Jamil, K., A. Bhuiya, K. Streatfield, and N. Chakrabarty. 1999. "The Immunization Programme in Bangladesh: Impressive Gains in Coverage, but Gaps Remain." *Health Policy and Planning* 14(1):49–58.

JHPIEGO. 2004a. "Building Partnerships to Save Mothers: Nepal's SUMATA Initiative." *Mobilizing for Impact*. August:1–4.

_____. 2004b. "Indonesia's SIAGA Campaign Promotes Shared Responsibility." *Mobilizing for Impact* September:1–4.

Koenig, M. A., K. Jamil, P. K. Streatfield, T. Saha, A. Al-Sabir, S. El Arifeen, K. Hill, and Y. Haque. 2007. "Maternal Health and Care-Seeking Behavior in Bangladesh: Findings from a National Survey." *International Family Planning Perspectives* 33(2):75–82.

Komives, K., V. Foster, J. Halpern, Q. Wodon, R. Abdullah. 2005. Water, Electricity, and the Poor: Who Benefits from Utility Subsidies? World Bank, Washington, DC.

Kremer, M., and D. Chen. 2001. An Interim Report on a Teacher Attendance Incentive Program in Kenya. Harvard University, Cambridge, MA.

Kremer, M., N. Chaudhury, F. Halsey Rogers, K. Muralidharan, and J. Hammer. 2005. "Teacher Absence in India: A Snapshot." *Journal of the European Economic Association* 3(2–3):658–67.

Kumar, V., S. Mohanty, A. Kumar, R. P. Misra, M. Santosham, S. Awasthi, A. H. Baqui, P. Singh, V. Singh, R. C. Ahuja, J. V. Singh, G. K. Malik, S. Ahmed, R. E. Black, M. Bhandari, and G. L. Darmstadt. 2008. "Effect of Community-Based Behaviour Change Management on Neonatal Mortality in Shivgarh, Uttar Pradesh, India: A Cluster-Randomised Controlled Trial." *The Lancet* 372(9644):1151–62.

Mahal, A., J. Singh, F. Afridi, V. Lamba, A. Gumber, and V. Selvaraju. 2000. Who Benefits from Public Spending in India? National Council of Applied Economic Research, New Delhi.

Makinen, M., H. Waters, M. Rauch, N. Almagambetova, R. Bitran, L. Gilson, D. McIntyre, S. Pannarunothai, A. L. Prieto, and G. R. Ubilla. 2000. "Inequalities in Health Care Use and Expenditures: Empirical Data from Eight Developing Countries and Countries in Transition." *Bulletin of the World Health Organization* 78(1):55–65.

Mauro, P. 1998. "Corruption and the Composition of Government Expenditure." *Journal of Public Economics* 69(2):263–79.

McIntosh, A. 2007. "Water Supply and Sanitation Issues in South Asia." Discussion Paper for the *Asian Water Development Outlook 2007*. Asia-Pacific Water Forum, Asian Development Bank, Manila.

Nanda, G., K. Switlick, and E. Lule. 2005. Accelerating Progress towards Achieving the MDG to Improve Maternal Health: A Collection of Promising Approaches. Health, Nutrition and Population (HNP) Discussion Paper, International Bank for Reconstruction and Development and World Bank's Human Development Network, Washington, DC.

O'Donnell, O., E. van Doorslaer, R. P. Rannan-Eliya, A. Somanathan, S. R. Adhikari, D. Harbianto, C. C. Garg, P. Hanvoravongchai, M. N. Huq, A. Karan, G. M. Leung, C. W. Ng, B. R. Pande, K. Tin, K. Tisayaticom, L. Trisnantoro, Y. Zhang, and Y. Zhao. 2007. "The Incidence of Public Spending on Healthcare: Comparative Evidence from Asia." *The World Bank Economic Review* 21(1):93–123.

Paternostro, S., and A. Rajaram. 2007. "How does the Composition of Public Spending Matter?" *Oxford Development Studies* 35(1):47–82.

Pattanayak, S. K., K. Dickinson, J-C. Yang, S. R. Patil, P. Praharaj, and C. Poulos. 2007. Promoting Latrine Use: Midline Findings from a Randomized Evaluation of a Community Mobilization Campaign in Bhadrak, Orissa. Environmental and Natural Resource Economics Working Paper 07–02, Research Triangle Institute, North Carolina.

Peters, D. H., A. S. Yazbeck, R. Sharma, G. Ramana, L. H. Pritchett, and A. Wagstaff. 2002. *Better Health Systems for India's Poor: Findings, Analysis, and Options*. World Bank, Washington, DC.

Pillai, R. K., S. V. Williams, H. A. Glick, D. Polsky, J. A. Berlin, and R. A. Lowe. 2003. "Factors Affecting Decisions to Seek Treatment for Sick Children in Kerala, India." *Social Science & Medicine* 57(5):783–90.

Pretus, L. D., O. Jones, L. Sharma, and R. K. C. Shrestha. 2008. Money Down the Pan? Community Level Models for Financing Sanitation in Rural Nepal: A Sector Review. Asian Development Bank and WaterAid, Nepal.

Quah, J. S. T. 2003. "Causes and Consequences of Corruption in Southeast Asia: A Comparative Analysis of Indonesia, the Philippines and Thailand." *Asian Journal of Public Administration* 25(2):235–66.

Rajkumar, A. S., and V. Swaroop. 2008. "Public Spending and Outcomes: Does Governance Matter?" *Journal of Development Economics* 86(1):96–111.

Quimbo, S. A., J. W. Peabody, R. Shimkhada, K. Woo, and O. Solon. 2008. "Should We Have Confidence if a Physician is Accredited? A Study of the Relative Impacts of Accreditation and Insurance Payments on Quality of Care in the Philippines." *Social Science and Medicine* 67(4):505–10.

Serneels, P. M., M. Lindelow, J. G. Montalvo, and A. Barr. 2007. "For Public Service or Money: Understanding Geographical Imbalances in the Health Workforce." *Health Policy and Planning* 22(3):128–38.

Shleifer, A., and R. W. Vishny. 1993. "Corruption." *The Quarterly Journal of Economics* 108(3):599–617.

Shuchen, M., T. Yong, and L. Jiayi. 2004. "Rural Water Supply and Sanitation in China: Scaling Up Services for the Poor." A case study from *Reducing Poverty, Sustaining Growth: What Works, What Doesn't, and Why*. A Global Exchange for Scaling Up Poverty Reduction Success, Global Learning Process and Conference, 25–27 May, Shanghai.

Suryadarma, D., A. Suryahadi, S. Sumarto, and F. Halsey Rogers. 2006. "Improving Student Performance in Public Primary Schools in Developing Countries: Evidence from Indonesia." *Education Economics* 14(4):401–29.

Tietjen, K., A. Rahman, and S. Spaulding. 2004. *Time to Learn: Teachers' and Students' Use of Time in Government Primary Schools in Bangladesh.* Basic Education and Policy Support Activity. Creative Associates International, Inc., USAID, Washington, DC.

UNDP. 2006. *Human Development Report 2006: Beyond Scarcity: Power, Poverty and the Global Crisis.* New York: Palgrave Macmillan for the United Nations Development Programme.

UNICEF. 2006. *Situation of Children and Women in Nepal.* United Nations Children's Fund, Kathmandu.

UPecon-HPDP. 2008. Family Health Book (FHB) Baseline Surveys. UPecon Foundation, Inc. Health Policy Development Program, University of the Philippines Diliman, Quezon City.

Van Damme, W., L. van Leemput, I. Por, W. Hardeman, and B. Meessen. 2004. "Out-of-pocket Health Expenditure and Debt in Poor Households: Evidence from Cambodia." *Tropical Medicine & International Health* 9(2):273–80.

Wagstaff, A. 2002. "Poverty and Health Sector Inequalities." *Bulletin of the World Health Organization* 80(2):97–105.

Wagstaff, A., and E. van Doorslaer. 2003. "Catastrophe and Impoverishment in Paying for Health Care: With Applications to Vietnam 1993–98." *Health Economics* 12(1):921–33.

WaterAid. 2006. Total Sanitation in South Asia: The Challenges Ahead. WaterAid Discussion Paper, WaterAid, London.

Whitehead, M., G. Dahlgren, and T. Evans. 2001. "Equity and Health Sector Reforms: Can Low-income Countries Escape the Medical Poverty Trap?" *The Lancet* 358(9284):833–36.

WHO. 2001. Maternal Mortality in 1995: Estimates Developed by WHO, UNICEF, UNFPA. World Health Organization, Geneva.

WHO/UNICEF Joint Monitoring Programme for Water Supply and Sanitation. 2008. *Progress on Drinking-Water and Sanitation: Special Focus on Sanitation.* Available: www.who.int/water_sanitation_health/monitoring/jmp2008/en/index.html, downloaded 6 November.

World Bank. 2002. Achieving Education for All in Post-conflict Cambodia. *Education Notes.* Available: www.worldbank.org/education, downloaded 19 November 2008.

_____. 2004a. *World Development Report 2004: Making Services Work for the Poor.* Washington, DC.

_____. 2004b. "School Fees: A Roadblock to Education for All." *Education Notes*. Available: www.worldbank.org/education, downloaded 19 November 2008.

_____. 2005. *Cambodia: Quality Basic Education for All. Human Development Sector Reports*. East Asia and the Pacific Region, Washington, DC. Available: www.worldbank.org, downloaded 19 November 2008.

_____. 2008. Can South Asia End Poverty in a Generation? Available: www.web.worldbank.org, downloaded 19 November 2008.

_____. Various years. World Development Indicators Online. Available: http://devdata. worldbank.org/dataonline/.

Yazbeck, A. S., D. Gwatkin, A. Wagstaff, and J. Qamruddin. 2005. "Why were the Reaching the Poor Studies Undertaken?" In D. R. Gwatkin, A. Wagstaff, and A. S. Yazbeck, eds., *Reaching the Poor with Health Nutrition, and Population Services: What Works, What Doesn't and Why*. World Bank, Washington, DC.

第7章 亚洲的社会保护

朴东炫

7.1 引言：发展中亚洲国家实行社会保护的理由

一般来说，社会保护（social protection）是指社会对其个体成员进行保护，使其在有生之年免受各种风险的伤害。部分群体，尤其是贫困人口，相对于其他群体而言更易受到这些风险的影响。社会保护通常以政府计划的形式出现，比如对劳动力市场的干预、社会保险和社会安全网。其中，遍及发达国家的现代终生福利形式已在战后时代牢牢扎根。

近来的传统思维认为贫困国家无法负担社会保护，还认为这些国家应该集中精力实现经济的快速增长。这种观念是受到了《华盛顿共识》的影响，《华盛顿共识》暗示了增长自然会减少贫困的含义（佩里等人，2006 年）。东亚经济奇迹的经验似乎也证实了这种观念的正确性。几十年来无间断的经济增长通过涓滴效应带领亿万人口脱离了贫困。

但 1997—1998 年毁灭性的亚洲金融危机动摇了增长和仅靠增长就能保证减少贫困的自满观念，让地区各政府认识到了社会保护的重要性。这次危机的经济影响非常严重，导致失业率攀升，也造成了其他社会混乱。回顾过去，这次亚洲危机中最大的慰藉就是危机之后亚洲各国政府开始关注社会保护，并投入了更多的资源。以健全的宏观经济政策为基础的经济增长对于持续减贫是非常必要的，但是仅有政策是不够的。持续减贫需要能够直接满足社会最弱势群体需要的社会保护计划，这一点已日益成为国际共识。亚洲经济危机给该地区的社会和经济造成了严重的破坏，这种惨痛的记忆更加增强了这一共识。

经济增长的定义因此从一个以人均国内生产总值（GDP）增长为基础的狭窄概念演变为包含增长质量在内的更广泛的概念。这种演化的自然结果就是得到了包容性增长的概念。社会保护是包容性增长所必需的，甚至是不可或缺的组成部分。其原因有两个：第一，从本质上讲，保护无法直接从经济增长中受益的群体（如，长期贫困人口）与包容性增长并不是一回事。社会保护是一种确保边缘化及弱势群体从增长中受益并因此参与到增长中去的机制；第二，社会保护能够通过鼓励个体承担风险来刺激经济活动和增长。投资及其他生产性努力通常都需要承担风险，如果未能从这些活动中获得回报，社会保护可以帮助缓解这些不利影响。

社会保护是实现更具包容性的增长总体需求的组成部分。与此同时，许多具体的因素也给亚洲社会保护的加强增添了紧迫感。

首先，21 世纪的亚洲将遭遇人口的快速老龄化，这一点已成定势。一个拥有人口红利——庞大青年劳动力群体的年轻大陆正逐渐向老龄化转变，退休人员与在职工作者的比率正在上升。相对于适龄工作人口（见图 7.1）和总人口（见图 7.2），老年人口正在日益增长。显而易见，到 2050 年，整个亚洲地区将会面临截然不同的、更加老龄化的人口状况。

正如在工业化国家中，一系列经济和社会因素造成的出生率下降（见图 7.3）和不断增长的平均寿命（见图 7.4）推动了这种转变。例如，全亚洲妇女受教育程度的提高降低了每位妇女的生育数量，医疗服务的改善延长了人口的平均寿命。其他人口指标，如年龄中位数及 60 岁时的预期寿命，也明确指示了亚洲大陆老龄化的未来（见表 7.1）。社会保护是极其重要的，它能够确保为数庞大的老龄群体不受老年贫困、医疗保健服务缺乏及其他风险的伤害。

图 7.1　65 岁及以上人口与 15—64 岁人口的比率（百分比），1950—2050 年

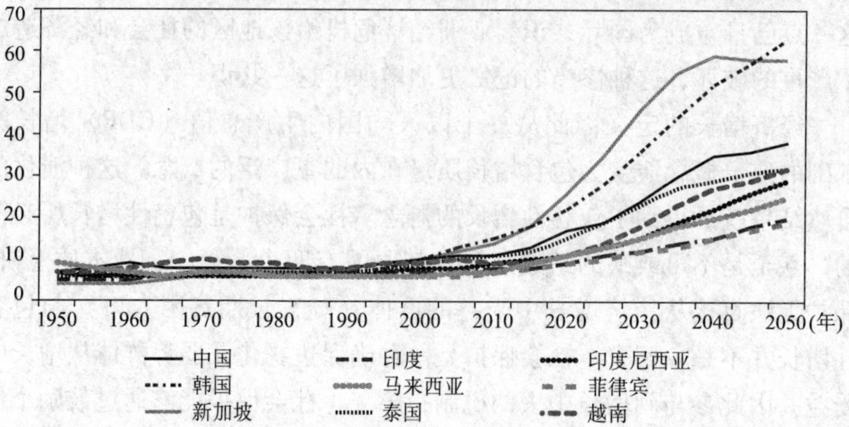

资料来源：《世界人口展望》，2008 年修订版：esa. un. org/unpp，2009 年 11 月 10 日下载（联合国秘书处，2008 年）。

图 7.2　65 岁及以上人口占总人口的比例（百分比），1950—2050 年

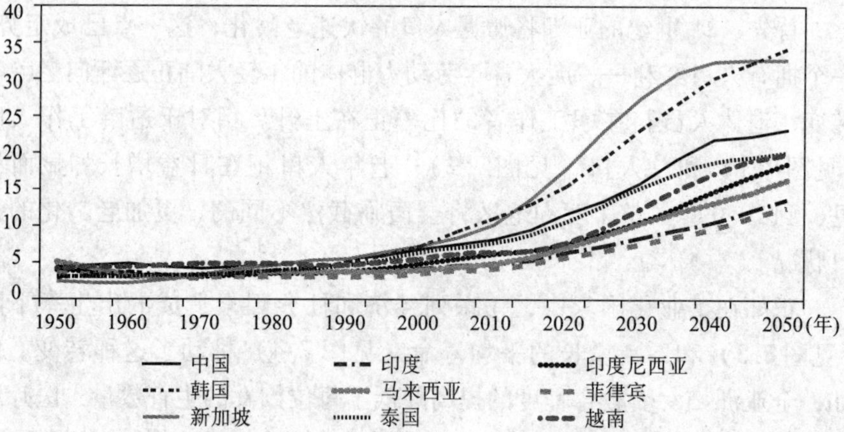

资料来源：《世界人口展望》，2008 年修订版：esa. un. org/unpp，2009 年 11 月 10 日下载（联合国秘书处，2008 年）。

图 7.3　生育率（每名妇女生育子女的数量），1950—2050 年

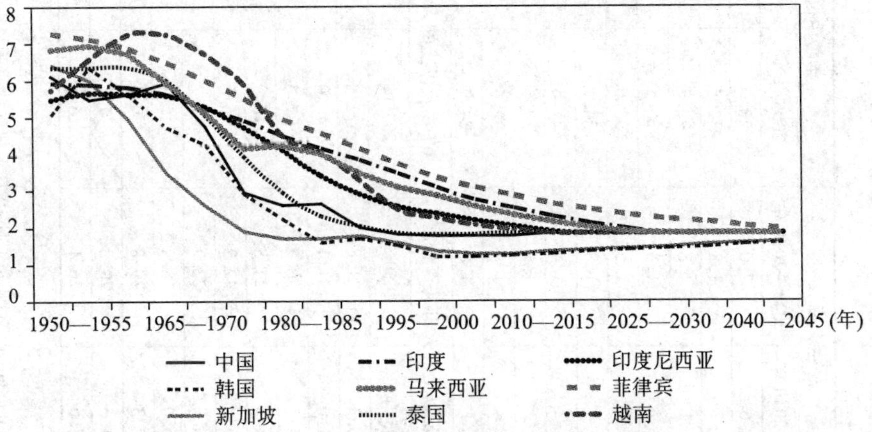

资料来源：《世界人口展望》，2008 年修订版：esa. un. org/unpp，2009 年 11 月 10 日下载（联合国秘书处，2008 年）。

图 7.4　出生时的预期寿命（岁），1950—2050 年

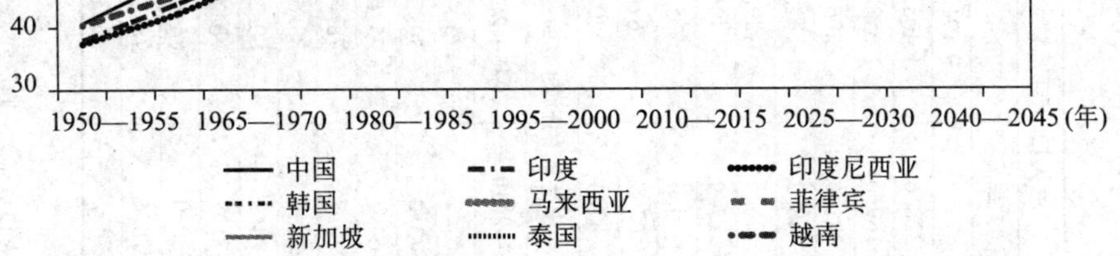

资料来源：《世界人口展望》，2008 年修订版：esa. un. org/unpp，2009 年 11 月 10 日下载（联合国秘书处，2008 年）。

表 7.1　部分亚洲国家的人口指标

经济体	总人口（百万）		人口的平均年增长率		总生育率		年龄中位数	
	2007 年	2050 年	2005—2010 年	2045—2050 年	2005—2010 年	2045—2050 年	2005 年	2050 年
世界	6 671.2	9 191.3	1.17	0.36	2.6	2.0	28.0	38.1
中国	1 328.6	1 408.8	0.58	-0.32	1.7	1.8	32.5	45.0
印度	1 169.0	1 658.2	1.46	0.32	3.1	1.8	22.7	38.6
印度尼西亚	231.6	296.9	1.16	0.10	2.2	1.8	26.5	41.1
韩国	48.2	42.3	0.33	-0.89	1.2	1.5	35.0	54.9
马来西亚	26.6	39.6	1.69	0.41	2.6	1.8	24.7	39.3
菲律宾	87.9	140.5	1.90	0.50	3.2	1.8	21.8	36.3
新加坡	4.4	5.0	1.19	-0.38	1.2	1.6	37.5	53.7
泰国	63.9	67.4	0.66	-0.27	1.8	1.8	32.6	44.3
越南	87.4	120.0	1.32	0.21	2.1	1.8	24.9	41.6
经济体	**出生时的预期寿命**		**60 岁时的预期寿命，2000—2005 年**		**60 岁及以上的人口（百分比）**		**60 岁及以上的人口（百万）**	
	2005—2010 年	**2045—2050 年**	**男性**	**女性**	**2005 年**	**2050 年**	**2005 年**	**2050 年**
世界	67.2	75.4	—	—	10.3	21.8	672.8	2 005.7
中国	73.0	79.3	20	17	11.0	31.1	144.0	437.9
印度	64.7	75.6	18	17	7.5	20.2	87.6	334.9
印度尼西亚	70.7	78.6	18	16	8.3	24.8	18.9	73.6
韩国	78.6	83.5	23	18	13.7	42.2	6.6	17.8
马来西亚	74.2	80.1	19	17	6.7	22.2	1.7	8.8
菲律宾	71.7	78.7	19	17	6.0	18.2	5.1	25.5
新加坡	80.0	84.6	23	20	12.3	39.8	0.5	2.0
泰国	70.6	78.1	20	17	11.3	29.8	7.1	20.1
越南	74.2	80.3	20	18	7.6	26.1	6.5	31.3

— =无数据。

资料来源：《世界人口展望》，2006 年修订版；《世界城市化展望》，2005 年修订版：esa. un. org/unpp，2008 年 1 月 10 日下载（联合国秘书处，2006 年）。

第二，基于家庭的非正规支持机制的逐渐弱化意味着该地区的正规社会保护机制将发挥更大的作用。传统上，亚洲人依靠子女照料其晚年的物质需求。家庭网络实际上就是亚洲的养老金制度，尤其是在农村地区，那些三代家庭成员都生活在同一屋檐下的大家庭中。更广泛地说，基于家庭的非正规支持起到了社会保护机制的作用，在此机制中家庭成员和邻居在需要时彼此互助。但是，地区经济发展带来的深远的社会变革不太利于家庭内部的援助。这种改变包括快速城市化（见图 7.5）和农业经济重要性的下降（见图 7.6）。社会和文化规范及价值观的不断变化也削弱了以家庭为基础的传统支持。简而言之，城市化、工业化和文化变革给以家庭为基础的亚洲社会保护造成了真空——这一真空必须由正规社会保护来填补。

图 7.5　城市人口在总人口中所占比例（百分比），1950—2050 年

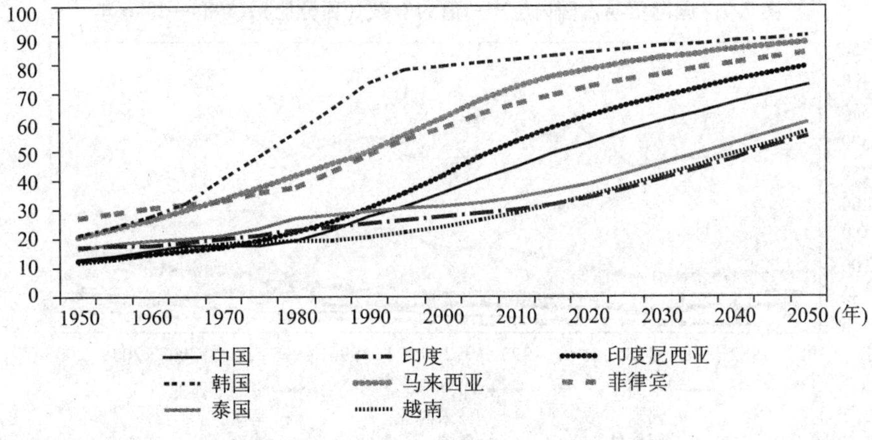

资料来源：《世界人口展望》，2006 年修订版；《世界城市化展望》，2007 年修订版：esa. un. org/unpp，2009 年 11 月 10 日下载（联合国秘书处，2008 年）。

第三，通过外国市场、资本和技术的利用（见图 7.7），亚洲已从经济全球化中收获了巨大的利益。但在世界的其他地方，全球化带来的竞争压力既产生了赢家也产生了输家。全球化的本质加快了结构调整和资源的重新分配，加剧了经济的不安全性。有效的社会保护系统被视为应对全球化带来的结构变革的最佳减震器。在最有利的情况下，健全的社会保障制度将保护贫困人口不受外部冲击的伤害，并且加强对全球化的政治支持。更确切地说，全球化使社会保护成为至关重要的措施，其

图 7.6　农业占国内生产总值的份额（百分比），1960—2007 年

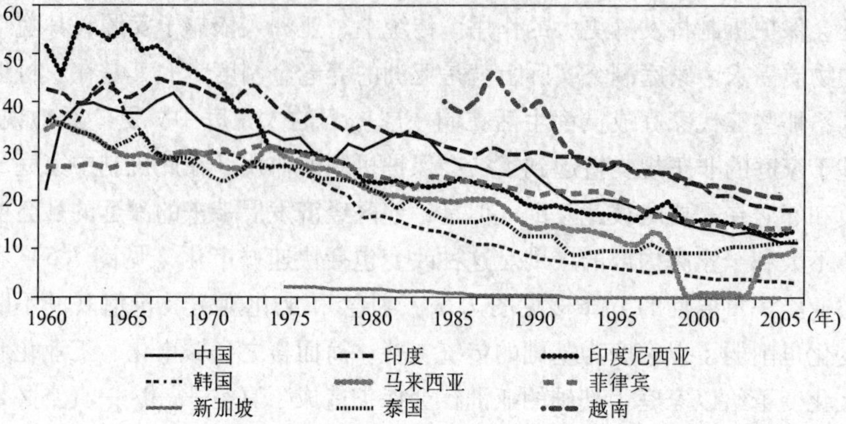

资料来源：世界银行，《世界发展指标》在线，2009 年 11 月 10 日下载。

图 7.7　国际贸易占国内生产总值的份额（百分比），1980—2006 年

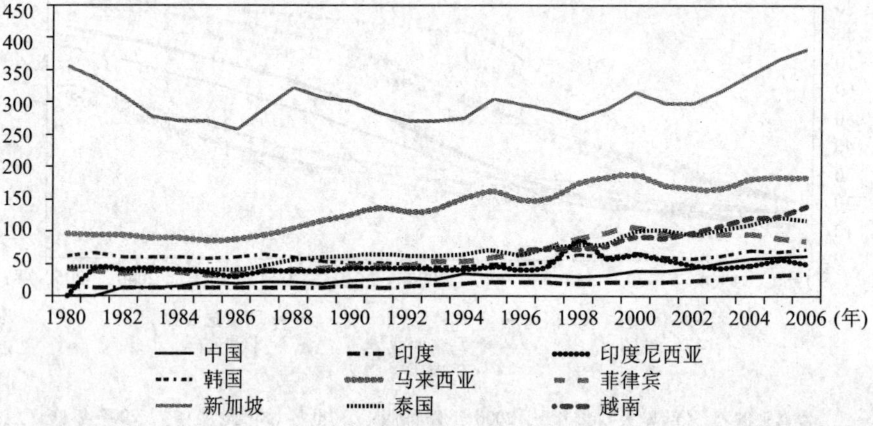

资料来源：国际货币基金组织，国际财务统计在线数据库：www. imfstatistics. org/imf，2008 年 5 月 16 日下载。

原因至少有三：（1）缓和结构重组的负担；（2）为艰难的结构改革增加合法性；（3）通过设定最低收入水平来鼓励个人和企业承担风险。

第四，全球化带来的劳动力市场的发展也强调了该地区养老金改革的理由。通过强制各企业或行业削减劳动力成本，全球化已给劳动力市场带来了更大的灵活性。这就使劳动者失去了就业保障——明显表现在兼职工作重要性的不断提高上。兼职工作虽然对雇主有利，但对劳动者来说，兼职工作一般收入较低、福利有限、优惠条件较少。兼职工作通常不在社会保护计划的涵盖或部分涵盖范围之内。这种灵活性还提高了劳动力流动性，因此限制了劳动力享受社会保护的权利，比如劳动者丧失了领取既定养老金的权利。此外，亚洲国家（尤其是贫困国家）的劳动力市场的特点是存在大量的非正规部门劳动力，这些劳动力甚至得不到最低水平的社会保障（见图 7.8）。这些劳动者不受劳动法规的保护且缺乏养老金、医疗及其他福利。

图 7.8　非正规部门就业在城市就业中所占的份额（百分比），各年

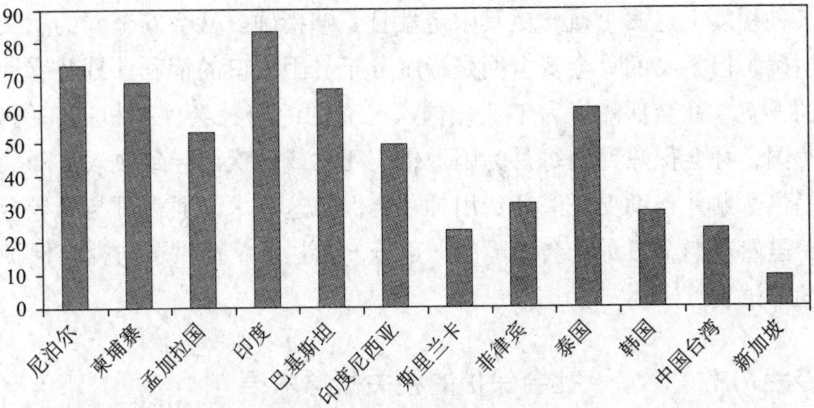

资料来源：亚洲开发银行（2005 年）。

第五，整个亚洲对良好治理的要求正在逐渐提高。韩国、中国台湾、中国等成功经济体已从专制政治制度转化为成熟的多党派民主国家。更概括地说，不管政治制度如何，技术进步都推进了政府的开发性、透明度和责任感。英特网和信息技术的传播限制了亚洲政府控制和操纵信息的能力。更加自由的信息传播促使政府对滥用职权和管理不善承担更大的责任。即使在政治开放性有限的亚洲国家，社会的不满和不安明显表现出对良好治理的需要。贫困及弱势群体正在逐步掌握话语权，要求政府辅助管理其面临的风险。简言之，需要社会保护的亚洲人开始畅所欲言，提出他们的要求。

7.2 社会保护的基本知识：基本概念

社会保护，正如其名称所述，是旨在保护个体，使其远离贫困、弱势及边缘化的、广泛的政府政策与计划。亚洲开发银行（简称 ADB，2003 年）提出的社会保护战略指出，社会保护是“通过推动高效的劳动力市场，降低社会成员面临的风险，增强他们在危险中以及在收入中断/丧失时的自我保护能力”。

社会安全网和社会保障这两个术语有时可与社会保护替换使用。但在某种程度上这两个概念更具限定性且不够精确。社会安全网的意义不很明确，但狭义的社会安全网是指服务于贫困人口的福利计划及有针对性的方案。社会保障意为工业化国家已有的综合社会保护机制。例如，在美国，社会保障计划每月为因退休、死亡或残疾而导致收入下降的群体提供津贴并帮助支付医疗费用。社会保障这一术语通常可与养老金换用，虽然养老金只是社会保障的一部分。专栏 7.1 提供了与社会保护相关的术语表。

专栏 7.1　　社会保护的相关概念术语

个体风险承担：在保险领域，个人风险承担意味着由个体承担所有风险，而不与他人分担。例如，在定额缴款养老金计划中，个体负责自身的投资和长寿风险。个体风险共担与社会风险共担相对应。

社会援助：社会援助或福利计划力图保护没有任何其他足够支持渠道的人口。社会援助计划通常为收入调查型计划，其设计涵盖了社会保险计划无法顾及的贫困和边缘群体。许多国家的养老金制度中，社会保险型养老金来自一般收入，为终身贫困者提供最低养老金福利。

社会保险：社会保护的核心组成部分是政府指定社会保险计划，这类计划提供收入支持，保护个人不受失业、残疾、工伤、疾病、生育、年老和死亡风险的伤害。因此社会保险运行保险计划的

专栏7.1（续）

全部内容，保护个人不受其所面临的各种风险的伤害。其中一个风险是老年阶段收入的丧失或减少，这一风险可以通过养老金得到解决，如养老保险。

社会保险原则：社会保险与私人保险相对应。个体可以自愿形式从私人市场购买个人保险。另一方面，社会保险强制每一个人成为保险计划的成员，从而分担他们的风险。

社会保护：社会保护被界定为一套通过促进高效的劳动力市场，减少人们面临的风险，增强他们在面对风险和收入损失时的自我保护能力，来减少贫困、降低脆弱性的政策和计划。社会保护包括五种主要计划：社会保险计划、社会援助、劳动力市场政策和计划、基于地区的微计划、儿童保护。养老保险制度通常是社会保险计划的一部分，而且可能会涉及部分社会援助。

社会风险共担：保险计划（包括养老保险）的社会风险共担有两种形式。第一，可能需要每个社会成员加入强制保险计划。在这种情况下，整个社会分担了个体成员的所有风险，并代表他们承担了风险。例如，在政策规定的定额给付养老金计划中，社会全体成员共同分担了投资和长寿风险。第二，当保险计划的资金来自预算收入时，也可称为社会风险共担，因为这些收入来自整个社会。这种风险共担对于贫困人口专门计划尤为重要。

社会安全网：社会安全网有时可与社会保护进行术语换用。但社会安全网有时仅指福利和为贫困人口提供的针对性计划。

社会保障：社会保障一词可与社会保护互换使用。但社会保障比社会保护的概念狭窄，因为前者通常指工业化国家的现有社会保护机制。例如，在美国，社会保障机制每月向因退休、死亡或残疾而收入下降的人口给付津贴费，并提供医疗费用的资助。虽然养老金是社会保障的一部分，但社会保障经常与养老金互换使用。

社会保护政策与计划包括五个主要类型：（1）劳动力市场政策和计划；（2）社会保险计划；（3）社会援助；（4）基于地区的微计划；

（5）儿童保护。劳动力市场政策和计划的设计旨在推动劳动力调整并促进劳动力市场的有效运行。社会保险计划旨在缓解与失业、残疾、工伤和年老有关的风险。社会援助和福利计划保护没有其他充分支持渠道的人口。少数国家采用经济状况调查计划将大部分因年老、残疾、死亡或失业而面临风险的人口纳入保护范围。社会融资就是一个以地区为基础的微计划实例，这种融资在当地社区提供公共工程临时就业。儿童保护活动旨在帮助儿童满足他们的基本需求，如医疗和教育需求。这五种类型具体活动的多样性说明了社会保护是一个相当有包容性的概念（见表7.2）。

表7.2　　社会保护：要素与子要素

要素	子要素
劳动力市场计划	直接创造就业机会（微型企业发展和公共工程）
	劳动力交流和其他就业服务
	技能发展与培训
	劳动法律（包括最低工作年龄、工资水平、健康与安全等）
社会保险计划	与失业、疾病、生育、残疾、工伤和年老相关风险的计划
社会援助和福利计划	针对疾病、贫困、孤儿和其他弱势群体的福利和社会服务
	现金/实物转移（如，食品券）
	公共事业及主要粮食的暂时性补贴
基于地区的微计划（基于社区）	小额保险计划，农业保险
	社会基金（通常包括小范围物理及社会基础设施的建设、运营及维护）
	灾难防备和管理
儿童保护	早期儿童发展活动，如基本营养、预防保健和教育计划
	教育援助（如，学校供餐、奖学金和费用减免）
	医疗援助（如，降低贫困群体收费）
	流浪儿童倡议
	儿童权利及针对虐待儿童和童工的支持/宣导计划
	降低健康风险的青年计划（尤其是艾滋病病毒/艾滋病和毒品）
	家庭津贴（如，实物和现金转移，以帮助有幼童的家庭满足他们的部分基本需求）

依据其提供的福利，表 7.2 中列出的社会保障计划可分为四个主要类别。第一，一些计划通过现金和实物的形式向贫困及弱势群体提供直接、有形的福利。具体实例包括社会援助金、奖学金或其他教育援助、医疗补贴、粮食援助、救灾援助及以工换粮计划。

第二，部分计划，尤其是保险，直接为其覆盖的小部分人口提供福利。例如，虽按养老金制度定期缴款但并未接收补助的青年人群。

第三，部分计划为社区整体而非个体家庭提供福利。这类实例包括社会融资及基于社区的计划，如小额保险。

第四，一些计划属于法律或立法措施，如儿童保护法，其向贫困及弱势人群提供的有形福利较少。

社会风险管理是一个理解社会保护背后动机的有用概念。据世界银行（2001 年）表示，个体、家庭和社区面临的风险有多种来源。其中部分风险属于自然风险（如地震），另一部分属于人为风险（如环境降级）。

由于面临较大的风险且缺乏管理的能力，贫困人口在不同程度上遭遇风险的伤害，因此变得不愿承担风险，生产能力降低。虽然贫困人口已发展了自我保护机制以应对风险，如基于家庭的风险共担以及在景气时期进行储蓄，但这些机制往往成本高且效率低。

因此，政府干预和社会保障计划的存在具有令人信服的理由。尤其在亚洲的发展中地区，由于市场制度仍在不断变化之中，该地区基于市场的风险管理安排仍然薄弱。此外，由于亚洲城市化和工业化的发展，基于家庭和社区的非正规风险管理仍在不断下降。适用于任一国家的社会风险管理战略都将必须包含全部三种类型，只是在不同国家中，其优化组合将会有所不同。

亚洲国家在社会保护领域面临的更广泛的战略选择可从个人风险承担和社会风险共担两个相对的方面制定，个人风险承担和社会风险共担从根本上代表了不同的风险管理方法。这两种方法并不互相排斥，在这两者之间作出选择是平衡的选择。社会保险需要来自劳动者和企业的缴款和税款，所以需要效率成本。与亚洲发展中经济体相比，工业化经济体承担这些成本的能力更强，经济增长仍然是亚洲发展中经济体的当务之急。除负担能力外，一个社会在效率和平等之间的客观权衡也在确定社会保护和社会风险共担范围的过程中发挥了关键作用。各亚洲国家形成社会保护战略选择的经济、社会和政策环境有所不同。但所有亚洲国家都将需要作出这种选择，而且他们的选择将对未来数年的社会和经济发展产生深远的影响。

概括地说，最佳的社会保护体系应尽可能涵盖社会的各个方面，为目标群体提供足够的、负担得起的福利，与此同时，保证财政上的健全。对于个人、社会和政府来说，任何社会保护系统都包含以下几个目标：(1) 防止收入的意外损失，并保护个体一生的平稳消费；(2) 针对疾病和失业等风险提供保险；(3) 对收入进行重新分配；(4) 缓解长期贫困和暂时性贫困。但必须依据经济增长、劳动力市场效率和灵活性，并依据其他需要（如健康、教育和基础设施），对这些目标进行权衡取舍。在设计社会保护系统时应将个人、财政和社会负担能力考虑在内，且随时间推移福利必须依据负担能力有所发展。

所有社会保护系统必须履行五个核心机能：(1) 定期缴款、税款及其他款项（包括所有贷款）支付的可靠收取（在一些社会保护计划中，成员可以以住房、教育或其他目的进行借款，但必须偿还借贷）；(2) 及时、准确地为每项计划支付福利金；(3) 保证高效的财务管理和资产（如有）的生产性投资；(4) 维护有效的沟通网络，包括准确数据和记录保存机制的发展，以便为收费、付费和财务活动提供支持；(5) 财务报表和报告的制定，这些报表和报告能够促进管理改进、受托责任、透明度和责任感。在亚洲的发展中国家，推动社会保护系统更专业、有效地实行这五项任务的组织改革是更广泛的系统改革的先决条件。

在制度层面，理想的、精心设计的社会保护制度应该：有广泛的基础，即覆盖范围和风险覆盖范围的全面性；个体、企业财政及宏观经济角度上的可负担性；财政上的长期稳健及可持续性；承受宏观经济和其他冲击的强度；为贫困和弱势群体提供最小型安全网。这说明社会保护制度具有相当复杂的目标功能。社会需要通过政策制定者决定其对全面性、可负担性、可持续性、强度和安全网级别的相对重视程度。关于权衡的典型实例就是全面性和财政可持续性之间的权衡。社会环境不同，所作出的权衡也有所有同；同一社会在其社会和经济发展的不同阶段中也会作出不同的权衡取舍。

7.3 发展中亚洲的社会保护现状

对亚洲社会保护现状及其概念基础进行回顾后，本章将在此对该地区形势进行评估。鉴于社会保护政策和计划的广度和多样性，对一个国家进行评估尚且艰难，对整个亚洲地区进行评估更是如此。但是亚洲开发银行的一项研究（2008b）《促进减贫的社会保护指标，第 2 卷：亚洲》正着手执行这项任务。

这项研究源于在此之前受亚洲开发银行委托进行的一项试点研究，这项试点研究对六个亚洲国家的社会保护情况进了调查和对比。一直以来，对社会保护活动在支出、受益人或计划影响方面的影响进行量化并使用标准方法对社会保护方案进行评估的尝试极少，这也是促成这项试点研究的动因。随后，研究对象又增加了 25 个亚洲国家，包括日本在内，并提供了到目前为止最全面、最系统的亚洲社会保护分析。将日本纳入研究是非常有益的，因为日本提供了一个工业化国家基准。这项研究涵盖了所有亚洲子区域（东亚、南亚、中亚、西亚和太平洋地区）及该地区的大部分国家（见表 7.3）。

表 7.3　　2008 年亚洲开发银行的研究所涉及的国家

中亚和西亚	南亚	东亚	太平洋地区
亚美尼亚	孟加拉国*	柬埔寨	库克群岛
阿塞拜疆	不丹	中国	斐济群岛
哈萨克斯坦	印度	印度尼西亚*	马绍尔群岛
吉尔吉斯共和国	马尔代夫	日本	瑙鲁
塔吉克斯坦	尼泊尔*	韩国	巴布亚新几内亚
乌兹别克斯坦	巴基斯坦*	老挝	汤加
	斯里兰卡	马来西亚	图瓦卢
		蒙古*	瓦努阿图
		菲律宾	
		越南*	

*试点研究国家。

资料来源：亚洲开发银行（2008b）。

该研究以具有国际可比性的社会保护指数（SPI）的确立为基础，该指标对一个国家社会保护活动整体水平进行了现实的、可接受的概括。社会保护指标为亚洲和太平洋地区国家为测量其公民，尤其是生活在贫困线以下的公民的福利、劳动力市场、社会保障、医疗保险、小额信贷、儿童保护和针对性教育及健康支持计划的范围提供了综合性工具。社会保护指数旨在为国家社会保护计划的诊断性评估提供起始点，以便对社会保护规定的长期变化进行监控，同时为国际比较提供方便。社会保护指标在概念上以人类发展指数①为基础，从四个社会保护综合指数（SPSI）发展而来。

（1）社会保护支出（SPEXP）；

（2）社会保护覆盖范围（SPCOV）；

（3）社会保护分配/贫困目标（SPDIST）；

（4）社会保护对贫困人口收入的影响（SPIMP）。

亚洲开发银行的研究将社会保护定义为能够使弱势群体预防、减轻和/或应对风险的一系列政策和计划：（1）针对弱势群体；（2）涉及现金或实物转移；（3）并非通常与其他部门相关的活动，如农村发展、基础设施、医疗卫生和教育（见表7.4）。

表7.4　2008年亚洲开发银行的研究所包含的社会保护要素及子要素

社会保护要素/子要素	包含/排除	备注
劳动力市场计划		
直接创造就业机会（微型企业发展和公共工程）	包含	包括基于贷款的计划，用于支持小型企业等
劳动力交流和其他就业服务	包含	包括裁员计划
技能发展和培训	排除	针对特殊群体除外，如失业群体和弱势儿童
劳动法律（包括最小工作年龄、工资水平、健康和安全等）	包含	不服从量化

① 人类发展指数，包括预期寿命、文化程度、人均国内生产总值，由联合国开发计划署编制。

续表

社会保护要素/子要素	包含/排除	备注
社会保险计划		
涉及与失业、疾病、生育、残疾、工伤和年老相关的风险的计划	包含	
健康险	包含	
社会援助和福利计划		
针对残疾和贫困人口、受灾害影响人群及其他弱势群体的福利和社会服务	包含	
现金/实物转移（如，食品券、医疗费用豁免或补贴）	包含	
水电费、住房等的临时补贴	包含	仅针对特殊弱势群体；即使以帮助贫困人口为由，仍不包括一般补贴
基于地区的微计划		
小额保险/小额融资计划	包含	小额融资被视为社会保护的重要方面；不包括主流农村信贷计划
农业保险	包含	不是很普遍
社会融资	排除	直接转移到家庭的社会融资除外
灾害防备与管理	包含	不包括物质基础设施的重建；包括现金/实物补助；受益者数量不服从量化
儿童保护		
儿童权利和针对虐待儿童和童工等的支持/宣导计划	包含	不服从量化
早期儿童发展活动	排除	除非直接针对特殊群体（如，单身母亲的子女），或包括救济款（如儿童/生育津贴）
教育援助（如，学校营养餐、奖学金、费用减免）*	包含	不包括后期中等教育和高等教育支持
医疗援助*（如，针对弱势群体的医疗成本降低费用/补贴药品）	包含	一般包含在社会援助范围内
家庭津贴	包含	排除通过税制的转移
流浪儿童/童工/孤儿倡议	包含	

* = 不包括基础教育和医疗卫生服务。

资料来源：亚洲开发银行（2008b）。

在组成社会保护影响的四个社会保护综合指数中，有两个（社会保护支出和社会保护影响）与支出相关，另外两个（社会保护覆盖范围和社会保护分配）与覆盖范围相关。此外，其中有两个组成部分（社会保护支出和社会保护覆盖范围）针对一般人口，而另外两个（社会保护影响和社会保护分配）特别针对贫困人口（见表7.5）。

表7.5　　社会保护综合指数的特征

变量目标	支出	覆盖范围
一般	社会保护支出	社会保护覆盖范围
益贫	社会保护影响	社会保护分配

资料来源：亚洲开发银行（2008b）。

四个社会保护综合指数中的每个指数都是两个变量的比值。分子的计算需要具体变量，如主要社会保护计划的支出、受益者和贫困指标的数据。分母的计算需要一般变量，如国内生产总值和贫困人口的相关数据（见表7.6）。最后，社会保护影响（社会保护的全面总结）是四个社会保护综合指数的加权总和。

表7.6　　社会保护综合指数：数据要求

社会保护综合指数	分子	分母
社会保护支出	所有社会保护计划的总支出	国内生产总值
社会保护覆盖范围	针对主要目标群体的社会保护计划的受益者	主要目标群体的参考群体
社会保护支出	社会保护贫困受益者的数量	贫困人口
社会保护影响	每个贫困人口的人均社会保护支出	贫困线

资料来源：亚洲开发银行（2008b）。

下列讨论对每种社会保护综合指数进行了评判。社会保护支出是指国家社会保护总支出与其国内生产总值的比率。这种计量说明了相对于其经济规模，一个国家用于社会保护计划的资源量。社会保护支出值域从低值的0.3%（巴布亚新几内亚）到高值的16%（日本）（见图7.9）。其他社会保护支出额较高的国家包括韩国（一个新兴的工业化经济体）以及三个中亚国家。日本及社会保护范围稍低的韩国拥有与其高收入相一致的综合社会保护系统。一些中亚国家的社会保护支出值较高，因为它们是苏维埃时代遗留下的终生福利国家，可能不具有可持续性。社会保护支出最低的国家一般收入都很低。整个亚洲平均将约4.8%的输出用于社会保护计划。在社会保护支出的组成方面，亚洲的社会保险与其他子地区一样占据了最大的份额（见表7.7）。除了日本、韩国和部分中亚国家外，社会保护计划仅限于公共和正规部门，因此将大部分人口排除在外，包括绝大多数的贫困人口。

图 7.9　社会保护支出占国内生产总值的份额（百分比）

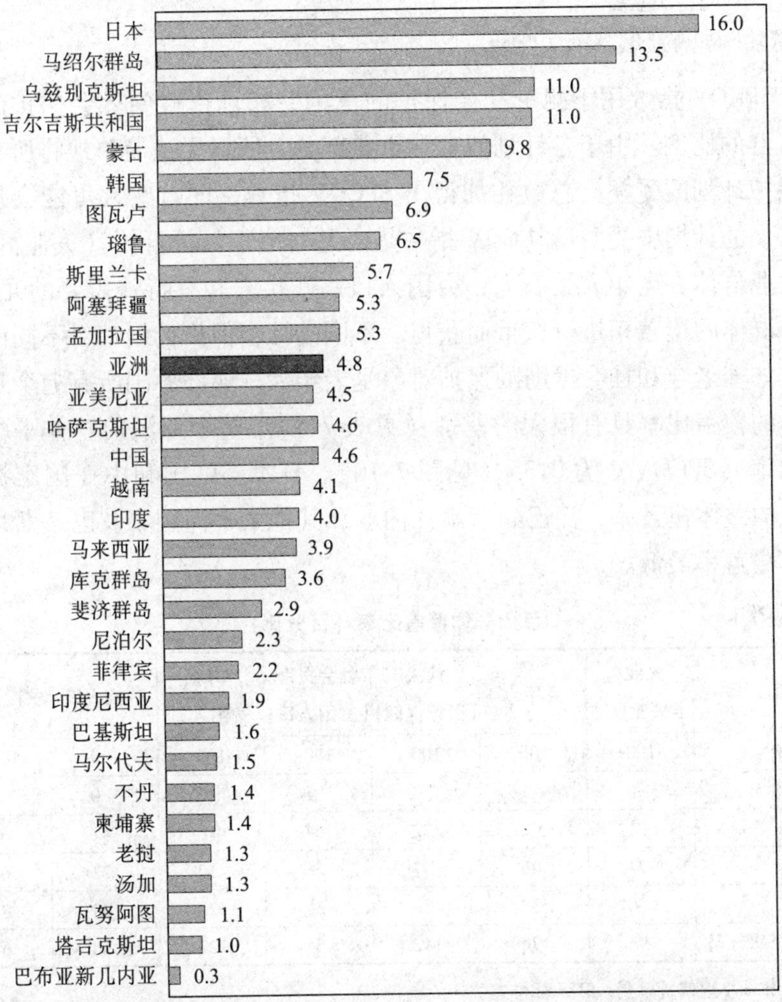

资料来源：亚洲开发银行（2008b）。

表 7.7　　不同计划类别的社会保护支出（百分比）

地区	劳动力市场计划	社会保险*	社会援助	MCF	儿童保护	总计
中亚	2	58	24	6	9	100
南亚	7	44	13	26	9	100
东亚	6	64	13	13	4	100
太平洋地区	12	53	20	8	8	100
整个亚洲	7	55	17	13	7	100

* 所有社会保险包括养老金、医疗卫生福利、生育福利、抚恤金以及伤残金。

MCF = 小额信贷融资。

资料来源：亚洲开发银行（2008b）。

SPCOV 指数用于测量社会保护的范围，如真正得到社会保护的目标人群的比例。由于各计划间存在重叠部分，所以无法简单地将所有社会保护计划的受益人总数相加得出 SPCOV 指数，即有些人可能会从一个以上的计划中受益。SPCOV 指数是通过对七个目标群体（失业群体、半失业群体、老年人、病人、穷困人口、残疾人和有特殊需要的儿童）中各群体的覆盖率进行权重而获得。不同的社会保护计划针对不同的群体，如养老金和社会援助的保护对象是老年人。亚洲各国所有七个目标群体的覆盖比率具有很大的差别（见表 7.8）。整个亚洲的整体平均覆盖比率（SPCOV）为 0.35（见图 7.10）。日本、韩国和中亚国家拥有最高的整体覆盖率，而巴布亚新几内亚和其他太平洋国家及巴基斯坦的整体覆盖率最低。

表 7.8　　目标群体覆盖比率（百分比）

覆盖比率	失业/半失业群体	老年人	病人（医疗保健）	社会援助（贫困人口）	MCF（贫困人口）	残疾人口	贫困儿童
最大值	100	100	100	100	100	100	100
最小值	0	1	0	1	0	0	2
平均值	31	52	22	54	18	41	62
中间值	21	40	7	58	10	22	62
SD	30	38	32	35	22	39	37
比率：SD/平均	95	74	142	64	123	96	61

MCF = 小额信贷融资，SD = 标准差。

资料来源：亚洲开发银行（2008b）。

图 7.10　社会保护总体覆盖范围

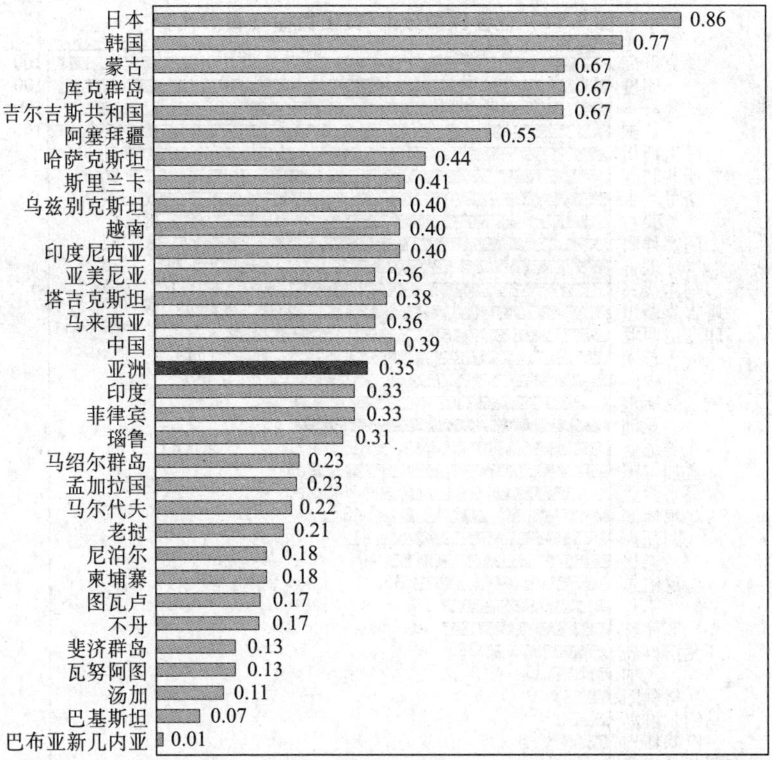

资料来源：亚洲开发银行（2008b）。

SPDIST 测量一个国家贫困人口享受社会保护政策和计划的程度。这一指数以对主要社会保护计划扶贫目标的总体估计为基础，如受益于社会保护计划的贫困人口占贫困总人口的比例。由于选择适当权重的难度更大，适用于 SPCOV——不同社会保护计划的权重总和的方法并不适用于 SPDIST 的计算。对于整个亚洲来说，受益于社会保护计划的贫困人口平均占贫困总人口的 56%（见图 7.11）。日本、韩国和中亚国家拥有最高的贫困人口目标比率。印度的大型社会援助计划——公共粮食分配系统和斯里兰卡的脱贫计划使印度和斯里兰卡的针对贫困率也相对较高。而巴布亚新几内亚、其他太平洋国家及巴基斯坦的贫困人口针对比率最低。

图 7.11　社会保护分配/贫困目标（百分比）

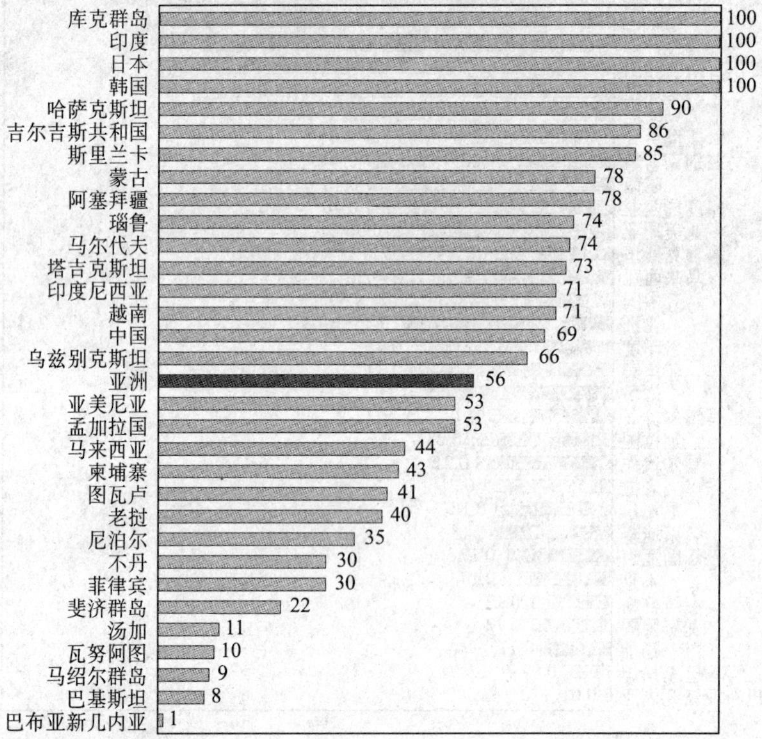

资料来源：亚洲开发银行（2008b）。

SPIMP 测量社会保护计划增加贫困人口收入的程度。SPDIST 测量社会保护计划向贫困人口提供服务的程度，SPDIST 不提供援助规模的相关信息。SPIMP 专门解决这个问题。它是指作为全国贫困人数的一部分的贫困人口的人均社会保护支出。对于整个亚洲而言，用于每个穷人的平均社会保护支出是贫困线的 23%（见图 7.12）。日本、韩国、中亚国家和中国（PRC）的社会保护收入影响最大，巴布亚新几内亚、其他太平洋国家、巴基斯坦和塔吉克斯坦的社会保护收入影响最小。在中国，大部分针对贫困人口的社会保护支出都以培训、医疗保健和其他无法直接增加收入的非现金计划形式实现，而且这些支出的分配不成比例，能享受到福利的群体主要为城市人口。

图 7.12　社会保护对贫困人口收入的影响（百分比）

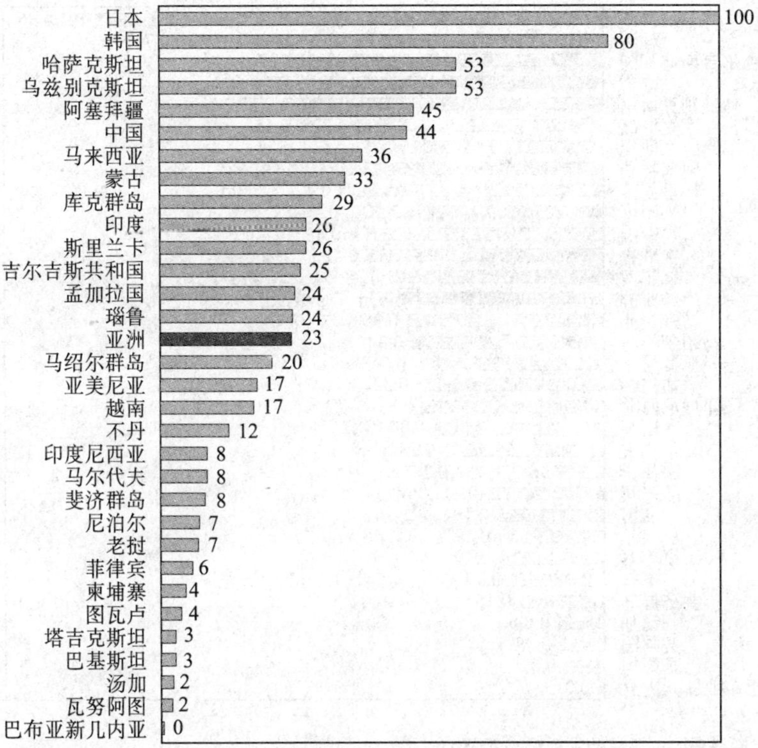

资料来源：亚洲开发银行（2008b）。

社会保护指数测量社会保护的整体状况，由四个社会保护综合指数计算得出。SPI 是向社会保护四方面——支出、覆盖范围、分配或贫困目标选定、对贫困人口收入的影响的概括，社会保护对这四方面的权重是均等的。将四个社会保护综合指数转化为单一的社会保护指数需要简单的两步工作：（1）使用最大值 0.16 将社会保护支出分成均等的部分；（2）将均分后的 SPEXP 添加到其他三个社会保护综合指数值中去，然后用这四个数字的和除以四。社会保护指数值的范围从巴布亚新几内亚的最小值 0.01 到日本的最大值 0.96（见图 7.13）。社会保护水平最高的国家为日本、韩国和中亚国家，水平最低的国家是巴布亚新几内亚和其他太平洋国家及巴基斯坦。就整个亚洲而言，SPI 平均值为 0.36。将日本的 SPI 值作为工业化国家社会保护指数的代表值，亚洲社会保护目前约为工业化国家的 37.5%。

图 7.13　社会保护指数：社会保护的总体概括

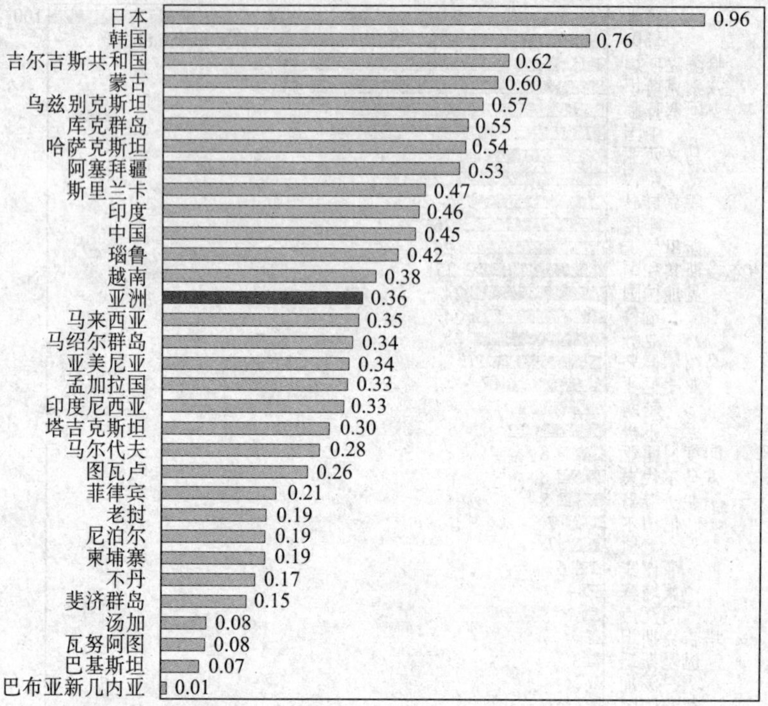

资料来源：亚洲开发银行（2008b）。

除定量估计外，关于亚洲社会保护，亚洲开发银行还得出了一些有趣的定性信息。这些信息是各国社会保护系统分析的副产品，是找到计算各 SPSI 和 SPI 所需的数据的先决条件。事实上，所有国家都有一个正式的社会保险系统。在大部分情况下，这些系统受到政府和正规就业部门的限制。因此这些系统几乎与非正规部门和农村部门无关，这就构成了一个庞大的群体，且包含了大部分的贫困人口。同样，几乎所有国家都有针对弱势群体的传统社会福利计划。但是，这种计划的受益人仅限于贫困人口中最贫困的群体。较为普遍的是包含现金或实物援助（如，食品）的大型针对性社会援助计划。许多国家还拥有改善入学率的针对性计划以及改善贫困人口享受医疗服务的多种计划。大部分国家还拥有一些劳动力市场计划，虽然这些计划在本质和覆盖范围方面有着极大的不同。

7.4　亚洲养老金制度和养老金改革

从更广泛的视角对目前亚洲社会保护的状况进行调查深入观察对社会保护的各组成部分大有裨益。由于社会保护计划的范围宽泛、多种多样，对这些计划所面临的挑战进行有目的的概括非常困难。例如，保护儿童需要解决与缓解失业影响完全不同的一系列问题。因此，分析单一计划并识别某一项特定计划面临的多种挑战可能会为亚洲各国政府保护贫困和弱势群体需要采取的行动带来更好的认知。而且，事实上不存在两个完全相同的社会保护计划，对一个具体的计划进行诊断，找出这个计划的主要缺点并提出改革的方向，这一过程也会为加强其他一般计划和社会保护带来一些宝贵的经验。

本节选择对社会保护计划中的养老保险制度进行详细的研究。社会保护的核心组成部分是政府指定的社会保险计划，通过提供收入支持保护个体不受来自失业、残疾、工伤、疾病、生育、年老和死亡风险的伤害。因此，社会保险运作保护个体不受一生中面临的大量风险伤害的全部保险计划。其中的风险之一是老年阶段收入的丧失和减少，这个问题可以通过养老金解决，如养老保险。朴东炫（2009 年）提供了对亚洲养老金系统立脚点及其改进工作所需措施的深入分析。专栏 7.2 提供了养老金相关术语的词汇表。鉴于前文论及的亚洲人口状况的根本改造，老年人收入支持将成为 21 世纪亚洲面临的最大的社会和经济挑战之一。非正式的、基于家庭的养老方式逐渐弱化，这也给亚洲养老金制度的改革提供了进一步的理由。

专栏 7.2　　养老金概念术语

定额给付：顾名思义，定额给付（DB）养老金计划是定额缴款（DC）计划的相反面。在 DB 养老金计划中，（来自职工、雇主和政府缴款的）给付保险金有明确的规定，但缴款无规定。保险金由包含工作年限总数的固定公式来确定。在定额给付计划中，计划赞助人（如，职工、政府）承担投资和长寿风险。赞助人缴

专栏 7.2（续）

款可以直接用于支付退休人员或购买资产，但在这两种情况下，退休金都不依赖于资产的投资回报。

定额缴款：在定额缴款（DC）养老金计划中，（来自员工、雇员和政府的）缴款有明确的规定，但养老金无规定。缴款用于购买资产，养老金规模取决于这些资产的回报率。如果资产投资取得了高回报，则养老金也相对较高。在定额缴款计划中，其成员必须承担投资和长寿风险。

名义定额缴款：在名义定额缴款中，建立职工账户作为管账工具，以便跟踪缴款情况及政府确定的估算利率。

但资金并不会在这些账户中积累。当前缴款用于支付当前养老金，并且账户是名义上的或是空的。当职工到达到退休年龄时，他/她的账户中的名义积累将转换为年金，并用当时较年轻职工的缴款给付养老金。

金融储备：当审慎的政策决定或人口因素造成接收和给付时间不同时，会出现金融储备。积累的储备金随后会用于支付养老金福利，但是它们需要同时进行投资。

完全提存：与现收现付（PAYG）计划相对应，在完全提存（FF）计划下，当前职工的缴款不负责支付当前退休职工的养老金福利。这些缴款用于购买资产，所购资产的回报（如，其本金和利息）用于支付当前职工未来的养老金福利。

在完全提存计划中，与现收现付计划不同的是，本质上职工用自己的缴费为自己的养老金福利融资。更广泛的完全提存定义是养老金计划的长期资产价值等于其长期负债价值。

通货膨胀风险：通货膨胀造成养老金福利的真正价值或购买力削弱的风险。

投资风险：养老金计划资产的投资可能会带来不良回报，甚至出现负收益的风险。

长寿风险：为退休后使用而积累的资源可能会在死亡前耗尽的风险。

专栏7.2（续）

强制与自愿：一些养老金计划的参与原则是强制性的，另一些是自愿的。

部分资金投入和无资金投入：当长期资产能够弥补部分而非全部长期负债时，会发生部分资金投入。无资金投入意为不存在弥补长期负债的资产长期积累。

现收现付：在现收现付养老金计划中，直接或间接使用当前职工的缴款为当前退休职工的福利提供资金。因此，在现收现付计划中，当前职工的缴款用于支付当前退休职工的养老金福利。

养老金基金：养老金基金是指专门用于支付成员可能从养老金计划赞助方处取得的退休后养老金福利的基金。这些赞助方可能是公共或私营企业，非营利组织或政府。一般来说，在整个退休期间定期给付养老金福利时会使用期限养老金。养老金基金通常指定额给付（DB）。

养老金制度：一个国家的养老金系统包括该国现行的全部养老金计划。在提供老年收入援助的养老金计划中，当前劳动者向该系统支付定额缴款或税款，当前退休职工接受来自该系统的养老金福利或付款。

预积累：预先筹资是指积累资产用于支付未来的养老金福利。定额缴费以预先筹款为基础，带有金融储备的定额给付也存在预积累的情况。

准备基金：准备基金本质上为自愿性或强制性的储蓄计划。如果由政府组织管理，强制性计划通常被称为国家准备基金。通常准备基金从退休时开始为每位成员支付一次性累积结余，此结余等于定额缴款和利益所得减去退休前的提取额。准备基金一般属于定额缴款计划。

替代率：用于老年人收入支持的养老金福利充足性的基本测量标准。替代率是指退休后月收入与退休前月收入或平均月薪的比率。

政府/国家养老计划对职业退休金计划：政府或国家养老金计划将一个国家的所有个体包括在内。职业养老金计划仅包含设立计划的雇主的员工。

概括地说，最佳养老金系统应尽可能广泛地覆盖社会，在财务健全的基础上为其成员提供足够的、负担得起的退休补贴。所有养老金系统的主要目标：(1) 解决个人一生中的消费困难；(2) 针对长寿风险、通货膨胀风险、股资风险和其他风险提供保险；(3) 重新分配收入；(4) 缓解老年贫困。

养老金系统的核心功能与第7.2节列出的社会保护计划的核心功能相类似，如定期缴款的可靠收取和养老金的按时支付。无论如何设计，任何养老金制度都必须有效地实施这一功能。精心设计的养老金制度应具备的理想性质与第7.2节概述的社会保护计划相似。因此，最佳养老金制度应该是充分的、负担得起的、可持续的、稳健的和公正的。

人口老龄化在亚洲是一种普遍现象，但是各子地区的情况有很大的差别。特别是，虽然在东亚和东南亚人口转变已全面展开，但在南亚地区，这种转变仍处于起步阶段。基于这一事实，朴东炫（2008年）对东亚和东南亚八个国家的养老金系统进行了研究——分别是中国、印度尼西亚、韩国、马来西亚、菲律宾、新加坡、泰国和越南。

一般而言，亚洲养老金制度相对较新，并且在很大程度上还不稳定。其中马来西亚、菲律宾和新加坡最为古老的制度也在不断地发展。相对先进的韩国养老金制度于1988年才确立，目前仍处在改革之中。2004年，印度尼西亚制定法律建立了综合性社会保障制度，但目前尚未得到充分地实施。同样，泰国和越南正在改造养老金制度以扩大其覆盖范围、改善福利。中国的养老金制度正在不断统一，从高度分散的结构转化为双管齐下结构，这反映了中国经济和社会的结构性转型。

养老金制度的关键特点是养老金的给付年龄，或者退休人员开始领取养老保险金的年龄。这一年龄范围从印度尼西亚、马来西亚和泰国的55岁到韩国和菲律宾的65岁（见表7.9）。中国和越南的女性领取养老金的年龄比男性小。预期寿命和养老金给付年龄之间的差距即是退休人员必须依靠养老金福利生存的年限。这一差距越大，养老金制度的责任越大。菲律宾的预期寿命和养老金给付年龄之间的差距为6.7年，马来西亚为19.2年，而越南女性的则为21.2年。为适应不断上升的预期寿命，预计整个亚洲的养老金给付年龄将会有所提高。

全部八个国家的养老金制度均由政府运营。但这八国中正规部门劳动者养老金制度的基本结构却千差万别（见表7.9）。印度尼西亚、马来西亚和新加坡为定额缴款制（DC）或名义定额缴款；韩国、菲律宾、泰国和越南的养老金制度为定额给付制（DB）；而中国的养老金制度结合了定额给付制（DB）基础和包含定额缴款及名义定额缴款计划的另一基础。定额缴款制一般为预投入，而定额给付制并非预投入。在这八个国家中，除更广泛的社会安全网络外，只有其中三个国家的养老金制度明确地对收入进行了重新分配。菲律宾的最低养老金制度能够支付贫困退休人口较高的养老金。在中国，再分配因素以定期给付基本养老金形式实行。中国和韩国的养老金福利在一定程度上取决于平均收入。

表7.9　　养老金给付年龄和养老金系统的基本结构，2007年

国家	养老金给付年龄（岁）	预期寿命和养老金给付年龄的差距（年）		定额给付或定额缴款	收入再分配因素
		男性	女性		
中国	60（55）	11.3	19.8	定额给付、定额缴款、名义定额缴款	是
印度尼西亚	55	13.7	17.7	定额缴款	否
韩国	65	10.0	17.2	定额给付	是
马来西亚	55	17.0	21.7	定额缴款	否
菲律宾	65	4.5	8.9	定额给付	是
新加坡	62	16.0	19.9	定额缴款	否
泰国	55	11.5	20.0	定额给付	否
越南	60（55）	12.3	21.2	定额给付	否

注：括号中的养老金给付年龄指女性的养老金给付年龄，与男性的给付年龄不同。预期寿命指出生时的预期寿命。

资料来源：朴东炫（2009年）。

各国雇主和员工的定期缴款率相差甚多（见表7.10）。新加坡和马来西亚的总体缴款率最高，印度尼西亚和泰国的缴款率最低。采用定期给付养老金制度的五国（中国、韩国、菲律宾、泰国和越南）计算保险金福利的方式也有很大差别。

表7.10　雇主和员工的养老金定期缴费率（百分比）

国家	员工	雇主	总计
中国（定额给付）	0.00	20.00	20.00
中国（定额缴款）	8.00	0.00	8.00
印度尼西亚	2.00	3.70	5.70
韩国	4.50	4.50	9.00
马来西亚	11.00	12.00	23.00
菲律宾	3.33	6.07	9.40
新加坡	20.00	14.50	34.50
泰国	3.00	3.00	6.00
越南	5.00	10.00	15.00

资料来源：朴东炫（2009年）。

在养老金制度设计方面，亚洲国家面临着社会风险共担和个人风险承担之间的战略选择。马来西亚和新加坡的养老保险制度在该地区较有特色，倾向于个体风险承担，社会风险共担相对较为欠缺。与该地区的其他国家不同，这两个国家明确排除了老年人收入支持中的社会保险原则。这两个国家都采用了国家准备积金，其本质为强制性储蓄计划。与马来西亚和新加坡相比，社会风险共担在其他六个国家的养老金制度中发挥了更加重要的作用。但是，这六个国家在实施社会保险原则所需的经济、制度和技术能力方面有很大的差异。比如，韩国养老金制度是综合性社会保障制度的一部分，可与福利国家的同类制度相媲美。而印度尼西亚刚刚开始为基于社会保险的新社会保障制度奠定基础。韩国、菲律宾、泰国和越南的主要养老金制度均为保护个体成员不受投资和长寿风险伤害的定额给付制度，中国也将其作为基本养老金制度。

对亚洲养老金制度的简单调查说明了设计和结构的强大异质性。养老金改革需要对养老金制度的主要缺陷进行诊断。这点缺陷阻碍了养老金制度实现基本目标（如，促进平稳消费、缓解贫困）的能力。对于确定需要改善和加强的养老金制度的主要方面并以此安排改革的战略方向，进行诊断是非常重要的。概括地说，亚洲养老金计划遭受以下各方面失败的影响：（1）实施养老金制度核心功能；（2）履行精心设计的养老金制度的最佳特性，如足够全面的覆盖率。亚洲养老金制度距离实现其主要目标还有一段路要走。

除韩国和新加坡之外，亚洲保险金制度受到机构能力不足的影响。在中国、印度尼西亚、马来西亚、菲律宾、泰国和越南，由于这一原因带来的管理和过渡成本在不同程度上阻碍了养老金制度执行其核心功能的能力。例如，行政效率低下干扰了养老金覆盖农村人口和非正规部门劳动者等群体的能力。许多亚洲养老金制度正处于进一步增加高额行政及交易成本的变动状态。合规成本是一种损害亚洲养老金制度的具体交易成本。例如，菲律宾表面上拥有非常健全的养老金制度，但该国普遍存在的违规行为表明名义养老金和有效的老年人收入支持之间的巨大差距。机构能力的缺乏在很大程度上归因于亚洲养老金制度普遍的治理和监管薄弱问题。加强治理和监管对于改进运营效率和透明度至关重要。

在某种层面上，亚洲养老金制度是失败的，因为没能够有效地实行养老金制度的五个核心功能，主要原因是交易成本高，同时缺乏有影响力的监管。从另一层面看，亚洲养老金制度的失败在不同程度上是由于这些计划在充足性、可负担性、稳健性、可持续性和公正性等方面没经过精心的设计。这些层面上，亚洲养老金制度的最大不足之处就是这些制度仅覆盖了总人口中有限的一部分。各国养老金制度覆盖的人口比例各有不同，但没有国家能够成功地接近广泛的覆盖。养老金制度所覆盖的劳动力比例范围是 13.2%—58%，而适龄工作人口覆盖率范围为 10.8%—40%（见图 7.14）。通过对比发现，在德国、日本和美国这样的发达国家，养老金制度通常覆盖了劳动力人口的 90%，适龄工作人口的 60%—75%。在整个亚洲，养老金制度对城市、正规部门和公共部门劳动者的覆盖率远高于对农村、非正规部门和私营部门劳动者的覆盖率。

亚洲国家表现不佳的另一个关键绩效指表是替代率，或者说是退休收入与退休前收入的比率。替代率广泛用于测量作为退休后收入来源的养老金福利的充足性。较高的替代率会给养老金领取者带来较高的生活水平。养老金专家普遍建议替代率在 66%—75% 之间，此数字可依据长寿风险和通货膨胀风险进行调整。

图 7.14　养老金制度覆盖的劳动力比例和 15—64 岁人口的比例（百分比），2007 年

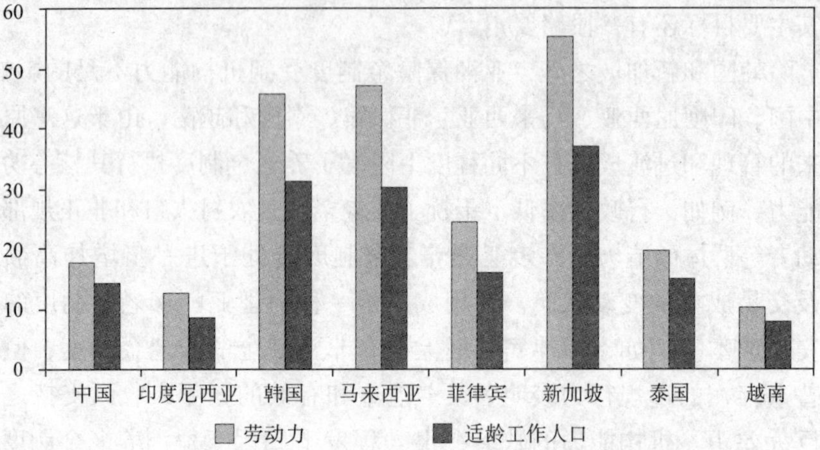

资料来源：经济合作与发展组织（2008 年），亚洲开发银行工作人员对马来西亚及新加坡进行的评估。

2008 年共完成两项养老金模拟研究，分别由亚洲开发银行（2008a）和经济合作与发展组织（简称经合组织，2008 年）执行，对亚洲养老金制度的替代率进行了计算。据亚洲开发银行研究发现，替代率范围在印度尼西亚的 19% 到菲律宾的 79% 之间（见图 7.15）。经合组织研究发现，替代率范围在印度尼西亚的 15% 与菲律宾的 77% 之间。这两项研究均表明，中国、韩国、菲律宾和越南的替代率高于印度尼西亚、马来西亚、新加坡和泰国。在这八个国家中，只有菲律宾的替代率在两项研究的建议范围内。这意味着从总体上讲，亚洲养老金制度未能为退休人员提供充足的退休收入。

由于中国的养老金覆盖率较低，所以其相对较高的替代率只是一个假想。如果养老金福利优厚，但只有一小部分人享受到这些福利，则无法明确退休金制度是否充足。覆盖率与代替率的乘积这一有用指数可用于对一个国家的养老金系统的充足性进行更加准确的表现。因此拟议指数包括代替率和覆盖率。充足性指数依据劳动力覆盖率计算得出。在亚洲开发银行研究得出的代替率中，该指数的范围从印度尼西亚的 3% 到韩国的 24% 之间（见图 7.16）。在经合组织研究得出的替代率中，该指数在印度尼西亚的 2% 到韩国的 22% 之间。对于两组替代率来说，

图 7.15　替代率：退休收入与退休前收入的比率（百分比），2007 年

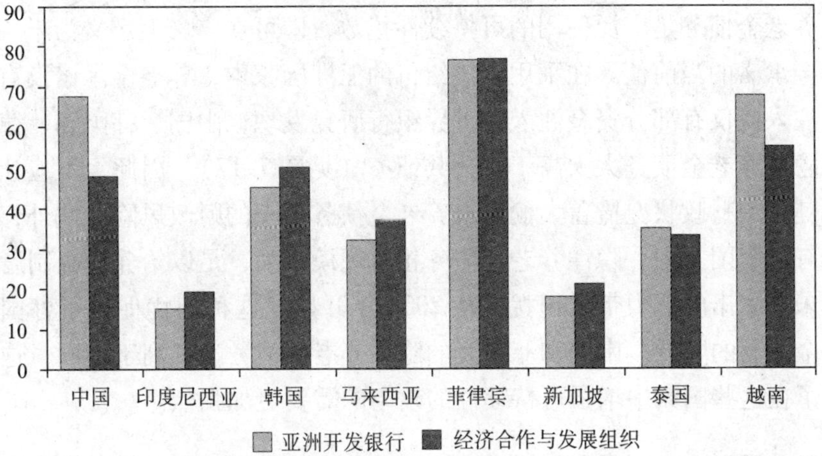

资料来源：亚洲开发银行（2008a），经合组织（2008 年）。

图 7.16　养老金制度的充足性指数，2007 年

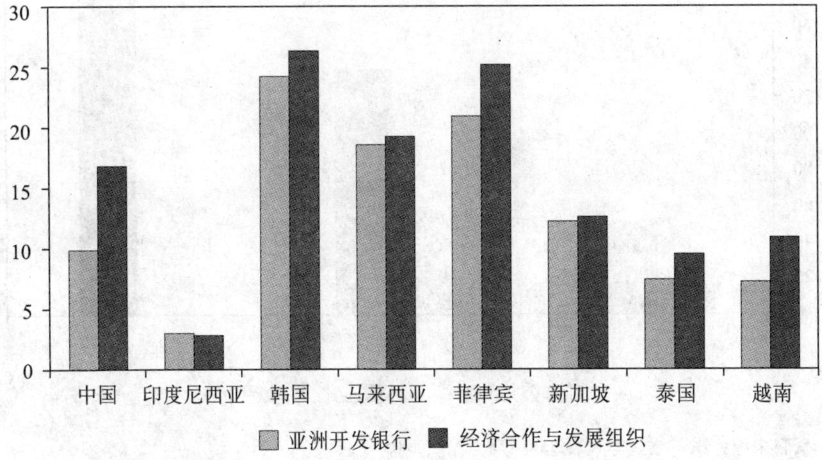

注：计算中使用的覆盖率为劳动力覆盖率。

资料来源：亚洲开发银行（2008a），经合组织（2008 年），亚洲开发银行工作人员对马来西亚和新加坡覆盖率的估计。

韩国、马来西亚、菲律宾养老金制度似乎最为充足，印度尼西亚、泰国和越南的养老金制度最不充足。

菲律宾养老金制度的充足性将可持续性及可负担性问题放到了显著地位。如国家负担不起，那么从长远看来为大部分人口提供优厚的福利待遇不具有可持续性。在这种情况下，老金制度的充足性名不副实。隐性养老金债务是广泛使用的可持续性指数，即可在广义上定义为未来养老金承诺的当前值。在采用定额给付的亚洲国家中，养老金承诺没有资金注入或仅有部分资金注入。世界银行研究发现，中国、韩国和菲律宾的隐性养老金债务大大高于其公共债务（见图 7.17）。因此，不应让相对健康的财政状况掩盖大额未来养老金债务带来的财政风险。此外，在所有三个国家中，隐性养老金债务相对规模较大，足以给养老金制度履行未来承诺的能力带来担扰。从 2008 年开始，这种担忧促进了韩国养老金福利的降低。中国和菲律宾的隐性养老金债务远远高于韩国，这说明了在这些国家中增强可持续性的改革的需要更加强烈。

图 7.17　部分国家隐性养老金债务与国内生产总值的比率，公共债务与国内生产总值的比率，1999/2000 年

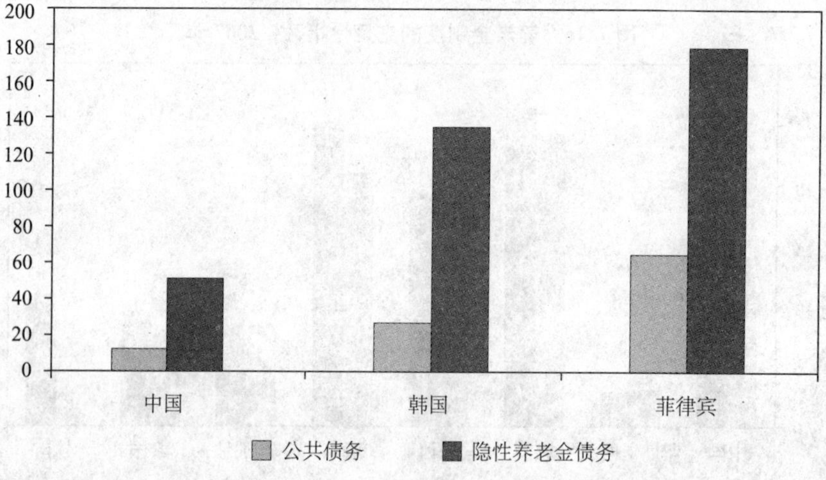

资料来源：霍尔兹曼等人（2004 年），辛（2005 年）。

即便是在缴款率最高的国家，养老金缴款似乎也没有严重扭曲员工工作及雇主招聘的动机。在这个意义上说，养老金成本是能够负担得起的。鉴于许多亚洲养老金制度的不成熟，目前就断定这些制度健全到足以应对负面冲击还为时尚早。但是，亚洲地区更加成熟的养老金制度已经渡过了亚洲财政危机，未受到任何伤害。如前所述，只有中国、韩国和菲律宾的养老金制度拥有用于保护老年贫困人口的安全网。但是，这些安全网没能提供足够的收入甚至无法满足最低生活标准的要求。例如，菲律宾基本月养老金仅有 300 比索或不到 7 美元（2008 年 12 月的数据），最近推出的适用于韩国老龄人口的须通过入息调查的福利约仅占平均工资的 5%。

7.5　未来的路

从前面的分析中应能明确亚洲发展中国家在加强其社会保护系统方面已取得了巨大的进展，但如果该地区想要保护最弱势人口不受困境和边缘化的伤害，还有很多工作要做。亚洲社会保护系统在履行这一中心任务上远远落后于发达国家的社会保护系统，但与其他中等收入地区（如拉丁美洲）不相上下。

这三个主要问题涉及覆盖率、福利的充足性和扶贫。在许多亚洲发展中国家，社会保护计划的覆盖率主要限于正规部门、政府职工和城市地区，这说明仍有无数人口完全没有享受到任何保护。养老金制度中明显存在的另一个常见问题是社会保护计划往往不能提供的充足的保护水平。

该地区的另一缺陷为这些计划没能有效地针对最需要援助的群体，因此不能缓解贫困。从积极的角度看，所有亚洲发展中国家目前都拥有正规的社会保护系统，并且在这些系统的巩固中都取得了不同程度的进展。此外，一些亚洲贫困国家已建立起运作相对完善的系统，这说明有效的社会保护既是政治意志和良好治理的问题，也是资源问题。

在本章的开始将社会保护定义为社会对其个体成员的保护，使他们免受一生面临的各种风险的影响，但是对社会保护最公正的定义为——社会为其成员提供保障。青年及老年人经济保障唯一最重要的决定因素就是经济增长的长期趋势增长率。持续的经济增长是社会保护的最终形式，尤其在贫困的发展中国家。

从亚洲大多数国家整体经济的卓越表现上看，很容易忽略这些国家仍属于这一类别的事实（见图 7.18 和图 7.19）。同理，亚洲是否能维持其经济活力对于其公民的经济保障是至关重要的。就经济安全而言，增长的核心重要性意味着如果社会保护的短期收益破坏了经济增长及长期经济安全，那么这种增长只是表面功夫。

图 7.18 部分亚洲国家与工业化国家的人均 GDP（美元），2007 年

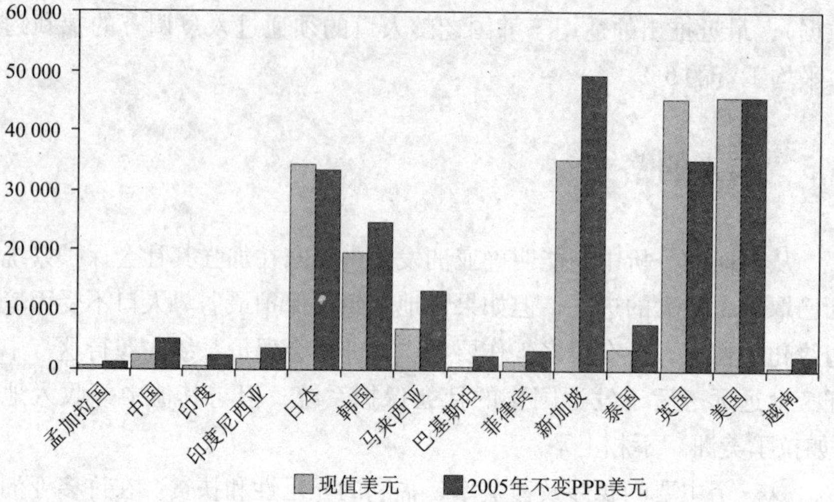

GDP = 国内生产总值，PPP = 购买力平价。

资料来源：环亚经济数据有限公司；国际货币基金组织，世界经济展望数据库：www. imf. org/external/pubs/ft/weo/2009/01/weodata/index. aspx，2008 年 5 月 16 日下载。

图 7.19 GDP 和人均 GDP 的平均年增长率（百分比），1981—2007 年

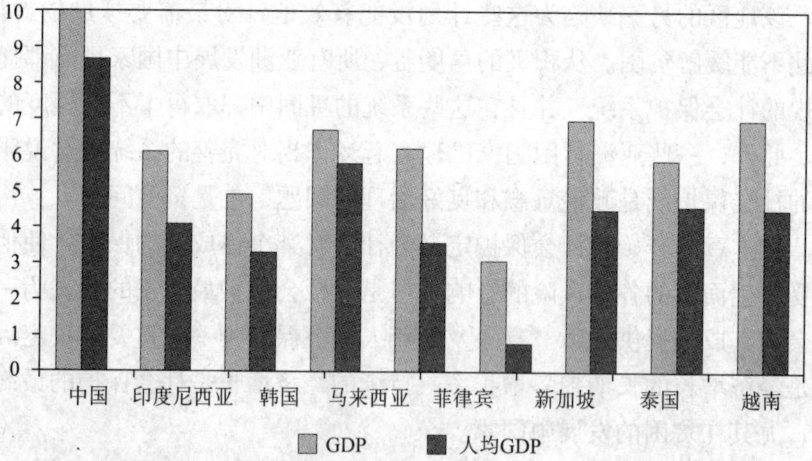

GDP = 国内生产总值。

注：GDP 和人均 GDP 按 2005 年不变购买力平价美元测量。

资料来源：国际货币基金组织，世界经济展望数据库：www. imf. org/external/pubs/ft/weo/2009/01/weodata/index. aspx，2008 年 5 月 16 日下载。

虽然社会保护计划通常会促进平等，但由于这些计划由税款资助，所以需要效率成本。对于较富裕的阶层来说，这些效率成本相对更加实惠。因此与更富裕工业化国家相比，收入增长及收入分配之间的权衡取舍更倾向于出现在亚洲发展中国家。对于亚洲经济发展的当前阶段，提供综合性社会保障的成熟福利结构既不可行也不可取。这并不是说亚洲国家必须取消社会保护，因为那是富裕国家的奢侈品，亚洲国家只有在遥远的未来才负担得起。相反，如前文所述，人口老龄化、家庭支持的逐渐减弱、全球化及其他因素都使社会保护变得越来越必要。但是，社会保护本身并不是目的，它是推动经济和社会安全的工具。

认真考虑社会保护对经济增长的影响对亚洲的政策制定者们具有一定的实际意义。例如，未能成功进行任务艰巨但却必要的养老金改革，如削减福利、延长退休年龄并提高缴款额，有可能导致庞大的财政负债，负债会反过来危及宏观经济的稳定、增长和安全。结论，亚洲社会保护计划的设计和落实方式应能推动增长，而不是对增长造成干扰。例如，劳动力市场计划应为技能发展和培训投入更多的资源，而不是投入到最低工资和工作条件的劳动立法中。在亚洲发展中国家，技能开发是重中之重，而在工业化国家，劳动法律才是重中之重。将工业化国家的发展重点强加到亚洲社会保护中可能会对促进经济安全产生不良后果。例如，给雇员和员工带来额外负担的劳动力市场立法可能会干扰劳动力市场灵活性，增加失业人数。

社会保护需要与社会保护重点方面的差异不仅存在于工业化国家与亚洲发展中国家之间。在优先事项与约束条件方面，亚洲各国之间存在着很大的异质性。例如，中亚各国的优秀业绩主要是来自苏维埃时代终生福利国家的遗产。同样，马来西亚和新加坡养老金制度中社会风险共担的相对缺乏反映了作为应对老年风险的主要机制的个人风险承担的社会优先权。较富裕亚洲国家的政府拥有更多可用的财政资源，并且通常拥有比低收入亚洲国家更好的设施，以保护其公民不受这些风险的伤害。因此，没有一种放之四海而皆准的解决方案。相反，每个国家必须考虑自己的目标和能力，对自身的策略和流程进行改革。但是，许多常见的区域主题都来自亚洲社会保护和养老金制度的概括。这些主题将帮助确定整个亚洲地区社会保护改革及巩固的方向。

各国改革的共同方面是要加强执行社会保护系统五个核心功能的机构及行政能力。加强机构能力是亚洲社会保护改革的出发点，没有足够的能力，就不可能实现运作良好的社会保护制度。核心功能的一般属性（如按时支付补贴和制定准确的记录保存系统）不应对其重要性产生影响。因此，建议各国在实施目标远大的改革计划之前首先投入资源加强机构和行政能力。严格的治理和监管对任何社会保护计划的运行效率和透明度都是必不可少的因素，因此对建设机构和行政能力也非常关键。促进管理的具体措施包括更恰当的会计制度、更严格的财务控制、人力资源开发、计算机化、向利益相关者披露更多信息。社会保护计划的透明度和责任感将会鼓励一般公众的信心，促进其对社会保护计划的参与。

改革的另一个共同方向是将针对所有人的社会保护计划与针对特定高风险群体的社会保护计划区分开来。例如，政府管理的国家保险金系统用于为所有人提供充足的老年收入支持，包括老年贫困人口。老年贫困问题对亚洲来说意义尤其重大，在一些国家中终身贫困人口占劳动力人口的30%。不幸的是，在亚洲，即便是运行状态良好的保险金制度在对抗老年贫困方面也未能发挥作用。资助老龄贫困的最佳方式可能就是建立社会保险金制度，这种制度能为符合经济状况调查条件的人口的基本生活支付最低款项。基本社会保险金来自一般预算收入，而非缴款。独立的、具有明确扶贫目标的社会养老金制度有助于防止主要养老金制度资金的机动使用。相反，将一般计划与目标计划区分开来有助于防止稀缺社会保护资源转移到不太易受到伤害的群体，并有助于将这些资源输送给最需要的群体。

另一个共同的主题是社会保护改革要求其他领域（财政和劳动力市场）配套改革的有效性。社会保护系统并非存在于真空当中，而是存在于限定其目标和约束条件的更广泛的经济和社会环境中。在宏观经济层面，财政的改革和巩固将给亚洲政府带来财政上的灵活性以便将更多资源分配给社会保护。在微观经济层面，财政改革应旨在提高公共服务（包括社会援助）的效率。

另一个需要配套改革的领域是劳动力市场。在部分亚洲国家中，劳动法律及监管并未实现现代化，无法在创造新就业机会和原就业保留之间实现更好的平衡。大部分以改进高风险群体生产力为目的的技能发展与培训以及其他社会保护计划将会是一种浪费。其他领域的改革还能促进经济安全。例如，提高储蓄回报的财务改革会降低贫困及非贫困人口的养老风险。

经过几十年面向增长的政策和快速的经济增长，亚洲终于加大了对社会保护的关注。这种转变不仅是由于亚洲国家更加富裕，有能力投入更多资源保护其公民不受多种风险的伤害。这种转变还反映了一种不断增长的意识，即传统上对增长的狭窄定义对于增长本身是有害的。在一个大部分人仍然处于贫困、弱势和边缘化的社会中，经济的增长不可能具有包容性。

从根本上说，在缺乏运行良好的社会保护制度的情况下维持高度增长的社会和政治限制终将会越来越严重。在亚洲，人口老龄化、家庭支持的薄弱化、全球化和其他因素使得这些限制变得空前严格。简言之，加强亚洲社会保护的理由兼具经济性与社会性。

参考文献

ADB. 2003. *Social Protection: Our Framework Policies and Strategy.* Asian Development Bank, Manila.

_____. 2005. "Labor Markets in Asia: Promoting Full, Productive, and Decent Employment." In *Key Indicators 2005.* Asian Development Bank, Manila.

_____. 2008a. Pension Modeling Study for Eight East Asian Countries. Asian Development Bank, Manila. Processed.

_____. 2008b. *Social Protection Index for Committed Poverty Reduction, Volume 2: Asia.* Asian Development Bank, Manila.

Holzmann, R., R. Palacios, and A. Zviniene. 2004. Implicit Pension Debt: Issues, Measurement and Scope in International Perspective. Social Protection Discussion Paper Series No. 0403, World Bank, Washington, DC.

OECD. 2008. *Pensions at a Glance: Asia/Pacific Edition.* Organisation for Economic Co-operation and Development, Paris.

Park, D. 2009. "Ageing Asia's Looming Pension Crisis." ADB Economics Working Paper No. 165, Asian Development Bank, Manila.

Perry, G., O. S. Arias, J. H. Lopez, W. F. Maloney, and L. Serven. 2006. Poverty Reduction and Growth: Virtuous and Vicious Circles. World Bank Latin American and Caribbean Studies. World Bank, Washington, DC.

Sin, Y. 2005. China Pension Liabilities and Reform Options for Old Age Insurance. Working Paper Series No. 2005-1, World Bank, Washington, DC.

United Nations Secretariat. 2008. *World Population Prospects: The 2008 Revision and World Urbanization Prospects: The 2007 Revision.* Department of Economic and Social Affairs, Population Division, United Nations Secretariat. Available: esa.un.org/unpp.

World Bank. 2001. *Social Protection Sector Strategy: From Safety Net to Springboard.* Washington, DC.

第8章 治理和制度质量及其与增长和不平等之间的关系：亚洲的现状

庄巨忠、埃曼纽尔·德·迪奥斯、
安纳利·拉格曼－马丁①

8.1 引言

近几十年来，亚洲发展中国家的经济增长可以说相当令人瞩目。在整个亚洲地区，人均国内生产总值就2005年的购买力平价（PPP）而言，从1990年的1 403美元上升至2005年的3 174美元，年增长率为5.6%，无论是世界范围内，还是从历史角度来看，没有几个国家能与之相媲美。这导致极端贫困现象的大大降低：每天1.25美元的贫困发生率从52%降至27%，每天2美元的贫困发生率从79%降至54%（参见第1章）。然而，如此大规模的经济增长在整个亚洲地区的分布并不

① 作者要感谢姚先斌、拉纳·哈桑、艾弗兹·阿里、M. G. 奎贝拉、万广华以及林暾在早期版本的论文中所陈述的观点，也感谢姜邑在文字处理方面的帮助。本章中所述的观点仅代表作者本人的观点，而不代表亚洲开发银行、其董事会成员或作者所属国家的观点。

一致。该经济增长主要受到中国（PRC）、印度以及若干东南亚国家的快速经济增长的推动。在亚洲许多地区，经济增长都比较缓慢，人均收入的增长幅有限，并且极端贫困的发生率仍然居高不下。例如，在南亚，2005 年时 43% 的人还生活在每天 1.25 美元的贫困线以下，76% 的人生活在每天 2 美元的贫困线以下。落后的经济体是否能够以及如何赶上亚洲地区经济领先国家，仍然是发展过程中所面临的一个重要挑战。

从全球范围内来说，收入增长对于消除绝对贫困行之有效，但对于消除相对贫困或不平等的成效却不够显著。在亚洲，尽管增长的良好形势已经全面提高了大多数国家不同阶层的人群的收入，但在诸如获得教育和医疗卫生服务方面，无论是从收入维度，还是从非收入维度来说，不平等都呈不断加剧的态势。即使是在增长形势看好的经济体当中，也存在这种现象（参见第 2 章和第 3 章）。因此，亚洲地区的决策者们逐渐认识到，只有当经济增长的主角本身朝着促进更大的包容性方向而转变，才有可能在实现更广泛的发展目标过程中取得更大的进步。这意味着，不仅需要持续产生新的生产机会，还需要拓宽获得这些机会的途径（阿里和庄，2007 年）。包容性增长的概念在亚洲地区已经受到越来越广泛的欢迎（参见第 1 章）。

本章侧重于政府治理与制度对于促进亚洲发展中国家的包容性增长所起的作用。良好的治理与制度的必要性成为近几年发展政策讨论过程中的重点。虽然他们的内在价值成为其自身发展的目标如今已经广为接受，且强调了包容性这一概念，但他们作为优化增长成就以及实现更平等的收入分配的工具性价值仍然未得到充分理解——尽管相关的大量文献已经出现，并且还有越来越多的文献涉及这方面的内容（罗德里克，2008 年）。本章对该文献作了简要介绍，在这个过程中，认真考察已经引起广泛关注的两个关键问题：对治理质量和制度质量的计量，以及制度发展与经济发展之间的因果关系方向。然后进一步考察了下列问题：相对于世界其他地区而言，在广泛应用的针对治理/制度质量的各种计量中，亚洲应当如何采取各种措施；在何种程度上，在推动亚洲地区最近的经济增长与改变收入不平等的状况过程中，某些因素比其他因素所起的作用更大。当我们对治理/体制与增长之间的关系进行考察时，许多亚洲国家都被视为“局外人”。本章对这种情况达到何种程度及其可能的解释进行深入调查，以及这些现象对于为实现包容性增长的政策制定具有何种含义进行深入调查。

8.2　治理/制度与增长和不平等之间的关系：文献综述

8.2.1　探寻增长的深层决定因素

该经济学文献当前对于治理和体制（以及地理、文化等）的作用的关注可以视为探寻经济增长与发展的“深层决定因素”的现行研究的一部分。在很大程度上，这种关注可以追溯到始于20世纪80年代后期，那时人们对于索洛（1956年）和斯万（1956年）在20世纪50年代引入的卓越的“新古典主义”增长模型越来越不满意。标准的新古典主义模型将资本积累或投资视为导致人均收入存在不同水平的重要因素。为了实证检验新古典主义模型，人们作出了不懈努力，然而其最终结果却是模棱两可的。这使得我们对“生产要素”这一概念将人力资本包括在内进行重新考虑（贝克，1962年），也使得我们在20世纪80年代晚期和90年代初期，对内生增长模型的发展将技术水平和创新率融合在一起加以重新考虑（格罗斯曼和埃尔普曼，1991年）。

然而，从更根本的层面上来说，迄今所有的增长模式都未能真正回答因果问题。即使资本积累和技术创新能够解释全国的人均产出在长期层面上存在的显著差异，并且问题仍然存在，某些社会取得了成功，而另外一些社会未能采取必要的措施来完成这种（资本）积累和（技术）创新。诺斯和托马斯（1973年）认为，所列出的因素（如，创新、经济体规模、教育以及资本积累等）都不是导致增长的原因：他们本身就是增长。因此，正是基于这层涵义，现有的增长模式只将增长的“机制”或“相互关联”阐述出来，却没有真正触及深层决定因素。

在这种背景下，一系列新的经济学文献破茧而出，迅速成为针对深层决定因素的后续研究的组成部分，也称为新制度经济学（NIE），该理论由道格拉斯·诺斯提出（诺斯和托马斯，1976年；诺斯，1981年，1990年和2005年）。新制度经济学试图通过整合制度分析将新古典经济学进行延伸，侧重于制度在对长期经济绩效进行解释时所起的作用。

诺斯将制度定义为“游戏规则”，即人为设计的对人际关系产生影响的正式或非正式的限制因素。正式制度主要指宪法、法令以及明确的政府规章制度，这是由非个人机制编撰或执行的——更重要的是，由其强制力和组织的状态进行编撰或执行。非正式的组织和限制因素，从另一方面来说，包括许多诸如传统、规范或行为准则、禁忌等不成文的规定，以及其他基于个人纽带和关系或通过个人纽带和关系来实施的社会机制。

基于西欧和美国的历史，一些人对诺斯的早期著作进行了解释，并指出存在一种从非正式制度到正式制度的单向进展。例如，阿伦（2000年）写道，诺斯为我们描述了一种连续性，一端使用不成文的禁忌、习俗以及传统，另一端使用制度、经济学规律以及政治学；在正式制度缺失的情况下，密集的社交网络就会促使构成非正式制度框架的习俗、信任以及规范性规则的形成；随着经济的发展，沿着连续单向移动，随着专业化的程度越来越高，与更复杂的团体相联系的劳动分工提高了能够加快政治与经济交流而制定政治的、司法的以及经济制度和合同的回报率。

新制度经济学的重点在于由确认和保护产权及合同所衍生出来的客观而公正的制度，这些制度能够使得在更广泛的经济领域和地理范围内以合理的低成本所展开的市场交换、投资以及创新得以延伸。[①] 可以预见的合同的执行与产权保护对于超越了简单的面对面交流和现场交流的交易尤为重要，因为这两种交流方式充满了由于时间或空间的阻隔引起的不确定性以及可能的机会主义，因此，其交易成本之高令人望而生畏。基于这个原因，有必要对违反行为实施有效的规章和制裁。只有通过制裁的方式，各种制度才能产生个人可以预期的行为（卡斯珀与斯特莱特，1998 年）。

在有关连续性的讨论当中，只有当所涉及问题深深植根于一个国家的政府时，有效的制裁才能促进增长。其中隐含的假设为，只有这样一种广泛的组织才能在定义规则时将规模经济体内在化，并且需要一种强

---

① 这在很大程度上总结了诺斯的观点（1981 年和 1990 年）及诺斯、沃里斯与温格斯特（2006 年）和格雷夫（2005 年）总结的观点（2005 年）。

制权力垄断来执行这些规则。从另一方面来说，如果给这个国家赋予过度的权力，就会滋生出潜在的偏见、机会主义、贪污腐败以及篡夺那些处于领导岗位上的人的国家政权等对立问题。在温格斯特（1993 年）看来，一个足够强大且使产权得以保护和规则得以执行的国家也会强大到没收公民的财产。这种内在的自相矛盾为问责制和透明度、各部门之间的相互抗衡以及各种组织的广泛参与，为维护社会秩序和社会控制的各种要求的组成部分提供了理论基础。

因此，根据这种框架，问责制、实行法治、政局稳定、官僚能力、产权保护和合同的执行以及控制腐败都是促进制度增长的相辅相成的各个方面。基于这个广义的理论论证，可以作出如下假设，即没有有效建立起这种正式制度的社会在市场交易中面临的成本更高，且控制“掠夺国家之手”的能力更差，从而不能支持私营部门的方案、市场交流与投资以及经济发展。然而，前面所述的推理并不排除反向因果关系的可能性。事实上，基于实证证据，另外一种观点认为，高水平的发展不仅为催生出更完善的制度提供必要条件，而且还会直接导致更完善制度的产生（帕尔达姆和冈拉克，2008 年）。

尽管诺斯本人在正式制度和非正式制度之间界定了一条明确的分界线，在他原来的作品之后的新制度经济学文献主要侧重于阐释正式制度的作用。然而近年来，他对非正式制度如何推动经济发展怀有越来越深厚的兴趣。例如，劳思（2005 年）认为，可以通过三种关系对社会当中的非正式制度与正式制度如何相互作用进行阐释：第一种是*补充性的*，当正式制度和非正式制度同时并存且相互巩固，相互支持时；第二种是*替代性的*，当正式制度的效率低而非正式制度发挥着同等功能的作用时，或者反之亦然；第三种是*相互矛盾性的*，当两种制度体系互不相容时。实验证据表明，非正式制度对于一个家庭内在经济效益方面的部分差异进行了解释（例如，参见诺尔斯，2005 年；诺尔斯和韦瑟斯通，2006 年；伊斯特利、瑞祯和伍尔科克，2006 年）。

这些在非正式制度文献中所强调的概念还具有社会资本文献的特点。[①] 对于探究社会资本与经济发展之间的关系所产生的原因表现出兴

---

① 以及文化—经济学文献。

趣，很大程度上始于科尔曼（1988年）和帕特南（1993年）的开创性工作。科尔曼认为，社会资本的特点是，其本身就是能够推动目标得以实现的社会组织，如果社会资本不存在，就无法实现这些目标，或者即使实现这些目标，其前提条件也是成本高昂。帕特南将社会资本定义为社会组织的多种特征，如信任、规范以及能够提高社会效率的网络。从那以后，社会资本出现了许多不同的定义（德劳夫和法肯姆普斯，2005年）。当诺尔斯（2005年）发现大部分定义都包含信任、合作规范以及一个社会内部的网络/联盟等概念时，他认为社会资本这一概念类似于诺斯（1990年）所定义的非正式制度。[①] 劳夫（2009年）认为，非正式制度主要负责产生社会资本，而社会资本受到非正式制度的影响。

社会资本文献中的一个主要假设为，通过降低交易成本和鼓励合作，社会资本大大提高了经济效益，这一观点在诺斯的非正式制度的相关理论中也有所阐释。诺尔斯（2005年）总结了社会资本促进经济增长的重要途径：（1）提高互惠互利贸易的数量；（2）解决集体行动问题；（3）降低监测成本和交易成本；（4）提高信息流。但该文献也指出，存在社会资本会产生负面影响的情况：传统习惯和文化规范有时会阻碍新技术的引进；社交网络与联盟会使其会（局内人）员受益良多，却以牺牲非会员（局外人）为代价等。德劳夫和法肯姆普斯（2005年）认为，在广泛调查的基础上，尽管社会资本文献已经提出了许多真知灼见，但目前社会学家在使用“社会资本”一词时，仍然面临若干概念性问题和统计学问题。

8.2.2 从制度到治理

与这些理论发展相一致，许多国际发展机构不断积累的经验表明，基于外部援助的结构调整方案与宏观经济稳定计划常常以失败而告终，或者遭到政治干预因素的阻碍。这也引起人们对于超越政策本身的设计和内容以及影响政策实施的政治环境和各种进程提出质疑。一组实证研究表明，外部援助的有效性如何不仅取决于政策的性质，还取决于政府

① 诺尔斯（2005年）注意到，尽管许多研究者不仅常常在社会资本文献中引用诺斯（1990年）的观点，也常常在新制度经济学文献中引用，但这两派研究者都不愿意认可对方的观点。

的性质（如，伯恩赛德和朵拉，2000 年）。例如，伊斯特利（2006 年）通过一些经验性观察认为，奉行高通胀、高黑市溢价以及长期高预算赤字等破坏性政策的国家可能无法实现增长，但并不意味着仅仅通过保持宏观经济稳定就能实现增长。在政策决策、执行以及成果方面扩大影响范围是“治理”的切入点。

根据《牛津英语词典》，治理（governance）一词意为“统治的方式或方法”。其词根（govern，即统治）来源于希腊语“κυβερναν”（kyvernan），意思是“掌舵”（steer），如带领“国家之船”航行。最近，各行各业的研究者和研究团体将这个词语赋予了各种各样的内涵。一方面，治理被用来指代政治制度和传统的整个体系；另一方面，“治理问题”有时成为腐败的委婉说法。然而，在经济学和发展文献中，治理一词的广泛应用起源于需要将超越政府政策的设计之外的分析延伸到政治进程和政治行为。

目前所使用的治理这个概念要追溯到世界银行对于非洲的研究（1989 年），在这份研究中，治理被定义为“执行政治权力来管理一个国家的事务”。后来，世界银行（1992 年）将治理定义为“在管理一个国家的经济发展资源和社会发展资源时执行权力的方式”。另一方面，经合组织（OECD）将治理定义为“在政府和政治领域行使职权”。根据该定义，“良好的公共治理有助于加强民主和人权、促进经济繁荣与社会凝聚力、加强环境保护与自然资源的可持续利用以及加强政府与公共管理的信心”（塔尔许斯，2001 年，第 28 页）。

赫瑟和沙（1996 年）明确将治理与各种制度的概念联系在一起，将治理定义为“一个国家在管理天赋资源的过程中，通过正式制度和非正式制度行使职权的各个方面”。该定义通过考夫曼、克雷和西奥多-罗贝顿（简称 KKZ，1999 年）以及考夫曼、克雷和马特斯鲁齐（简称 KKM，2003 年）的工作得到了继承。KKZ/KKM 都提出了治理的工作定义：在一个国家内部行使职权的传统和制度。这催生出可能是目前使用最为广泛的一套治理指标，用于计量：（1）有权阶层被选择、被监管以及被代替的进程；（2）政府有效制定和实施健全政策且提供公共服务的能力；（3）控制经济互动与社会互动的制度的国家方面与公民方面。

在此之前，有观点认为，作为一个概念，治理从理论上来说比较弱，因为它既不能提供类型学，也不具有计量作用，且未指明发展方向。鉴于这个原因，“良好的治理”指代一种对各种成果和结果同义反复的评估，而不是对其有机元素的分析以及通过其得以实现的方式。然而，治理这一概念与新兴的新制度经济学流派密切相关，迄今为止已经主要由众多实践者创建出来的一个概念提供了理论支持。

8.2.3 对治理/制度质量进行计量

大量以及越来越多的实证工作都已经设法证实了前一节中所述的治理/制度对经济—增长之间的预期关系。这些实证研究通常涉及将人均收入增长（作为独立变量）与治理/制度质量（如，解释变量）的计量相联系的跨国回归实践，在其他可能影响人均收入增长的变量保持不变的情况下。然而，这种实证研究以其方法论上的弱点而饱受批评。两个热议问题包括治理/制度质量的计量以及制度发展和经济成就之间的因果关系的方向。

在最早展开全国范围内回归实践的研究者当中，巴罗（1991 年）对政变、政治刺杀以及政治动荡等事件的发生进行客观计数来表示对产权保障构成的威胁。后来的作者，如莫罗（1995 年）、耐克和基弗（1995 年）使用主观的专家评估总结出的指标，尤其是那些由许多诸如“政治风险管理服务”团队（产生国际风险指标［ICRG］）[①]、商业环境的风险智慧（BERI）等投资咨询公司创建出来的指标，等等。

与此同时，对“良好的治理”和制度所给予的越来越多的重视刺激了许多旨在通过智囊团、多边机构以及非政府组织（NGO）对治理进行计量，从而催生出大量的治理指标系列得以公布（见专栏 8.1）。在这些指标当中，如今最流行且使用最广泛的是由世界银行提供的世界

① 例如，ICRG 评级系统由 22 个变量组成，共分为三个风险类：政治的、金融的和经济的。政治风险指数是基于数值尺度上的 12 个政治风险要素的专家评估：政府稳定（0—12），社会经济条件（0—12），投资概况（0—12），内部矛盾（0—12），外部矛盾（0—12），腐败（0—6），政局中的军事力量（0—6），宗教紧张关系（0—6），法律与秩序（0—6），民族紧张关系（0—6），民主问责制（0—6），官僚质量（0—4）。各项得分相加，得出一个总的“政治风险”评分（1—100），其中，得分越高则表明政治风险越低（见 https：/www. prsgroup. com/ICRG_ Methodology. aspx）。

治理指标（WGI）——来源于KKZ/KKM的研究工作。世界治理指标是以投资咨询公司（如前述公司）、非政府组织、智囊团、政府、多边机构提供的以各种治理计量为基础的30份以意见/认知为基础的调查进行分析总结，共分为六组（KKM，2009年）。①

专栏8.1　　治理质量和制度质量的主要指标

对良好的治理和高质量的制度越来越多的重视催生了旨在对治理进行计量的实证研究，从而导致大量治理指标系列的出台。

如今，最流行和最广泛应用的世界治理指标（WGI）由世界银行在1996年首次公布。有时称为"KK指标"、"KKZ指标"或者"KKM指标"是沿用了该指标的原创者的名字，这些指标在1996—2002年之间每隔一年公布一次，2002年之后每年公布一次。该指标覆盖200多个国家，世界治理指标对来自37个数据源的数据进行汇编。这些数据源包括：对多家企业展开跨国调查，来自于商业风险评级机构、非政府组织及其智囊团以及各国政府和多边机构的专家评估。世界治理指标由治理的六个关键维度上的复合指标组成：（1）话语权与问责制；（2）政局稳定与非暴力；（3）政府效率；（4）监管质量；（5）法治程度；（6）控制腐败。

另一个在各媒体和学术研究界广泛引用的指标是由世界经济论坛与哥伦比亚大学联合提出的全球竞争力指标，其覆盖了134个国家。该指标于2004年首次引入，对国家的竞争力进行计量，综合考虑了国家竞争力的宏观基础和微观基础。将113个变量合计成12个主要加权平均数，包括基础设施、宏观经济、医疗卫生与初等教育、高等教育以及培训、商品市场效率、劳动力市场效率、金融市场的成熟、技术准备、市场规模、业务熟练程度以及创新。

基于专家评估，海外发展研究所的世界治理评估试图确定，治理质量是如何在世界范围内的各个国家中随着时间的推移而发生变

① 最新的世界治理指标是2009年公布的，基于全世界33个组织提供的35个数据源，涵盖几百个分类问题，且其覆盖范围包括212个国家（KKM，2009年）。

专栏 8.1（续）

化的。试点阶段覆盖 16 个国家，而第二个试点阶段覆盖 10 个国家。该治理的六个主要方面包括 30 个指标——民间团体、利益聚合、政府管理、政策实施、经济团体以及争端解决。

透明度国际的清廉指标于 1995 年首次引入时，对 180 个国家公共部门腐败的明显程度进行衡量。该指标使用来自 11 个独立机构的 13 个数据源的数据，其中包括风险机构/国家分析。

由美国的千年挑战公司与世界银行在制定国家政策与机构评估中所使用的全球诚信指数对腐败的对立面进行评估：公民获得关键治理与反腐败机制的存在与有效性。该指标汇总 300 多个诚信指标，共分为六大治理类别——民间团体、公共信息与媒体、选举、政府问责制、行政管理与行政业务、监督与管理、反腐败与法治程度——以及若干个子类。

弗雷泽研究所提出的世界经济自由指标覆盖 141 个国家，就一国政策和制度对于经济自由的支持程度进行计量，对于个人选择、自愿交换、自由竞争以及私有财产的安全性基石进行计量。该指标于 1986 年首次引入，包括来源于诸如国际货币基金组织和世界经济论坛等外部数据源的 42 个变量。该指标对于在五个领域内的经济自由程度进行计量，如政府的规模、法律结构以及产权的保障、获得健全的货币体系、国际贸易自由以及调控信贷、劳动力和业务。

经济自由指标由传统基金会和《华尔街日报》创建，并于 1995 年首次引入，如今已经覆盖 162 个国家。该指数对 10 项对于个人成就和国家繁荣的发展都至关重要的个人自由进行计量，包括业务自由、贸易自由、财政自由、政府规模、货币自由、投资自由、金融自由、产权、廉洁程度、劳动力自由，且整合为一个简单的总体评分。每当采用的方法发生变化时，对整个系列就一致性进行调整。

由《自由之家》在 1972 年首次创建的世界国家评分自由对于

专栏 8.1（续）

193 个国家和 15 个相关的/争议的地区就民主自由和政治自由的程度进行计量。专家给出的国家积分可以转变为政治权利指标（选举过程、政治多极化以及政治参与、发挥政府职能）以及民权（言论与信仰自由、结社与组织的权利、实行法治、个人自主权以及个人权利），这些都表明总体自由评级。基于各种评级，国家可以分为“自由的”、“部分自由的”或“不自由的”。

至于其他指标，读者可以参照联合国开发计划署有关治理指标的用户指南（2007 年）。指南包含 35 个治理指标数据源的基本信息，包括方法论、结果示例、有效/无效使用以及各种假设。

资料来源：阿尔恩特和欧曼（2006 年），联合国开发计划署（2007 年），提供各项指标的多个网站。

（1）话语权与问责制，通过一个国家的公民所具有的参与选举他们的政府和具有言论自由、结社自由以及出版自由的程度来加以计量。

（2）政局稳定与非暴力，由政府将受到违反宪法的或暴力的途径，包括恐怖主义的打击，而动摇其稳定的可能性来加以计量。

（3）政府效率，由公共服务的质量、行政部门的服务及其独立于政治压力的能力以及政策制定的质量来加以计量。

（4）监管质量，由政府提供确保与促进私营部门发展的健全的政策与法规的能力来加以计量。

（5）法治程度，由机构对于社会规则及其遵循程度所持有信心的程度来加以计量，这些社会规则包括产权质量、警力素质、法庭质量以及犯罪的风险等。

（6）控制腐败，由行使公共权利来谋取私人利益的程度来加以计量，包括微观形式的腐败和宏观形式的腐败，也包括国家的精英“垄断”。

对于每个国家而言，使用一种未观察到的成分方法，每一组当中的各个成分指标都得到了重新调整和汇总，从而产生出一个以零为中心，范围在 -2.5 至 2.5 之间的值，正值越大则表明治理状况越好。

尽管在许多实证研究当中都有普遍性及广泛应用，主观的和以认知为基础的治理指标却受到各种批评。大家普遍认为，在使用这些指标时应当持更加谨慎和重视的态度。由于得到广泛应用且影响甚广，世界治理指标理所当然地受到最严格的审查。考夫曼和克雷（2008 年）将主要批评进行了总结，即与下列事项相关：（1）与随着时间的推移和国家之间的可比性相关的问题①；（2）专家评估的偏见②；（3）与认知错误相关；（4）定义问题③；（5）依赖于“主观的”数据④。我们注意到，对治理进行计量是非常困难的，并且所有对治理的计量必然是不精确的，由于误差范围，并需要对各项计量进行谨慎解释，这两位研究者承认，对于克服现有计量的一些明显不足，创建新的更好的治理指标尚有足够的空间（考夫曼和克雷，2008 年；KKM，2009 年）。

8.2.4 实证证据与因果关系的问题

巴罗（1991 年）发现，在对标准增长模型所建议的其他变量都保持不变的情况下，政治动荡（即发生政变、政治刺杀或革命）的发生频率都对 1965—1985 年之间的人均国内生产总值的增长产生重大的负面影响。随后使用了主观专家评估提供的指标的几项研究进一步确认了巴罗的这些研究成果。对解释人均国内生产总值增长的巴罗模型进行再评估时，我们发现“法治程度”变量尤其有力，超过了其他几项（诸如官僚机构腐败与特性等）治理变量所产生的效果（巴罗和萨拉—伊—马丁，1995 年）。在另一方面，莫罗（1995 年）认为，官僚质量在增长程式中所占的比重很显著，但腐败却并非如此。为了确保合约的实

① 这些批评包括：（1）由于在不同年份使用不同组的基础数据源而不适用于跨国家和跨时间的对比；（2）由于构建国家之间的每一种要素而无法观察出随着时间的推移一个国家的治理成就：一个国家的指标在一定时间范围内的任何运动仅反映出所有包括在内的国家的规模在相对位置上的变化，而不论其治理质量是否已经有所提高；（3）在汇总世界治理指标中存在显著的误差幅度。

② 有观点认为，外籍人士的意见在主要数据源中所起的重要作用有可能使他们的评估具有应答者的祖国文化特色（如，西方工业化国家），或者负责这些主要数据源的组织怀有渗透于问题制定中的强烈的思想观点。非政府组织数据源可能对所需的问责制和获得途径持一种严格的观点，而以业务为中心的组织和商界人士可能对大多数形式的政府干预持有偏见。

③ 举例来说，世界治理指标的腐败积分汇总在一起且对小规模腐败和大规模腐败问题，一定数量的偷窃行为所发生的次数及其社会后果予以相同的权重。

④ 主观感受并不能反映具体的客观现实。

施与产权保护，耐克和基弗（1995 年）将治理称为从 ICRG 数据集的一个子集中挑选出来的一个 50 分的复合指数。按投资比例进行回归，这一概念对于使用横截面数据的巴罗型增长程式具有重大积极作用——由于提高了一个标准方差则人均支出增长了 1.2 个百分点。从长远来看，世界银行（2007 年）引用了由 KKZ/KKM 指标所计量的治理提高了一个标准方差，将使收入提高三倍，且将婴儿死亡率降低 2/3。

除与上述治理/制度质量的计量有关的问题以外，早期的旨在对治理/制度增长的关系进行实证检验的研究已经受到“同时性”问题的困扰。由于早期研究的结果缺乏说服力，使该同时性问题变得日益明显，且对于所覆盖的样本期间、所使用的估计方法以及所省略或包括的各种变量的特定组合都比较敏感。阿伦（2000 年）总结说，她是通过对经济增长、投资以及制度的同时测定进行强调，并指出研究是如何“常常无法处理内生的制度计量”来展开自己的调查。这就有效地阻止了人们对于这样一种观点的区分：促进经济增长得更快就会得到更好的治理成绩，还是反之亦然。从政策的角度而言，这绝非微不足道。

要解决这一问题绝非易事，主要是因为在展开调查的增长期之前的明确治理数据少之又少。然而，埃斯莫格卢、约翰逊和罗宾逊（2001 年和 2002 年）使用一个历史变量——殖民时期（欧洲）殖民者的死亡率——首先尝试绕过这个问题对经济增长成就进行解释。事实上，这个“工具性变量”与治理的当前评估密切相关，尤其是征用的风险，而在另一方面，存在一个不争的事实为，其完全存在于经济增长本身发生之前。因此，建立因果关系之前发生的条件可以得到满足。历史的定居者死亡率在预测随后的经济增长中所起的重大作用证明了这样一个事实，即较低的死亡率促进了欧洲定居者的密集较大，且参与到尊重知识产权的早期制度当中的人数较多。① 可以假定这些早期制度由来已久且对当前的经济增长影响深远，因此，间接巩固了治理与经济增长之间的关系。

① 埃斯莫格卢、约翰逊以及罗宾逊（2001 年和 2002 年）对同时性的一个模型进行了检验：（1）当前的人均输出增长受到当前征用风险以及其他因素的影响；（2）当前的征用风险取决于过去的定居者死亡率以及其他因素的影响。

随后，罗德里克、苏布拉马尼亚姆与特雷比（2004 年）的研究表明，即使确保地理与贸易政策公开的各种变量包含进来的话，埃斯莫格卢、约翰逊以及罗宾逊的研究结果也是非常有说服力的。颇为有趣的是，罗德里克，苏布拉马尼亚姆与特雷比将定居者—死亡率用作一个捕捉 KKM 复合指数中外生变化的工具。但是，虽然治理变量的工具性似乎能解决同时性问题，但却滋生出另一个问题，即工具性变量的影响的属性，从而从理论上对因果关系进行了解释。

在埃斯莫格卢、约翰逊以及罗宾逊的原文当中，“定居者—死亡率”代表“征用风险”。而另一方面，罗德里克、苏布拉马尼亚姆与特雷比用同样的工具性变量对“法治程度”进行解释，其他作者对同一个变量的解释更是五花八门。例如，伊斯特利和莱文（2003 年）将定居者—死亡率以及农作物和细菌解释为制度的一个地理决定因素的一部分——这沿袭了戴蒙德（1997 年）的观点。格莱泽等人（2004 年）在对制度的原因作用提出质疑的过程中，坚持认为，所使用的工具性变量（即历史的定居者—死亡率角度）确实与人力资本的当前计量之间的关系比与治理的制度变量之间的关系更密切。如果同样的工具性变量可以用来对当前制度的或治理的某一方面的变量进行“解释”，那么可以确认的是，该工具性变量不能对制度的另一个方面进行解释，或甚至当一个非制度性变量迄今被排除时？使用工具性变量仍然不能终结这场有关因果关系的辩论。

虽然前述侧重于制度质量的讨论产生了更好的发展成就，而另一种观点认为，经济发展促进了制度的发展，且这种因果关系可能比以制度发展促进经济发展更重要。帕尔达姆和冈拉克（2008 年）通过侧重于将民主作为宏观制度以及将腐败作为微观制度对双向因果关系予以实证性检验。总之，他们发现收入水平增长的预测导致了制度质量的提高恰恰与优于相反方向之一数据相吻合，尽管不无例外。基于这个发现，他们认为不可对全方位的制度改革在制定发展政策的过程中会提高经济成就轻易抱有任何过高的期望。

8.2.5 在治理/制度与不平等之间建立联系

有关治理与制度的实证文献主要都集中于这两者与经济增长之间的

关系。然而，最近人们对于治理/制度与收入分配和不平等之间关系的兴趣越来越深厚。这些兴趣点主要集中在两方面，其一，政治制度和民主与收入分配和不平等之间的关系如何；其二，腐败与不平等之间的关系如何。该文献的一以贯之的观点似乎认为，这两组关系间都存在因果关系。政治制度与民主对于收入与财富如何在社会当中进行分配产生影响。收入/财富分配与不平等也有助于构建政治制度以及社会的民主程度。与之相类似，腐败大大加剧了收入不平等，而收入不平等的程度过高也会滋生腐败。

A. 政治制度与不平等

就第一组关系而言，长久以来的观点认为经济当中的收入分配也取决于政治因素。假设之一认为，民主形式当中政治权利更平等的分配应当伴随着收入分配的更平等。然而，现有证据并未表明在跨国回归实践的民主与不平等之间存在任何稳健关系。例如，博伦和杰克曼（1985 年）未能发现存在这种关系；李、斯夸尔和邹（1998 年）也未能为民主与不平等之间的负面关系提供大量有力的证据；格兰德斯汀、米拉诺维奇和尹（2001 年）则发现民主对不平等产生的负面作用较小。

格兰德斯汀、米拉诺维奇和尹认为，近年来通过对东欧与东亚发生的事件展开的不定期检查，对民主与不平等之间存在的简单关系蒙上了一层阴影。尽管东欧的一些社会主义体制国家的政治权利比较有限，但收入分配却相对比较平等——部分原因是由于其主流意识形态——而在 20 世纪 90 年代的东欧国家的民主化确实导致了收入不平等的加剧。与之相类似，虽然一些诸如韩国、新加坡以及中国台湾等东亚经济体的收入分配在整个世界范围内都是最平等的，而从历史的角度来说，这些国家的政治远非民主化。因此，格兰德斯汀、米拉诺维奇与尹认为，在对收入分配及其与民主之间的关系进行研究时，其他因素（如，意识形态）也应当考虑在内。通过对所选取的 126 个国家的固定样本数据进行分析，他们发现意识形态因素是收入不平等的重要决定因素。犹太教和基督教社会中民主化程度更高有可能导致收入不平等程度的显著降低，但在其他意识形态占主流的社会当中，情况并非如此（如，佛教/印度教、儒家思想、社会主义等）。研究者还发现，就议会制国家和总统制国家比较而言，议会制国家的民主制度削减不平等的可能性更大。

罗格夫斯基和麦克雷（2004 年）认为，制度随政治不平等和经济不平等的变化而变化。在从古希腊到当代的历史个案研究的基础上，他们发现经济与政治技术、贸易与所具备的要素的变化对于民主的政治体制的演进或多或少产生影响。然而，虽然这些外部变化加剧了社会与经济的不平等，这些国家仍然有可能采取不太具代表性的政治制度或完全废除民主制度。而在另一方面，不平等水平的下降催生出扩大政治参与的激励机制。

不平等会对制度产生影响这一观点得到了其他研究者的共鸣。博伊克斯（2001 年）认为，稳定民主的关键条件之一是个人在经济和社会条件中的相对平等。他的模式来源于发展与民主之间众所周知的关系——当收入差异不断缩小时，民主就占了上风，而整个人口的政治资源也得到了平衡。佩罗蒂（1996 年）和比纳堡（1996 年）认为，不平等将导致政治不稳定的制度在再分配的民粹主义派与寡头政治保护的保守派之间摇摆不定。也有观点认为，如收入分配等初始条件在民主体制中也发挥着重要作用。初始的不平等条件越高，统治精英就会在法律面前压制民主和平等权利，从而保护其特权地位（如，布吉尼翁和维迪尔，2000 年），或者有权获得更多租金，这样却以进一步牺牲贫困人口为代价而使其自身更富有，并且使不平等的程度更高且增长更缓慢（格兰德斯汀，2007 年）。埃斯莫格卢（2008 年）创建了一个寡头政治阻碍民主以保留其特权的模型。

庄和格兰德斯汀（2007 年）认为，在不平等与制度之间的相互加强机制存在有力的实证证据，但是不平等与制度之间因果关系的方向比反向因果关系更强大。在他们看来，不平等将削弱制度，因为制度当中形式各异而强大无比的障碍变化阻碍他们获得租金。此外，较弱的司法制度不仅未能给予贫困人口足够的保障，从而限制他们收取租金的能力。他们还发现，对制度质量的计量不够与不平等的持续加剧的恶化直接相关，也会导致制度成果较差。

B. 腐败与不平等

对于研究腐败与不平等之间关系的文献的早期贡献之一来自于约翰

逊（1989年），他宣称腐败不仅会使当前的收入不平等继续大行其道，还会进一步使其加深。根据李、许和邹（2000年）的研究发现，腐败与收入不平等之间关系呈现出“倒U型”——腐败程度的高或低都与收入不平等的程度较低直接对应。而中等程度的腐败则与收入不平等的程度较高有关。他们据此断言，腐败通过资本市场的不完善、政府支出以及资产分配来对收入不平等产生影响。另一方面，世界银行（2000年）发现，当腐败程度较低时，收入不平等的程度也较低，而腐败通过许多诸如经济增长放慢，累退税增多、有效社会支出的减少、对贫困人口的人力资本投资不给予激励机制，以及资产的不平等分配等渠道对贫困人口造成伤害。另外，吉玛—布里姆彭（2002年）还认为，通过高度标准化的资本，以及由于高层次的腐败在大多数非洲国家进一步加剧所带来的发展战略的选择，都对收入的不平等产生了影响。

古普塔、达乌迪和阿隆索—特米（2002年）认为，通过很多不同的机制都能显示出腐败加剧了收入不平等。例如，腐败会产生许多负面结果，如避税、税收征管存在缺陷以及有利于富裕人群（和出身名门的人群）的豁免等。这将侵蚀有效的计税基础并削弱将强制收入/财富从富人再分配给穷人的可能性，因此，不平等得以继续存在，甚或持续加深。当扶贫方案的资金被富裕的个体从贫困人口手中攫取走时，腐败也会阻止社会计划的有效目标针对那些真正有需要的人群，腐败还会通过降低税收对人力资本的形成造成伤害。削减教育经费会削弱贫困人口在人力资本方面进行投资的能力；因为富裕人群可以通过将非公共来源或游说政府将社会开支分配给高等教育和三级卫生的方式对人力资本进行投资，而导致经济不平等进一步恶化（莫罗，1998年；坦齐和达乌迪，1997年；古普塔，达乌迪和阿隆索－特米，2002年）。最后，虽然腐败改变了有利于富裕人群及出身名门的人群这一游戏规则，它也为贫困人群和家庭背景不够好的人群增加了不确定性与风险，这也阻止了他们在人力资本和/或实物资本方面进行投资，从而进一步加深了不平等（古普塔、达乌迪和阿隆索－特米，2002年）。

然而，贝格维奇（2005年）认为，这些机制并不令人信服，因此，也使人们对腐败与不平等之间关系的种种理论解释心存疑虑。例如，有效税务负担的减轻大大促进了经济增长，并不必然削减不平等，但会提高贫困人口提高福祉的可能性。他还反驳了税收豁免与避税只有利于富裕人群与出身名门的人群的说法。在何种程度上，社会计划所针对的腐败所产生的贫困人群实际上能推动不平等的加深呢？贝戈维奇后来发现，假设富裕人群有意通过侵吞相当有限的社会资金的方法来破坏社会计划，这是非常不切实际的，因为从事其他形式的腐败将获得比这多得多的收益。社会计划的针对性较差也会导致削减不平等的力度不够，而非加剧了不平等。

在对129个国家展开对比性研究之后，尤和卡格莱姆（2005年，第136页）的观点认为，“不平等将腐败的形式提升为一种可接受的行为，而腐败有可能加强或扩大了现存的不平等差距，因此，不平等—腐败—不平等三者之间的恶性循环有可能得以展现”。他们还发现，在更民主的国家里，不平等对于腐败产生的影响可能会更大。在尤斯兰纳（2008年）看来，腐败的根源在于经济不平等与法律不平等，而经济不平等为腐败提供了肥沃的滋生地，反之，将进一步加剧不平等——也因此陷入一个不平等陷阱。

8.2.6　不平等与增长之间通过制度建立起联系

通过对不平等与增长之间的关系进行分析，有助于我们进一步理解治理和制度在经济发展中所起的作用。围绕这种关系展开了大量广泛的研究，最早发轫于西蒙·库兹涅兹（1955年）创建的著名的“倒U型”假设。他认为经济增长会先促进不平等的加深，然后会促使其降低。然而，如今已经广为接受的是，增长—不平等模式的这种广泛的表征尚未经过实证证明。

第二种思路对于不平等如何对增长产生影响进行了假设。根据20世纪50年代和60年代的文献，以卡尔多里安的假设为代表，他认为，基于富裕人群具有比贫困人群更高的储蓄倾向，收入分配不均会促进增长（卡尔多，1956年）。然而，最近的文献则突出强调了各种不同的机制。伊斯特利（2007年）重点介绍了三种机制。首先，侧重于人力资本：当收入分配与机遇都不均等时，增长不会增加，因为绝大部分人都不具备人力资本。其次，侧重于政治经济：在不平等程度较高的社会中，大部分贫困人口会赞成再分配政策；不管最终再分配政策是否取得了成功，对社会再分配压力的过分关注将会分散社会对那些本可以促进增长的政策的关注和投入。

不平等对增长产生影响的第三种机制侧重于制度。在前一节中已经针对政治制度与不平等之间和不平等与腐败之间可能存在的双向因果关系进行了讨论。不平等还可以通过其对“信任度”、“合作规范”以及“社会凝聚力”所产生的负面作用而对增长产生影响，由于这些非正式制度的机制有助于减少交易成本和促进合作，且在正式制度安排较薄弱且效率不高时起着替代性的作用（帕特南，1993 年；伍尔科克，1998 年；福山，2000 年；伊斯特利、伍尔科克和瑞祯，2006 年）。伊斯特利、伍尔科克和瑞祯（2006 年）提供了实证证据，由不平等所代表的社会凝聚力以及外在原因决定的制度质量反过来都会决定增长。

8.3　治理/制度与增长和不平等之间的关系：亚洲的现状

本节首先把亚洲及其各个次区域与世界其他地区相比较，在治理质量与制度质量方面所排列的名次进行了回顾。尽管先前已经对几个需要注意的方面进行了强调，本研究还使用了世界治理指标对治理从六个维度上进行计量，这六个维度包括：话语权与问责制、政局稳定与非暴力、政府效率、监管质量、法治程度以及控制腐败等。对于每一个亚洲发展中经济体而言，在每个维度上的治理，“盈余”或“赤字”，都是将其某一特定指标的“得分情况”与相应的国际参考线相比较之后加以评估的（见考夫曼，2003 年；奎贝拉，2006 年）。最后，本节还探讨了这种情况：亚洲发展中经济体在某一特定维度上的治理“盈余”情况下比这些经济体在同一维度上治理“赤字”情况下是否增长得更快，且收入不平等的程度是否更低。

8.3.1　治理“得分”情况

表 8.1 展示了 2008 年世界各地区和亚洲各次区域根据世界治理指标计算得出的平均治理“得分”情况。每一个经济体的复合指标的构建都是为了产生一个以 0 为中心的值，该值的范围在 -2.5 至 2.5 之间，

正值越大，表明治理的“得分”情况越好。就地区平均水平而言，将人口用作权重。

表 8.1　　世界范围内的地区/次区域的治理指标，2008 年

地区/次区域	2008 年治理指标					
	话语权与问责制	政局稳定	政府效率	监管质量	法治程度	控制腐败
亚洲	-0.72	-0.78	-0.05	-0.35	-0.27	-0.43
中亚和西亚	-1.12	-1.93	-0.69	-0.74	-0.94	-0.87
东亚	-1.64	-0.27	0.24	-0.26	-0.30	-0.31
太平洋地区	0.11	-0.37	-0.75	-0.54	-0.74	-0.57
南亚	0.29	-1.09	-0.13	-0.41	0	-0.36
东南亚	-0.66	-0.83	-0.25	-0.24	-0.53	-0.72
东欧	0.46	0.2	0.03	0.05	-0.03	-0.35
前苏联	-0.77	-0.43	-0.43	-0.65	-0.84	-0.89
拉丁美洲和加勒比地区	0.17	-0.41	-0.15	0.25	-0.51	-0.17
中东与北非	-1.21	-0.77	-0.39	-0.63	-0.31	-0.28
经合组织	0.95	0.49	1.25	1.1	1.14	1.21
撒哈拉以南非洲地区	-0.63	-1.05	-0.75	-0.70	-0.83	-0.80

注：东亚不包括日本。日本被纳入经合组织国家。

资料来源：每一个地区/次区域的平均值是根据世界治理指标（http://info.worldbank.org/governance/wgi/index.asp）进行计算的，且基于《世界发展指标》在线数据库，由人口加权。

2008 年，亚洲地区在全部六个维度上的得分都低于经合组织国家和东欧；而且在除了政治效率和实行法治维度以外的其他维度上都低于拉丁美洲和加勒比地区；而除话语权和问责制维度以外，在其他维度上全部高于撒哈拉以南非洲地区；除了政局稳定维度以外，在其他维度上也全部高于前苏联；除了控制腐败和政局稳定（亚洲稍微低一点）维度以外，在其他维度上全部高于中东和北非地区。就治理的六个维度而言，整个亚洲地区在政府效率和实行法治维度上的得分相对比较高（仅次于经合组织国家和东欧，位居第三）；而政局稳定（名列倒数第二，仅排在撒哈拉以南非洲地区之前）和话语权和问责制（名列倒数第三，排在中东和北非、前苏联之前）维度上的得分相对比较低。亚洲地区在监管质量和控制腐败维度上的排名位于前述两组维度的排名之间。

表 8.1 展示了亚洲地区内部在治理方面也呈现出巨大差异。就亚洲五个次区域而言：（1）东亚在政局稳定、政府效率和控制腐败维度上都独占鳌头，而在监管质量和实行法治维度上名列第二，但话语权与问责制维度则位于最末；（2）南亚在话语权与问责制和实行法治维度上名列榜首，而在政府效率和控制腐败维度上排在第二名，而监管质量维度排在第三名，政局稳定维度排在倒数第二名；（3）东南亚在监管质量维度方面位居第一，在话语权与问责制、政局稳定、政府效率以及实行法治维度上都排在第三名，而控制腐败维度上却名列倒数第二名；（4）太平洋地区在话语权与问责制和政局稳定维度上均名列第二，控制腐败维度上位于第三名，而在监管质量和实行法治维度上却排在倒数第二名，而政府效率维度上则位于最末；（5）中亚和西亚在话语权与问责制和政府效率维度上均排在倒数第二名，而在其他四个维度上都位于最末。

图 8.1 将 2008 年和 1998 年亚洲发展中经济体就治理的“得分”情况进行了对比，其结果显示了“得分”情况在过去 10 年间是如何变化的。该图相当复杂，在所有数据可用的亚洲发展中经济体当中，就话语权和问责制维度而言，在 10 个经济体中呈升高趋势，而在 25 个经济体中呈下降趋势；就政局稳定维度而言，在 16 个经济体中呈上升趋势，而在另外 16 个经济体中呈下降趋势；就政府效率而言，在 16 个经济体中呈升高趋势，而在另外 18 个经济体当中呈下降趋势；就监管质量而言，在 16 个国家当中呈上升趋势，而在另外 19 个国家当中呈下降趋势；就法治程度而言，在 18 个国家当中呈上升趋势，而在另外 15 个国家当中于下降趋势；就控制腐败而言，在 18 个国家当中呈上升趋势，而在另外 15 个国家当中呈下降趋势。该数字表明，在 1998—2008 年的 10 年当中，就实行法治和控制腐败维度而言，处于上升趋势的经济体的数量比处于下降趋势的经济体的数量要多；而就其他四个维度而言，处于下降趋势的经济体的数量要多于处于上升趋势的经济体的数量。就分别从这六个维度的每一项而言，在这 10 年当中，只有个别经济体始终没有发生变化。

图 8.1　治理指标的趋势：亚洲发展中经济体，1998 年和 2008 年

（根据上升幅度排序）

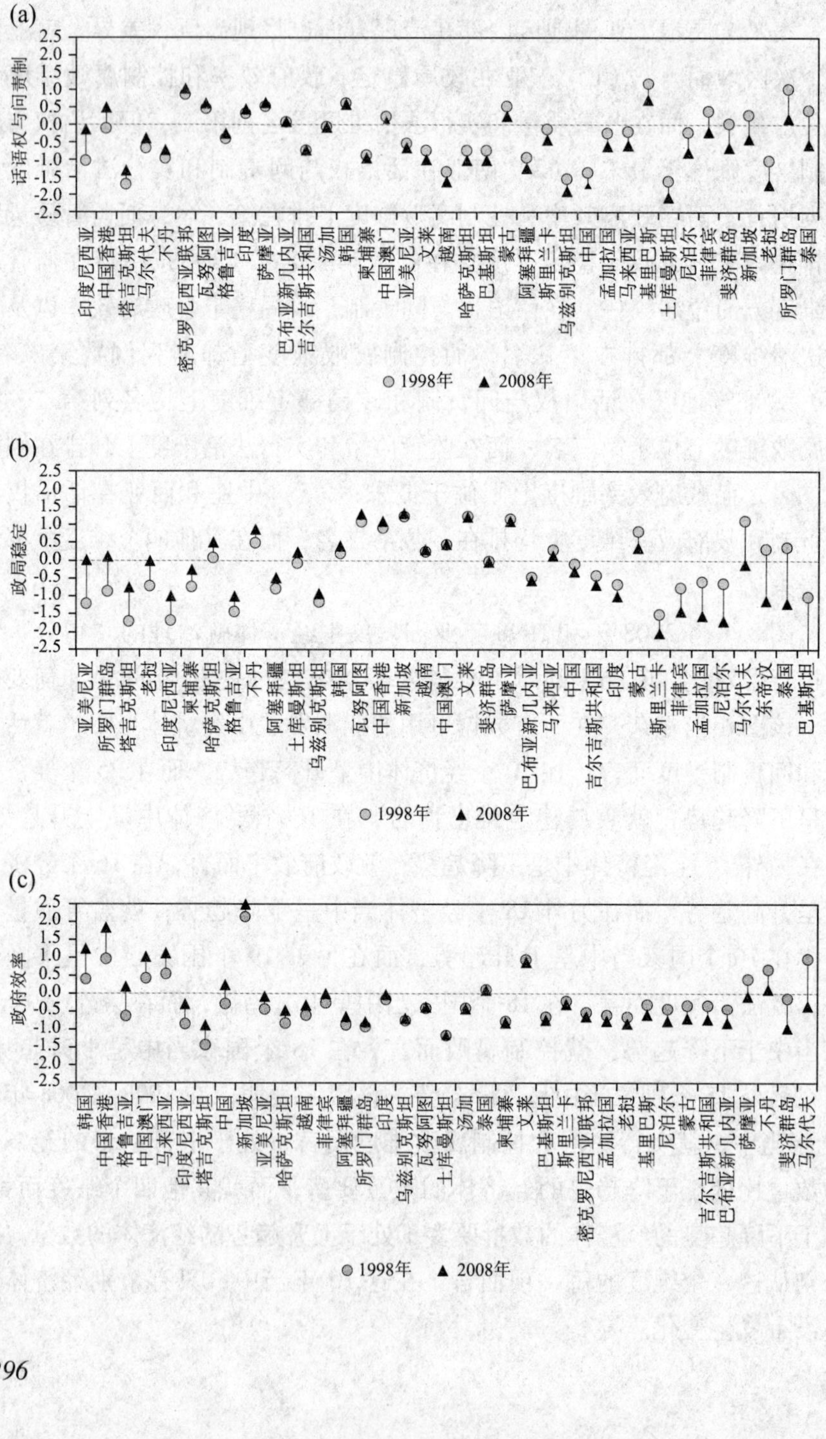

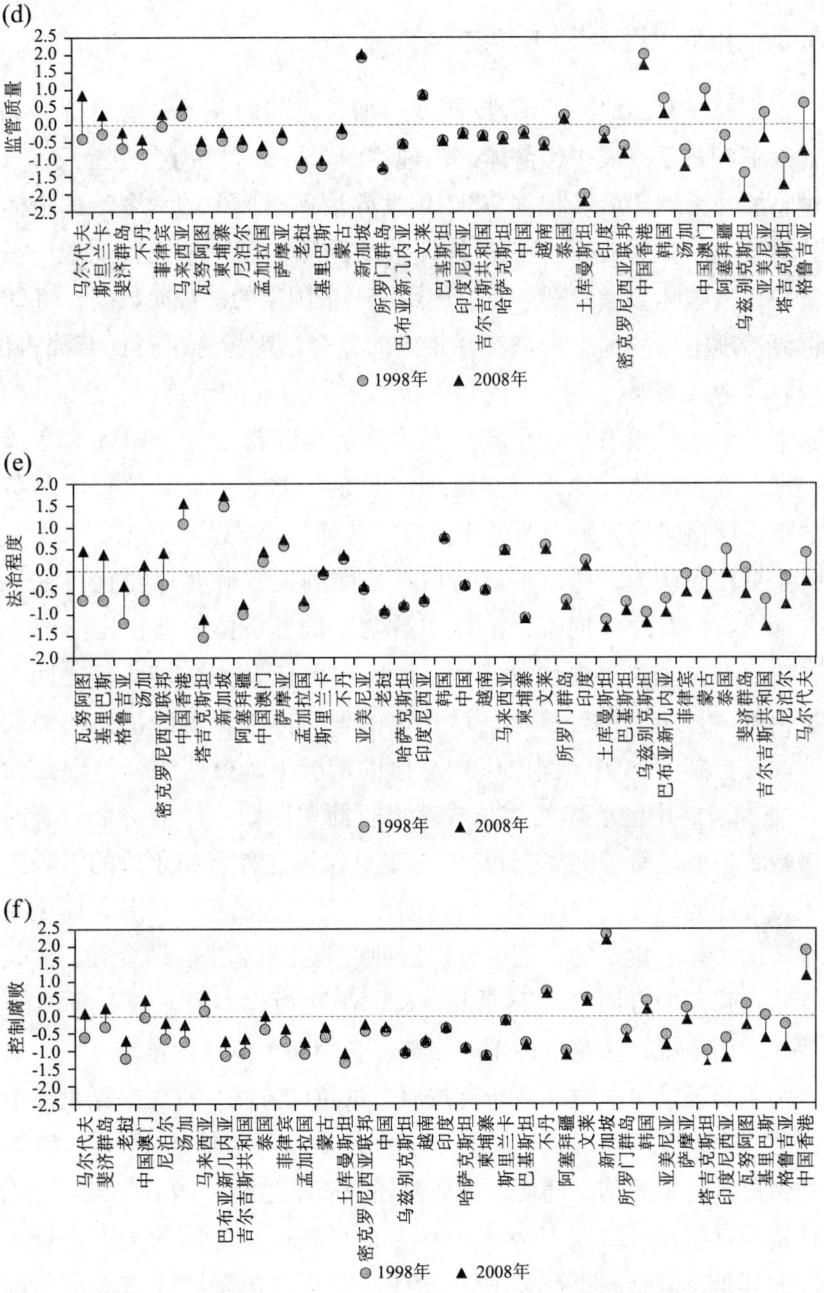

资料来源：世界治理指标（http：//info. worldbank. org/governance/wgi/index. asp）。

8.3.2 治理“盈余”与“赤字”

为了验证亚洲地区的治理/制度与增长之间的关系，奎贝拉（2006年）对亚洲每个发展中经济体的治理“盈余”或“赤字”进行了评估。通过将综合治理计量（根据2002年世界治理指标中的六个治理指标进行计算）与一项根据回归线进行评估的国际参考计量进行比较——在本章中是指国际参考线——通过使用151个国家的横截面数据，将2002年世界治理指标的基于人均实际收入的复合治理指标进行回归而得出。该国际参考线表明，与收入的每一个水平相对应的治理/制度质量的预期水平。因此，如果某一个特定经济体的实际得分位于国际参考线之上，那么该经济体被视为处于治理“盈余”状态；如果位于国际参考线之下，则该经济体被视为处于治理“赤字”状态。

奎贝拉还认为，如果治理与增长之间的关系确实存在且占主导地位，那么我们有理由期待，治理“盈余”的经济体的增长比治理“赤字”的经济体增长得更快。然而，他还发现在1999—2003年之间，事实上治理“盈余”的经济体的增长比治理“赤字”的经济体的增长慢得多。在控制人均实际国内生产总值的情况下，根据综合治理指标对29个亚洲发展中经济体的增长成就进行简单回归，得出一个显著的回归系数，但取值符号则完全相反。[①] 奎贝拉为这种自相矛盾的结果提出了大量可能的解释。假设之一为，也许不是治理的综合得分，而是某些对经济增长至关重要的个别得分。这种可能性听起来合情合理，尤其是对于重点强调的方面（尤其是从KKZ/KKM指标本身来说）而言更是如此，确切地说，这些指标不应当被综合为一个单一计量。

为了验证这个假设，该研究按照奎贝拉的方法，首先根据世界治理指标的六个维度的每一项，对每个亚洲发展中经济体在1998年和2008年的情况进行了评估。随后，该研究还调查了这些“盈余”与“赤字”的计量与这些经济体在1998—2008年的增长成就之间的关系进行了调查。尤其是，调查的重点集中于1998年治理“盈余”或“赤字”的计

① 所用的等式为人均国内生产总值的增长 = a + b（即人均国内生产总值） + c（治理） + 误差。

量与随后的增长成就之间的关系，从而避免产生先前所讨论过的同时性问题。根据可用的数据，1998年的数据集覆盖了164—169个经济体，其中包括33—37个亚洲发展中经济体；而2008年的数据集则覆盖了166—168个经济体，其中36—37个为亚洲发展中经济体。人均实际国内生产总值是根据2005年不变国际美元的购买力平价来进行计量的。对六条国际参考线进行了评估，其中每一条与六个治理指标中的每一项维度相对应。

图8.2和8.3分别显示了1998年和2008年度，就全部六个维度的治理得分与人均实际国内生产总值之间呈正相关关系。例如，在1998年，根据与回归线相吻合的范围和预计的R的平方，政府效率与人均实际国内生产总值之间的关系最密切，其系数为0.6145且R的平方为0.6494；其次是法治程度、监管质量、控制腐败、政局稳定，而话语权与问责制与人均实际国内生产总值之间的关系最弱，其系数为0.4834且R的平方为0.4269。在2008年，治理指标与人均实际收入之间的关系或多或少有共同之处。就与收入水平之间的关系而言，政府效率与其关系仍然是最密切的；政局稳定和话语权与问责制维度上与收入水平之间的关系最弱。一方面，话语权与问责制维度和政局稳定与人均实际国内生产总值之间的关系相对比较小，而在另一方面，也可以从图8.2（a）、图8.2（b）、图8.3（a）和图8.3（b）中的样本观察比在其他图中分布得更广泛而得以洞悉。

当我们把目光转向治理“盈余”或治理“赤字”计量，就如何与亚洲发展中经济体的增长成就相联系对其进行研究时，首先应了解过去10年当中发生了什么样的、大有裨益的变化。[①] 图8.4将1998年亚洲发展中经济体从六个维度的对治理“盈余”的经济体所占的百分比与2008年的情况进行了对比。我们发现在这10年中，就36—38个亚洲发展中经济体而言，话语权与问责制维度上治理“盈余”经济体所占的百分比从42%降至35%；在政局稳定维度上从60%降至49%；在政府效率维度上从53%降至46%；在法治程度维度上从55%降至43%；

---

① 应该指出，某个特定经济体在“盈余”或“赤字”方面发生的变化是由于该经济体的治理得分情况的变化或国际参考线的变化所致。

图 8.2　治理与人均实际收入，1998 年

(a)

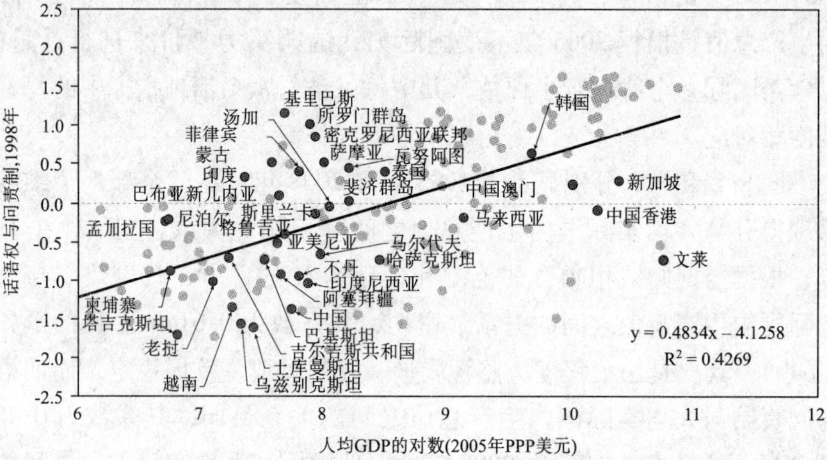

(b)

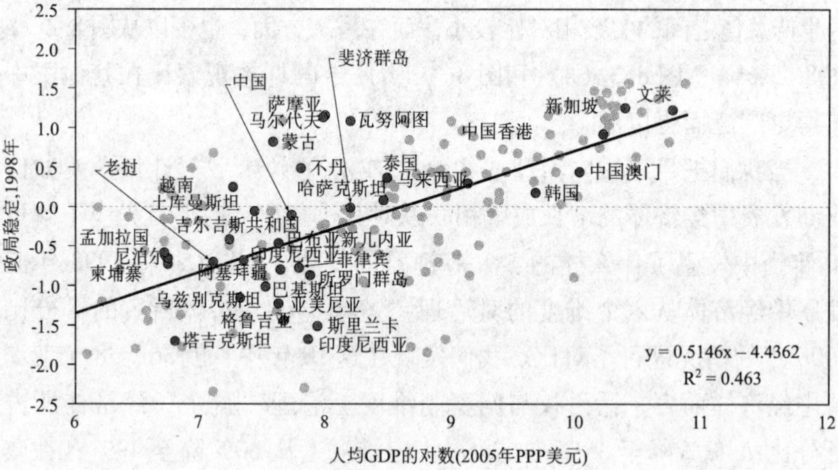

(c)

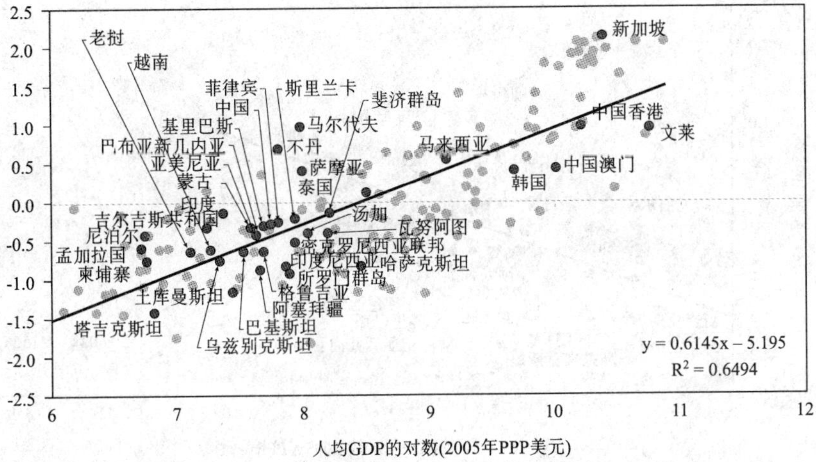
新加坡
老挝
越南
菲律宾
斯里兰卡
斐济群岛
中国
基里巴斯
马尔代夫
中国香港
文莱
巴布亚新几内亚
不丹
马来西亚
亚美尼亚
萨摩亚
中国澳门
蒙古
泰国
韩国
印度
汤加
吉尔吉斯共和国
瓦努阿图
尼泊尔
密克罗尼西亚联邦
孟加拉国
印度尼西亚
哈萨克斯坦
柬埔寨
所罗门群岛
格鲁吉亚
土库曼斯坦
阿塞拜疆
塔吉克斯坦
巴基斯坦
乌兹别克斯坦
y = 0.6145x – 5.195
R2 = 0.6494
政府效率,1998年
人均GDP的对数(2005年PPP美元)

(d)

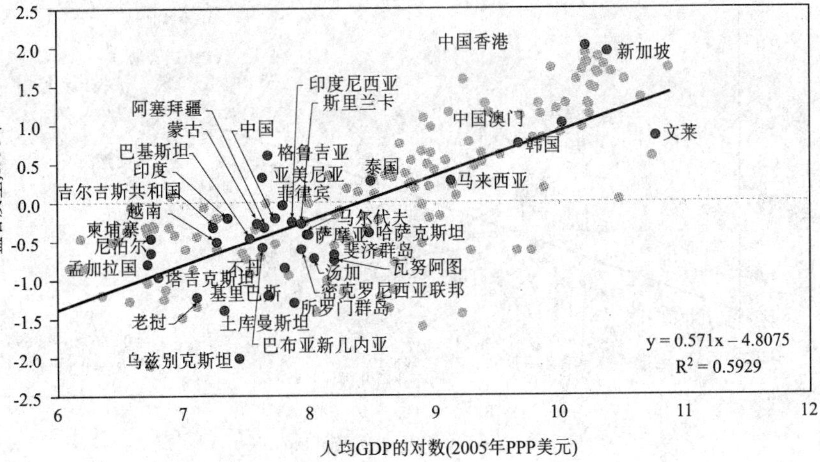
中国香港
新加坡
印度尼西亚
斯里兰卡
阿塞拜疆
蒙古
中国
中国澳门
文莱
巴基斯坦
格鲁吉亚
韩国
印度
亚美尼亚
泰国
吉尔吉斯共和国
菲律宾
马来西亚
越南
马尔代夫
柬埔寨
萨摩亚
哈萨克斯坦
尼泊尔
斐济群岛
孟加拉国
不丹
汤加
瓦努阿图
塔吉克斯坦
基里巴斯
密克罗尼西亚联邦
老挝
土库曼斯坦
所罗门群岛
巴布亚新几内亚
乌兹别克斯坦
y = 0.571x – 4.8075
R2 = 0.5929
监管质量,1998年
人均GDP的对数(2005年PPP美元)

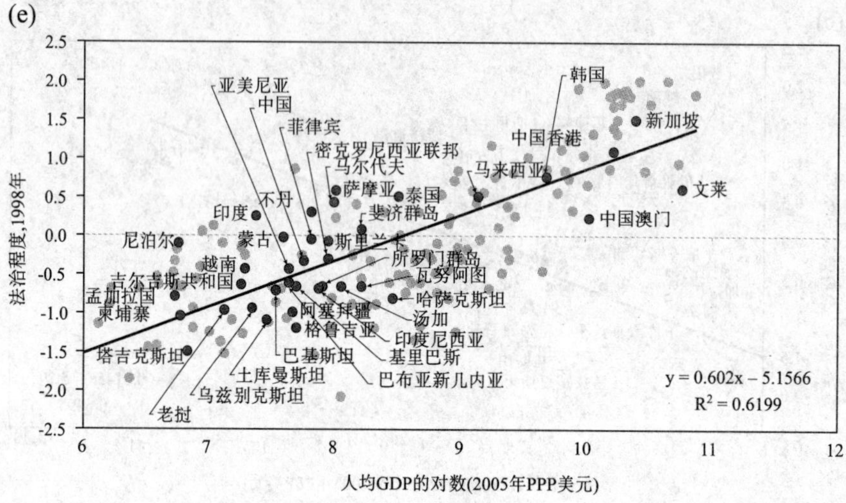

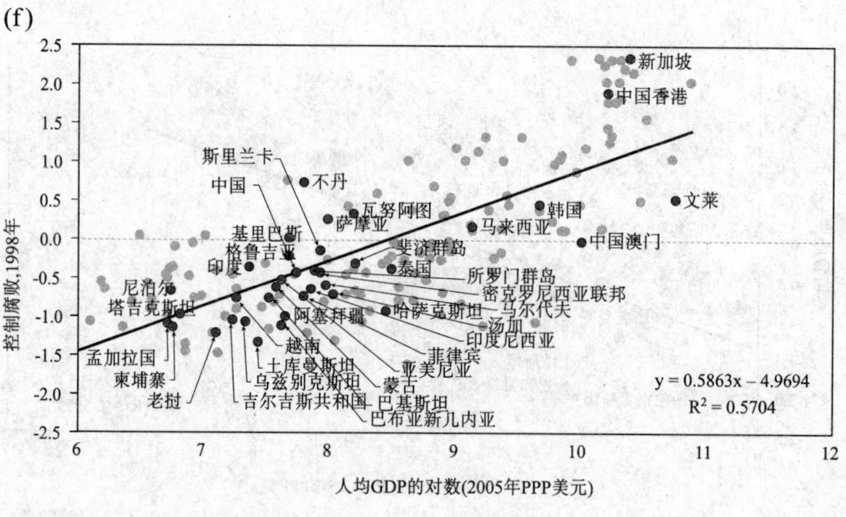

GDP = 国内生产总值，PPP = 购买力平价。

资料来源：作者基于世界银行的世界治理指标（http：//info. worldbank. org/governance/wgi/index. asp）和《世界发展指标》在线数据库数据的估算。

图 8.3　治理与人均实际收入，2008 年

(a)

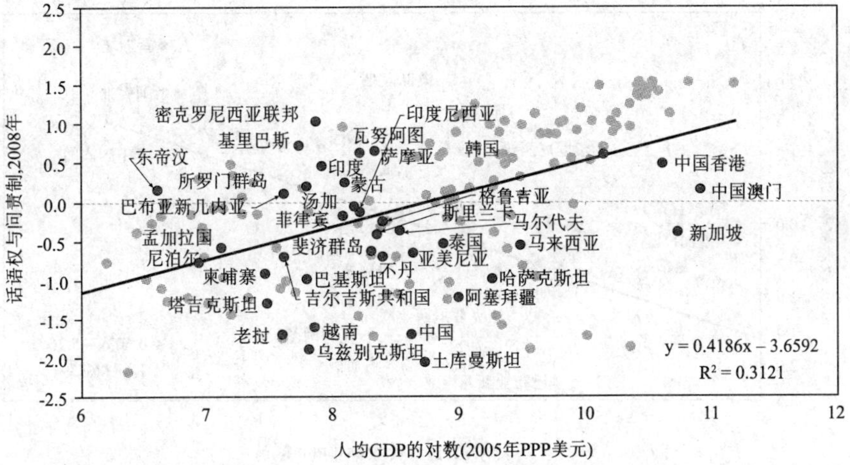

(b)

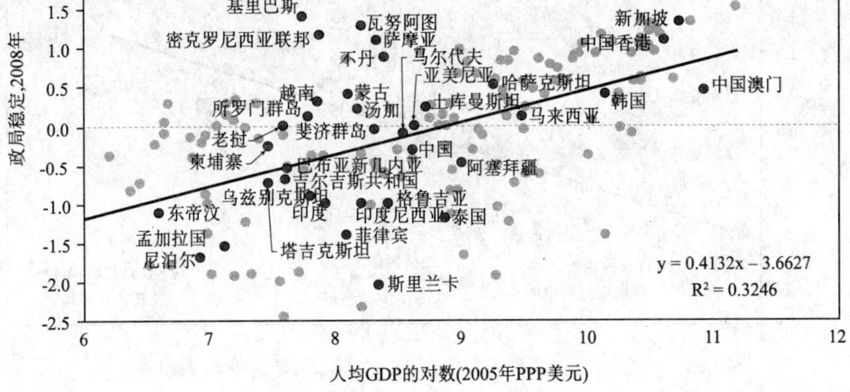

(c)

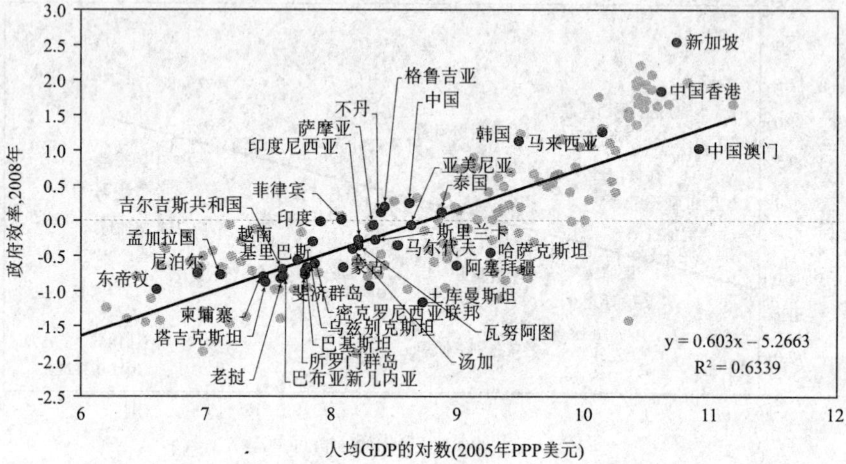
政府效率,2008年
人均GDP的对数(2005年PPP美元)
新加坡
中国香港
中国澳门
韩国
马来西亚
格鲁吉亚
中国
不丹
萨摩亚
印度尼西亚
亚美尼亚
泰国
菲律宾
吉尔吉斯共和国
印度
斯里兰卡
孟加拉国
越南
马尔代夫
哈萨克斯坦
尼泊尔
基里巴斯
蒙古
阿塞拜疆
东帝汶
斐济群岛
土库曼斯坦
柬埔寨
密克罗尼西亚联邦
乌兹别克斯坦
瓦努阿图
塔吉克斯坦
巴基斯坦
所罗门群岛
汤加
老挝
巴布亚新几内亚
y = 0.603x – 5.2663
R^2 = 0.6339

(d)

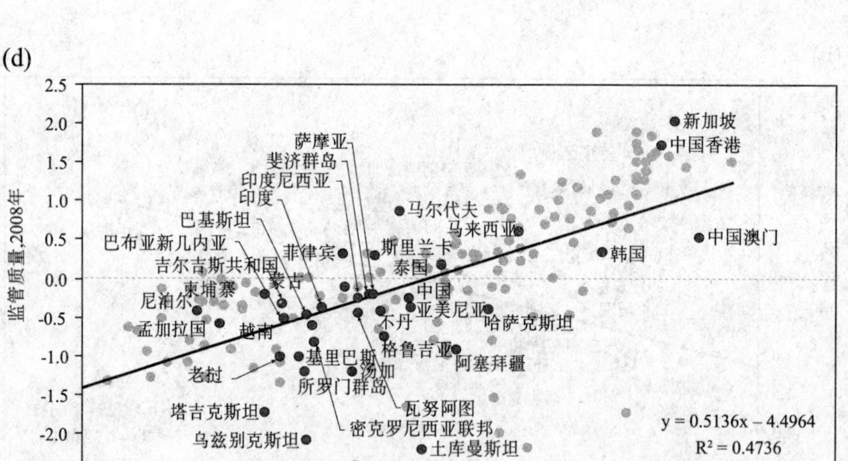
监管质量,2008年
人均GDP的对数(2005年PPP美元)
新加坡
中国香港
中国澳门
萨摩亚
斐济群岛
印度尼西亚
印度
马尔代夫
巴基斯坦
马来西亚
巴布亚新几内亚
菲律宾
斯里兰卡
韩国
泰国
吉尔吉斯共和国
蒙古
中国
柬埔寨
尼泊尔
亚美尼亚
哈萨克斯坦
孟加拉国
越南
不丹
基里巴斯
格鲁吉亚
阿塞拜疆
老挝
汤加
所罗门群岛
瓦努阿图
塔吉克斯坦
密克罗尼西亚联邦
乌兹别克斯坦
土库曼斯坦
y = 0.5136x – 4.4964
R^2 = 0.4736

(e)

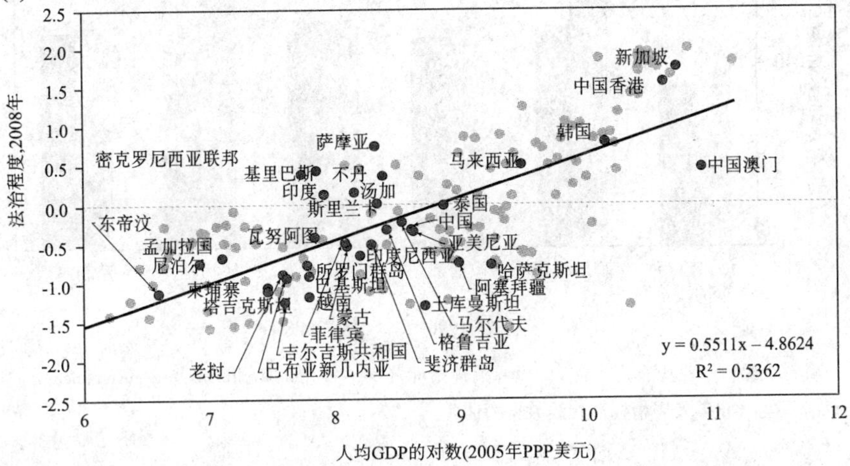

(f)

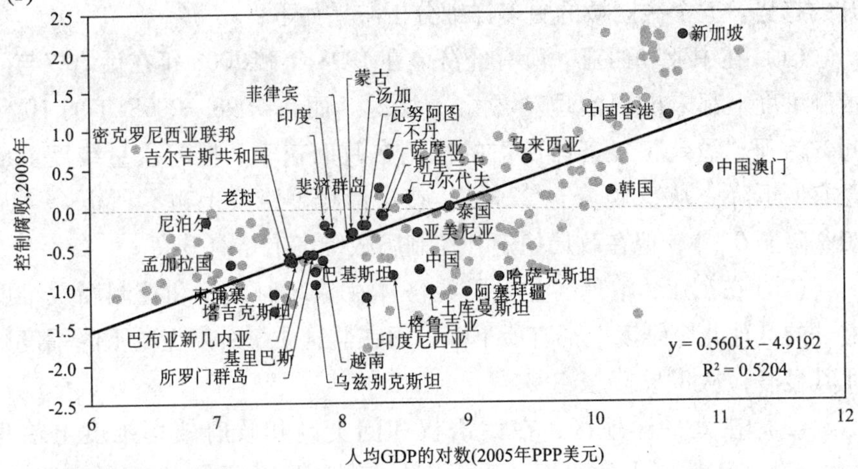

GDP = 国内生产总值，PPP = 购买力平价。

资料来源：作者基于世界银行的世界治理指标（http：//info. worldbank. org/governance/wgi/index. asp）和《世界发展指标》在线数据库数据的估算。

图 8.4　治理“盈余”的亚洲发展中经济体所占的百分比，1998 年和 2008 年

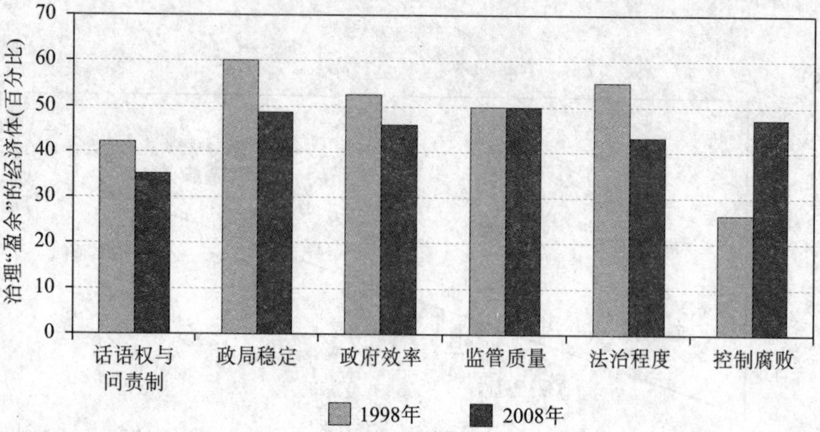

资料来源：作者基于世界银行的世界治理指标（http：//info. worldbank. org/governance/wgi/index. asp）与《世界发展指标》在线数据的估算。

而在监管质量维度上基本保持不变；但在控制腐败维度上从 26% 提高至 47%。事实上，在亚洲地区全部五个次区域，就控制腐败维度而言，治理“盈余”经济体在 1998—2008 年的 10 年间所占的比例都呈不断上升的趋势。五个次区域的更多详细分析结果如下：

（1）在中亚和西亚，所有经济体在 1998 年和 2008 年在话语权与问责制维度上都未出现治理“盈余”情况。而在 1998—2008 年的 10 年间，治理“盈余”经济体所占的比例在政府效率、监管质量维度上已经有所下降（从 50% 降至 22%），在法治程度维度上也有所下降（从 20% 降至 0%），但在政局稳定和控制腐败维度上略有升高。

（2）在东亚，治理“盈余”经济体在除政府效率和控制腐败维度之外的其他几个维度上都有所下降，而在监管质量维度上的下降幅度则尤其显著，从 83% 降至 40%。

（3）在太平洋地区，在话语权和问责制和政府效率维度上治理“盈余”经济体所占的比例几乎没有任何变化（分别为 89% 和 33%），而在其他三个维度上则有所升高。

（4）在南亚，就监管质量和控制腐败维度而言，治理“盈余”经济体所占比例提高得相当显著，前者从 43% 上升至 83%，而后者则从 57% 上升至 100%，但在其他四个维度上则有不同程度的下降。

（5）在东南亚，在话语权和问责制、政府效率、监管质量以及控制腐败维度上，治理“盈余”经济体所占的比例有所上升（从 10% 上升至 38%），但在政局稳定和法治程度维度上有所下降，前者从 70% 下降至 50%，而后者从 60% 降至 38%。

8.3.3 在治理/制度与增长和不平等之间建立关系

在亚洲发展中经济体当中，治理“盈余”的经济体与治理“赤字”经济体相比，前者增长得更快且收入不平等的程度更低吗？本节对该问题提供了许多实证证据。首先，基于 1998 年的数据，将所有亚洲发展中经济体（根据可用的数据）分为两组，一组为治理“盈余”的经济体，另一组为治理“赤字”的经济体。根据这两组在 1998—2008 年各自的人均实际国内生产总值来计算其年均增长率，就收入不平等计量而言，使用的是 2009 年《人类发展报告》（联合国开发计划署，2009 年）中所提供的基尼系数。这样就避免了同时性问题。

A. 增长/制度与增长成就

根据图 8.5 所示，就话语权与问责制维度而言，1998 年有 16 个经济体为治理“盈余”，而另外 20 个经济体为治理“赤字”。在 1998—2008 年的 10 年间，治理“盈余”经济体的人均实际收入的年增长率为 2.3%，[①] 其中，印度的增长率最高，为 5.6%，而所罗门群岛的增长率最低，增长率为 -1.1%。就话语权与问责制维度上为治理“赤字”的 20 个经济体而言，人均实际收入的年增长率为 6.7%，几乎达到治理“盈余”经济体的三倍，阿塞拜疆的增长率最高（14.3%），而巴基斯坦的增长率最低（2.7%）。这些结果表明，话语权与问责制维度并非增长成就的关键动因，因为这是特殊时期的特定经济体样本。

① 根据奎贝拉（2006 年）的观点，简单的算术平均数据是通过计算，而非通过将人口规模进行加权的方式，从而避免产生几个较大经济体占据主导地位的情况。

图 8.5　治理“盈余”／“赤字”与收入增长率

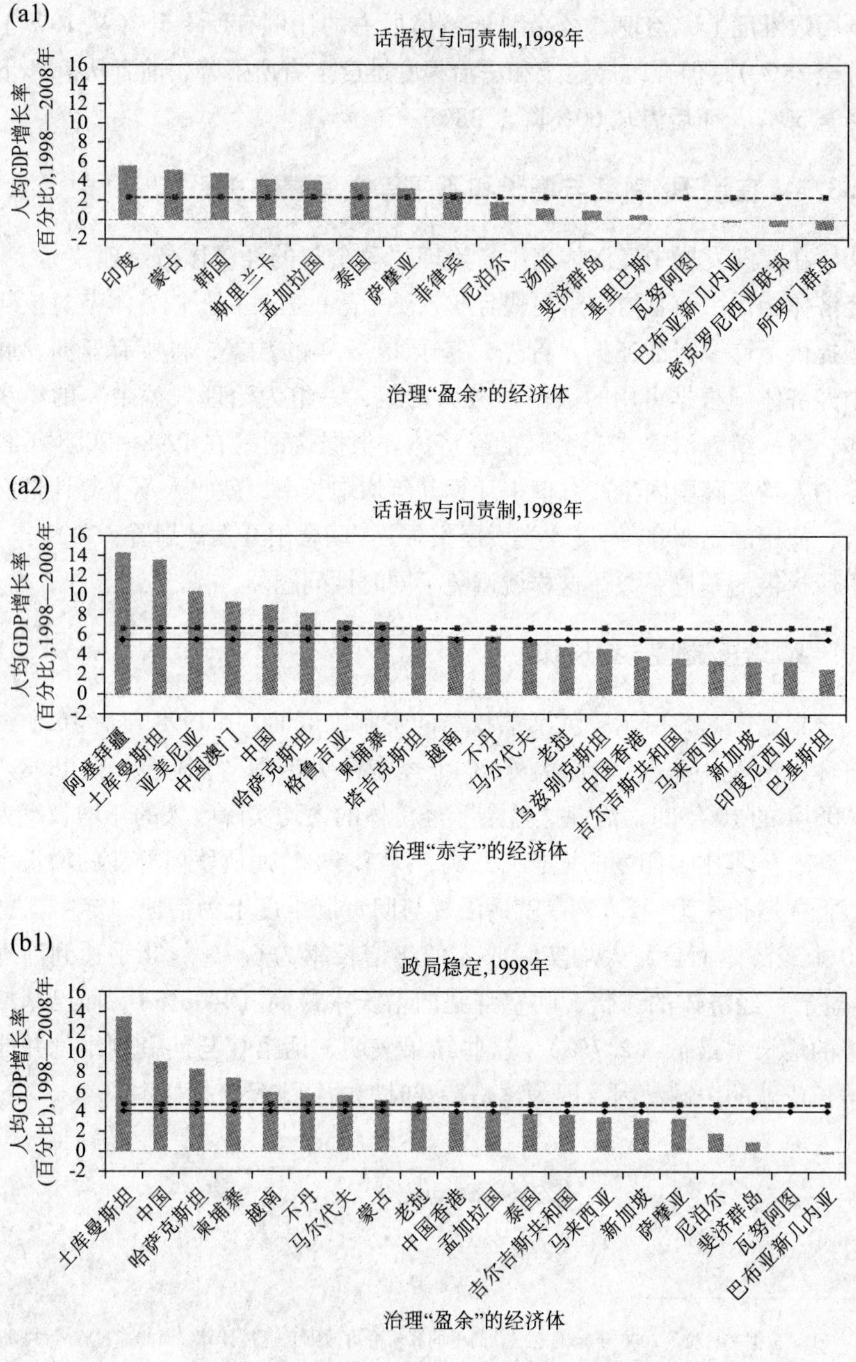

(b2)

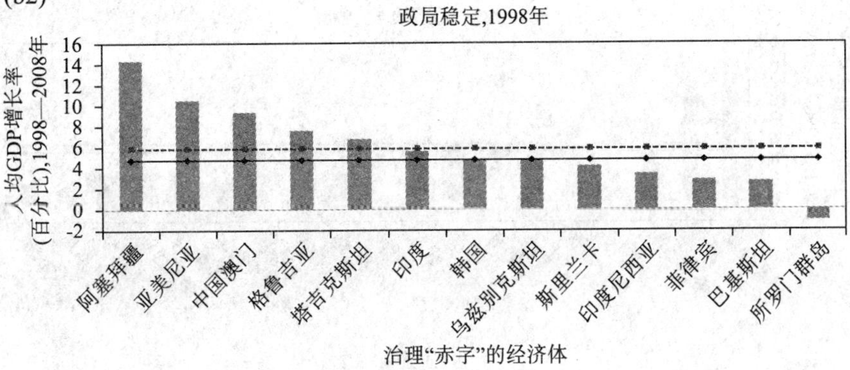
政局稳定,1998年
人均GDP增长率
(百分比),1998—2008年
16
14
12
10
8
6
4
2
0
-2
阿塞拜疆
亚美尼亚
中国澳门
格鲁吉亚
塔吉克斯坦
印度
韩国
乌兹别克斯坦
斯里兰卡
印度尼西亚
菲律宾
巴基斯坦
所罗门群岛
治理“赤字”的经济体

(c1)

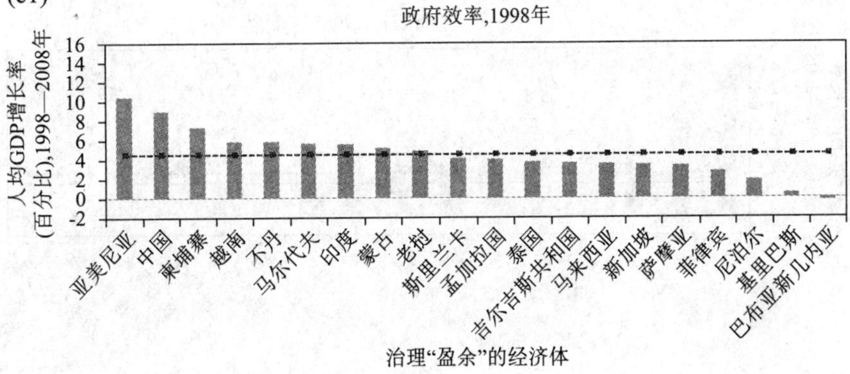
政府效率,1998年
人均GDP增长率
(百分比),1998—2008年
16
14
12
10
8
6
4
2
0
-2
亚美尼亚
中国
柬埔寨
越南
不丹
马尔代夫
印度
蒙古
老挝
斯里兰卡
孟加拉国
泰国
吉尔吉斯共和国
马来西亚
新加坡
萨摩亚
菲律宾
尼泊尔
基里巴斯
巴布亚新几内亚
治理“盈余”的经济体

(c2)

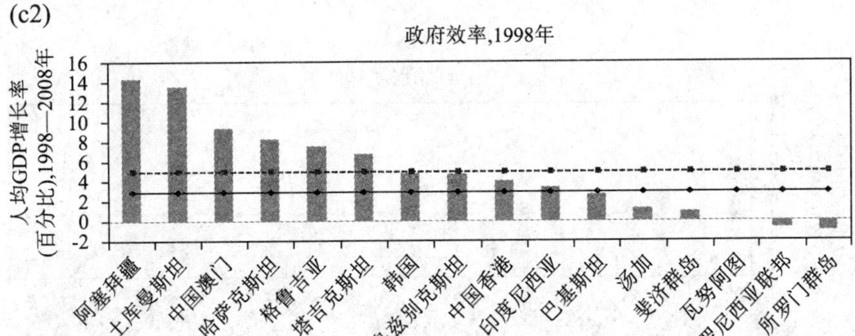
政府效率,1998年
人均GDP增长率
(百分比),1998—2008年
16
14
12
10
8
6
4
2
0
-2
阿塞拜疆
土库曼斯坦
中国澳门
哈萨克斯坦
格鲁吉亚
塔吉克斯坦
韩国
乌兹别克斯坦
中国香港
印度尼西亚
巴基斯坦
汤加
斐济群岛
瓦努阿图
密克罗尼西亚联邦
所罗门群岛
治理“赤字”的经济体

(d1)

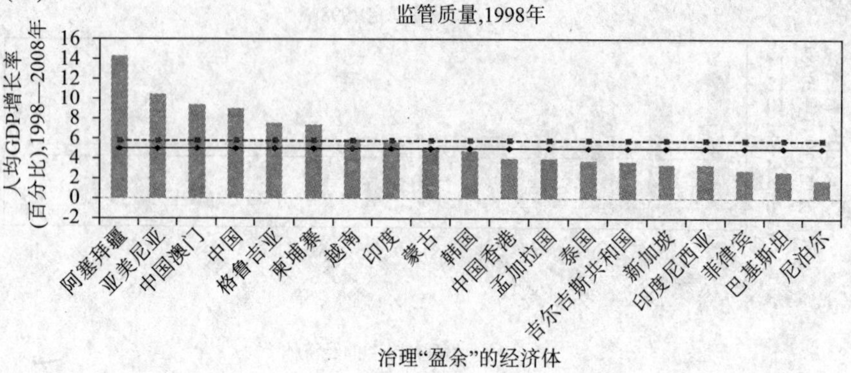
监管质量,1998年
人均GDP增长率
(百分比),1998—2008年
16
14
12
10
8
6
4
2
0
-2
阿塞拜疆
亚美尼亚
中国澳门
中国
格鲁吉亚
柬埔寨
越南
印度
蒙古
韩国
中国香港
孟加拉国
泰国
吉尔吉斯共和国
新加坡
印度尼西亚
菲律宾
巴基斯坦
尼泊尔
治理“盈余”的经济体

(d2)

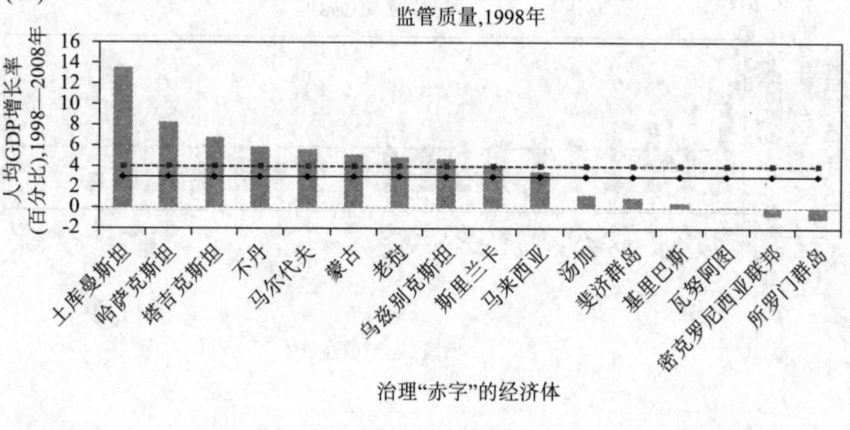
监管质量,1998年
人均GDP增长率
(百分比),1998—2008年
16
14
12
10
8
6
4
2
0
-2
土库曼斯坦
哈萨克斯坦
塔吉克斯坦
不丹
马尔代夫
蒙古
老挝
乌兹别克斯坦
斯里兰卡
马来西亚
汤加
斐济群岛
基里巴斯
瓦努阿图
密克罗尼西亚联邦
所罗门群岛
治理“赤字”的经济体

(e1)

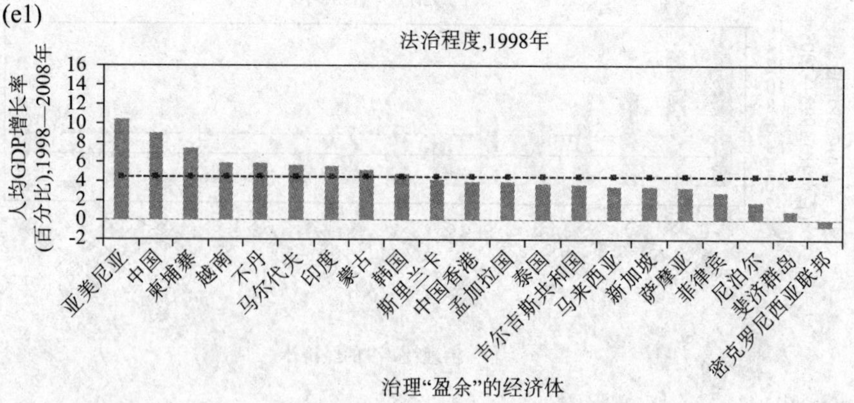
法治程度,1998年
人均GDP增长率
(百分比),1998—2008年
16
14
12
10
8
6
4
2
0
-2
亚美尼亚
中国
柬埔寨
越南
不丹
马尔代夫
印度
蒙古
韩国
斯里兰卡
中国香港
孟加拉国
泰国
吉尔吉斯共和国
马来西亚
新加坡
萨摩亚
菲律宾
尼泊尔
斐济群岛
密克罗尼西亚联邦
治理“盈余”的经济体

(e2)

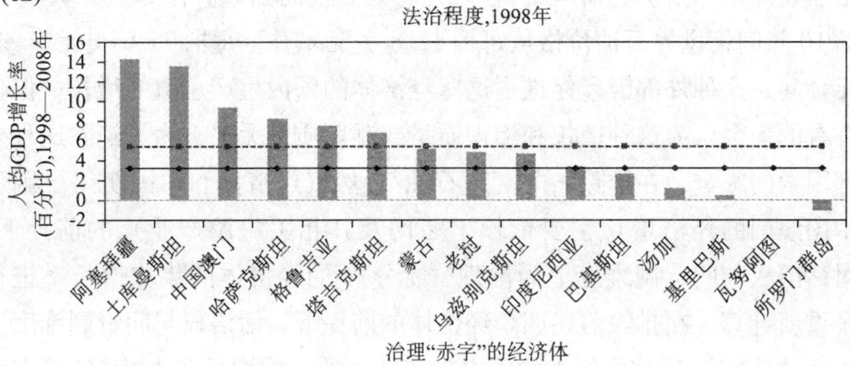

(f1)

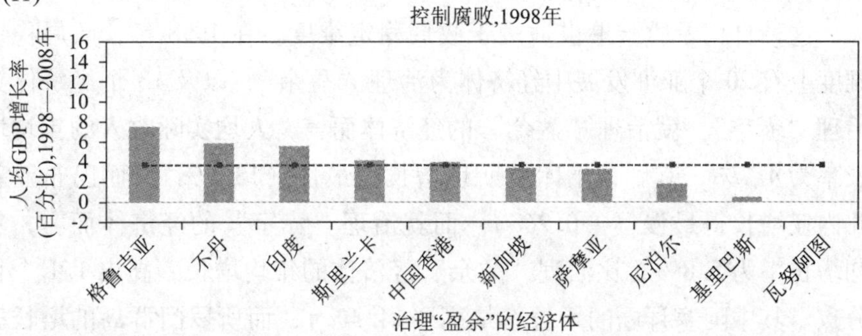

(f2)

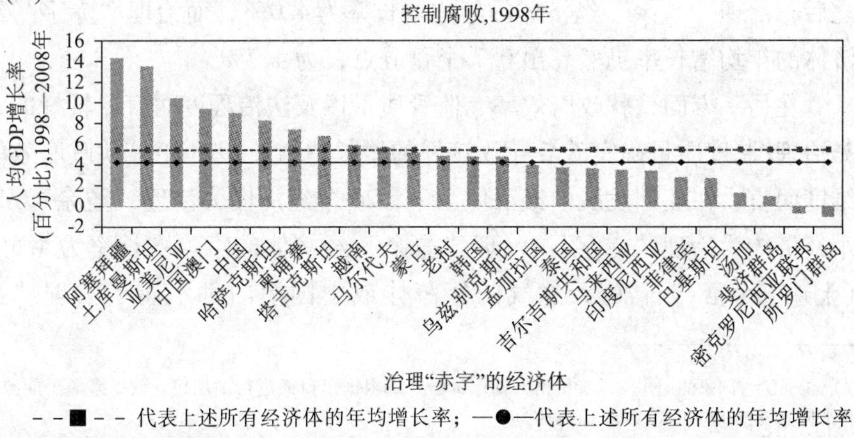

- -■- - 代表上述所有经济体的年均增长率；—●—代表上述所有经济体的年均增长率，不包括富产石油/天然气的国家与中国澳门；GDP = 国内生产总值。

资料来源：作者基于世界银行的世界治理指标（http：//info. worldbank. org/governance/wgi/index. asp）和联合国开发计划署（2009 年）的估算。

在话语权与问责制维度上为治理“赤字”的经济体中，阿塞拜疆、土库曼斯坦和哈萨克斯坦是富产石油/天然气的国家。在1998—2008年的10年间，世界石油价格从每桶11.8美元飙升至每桶95.6美元。① 毫无疑问，这种外部因素促进了这些经济体的国内生产总值的增长，但也许有的人会认为这种增长和治理质量或制度质量无关。为了消除这种外部因素的影响，在排除三个富产石油/天然气经济体和中国澳门（因为中国澳门的经济增长主要依赖于赌博及其相关旅游产业）的前提下，对话语权与问责制维度上为治理“赤字”的经济体的年均增长率进行了重新计算。在排除前述四个经济体的前提下，话语权与问责制维度上治理“赤字”经济体的人均国内生产总值的年均增长率为5.6%，在该维度上仍然比治理“盈余”经济体的年均增长率高出两倍多。②

这种自相矛盾结果也适用于政局稳定维度。在1998年，政局稳定维度上有20个亚洲发展中经济体为治理“盈余”，以及13个经济体为治理“赤字”。就治理“盈余”的经济体而言，人均实际收入的年均增长率为4.7%，其中，土库曼斯坦增长得最快（13.5%），而巴布亚新几内亚增长得最慢（-0.2%）。而就治理“赤字”的经济体而言，年均增长率为5.8%，比治理“盈余”经济体的年均增长率高出1.1个百分点。其中阿塞拜疆的增长率最高（14.3%），而所罗门群岛的增长率最低（-1.1%）。在排除了三个富产石油/天然气的经济体和中国澳门之后，治理“盈余”经济体的年均增长率为4.0%，而治理“赤字”经济体的年均增长率仍然高出0.7个百分点，为4.7%。

在另一方面，就政府效率、监管质量以及法治程度而言，较好的初始治理/制度质量确实随后导致较好的增长成就。1998年，就政府效能维度而言，在亚洲发展中经济体当中，20个经济体为治理“盈余”，16个经济体为治理“赤字”。治理“盈余”经济体的年均增长率为4.5%（上述三个富产石油/天然气的经济体或中国澳门都不属于治理“盈

---

① 所有国家的周平均现货价格（离岸价格）都根据出口额进行了加权，数据来源于能源情报署网站（http://www.eia.doe.gov/）。

② 将1998—2008年人均国内生产总值的年均增长率与话语权和问责制维度的得分相比，得出一个负值，从统计学角度上说，该系数具有显著性，当1998年的人均国内生产总值保持不变或变的情况下。

余”)。对于治理“赤字”经济体而言，如果将三个富产石油/天然气的经济体和中国澳门包括在内的话，其年均增长率为 5.0%，而如果排除这四个经济体，则年均增长率仅为 2.9%。这些结果表明，如果将三个富产石油/天然气的经济体和中国澳门排除在外的话，政府效率较好的经济体的年均增长率比政府效率较弱的经济体的年均增长率高出 1.6 个百分点（按 1998—2008 年之间的年均增长量计算）。而就监管质量维度而言，如果将三个富产石油/天然气的经济体和中国澳门包括在内的话，19 个治理“盈余”经济体的年均增长率为 5.8%，而 16 个治理“赤字”经济体的年均增长率为 4.0%；如果将上述四个经济体排除在外的话，相应的数字则分别为 5.0% 和 3.0%。与之相类似，就法治程度而言，如果将三个富产石油/天然气的经济体和中国澳门包括在内的话，21 个治理“盈余”经济体的年均增长率为 4.5%（其中上述四个经济体都不属于治理“盈余”)，而 15 个治理“赤字”的经济体为 5.4%。如果将三个富产石油/天然气的经济体和中国澳门排除在外的话，治理“赤字”经济体的年均增长率为 3.3%。[①]

最后，就控制腐败维度而言，在 1998 年，有 10 个经济体为治理“盈余”，28 个经济体为治理“赤字”。1998—2008 年，治理“盈余”经济体的年均增长率为 3.9%，其中格鲁吉亚增长得最快（7.6%），而瓦努阿图增长得最慢（0.4%）。就治理“赤字”经济体而言，当包括富产石油/天然气的经济体和中国澳门在内时，其年均增长率为 5.4%；当不将其包括在内时，其年均增长率为 4.0%。因此，在这两个维度上，两组经济体的增长成就趋势大致相同。[②]

B. 治理/制度与收入不平等

图 8.6 按照世界治理指标的六个维度的各项来判定亚洲发展中经济

---

① 根据政府效率、监管质量或法治程度在 1998 年的得分情况，将人均国内生产总值在 1998—2008 年间的年均增长量进行回归，得出一个负值，从统计学的角度来说，该系数不具显著性，当 1998 年的人均国民生产总值保持不变/变化的情况下。

② 根据控制腐败在 1998 年的得分情况，将人均国内生产总值在 1998—2008 年间的年均增长量进行回归，得出一个负值，从统计学的角度来说，该系数不具显著性，在 1998 年的人均国民生产总值保持不变/变化的情况下。

图 8.6　治理"盈余"/"赤字"与基尼系数

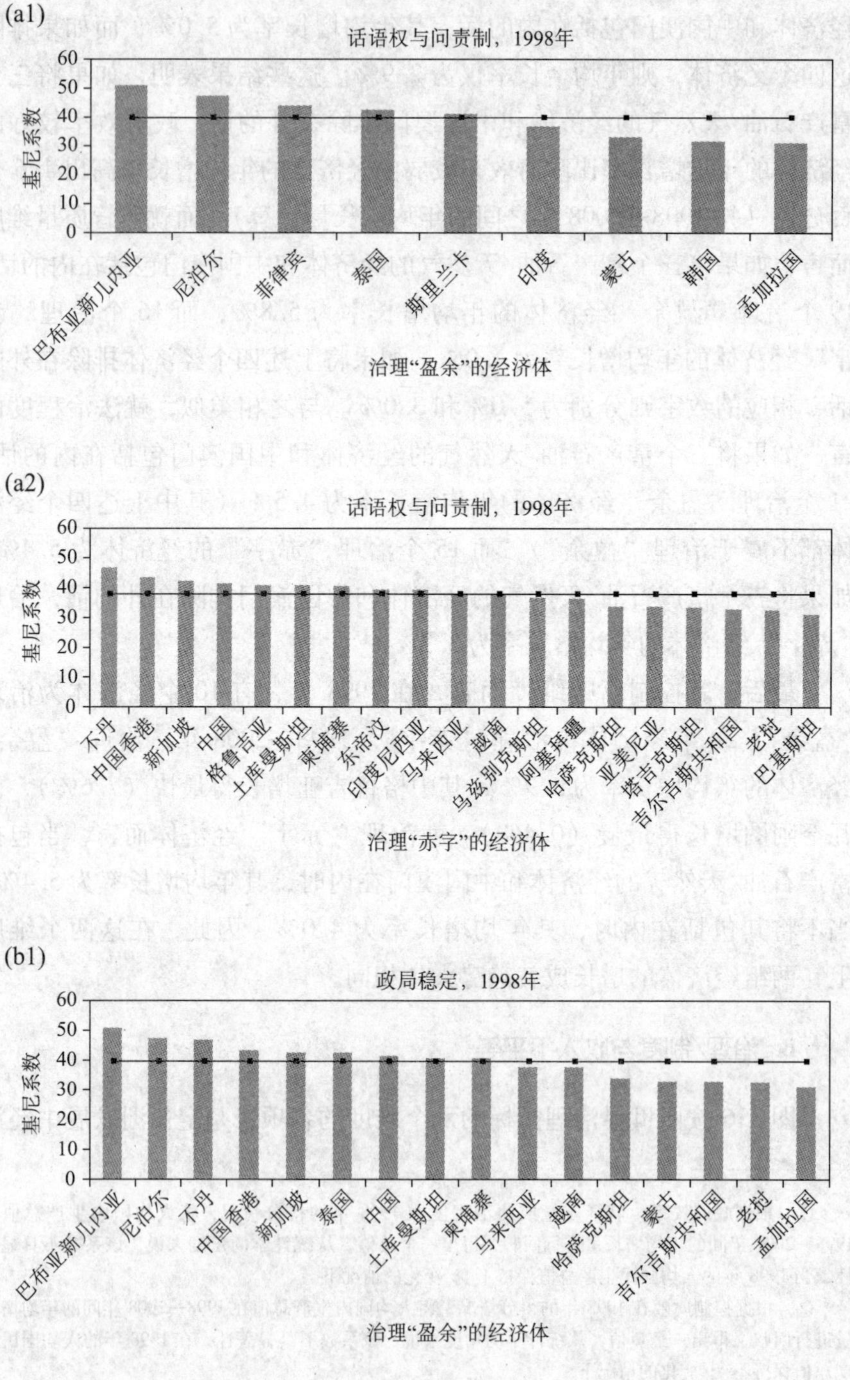

(b2)

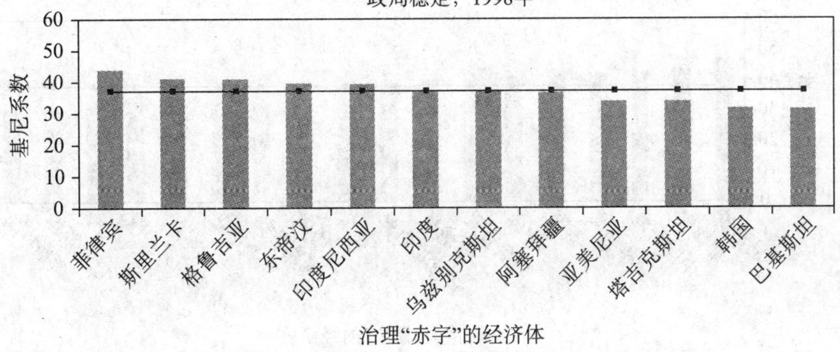
政局稳定，1998年
60
50
40
30
20
10
0
基尼系数
菲律宾
斯里兰卡
格鲁吉亚
东帝汶
印度尼西亚
印度
乌兹别克斯坦
阿塞拜疆
亚美尼亚
塔吉克斯坦
韩国
巴基斯坦
治理“赤字”的经济体

(c1)

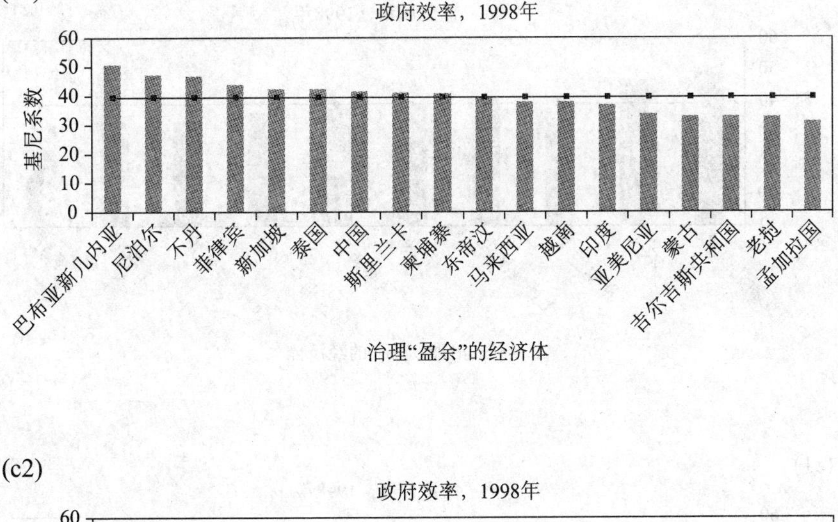
政府效率，1998年
60
50
40
30
20
10
0
基尼系数
巴布亚新几内亚
尼泊尔
不丹
菲律宾
新加坡
泰国
中国
斯里兰卡
柬埔寨
东帝汶
马来西亚
越南
印度
亚美尼亚
蒙古
吉尔吉斯共和国
老挝
孟加拉国
治理“盈余”的经济体

(c2)

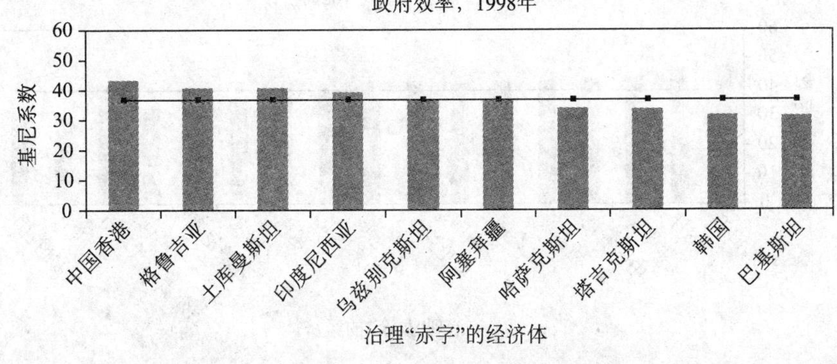
政府效率，1998年
60
50
40
30
20
10
0
基尼系数
中国香港
格鲁吉亚
土库曼斯坦
印度尼西亚
乌兹别克斯坦
阿塞拜疆
哈萨克斯坦
塔吉克斯坦
韩国
巴基斯坦
治理“赤字”的经济体

(d1)

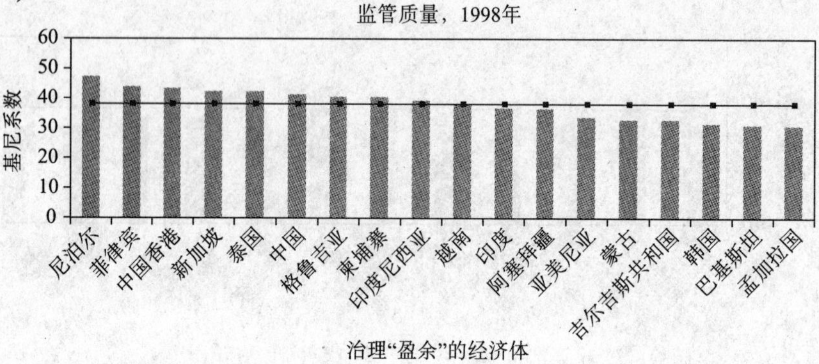
监管质量，1998年
基尼系数
60
50
40
30
20
10
0
尼泊尔
菲律宾
中国香港
新加坡
泰国
中国
格鲁吉亚
柬埔寨
印度尼西亚
越南
印度
阿塞拜疆
亚美尼亚
蒙古
吉尔吉斯共和国
韩国
巴基斯坦
孟加拉国
治理“盈余”的经济体

(d2)

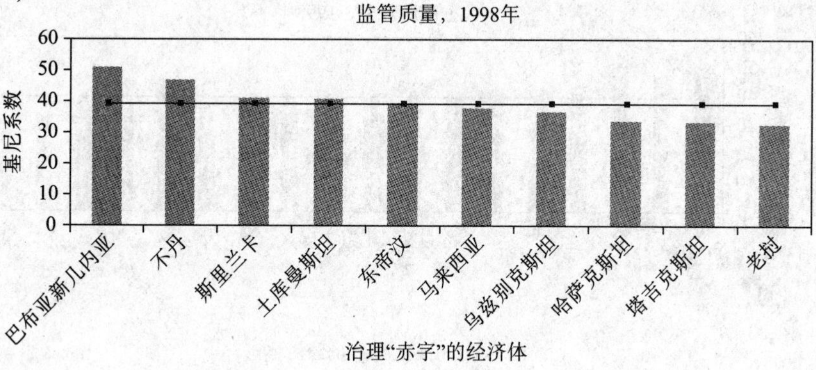
监管质量，1998年
基尼系数
60
50
40
30
20
10
0
巴布亚新几内亚
不丹
斯里兰卡
土库曼斯坦
东帝汶
马来西亚
乌兹别克斯坦
哈萨克斯坦
塔吉克斯坦
老挝
治理“赤字”的经济体

(e1)

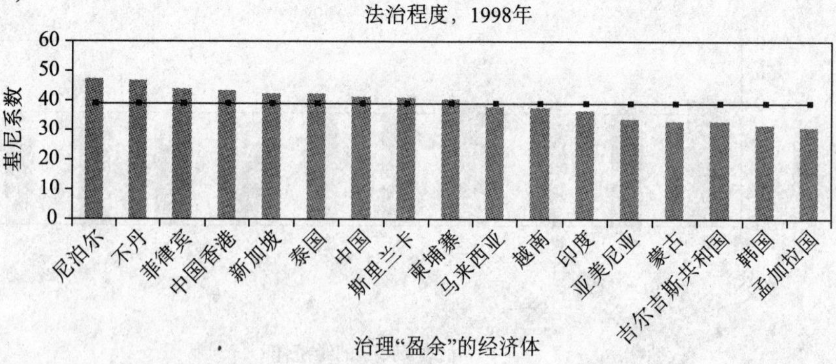
法治程度，1998年
基尼系数
60
50
40
30
20
10
0
尼泊尔
不丹
菲律宾
中国香港
新加坡
泰国
中国
斯里兰卡
柬埔寨
马来西亚
越南
印度
亚美尼亚
蒙古
吉尔吉斯共和国
韩国
孟加拉国
治理“盈余”的经济体

(e2)

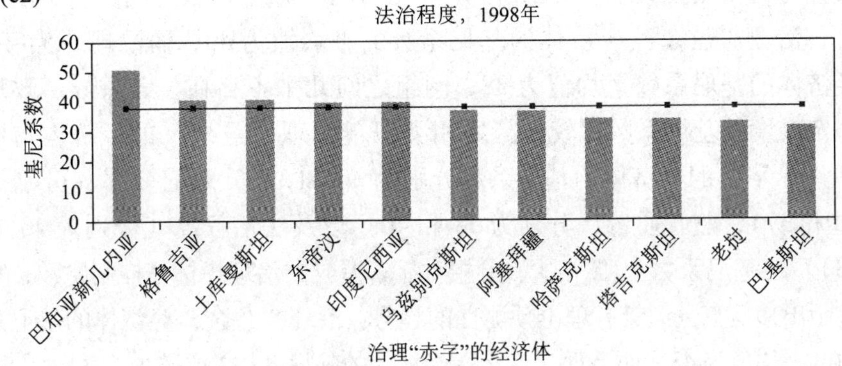

(f1)

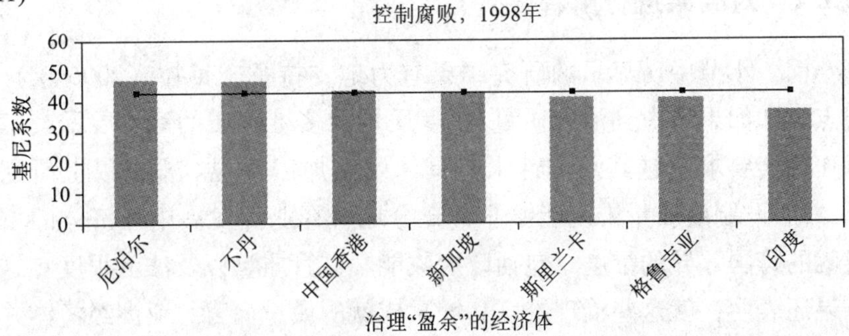

(f2)

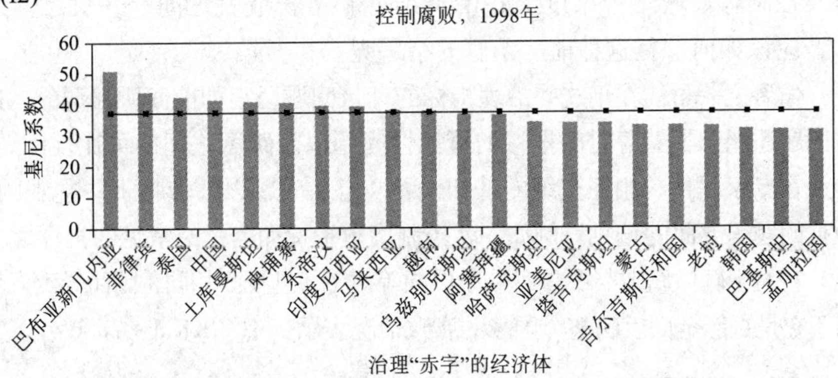

－－■－－代表所有上述经济体的基尼系数的平均值。

资料来源：作者基于世界银行的世界治理指标（http：//info. worldbank. org/governance/wgi/index. asp）和联合国开发计划署（2009 年）的估算。

体是治理“盈余”还是治理“赤字”，以对其进行分组。该图不像治理质量与增长成就关系所展示的那样一目了然。就话语权与问责制维度而言，治理“盈余”经济体的基尼系数的平均值为40，而治理“赤字”经济体的基尼系数平均值为38，两组之间几乎不存在显著差异。政局稳定维度的基尼系数比较也与之相类似（治理“盈余”的经济体与治理“赤字”的经济体的基尼系数分别为40和37），政府效率（分别为40和37），监管质量（分别为38和40）以及法治程度（分别为40和38）。在基尼系数上唯一显示出相对显著差异的治理指标是控制腐败，其显示出违反直觉但具有理论预测性的趋势：治理“盈余”经济体的基尼系数的平均值为43，而治理“赤字”经济体的基尼系数的平均值为37。

8.3.4 对结果进行解释

前一小节中所显示的研究结果有力地支持了奎贝拉（2006年）的观点，即如果考虑到治理质量/制度质量的多维性质的话，展示其工具性作用会要求超越其总体性来对具体维度加以审视。根据以上研究结果，治理/制度质量维度能够非常充分地解释亚洲发展中经济体的增长成就的跨国差异的维度，包括政府效能、监管质量以及法治程度。这些结果还表明，就这些治理维度和增长成就的质量而言，亚洲经济体并非“局外人”。而另一方面，该研究并未发现话语权和问责制、政局稳定以及控制腐败这三个维度上在治理维度和增长成就之间存在关系。那么，应该如何解释这种前后矛盾的结果呢？

解释之一可能在于这些治理指标的计量问题。正如前面所强调的，这些问题还涵盖了随着时间推移的可比性问题以及跨国之间的可比性问题，涉及在专家评估、相互交织的认知误差、定义问题以及依赖于“主观的”数据问题等方面的偏见。例如，就控制腐败指标而言，最常见的批评之一是，它对于轻微腐败与严重腐败予以同等对待，且视为相同，因而导致人们对于它是否能全面反映整个国家的腐败情况表示忧虑（KKM，2006年）[①]。

---

① 最近，丹尼尔·考夫曼（世界银行世界治理指标的先驱之一）认为，公司捕获，以公共政策私有化的形式（而这些公共政策具有雄厚的政治和经济实力但“无须换手进行贿赂”，其自我利益处于腐败的领域），对于导致全球金融危机至关重要（考夫曼，2008年）。目前，对于这种腐败被世界治理指标中的控制腐败指标“捕获”到什么程度，尚不清楚。

而民主与话语权和问责制维度的关系密切，对此，巴尔坦（2008 年）从三个方面进行了区分：（1）公民所享有的一些最低公民权利和政治权利；（2）根据首要的宪法规则，日常管理的问责制程序；（3）选举代表方面的周期性的演练。以印度为例，他认为在过去 50 年当中，在第三方面所取得的成就是非常显著的，而在第二方面所取得的成就却是错综复杂的。此外，他还注意到在印度，除了个别几个州以外，民主程度的这几个方面在当地村或市层面都比在全国或邦层面上要弱得多。对于这种以认知为基础的调查能将话语权和问责制等复杂的治理/制度质量维度了解到何种程度，目前尚不清楚。

除了与治理指标有关的计量问题以外，该文献中的一些最近进展表明还存在其他的解释。其中之一是治理/制度质量与增长成就之间的因果关系，其与新经济学文献中所作的假设恰恰相反，或者说，在增长与治理/制度质量之间的因果关系比相反方面强大得多。在任何一种情况下，初始治理/制度与随后的增长成就之间都可能存在/不存在相关关系。例如，福山（2008 年）注意到，有一种观点认为增长会催生出一个有产阶级，促使法治来保护这些权利，以及随后的政治参与率。在帕尔达姆和冈拉克（2008 年）看来，治理/制度与增长之间的因果关系预测了一种发展的分歧，而增长与治理/制度之间的因果关系则预测一种制度的整合达到了与发展水平一致的程度。他们的实证研究为制度趋同化这一假设提供了理论支持。①

另一种解释是，治理/制度与增长之间的关系有可能取决于具体的情况。这意味着，即使在治理/制度与增长成就之间存在因果关系，完全有可能出现由世界治理指标所计量的治理/制度的各种要素对于增长成就产生的不同影响取决于一个国家的历史、该国所处的发展阶段、开展调查所涉及的时间跨度或者其他具体情况。例如，福山（2008 年）认为，在人均国内生产总值较低的情况下，国家能力比法治程度或民主程度更重要。这种观点似乎与图 8.2 和图 8.3 所反映的因果关系一致，

① 他们表明，39 个前殖民地的非洲国家在 1956—1960 年间成为独立国家，其中 14 个是英国前殖民地，最初采用相对民主的宪法，17 个法国前殖民地采用较不民主的宪法，而另外 8 个前殖民地最初的民主水平位于前两者之间；成为独立国家八年后，就民主程度而言，几乎所有的跨国变化都已完全消失，而所有政治体制的专制水平则几乎渐趋一致。

而从话语权和问责制与政局稳定维度上来说，数据点分布得比在政府效率维度上更广泛，尤其是在人均收入比较低的情况下。

从更广泛意义上来说，罗德里克（2008 年）认为，尽管治理/制度与增长成就之间存在的因果关系如今已经广为接受，但并不表明人们能够合理地依赖改善治理来产生政策制定者所关心的时间跨度上（10 年或者 20 年）的增长。在特殊维度上改善了的治理能有效促进增长，而在这一维度上，较差的治理对于一个国家的发展来说是最具约束力的限制因素。埃斯莫格卢（2008 年）认为，尽管存在相对有力的证据来表明制度的广泛集群——由经济、政治以及法律方面构成——对于长期的经济发展来说是必不可少的。学者们必须首先保持谦虚的态度，要充分承认对于制度的某些具体方面对于经济成果具体产生了怎样的影响方面，他们只是略有所知。

另一种可能的解释在于非正式制度的作用，KKZ/KKM 的六个治理指标主要侧重于正式制度，而其最近的理论研究与实证研究已经表明，非正式制度（与社会资本）与正式制度存在互补关系，并且当正式制度较弱时，非正式制度发挥着替代性作用，对增长成就方面存在的一些跨国差异作出了解释（见之前的讨论）。试图对儒家价值观的作用进行理论化的大批实证文献为许多东亚经济体的高增长率所保留或逐渐采取西式正式制度作出了解释，如目前的中国与越南以及 20 世纪 70 年代与 80 年代的韩国、马来西亚、中国台湾以及泰国（罗德里克，1980 年；多尔，1987 年；彼得和萧，1988 年；郜，1989 年等）。值得注意的是，儒家思想[①]的基本教义强调了教育在个人的道德发展中所发挥的重要作用，因而国家能够通过道德的管辖（非正式制度与限制因素）而非通过使用强制性法律的手段（正式制度）来进行治理（莱文森和克里斯滕森，2002 年；秦，2008 年）。在一些东亚经济体，可以通过人们彼此之间存在相对比较高的信任度来了解非正式制度的运作，如最近的

① 我们通常所强调的儒家的价值观包括忠诚、孝顺、节俭、勤奋、博爱、教育的重要性、精英制度、道德、个人牺牲以及社会和谐等。

《世界价值观调查》结果所表明的[①]（见图 8.7）。

图 8.7　就人与人之间信任度展开的世界价值观调查

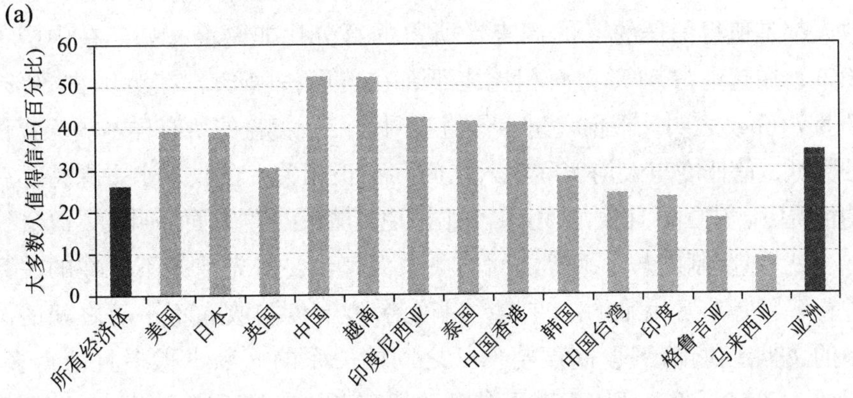

资料来源：作者基于《世界价值观调查》的第五阶段（2005—2008 年，http：//www. worldvaluessurvey. org），2009 年 10 月 27 日下载的估算。

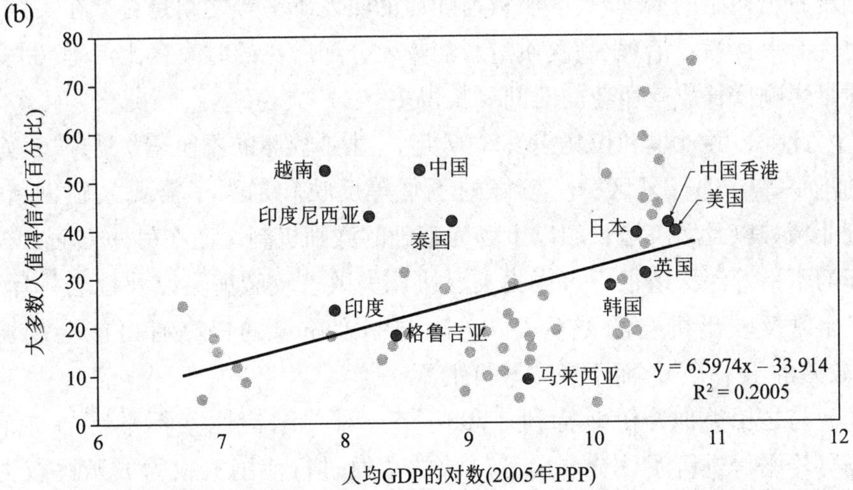

资料来源：作者基于《世界价值观调查》（http：//www. worldvaluessurvey. org）与世界银行的《世界发展指标》在线数据的估算。

① 《世界价值观调查》是世界范围内的一个社会科学家网络，其针对不断变化的价值观和信仰对于社会生活和政治生活所产生的影响进行研究。其数据库为我们对于跨层次之间的联系进行探究提供了可能，如：公共价值与经济增长之间的关系，或者环境污染与普通大众对于环境保护的态度之间的关系，或者政治文化与民主制度之间的关系等。该调查的第五阶段的时间跨度为 2005—2008 年，其覆盖范围遍及 57 个国家，包含 200 多个变量（http：//www. worldvaluessurvey. org）。

《世界价值观调查》中所包含的问题之一是，“一般来说，您认为大多数人都是值得信任的或您在处理人际关系时会保持非常谨慎的态度吗?”图 8.7（a）显示，在经济迅速增长的东亚经济体中，回答“大多数人都是值得信任的”的调查者所占的百分比非常高，如，在中国占 52%，在越南占 51%；而相比之下，在美国占 40%，在英国占 30%。图 8.7（b）表明，根据《世界价值观调查》所覆盖的所有样本国家提供的数据，信任度与人均实际收入之间存在正相关。在收入水平保持不变的情况下，中国、印度尼西亚、泰国和越南在信任度方面都明显“盈余”。

就治理/制度与不平等之间的关系而言，要对先前并不存在的关系进行解释是非常困难的。首先，讨论治理/制度与收入不平等之间的关系的文献比讨论治理/制度与增长之间的关系的文献少得多且新得多。因此，理解前者比理解后者更难。此外，正如先前所讨论的，对治理指标的计量问题仍然具有重要意义。可能存在的反向因果关系也使得我们很难看出初始的治理/制度质量与随后的收入不平等之间是否存在关系。也许有人认为，治理/制度质量影响收入分配所花的时间，比治理/制度质量影响增长成就所花的时间要长得多。

此外，乔杜里和拉瓦雷（2007 年）对“较坏的不平等”与“较好的不平等”进行了区分。较好的不平等反映和加强了需要鼓励创新、创业精神以及经济增长的以市场为基础的激励机制。而在另一方面，较坏的不平等深深植根于市场失灵、协调失败、政府失灵以及社会排斥，且常常反映出机会的不平等。治理与制度质量的提高有可能会削弱“较差的不平等”，而不是“较好的不平等”。

与之相类似，伊斯特利（2007 年）对“结构性”不平等与“市场”不平等进行了区分。前者反映的是通过行使国家权力或殖民权力而发生的诸如征服、殖民化、奴隶制以及土地分配等这样的历史事件；通过使用这类非市场机制，“结构性”不平等创造出精英。根据他的观点，从理论上来说，结构性不平等不利于后来的发展，这一点毫无疑问。而在另一方面，由于在不同个体、城市、地区、公司以及行业间自由市场中的成功参差不齐，也催生出了市场不平等。市场不平等产生的效应模棱两可，不能完全根据治理和制度的改善来加以评估。如果近年来在亚洲的许多发展中经济体中都反映出某种程度或很大程度上的

"较好的不平等"或"市场不平等"，那么我们有理由认为，其与治理/制度质量之间的关系不大。

8.4 结论

一方面，治理与制度质量之间的关系长期存在且呈正相关，而另一方面，无论是从概念层面上还是从实证层面上，增长与收入水平之间的关系都是根深蒂固且无可争议的。这两者之间的双向因果关系在各种文献当中也是公认的。即，当各种制度与其潜在治理成果都是促进经济增长的"供应方"因素时，这些制度也成为增长本身的附属产物——部分原因是由于不断增长的收入和教育水平为这些制度创造了"需求"。因此，这也成为一个主要任务以及研究的一项积极领域——梳理出因果关系在某一个方向或其他方向上的相对意义。研究的另一个重要领域受到这样一个事实的驱动，即治理/制度的"质量"的概念是多维的。因此，非常有可能以及非常重要的是，是否治理/制度质量的某些方面比决定某些特定国家在某些特定时期的增长成就的因素更重要或更关键。

就将一种简单的分类框架应用于亚洲发展中国家而言，至少目前已经拥有相当多的研究成果了。根据世界银行提供的广泛应用的 KKM/KKZ复合治理指标，我们发现，就 1998 年从政府效率、监管质量以及法治程度维度而言，治理"盈余"的亚洲发展中经济体在 1998—2008 年的 10 年间，分别每年平均增长了 1.6、2.0 和 1.2 个百分点，比治理"赤字"的经济体从这些维度上的增长率要高（不包括三个富产石油和天然气的国家与中国澳门）。这些结果有力地支持了较好的治理和制度与良好的增长成就之间的因果关系，且积极反驳了亚洲发展中国家对于这个因果关系来说是"局外人"这一观点。

然而，从话语权与问责制、政局稳定以及控制腐败维度上，我们很难发现这种因果关系。对此，有这样几种可能的解释：从与治理指标有关的计量问题到反向因果关系，从治理/制度与增长之间关系的具体背景性质以及从非正式制度的作用等角度。

此外，还有一些令人信服的观点认为，一方面，治理/制度质量与政治问责、民主与控制腐败之间存在关系，另一方面，治理/制度质量与收入分配和不平等之间也存在关系，尽管这种关系从实证的角度上来说弱得多。这两者之间的双向因果关系已经得到普遍认可，而在较低程度的收入不平等与较好的治理/制度质量之间的因果关系更牢固。当我们应用同一个分类框架时发现，治理“盈余”的各经济体之间收入不平等的水平与治理“赤字”经济体几乎在所有维度上都区别不大。毫无疑问，该研究结果似乎表明治理/制度质量的初始水平对于亚洲发展中经济体后来的收入分配模式没有太大意义。对于这类研究结果的可能解释包括：由于对基本的因果关系、与治理指标有关的计量问题以及在该地区出现的不平等所表现出来的不同性质的理解或说明不够完善所致。

与世界其他地区相比，2008 年，亚洲发展中国家就政府效率和法治程度维度上来说，得分比较高，但就政局稳定与非暴力和话语权与问责制维度而言，得分较低，而监管质量和控制腐败维度的得分位于这两者之间。与经合组织国家和东欧相比，亚洲发展中经济体在所有治理维度上都有待于提高。然而在 1998—2008 年的 10 年间，许多亚洲发展中经济体的得分在各个维度上都有所提高，尽管还有很多国家都处于下降趋势。就法治程度和控制腐败而言，取得进步的经济体要多于处于下降趋势的经济体。同时，在控制腐败维度上，治理“盈余”经济体所占的比例也有大幅提高（与国际参考线相比），从 26% 上升至 47%。这些结果都表明，治理方面确实取得显著进步，而且在相当短的时间内能够取得显著进步。

那么，以上这些研究结果对于政策而言意味着什么呢？正如在本章开头所阐明的，将良好的治理与制度的内在价值视为发展本身的终极目标这一观点，目前已经得到普遍接受，而且揭示了包容性增长的核心涵义。因此，应当从各个维度上把“良好的治理”视为一个基本发展目标。为了进一步扩大其工具性价值，当前的文献认为，有必要确认在治理与制度质量和增长与不平等之间存在一种实质的联系，也有必要侧重于对一个国家在特殊发展时期最具约束力且最关键的方面。此外，还有必要注意那些不切实际的期望：任何制度上的进步都可能使得在较短的时间内实现较好的增长成就以及更平均的收入分配。诚然，本章中的大量实证研究结果似乎都表明，巩固政府效率、提高监管质量以及法治程度、加强控制腐败都很可能被用作整个亚洲地区的许多国家在制定战略时的潜在切入点（福山，2008 年）。

参考文献

Acemoglu, D. 2008. "Oligarchic Versus Democratic Societies." *Journal of the European Economic Association* 6(1):1–44.

Acemoglu, D., S. Johnson, and J. A. Robinson. 2001. "The Colonial Origins of Comparative Development." *American Economic Review* 91(5):1369–401.

_____. 2002. "Reversal of Fortune: Geography and Institutions in the Making of the Modern World Income Distribution." *Quarterly Journal of Economics* 117:1231–94.

Ali, I., and J. Zhuang. 2007. "Inclusive Growth toward a Prosperous Asia: Policy Implications." ERD Working Paper Series No. 97. Economics and Research Department, Asian Development Bank, Manila.

Arndt, C., and C. Oman. 2006. *Uses and Abuses of Governance Indicators.* Development Center Studies, Organisation for Economic Co-operation and Development.

Aron, J. 2000. "Growth and Institutions: A Review of the Evidence." *The World Bank Research Observer* 15(1):99–135.

Bardhan, P. 2008. "Democracy and Distributive Politics in India." In I. Shapiro, P. A. Swenson, and D. Donno, eds., *Divide and Deal: The Politics of Distribution in Democracies.* New York and London: New York University Press.

Barro, R. 1991. "Economic Growth in a Cross-section of Countries." *Quarterly Journal of Economics* 106(2):407–43.

Barro, R., and X. Sala-i-Martín. 1995. *Economic Growth.* New York: McGraw-Hill.

Becker, G. 1962. "Investment in Human Capital: A Theoretical Analysis." *Journal of Political Economy* 70:9–49.

Begovic, B. 2005. Economic Inequality and Corruption. CLDS Working Paper No. 0106, Center for Liberal-Democratic Studies.

Bénabou, R. 1996. Inequality and Growth. CEPR Discussion Paper No. 1450, Center for Economic Policy and Research.

Boix, C. 2001. Democracy and Inequality. Department of Political Science, University of Chicago. Working Paper No. 2001/161. Available: http://www.march.es/ceacs/ingles/publicaciones/working/archivos/2001_161.pdf.

Bollen, K., and R. Jackman. 1985. "Political Democracy and the Size Distribution of Income." *American Sociological Review* 50:438–57.

Bourguignon, F., and T. Verdier. 2000. "Oligarchy, Democracy, Inequality and Growth." *Journal of Development Economics* 62(2):285–313.

Burnside, C., and D. Dollar. 2000. "Aid, Policies, and Growth." *American Economic Review* 90(4):847–68.

Chaudhuri, S., and M. Ravallion. 2007. "Partially Awakened Giants: Uncover Growth in Chin and India." In L. Alan Winters, and S. Yusuf, eds., *Dancing with Giants: China, India, and the Global Economy*. The World Bank,

Washington, DC.
Chong, A., and M. Gradstein. 2007. "Institutions and Inequality." *Review of Economics and Statistics* 89(3):456–65.
Coleman, J. 1988. "Social Capital in the Creation of Human Capital." *American Journal of Sociology* Supplement 94:S95–S120.
Diamond, J. 1997. *Guns, Germs, and Steel*. New York: W.W. Norton.
Dore, R. P. 1987. *Taking Japan Seriously: A Confucian Perspective on Leading Economic Issues*. Stanford: Stanford University Press.
Durlauf, S., and M. Fafchamps. 2005. "Social Capital." In S. Durlauf, and P. Aghion, eds., *Handbook of Economic Growth*. Amsterdam: North Holland.
Easterly, W. 2006. *The White Man's Burden*. New York: Penguin Books.
_____. 2007. "Inequality does Cause Underdevelopment: Insights from a New Instrument." *Journal of Development Economics* 64:755–76.
Easterly, W., and R. Levine. 2003. "Tropics, Germs, and Crops: How Endowments Influence Economic Development." *Journal of Monetary Economics* 50(1):3–39.
Easterly, W., J. Ritzen, and M. Woolcock. 2006. "Social Cohesion, Institutions, and Growth." *Economics and Politics* 18(2):103–20.
Fukuyama, F. 2000. "Social Capital." In L. Harrison, and S. Huntington, eds., *Culture Matters: How Values Shape Human Progress*. New York: Basic Books.
_____. 2008. "What Do We Know about the Relationship between the Political and Economic Dimensions of Development." In World Bank, *Governance, Growth, and Development Decision-Making—Reflections by: Douglass North, Daron Acemoglu, Francis Fukuyama, Dani Rodrik*. World Bank, Washington, DC.
Glaeser, E., R. LaPorta, F. Lopez-de-Silanes, and A. Shleifer. 2004. "Do Institutions Cause Growth?" *Journal of Economic Growth* 9(3):271–303.
Gradstein, M. 2007. "Inequality, Democracy and the Protection of Property Rights." *Economic Journal* 117:252–69.
Gradstein, M., B. Milanovic, and Y. Ying. 2001. Democracy and Income Inequality: An Empirical Analysis. Policy Research Working Paper No. 2561, World Bank, Washington, DC.
Greif, A. 2005. *Institutions and the Road to the Modern Economy: Lessons from Mediaeval Trade*. Cambridge University Press.
Grossman, G. M., and Helpman, E. 1991. *Innovation and Growth in the Global Economy*. Cambridge, Massachussetts: MIT Press.
Gupta, S., H. Davoodi, and R. Alonso-Terme. 2002. "Does Corruption Affect Income Inequality and Poverty?" *Economics of Governance* 3(1):23–45.
Gyimah-Brempong, K. 2002. Corruption, Economic Growth, and Income Inequality in Africa." *Economics of Governance* 3:183–209.
Huther, J., and A. Shah. 1996. "A Simple Measure of Good Governance." Operations Evaluation Department, World Bank, Washington, DC. Processed.

Johnston, M. 1989. "Corruption, Inequality, and Change." In P. Ward, ed., *Corruption, Development and Inequality*. London and New York: Routledge.

Kaldor, N. 1956. "Alternative Theories of Income Distribution." *Review of Economic Studies* 23:94–100.

Kasper, W., and M. Streit. 1998. *Institutional Economics: Social Order and Public Policy*. Cheltenham: Edward Elgar.

Kaufmann, D. 2003. Governance Redux: The Empirical Challenge. World Bank Institute.

_____. 2008. Presentation by Daniel Kaufmann. Daniel Kaufmann's Farewell Lecture: Governance, Crisis, and the Longer View: Unorthodox Reflections on the New Reality. Available: http://info.worldbank.org/etools/docs/library/245600/DKaufmann%20Farewell%20Event%20Preston%2012%2009%2008.pdf.

Kaufmann, D., and A. Kraay. 2008. Governance Indicators: Where Are We, Where Should We Be Going? World Bank Research Working Paper No. 4370, World Bank, Washington, DC.

Kaufmann, D., A. Kraay, and P. Zoido-Lobatón. 1999. Aggregating Governance Indicators. World Bank Policy Research Working Paper No. 2195, World Bank, Washington, DC.

Kaufmann, D., A. Kraay, and M. Mastruzzi. 2003. Governance Matters III: Governance Indicators for 1996–2002. World Bank Policy Research Working Paper No. 3106, World Bank, Washington, DC.

_____. 2006. "Measuring Corruption: Myths and Realities." *Development Outreach*, September 2006 Issue. World Bank, Washington, DC.

_____. 2009. Governance Matters 2009: Learning from over a Decade of the Worldwide Governance Indicators. The Brookings Institution. Available: http://www.brookings.edu/opinions/2009.

Knack, S., and P. Keefer. 1995. "Institutions and Economic Performance: Cross-country Tests Using Alternative Measures." *Economics and Politics* 7:207–27.

Knowles, S. 2005. "Inequality and Economic Growth: The Empirical Relationship Reconsidered in the Light of Comparable Data." *Journal of Development Studies* 41:135–59.

Knowles, S., and C. R. Weatherston. 2006. Informal Institutions and Cross-country Income Differences. Discussion Paper No. 0604. Department of Economics, University of Otago, Dunedin, New Zealand.

Kuznets, S. 1955. "Economic Growth and Inequality." *American Economic Review* 45(1):1–28.

Lauth, H-J. 2005. The Impact of Informal Institutions on Democratic Performance: Theoretical Reflections and Empirical Findings. Paper prepared for the 2005 Annual Meeting of the American Political Science Association, 1–4 September 2005.

Li, H., L. Squire, and H-F. Zou. 1998. "Explaining International and Intertemporal Variations in Income Inequality." *Economic Journal* 108:26–43.

Li, H., L. C. Xu, and H-F. Zou. 2000. "Corruption, Income Distribution, and Growth." *Economics and Politics* 12(2):954–1985.

Levinson, D., and K. Christensen. 2002. Encyclopedia of Modern Asia. Gale. Available: http://www.gale.cengage.com.

Mauro, P. 1995. "Corruption and Growth." *Quarterly Journal of Economics* 110:681–712.

______. 1998. "Corruption and the Composition of Government Expenditure." *Journal of Public Economics* 69(2):263–79.

North, D. 1981. *Structure and Change in Economic History*. New York: W.W. Norton.

______. 1990. *Institutions, Institutional Change, and Economic Performance*. Cambridge University Press.

______. 2005. *Understanding the Process of Economic Change*. Princeton University Press.

North, D., and R. P. Thomas. 1973. *The Rise of the Western World: A New Economic History*. Cambridge: Cambridge University Press. Available: http://www.economics.uci.edu/~dbell/North.pdf.

North, D., and R. P. Thomas. 1976. *The Rise of the Western World: A New Economic History*. Cambridge University Press.

North, D., J. Wallis, and B. Weingast. 2006. "A Conceptual Framework for Interpreting Recorded Human History." NBER Working Paper No. 12795, National Bureau of Economic Research. Available: http://www.nber.org/papers/w12795.

Paldam, M., and E. Gundlach. 2008. "Two Views on Institutions and Development: The Grand Transition vs. the Primacy of Institutions." *Kyklos* 61(1):65–100.

Perotti, R. 1996. "Growth, Income Distribution, and Democracy: What the Data Say." *Journal of Economic Growth* 1(2):149–87.

Peter, L. B., and H. H. M. Hsiao. 1988. *In Search of an East Asian Development Model*. New Brunswick, NJ: Transaction Books.

Putnam, R. 1993. *Making Democracy Work*. Princeton, NJ: Princeton University Press.

Qin, G. 2008. "The Thinking Way of Confucianism and the Rule of Law." *Journal of Politics and Law* 1(1): 68–75.

Quibria, M. 2006. "Does Governance Matter? Yes, No, or Maybe: Some Evidence from Developing Asia." *Kyklos* 59(1):99–114.

Rauf, M. 2009. "Innovations and Informal Institutions: An Institutionalist Approach to the Role of Social Capital for Innovation." *Journal of Academic Research in Economics* 1:25–34.

Roderick, M. 1980. "The Post-Confucian Challenge." *The Economist*. Feb. 9,

1980.

Rodrik, D. 2008. "Thinking about Governance." In World Bank, *Governance, Growth, and Development Decision-Making—Reflections by: Douglass North, Daron Acemoglu, Francis Fukuyama, Dani Rodrik*. World Bank, Washington, DC.

Rodrik, D., A. Subramanian, and F. Trebbi. 2004. "Institutions Rule: The Primacy of Institutions over Geography and Integration in Economic Development." *Journal of Economic Growth* 9(2):131–65.

Rogowski, R., and D. MacRae. 2004. Inequality and Institutions: What Theory, History, and (Some) Data Tell Us. Paper presented at the annual meeting of the Midwest Political Science Association, Palmer House, Chicago, Illinois, 14 April 2005.

Solow, R. 1956. "A Contribution to the Theory of Economic Growth." *Quarterly Journal of Economics* 70:65–94.

Swan, T. 1956. "Economic Growth and Capital Accumulation." *Economic Record* 32(63):334–61.

Tai, H. C. 1989. *Confucianism and Economic Development: An Oriental Alternative?* Washington, DC: Washington Institute Press.

Tanzi, V., and H. Davoodi. 1997. Corruption, Public Investment, and Growth. IMF Working Paper No. 97/139, International Monetary Fund.

Tarschys, D. 2001. "Wealth, Values, Institutions: Trends in Government and Governance." In OECD, *Governance in the 21st Century*. Paris: Organisation for Economic Co-operation and Development.

UNDP. 2007. *Governance Indicators: A Users' Guide*. United Nations Development Programme.

_____. 2009. *Human Development Report 2009—Overcoming Barriers: Human Mobility and Development*. New York: Palgrave Macmillan.

Uslaner, E. M. 2008. *Corruption, Inequality, and the Rule of Law*. Cambridge University Press.

Weingast. B. 1993. "Constitutions as General Structures: The Political Foundations of Secure Markets." *Journal of Institutional and Theoretical Economics* 146(1):286–31.

Woolcock, M. 1998. "Social Capital and Economic Development: Toward a Theoretical Synthesis and Policy Framework." *Theory and Society* 27(2):151–208.

World Bank. 1989. *Sub-Saharan Africa—From Crisis to Sustainable Growth: A Long-term Perspective Study*. Washington, DC.

_____. 1992. *Governance and Development*. Washington, DC.

_____. 2000. *Making Transition Work for Everyone: Poverty and Inequality in Europe and Central Asia*. Washington, DC.

_____. 2007. *A Decade of Measuring the Quality of Governance—Governance Matters 2007: Worldwide Governance Indicators, 1996–2006: Annual Indicators and Underlying Data*. Washington, DC.

_____. Various years. World Development Indicators Online. Available:

http://devdata.worldbank.org/dataonline/.
World Values Survey. Various years. Online Data Analysis. Available: http://www.worldvaluessurvey.org.
You, J. S., and S. Khagram. 2005. "A Comparative Study of Inequality and Corruption." *American Sociological Review* 70:136–158.

第三部分

国别研究

第 9 章 增长、收入差距和劳动力市场：菲律宾案例

孙贤华[①]

9.1 引言

由于人口增长迅速和劳动力参与数（LFP）的大量增加，菲律宾的就业增长不足以降低失业率和非充分就业率。生产率增长乏力。1988—2000 年劳动生产率增长不到 7%，远远低于诸如印度尼西亚、韩国、马来西亚和泰国这些其他亚洲国家高达 30%—50% 的增长。来自劳动力市场就业的收入是大多数菲律宾人的主要收入来源，从而收入增长非常依赖就业和劳动生产率的增长。因此，劳动力市场在决定菲律宾人的平均收入和收入分布方面起着关键作用。

本章分析了菲律宾的经济增长和收入差距变化，并特别关注劳动力

---

① 本章基于在 2007 年 11 月 14—16 日菲律宾经济协会第 45 届年会上提交的一篇论文，该论文随后于 2008 年发表在《菲律宾经济评论》上（第 XLV 卷第（1）期，第 69—92 页），标题是《劳动力市场在解释增长和收入差距中的作用：菲律宾案例》。作者感谢那那克·喀克瓦尼和 简·卡兰加尔·圣乔斯对该论文提出的宝贵和深入的评论与建议。

市场的作用。本文提出了一种分解方法以探索增长和收入差距之间的关联，具体是通过例如 LFP、就业率、工作小时和生产率这些特征来分析。这有助于提高对劳动力市场如何影响国家经济增长和收入差距变化的理解，从而政府可以构建劳动力市场政策以促进增长并降低收入差距。

为获取数据，分析使用家庭收入和支出调查（FIES）以及国家统计办公室各年的《劳动力调查》。这两者提供了家庭和个人层面的微观记录数据。本研究使用三个时期的调查数据：1997 年、2000 年和 2003 年。

第 9. 2 节通过收入构成解释了增长。第 9. 3 节调查了各种收入构成对收入差距的影响。第 9. 4 节考察了劳动力市场关键指标的趋势。第 9. 5 节提供了增长和劳动力市场特征之间的关系。第 9. 6 节审视了劳动力市场关键指标的差距。第 9. 7 节解释了劳动收入差距。第 9. 8 节讨论了关于劳动力市场的教育话题。本章的最后一节总结全文。

9. 2　通过收入构成解释增长

家庭的人均总收入 x 可以写作几个因子收入或收入构成之和：

$$x = \sum_{j=1}^{k} x_j \tag{1}$$

其中，k 是收入构成的总个数，而 x_j 是来自第 j 个收入构成的人均收入。该分析考虑了六个收入构成：

第一，农业工资收入；

第二，非农工资收入；

第三，创业收入（来自自主创业）；

第四，国内汇款；

第五，国外汇款；

第六，其他收入（如：利息、股利、养老金、租金等）。

设 μ 是所有家庭的平均人均收入，而 μ_j 是第 j 个收入构成的人均收入，则从公式（1）可得出：

$$\mu = \sum_{j=1}^{k} \mu_j \tag{2}$$

其中，μ_j/μ 是第 j 个收入组分的占比。由于该指标表明了家庭从哪里取得收入，从而这一指标是有用的。表 9.1 显示，在 2003 年，非农工资是菲律宾最大的家庭收入来源，大约占 42%；其次是自我创业的创业收入，占 24%；国外汇款占 10%；农业工资占 3%；而国内汇款占比低于 3%。在 1997—2003 年之间，国外汇款占比显著提高，表明其已成为家庭收入的重要来源。汇款作为普通家庭的非正式安全网在 1997/1998 年亚洲金融危机期间发挥了重要作用。另一方面，自我创业的创业收入和非农工资收入的占比在同一时期分别下降了 1 个和 2 个百分点。

表 9.1　　按构成分解的年平均人均家庭收入

收入构成	人均收入（比索）			占总收入比重（百分比）		
	1997 年	2000 年	2003 年	1997 年	2000 年	2003 年
			全部家庭			
农业工资收入	761	775	939	3.2	2.8	3.1
非农工资收入	10 058	11 597	12 566	42.9	42.6	41.7
创业收入	6 097	6 664	7 185	26.0	24.5	23.9
国内汇款	502	681	809	2.1	2.5	2.7
国外汇款	1 612	2 332	3 009	6.9	8.6	10.0
其他收入	4 388	5 149	5 607	18.7	18.9	18.6
总收入	23 418	27 198	30 115	100.0	100.0	100.0
			贫困家庭			
农业工资收入	793	927	1 078	13.9	13.2	13.7
非农工资收入	1 171	1 548	1 792	20.5	22.1	22.7
创业收入	2 393	2 839	3 077	41.9	40.5	39.0
国内汇款	259	334	373	4.5	4.8	4.7
国外汇款	75	76	97	1.3	1.1	1.2
其他收入	1 019	1 287	1 473	17.8	18.4	18.7
总收入	5 710	7 012	7 889	100.0	100.0	100.0

注：其他收入包括利息、股利、租金和养老金以及社会保障收益。

资料来源：作者根据 NSO 各年的 FIES 数据的计算。

贫困家庭的情况有所不同。首先，贫困家庭的主要收入来源是自我雇佣的个体经营收入，而非工资。这表明贫困家庭主要在非正规部门工作。但是，这种收入的占比在下降。此外，国外汇款在贫困家庭总收入中的占比（2003 年为 1.2%）远低于菲律宾家庭的平均水平。不过其国内汇款占比在2003年为4.7%，高于平均水平。这些情况表明，虽然非贫困家庭比贫困家庭对汇款的依赖度高，但他们主要从国外获得汇款，而贫困家庭主要从国内获得汇款。

接下来，将分析扩展到收入增长以及每种收入构成的相对贡献。设 r 是人均总实际收入的增长率，而 r_j 是第 j 个收入构成的增长率。根据公式（2）得出：

$$r = \sum_{j=1}^{k} (\mu_j/\mu) r_j \tag{3}$$

上式表明，总收入的增长率等于所有单个收入构成增长率的加权平均数，权重是每种收入构成占总收入的比例。因此，$(\mu_j/\mu) r_j$ 这一项是第 j 个收入构成对总收入增长的贡献。为计算人均实际收入，贫困线（考虑地区生活成本差异以及价格随时间的变化）被用作缩减指数。这就涉及将人均实际收入表达为占贫困线的百分比，其中贫困线被标准化为100。这在本章也称为人均福利。

如表9.2所示，人均家庭实际总收入在1997—2003年间有所下降。正如预期，这一下降在1997—2000年的危机期间尤其显著，此时除了人均汇款以外的所有人均收入构成都出现下降。这一下降在农业工资收入和来自自我雇佣的创业收入方面表现得更加显著。另一方面，国内外汇款每年分别增长3.5%和6.2%。这些结果表明，如果没有汇款，人均总收入的下降幅度可能会大得多。汇款的增长对家庭总收入增长的正面贡献也表明了这一点。所有其他收入构成，尤其是非农工资和自我雇佣的创业收入，都是这一时期总收入缩水的原因。

1997—2003年，贫困家庭的人均家庭收入也在下降，虽然比全国平均水平下降幅度要小得多。这一下降在很大程度上是由于自我雇佣的个体经营收入的下降所致。下降的个体经营收入对总收入增长的不利影响部分被贫困家庭的非农工资收入的增长抵消。

概括起来，菲律宾家庭的收入主要来自劳动力收入，而贫困家庭更依赖来自自我雇佣的个体经营收入。虽然汇款在危机期间对收入起到缓冲作用，但国外汇款主要流向非贫困人口，而贫困人口更多地依赖国内汇款。

表9.2　人均福利、增长率和对总收入增长的贡献

收入构成	人均福利			年增长率（百分比）		对总收入增长的贡献（百分点）	
	1997年	2000年	2003年	1997—2000年	2000—2003年	1997—2000年	2000—2003年
	全部家庭						
农业工资收入	9.9	8.3	9.0	-5.2	2.7	-0.2	0.1
非农工资收入	113.1	107.0	102.8	-1.8	-1.3	-0.8	-0.5
创业收入	72.8	65.1	62.8	-3.5	-1.2	-1.0	-0.3
国内汇款	6.0	6.6	6.9	3.5	1.7	0.1	0.0
国外汇款	18.1	21.5	24.7	6.2	5.0	0.4	0.4
其他收入	50.1	48.2	46.9	-1.3	-0.9	-0.2	-0.2
总收入	270.0	256.8	253.1	-1.6	-0.5	-1.6	-0.5
	贫困家庭						
农业工资收入	10.2	9.9	10.2	-1.2	1.1	-0.2	0.2
非农工资收入	14.1	15.3	15.4	2.8	0.3	0.6	0.1
创业收入	30.4	29.2	27.9	-1.4	-1.5	-0.6	-0.6
国内汇款	3.3	3.4	3.4	1.6	-0.7	0.1	0.0
国外汇款	0.9	0.8	0.8	-5.7	3.2	-0.1	0.0
其他收入	12.9	13.3	13.5	1.1	0.4	0.2	0.1
总收入	71.9	71.9	71.2	0.0	-0.3	0.0	-0.3

注：人均福利被表示为占贫困线的百分比，其中贫困线被标准化为100。

资料来源：作者根据 NSO 各年的 FIES 数据的计算。

9.3　收入构成对收入差距的影响

菲律宾存在一个主要问题：其16个不同地区的生活条件有很大的差异，即使在地区内部，这种差异也可能非常大。而对收入差距的任何分析都应该反映这种差别。由于泰尔对收入差距的测量可以分解为地区间差距和地区内部差距，所以很适合用于分析菲律宾的收入差距（泰尔，1967年）。在本节，泰尔指数被用于解释总收入的差距如何受到各种收入构成变化的影响。

设 x 是人均家庭总收入，该变量是概率密度函数为 $f(x)$ 、均值为 μ 的随机变量，则泰尔的收入差距测量指标可以写作：

$$T = \int_0^\infty [\ln(\mu) - \ln(x)] f(x) dx \tag{4}$$

各种收入构成的增长怎样影响收入差距呢？例如，国外汇款怎样影响人均总收入的差距？如果国外汇款的增加扩大了收入差距，则汇款被认为是不利于贫困人口的，因为它们使非贫困人口受益的程度高于贫困人口。另一方面，如果国外汇款的增加缩小了收入差距，则这一收入构成被认为是有利于贫困人口的，因为它使贫困人口受益的程度高于非贫困人口。从政策观点的角度来看，了解哪些收入构成有利于穷人或不利于穷人很重要。可以通过估计各种收入构成的收入差距弹性来回答这一问题。

（4）式中的泰尔收入差距测量指标 T 关于 μ_j（来自组分 j 的平均人均收入）的弹性可以写作：

$$n_j = \frac{\mu_j}{T} \frac{\partial T}{\partial \mu_j} = \frac{1}{T} \int_0^\infty \left[\frac{\mu_j}{\mu} - \frac{X_j}{X} \right] f(x) dx \tag{5}$$

上式表明，如果 μ_j 增加 1%，则收入差距指标 T 将变化 n_j。n_j 的符号（正或负）表示第 j 个收入构成的增长是降低或是扩大人均总收入的差距。因此，如果 n_j 为负，则第 j 个收入构成有利于穷人，反之不利于穷人。容易证明 $\sum_{j=1}^{k} n_j = 0$，这表明当所有收入构成都增加 1% 时，总的收入差距不变。

表 9.3 展示了关于各种收入构成的收入差距弹性。可以导致收入差距减少的构成是农业工资收入、自我雇佣的创业收入以及国内汇款。可以扩大差距的构成是非农工资收入、国外汇款和其他收入。这些都有重要的意义。首先，农业工资收入有利于穷人，因为它使收入差距缩小。但是，由于这一构成的占比随时间降低，当其他情况不变时，经济结构的持续转型预计在未来将继续使收入差距恶化。其次，作为家庭主要生活来源的非农工资收入占比将继续增加。因此，非农工资收入在家庭总收入中占比的增加预计将是收入差距扩大的主要驱动因素。

表 9.3　　收入构成的差距弹性

收入构成和泰尔指数	1997 年	2000 年	2003 年
农业工资收入	-0.095	-0.099	-0.105
非农工资收入	0.158	0.163	0.150
创业收入	-0.128	-0.143	-0.139
国内汇款	-0.024	-0.024	-0.026
国外汇款	0.050	0.076	0.099
其他收入	0.038	0.026	0.020
总收入	0.000	0.000	0.000
泰尔指数	0.418	0.413	0.395

资料来源：作者根据 NSO 各年的 FIES 数据的计算。

正如前面提到的，国外汇款对家庭总收入增长起了重要作用。海外汇款流向非穷人的程度高于穷人，从而增加了收入差距。但是，国内汇款更多地流向穷人，因此其影响是降低收入差距。但是，国内补贴的占比不可能在近期充分提高到对收入差距有重大影响的程度。其他收入，包括来自利息、租金、养老金、股利等收益，总是被认为可能有利于富人或不利于穷人。这一类型的非劳动收入在全球化时代可能增加。自我雇佣的创业收入有利于穷人，因为很大比例的穷人在非正规部门工作，从事个体创业活动（虽然收入很低）。在经济扩张时，非正规部门可能收缩，而减少的创业收入将成为收入差距扩大的来源。

总结起来，分析表明许多因素如果不是恶化收入差距，也是可以维持这一差距。需要政府政策来抵消这些因素的影响。其中一种有效的政策是引入目标明确的现金转移计划。该计划可以采用与许多拉丁美洲国家采用的那些政策类似的条件现金转移的形式。[①] 这些现金转移计划由于其针对短期贫困并提高了穷人的人力资本而被认为是领先的社会政策工具。它们也因其关注穷人的能力、使整合不同类型的社会服务更容易以及经济划算的成效而被称赞。

---

① 拉丁美洲实施的、著名的条件现金转移计划包括墨西哥的进步计划（现称为机会计划）、巴西的奖学金计划和家庭支持计划、尼加拉瓜的社会保护红十字会计划、洪都拉斯的家庭分配项目、牙买加的医疗和教育推动进步计划，以及智利的家庭单一补贴计划（孙和弗洛伦蒂诺，2008 年）。

9.4 劳动力市场指标

正如前面提到的，菲律宾家庭平均收入主要来源于劳动力收益——超过70%，如表9.1所示。因此，劳动力市场对收入差距的增长和变化有巨大影响。本节讨论几种关键的劳动力市场指标的趋势。这些指标通常被定义为个人特征，虽然增长和收入差距测量指标是从家庭特征估计的。这样就出现一个问题，即家庭和个人的这些不同特征怎样可以联系起来。

第一步是将个人劳动力市场指标转换为家庭指标。这一步是本章对尝试将劳动力市场和增长与收入差距联系起来的研究的主要贡献。例如，可以通过用家庭中的总受雇人数除以家庭规模来得到家庭中的人均就业。2003年，整个样本的平均人均就业的计算结果是38.4%（表9.4）。这意味着，在2003年，平均而言，一个五口之家有差不多两个成员从事于劳动力市场中的某种形式的工作。

表9.4展示了有关家庭的五个劳动力市场指标：

- 人均就业（e）；
- 人均失业（u）；
- 人均劳动力（$l = e + u$）；
- 人均工作小时（h）；
- 人均名义劳动力收入：名义（x_l）和实际（x_l^*）。

使用这些指标可以导出以下定义：

- 就业率（$\frac{e}{l}$）；
- 每雇员工作小时（$\frac{h}{e}$）；
- 劳动生产率：名义的（$\frac{x_l}{h}$）和实际的（$\frac{x_l^*}{h}$）。

家庭的人均劳动力的定义是人均就业和人均失业之和；家庭中的就业率的测量方法是用人均就业除以人均劳动力；每雇员工作小时的计算方法是人均工资小时除以人均就业。

表 9.4　　　　　　　　劳动力市场指标趋势

劳动力市场指标	实际值			年增长率（百分比）	
	1997 年	2000 年	2003 年	1997—2000 年	2000—2003 年
	全部家庭				
人均就业	0.375	0.373	0.384	-0.1	0.9
人均失业	0.036	0.048	0.049	10.0	0.7
人均劳动力	0.410	0.422	0.433	0.9	0.9
人均周工作小时	15.3	16.3	16.5	2.0	0.3
人均名义劳动力收入，比索	16 916.0	19 036.0	20 689.0	3.9	2.8
人均实际劳动力收入，比索	195.8	180.4	174.6	-2.7	-1.1
就业率（百分比）	91.3	88.6	88.6	-1.0	0.0
每个雇员的工作小时	40.9	43.7	42.9	2.2	-0.6
生产率（名义），比索/小时	21.2	22.4	24.2	1.9	2.5
生产率（实际），比索/小时	0.25	0.21	0.20	-4.8	-1.4
	贫困家庭				
人均就业	0.318	0.317	0.331	-0.1	1.5
人均失业	0.024	0.031	0.035	8.2	4.4
人均劳动力	0.342	0.348	0.366	0.6	1.7
人均周工作小时	11.0	12.2	12.1	3.7	-0.4
人均名义劳动力收入，比索	4 357.0	5 314.0	5 946.0	6.6	3.7
人均实际劳动力收入，比索	54.8	54.4	53.5	-0.3	-0.5
就业率（百分比）	93.0	91.2	90.4	-0.7	-0.3
每个雇员的工作小时	34.5	38.6	36.5	3.8	-1.9
生产率（名义），比索/小时	7.7	8.4	9.5	2.9	4.1
生产率（实际），比索/小时	0.10	0.09	0.09	-4.0	-0.1

资料来源：作者根据 FIES 和 NSO 各年《劳动力调查》的计算。

此外，劳动生产率定义为人均劳动力收益除以人均工作小时。劳动生产率可以通过名义量和实际量表达。为考察劳动生产率趋势，应该对劳动力收益进行价格调整。因此，实际劳动生产率等于经价格调整的名义生产率。

表 9.4 显示了许多值得强调的要点。人均就业从 1997 年的 0.375 增加到 2003 年的 0.384，但在经济中人均劳动力增加的情况下，这不足

以降低人均失业。人均劳动力的年增长率为0.9%，而人均失业在危机期间增加了10%，并在此后又增加了近1%。因此，劳动力市场上可以获得的工作数量增长不够快，不足以吸收劳动力的新进入者的数量。对贫困家庭可以得到同样结果。

正如人们预计的，以当前价格测量的生产率一直在提高。这在很大程度上是由于人均名义劳动力收入的提高。但当人均名义劳动生产率经价格变化调整后，整个经济的平均人均实际劳动生产率在1997—2000年以及2000—2003年期间每年分别降低了4.8%和1.4%。在这两个时期，受雇的菲律宾人工作时间更长，但就其人均实际劳动收入而言反而是更糟了，因而降低了生产率。

9.5 连接增长与劳动力市场特征

本节尝试解释特定劳动力市场特征怎样影响人均实际劳动力收入。使用第9.4节的定义，平均人均实际劳动力收入的对数可以表示如下：

$$\ln(\bar{x}_l^*) = \ln(\bar{l}) + \ln(\bar{e}/\bar{l}) + \ln(\bar{h}/\bar{e}) + \ln(x_l^*/\bar{h}) \tag{6}$$

其中，变量上的横线表示所有家庭的平均值。例如，$\bar{x}_l^*$ 是平均人均实际劳动力收入。对（6）式取一阶差分得到增长率。因此，人均实际劳动力收入的增长率可以表示为以下四个因素的贡献之和：

- 平均LFP比率（或者平均人均劳动力）；
- 平均就业率；
- 每个雇员的平均工作小时；
- 平均实际劳动生产率。

表9.5中，对所有家庭（包括贫困家庭）里，这些因素的贡献进行了量化。从1997年到2000年，人均实际劳动收入以每年2.73%的速度下降，原因是严重的亚洲经济危机。哪些因素造成了这一下降呢？就业率对增长率下降贡献了1.02个百分点。虽然就业率下降，但雇员工作的小时数更多，这贡献了2.15个百分点的正增长率。在危机期间，似乎雇员必须工作更长时间，原因是其小时收益迅速下降。收入的这一下降反映在实际生产率对增长的-4.76个百分点的贡献。有趣的是，LFP比率上升对收入增长贡献了0.89个百分点。通常当劳动力市场萧

条时，许多工人，尤其是妇女，倾向于退出劳动力市场。LFP 比率的增加可能是由从劳动力市场取得的收益急剧下降造成的。

表 9.5　　解释人均实际劳动力收入的增长率（百分点）

	全部家庭		贫困家庭	
	1997—2000 年	2000—2003 年	1997—2000 年	2000—2003 年
劳动力参与	0.89	0.92	0.57	1.74
就业率	-1.02	0.02	-0.66	-0.27
每雇员工作小时	2.15	-0.63	3.79	-1.87
实际生产率	-4.76	-1.42	-3.96	-0.14
实际劳动力收入	-2.73	-1.10	-0.26	-0.53

资料来源：作者根据 FIES 和 NSO 各年《劳动力调查》的计算。

在后危机阶段，人均实际劳动力收入继续下降，但下降的步伐更慢了。就业率略微提高，同时生产率下降，但并没有危机期间那样剧烈。2000—2003 年，更多穷人进入劳动力市场。虽然穷人中 LFP 比率增加，但他们无法找到足够的工作（正如就业率对实际劳动收入的下降的贡献为负所显示的）。他们的工作小时数更少，这表明穷人严重缺乏工作机会。

1997—2003 年，菲律宾的人均劳动力收入增长缓慢。平均人均收入继续下降（尽管危机之后下降要缓慢得多）。这一下降可以归因于劳动力市场的变化，尤其是就业机会的持续缺乏以及劳动生产率的持续低水平。

9.6　劳动力市场上存在的收入差距

第 9.4 节展示了劳动力市场对菲律宾收入差距可能产生的巨大影响。泰尔指数可用于测量不同家庭在劳动力市场中的收入差距。可以对诸如 LFP 比率、人均就业、人均工作小时，以及人均劳动收入这些劳动力市场指标来计算该指数。例如，人均就业的泰尔指数由下式给出：

$$T(e) = \int [\ln(\mu_e) - \ln(e)] f(x) dx \qquad (7)$$

其中，μ_e 是平均人均就业。$T(e)$ 测量不同家庭之间的人均就业的差距。

表9.6展示了1997—2003年菲律宾劳动力市场关键指标的差异。人均劳动力收入差距比人均就业、LFP比率和人均工作小时的差距大得多。这表明，贫困和非贫困家庭之间的人均就业（以及LFP比率和工作小时数）差异不是很大，虽然人均劳动收入差距可能仍然很大。穷人和非穷人之间收入的巨大差距可以通过生产率的差别解释。非贫困家庭的劳动生产率比贫困家庭高得多。但是，解释生产率差异的因素比较复杂，已超出了本章的范围。

表9.6　　劳动力市场指标的差距（百分比）

劳动力市场指标	泰尔指数			差距的变化	
	1997年	2000年	2003年	1997—2000年	2000—2003年
	总差距				
人均就业	17.4	17.3	17.2	-0.1	-0.1
LFP比率	15.9	15.4	15.3	-0.5	-0.1
人均工作小时	31.1	33.3	31.8	2.2	-1.5
人均劳动收入	64.5	65.8	61.3	1.4	-4.5
	地区间差距解释的差距占总差距的比例				
人均就业	1.40	1.72	1.39	0.3	-0.3
LFP比率	1.41	1.62	0.90	0.2	-0.7
人均工作小时	0.92	0.69	0.43	-0.2	-0.3
人均名义劳动收入	11.54	10.70	8.75	-0.8	-2.0

LFP = 劳动力参与。

资料来源：作者根据FIES和NSO各年《劳动力调查》的计算。

表9.6还将劳动力市场中的总差异分解为两个部分，即地区间差距（已给出）和地区内差距（100 - 地区间差距）。正如该表所显示的，地区间差距可以解释1997年人均劳动收入中全部差距的11.54%。对诸如就业、LFP比率和工作小时这些其他指标，地区间收入差距对总差距的贡献小得多。

这一结果反驳了收入差距在很大程度上来自跨区域差异这一错误概念。相反，收入差距主要由每个地区内的差异解释。如图9.1所示，劳动收入差距（以泰尔指数测量）在棉兰老岛西部和伊罗戈斯地区尤其高。因此，计划减少总收入差距的政策应该满足特定地区的需要。

图 9.1　地区内的劳动力收入差距，2003 年

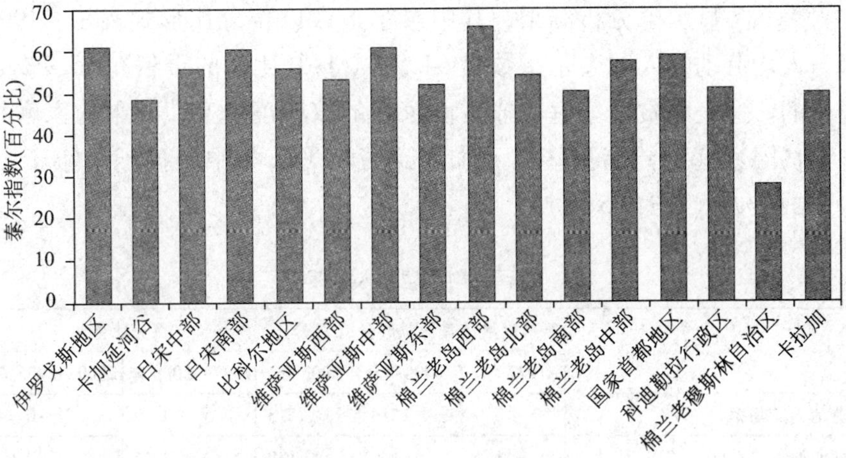

资料来源：作者根据 FIES 和 NSO 各年《劳动力调查》的计算。

9.7　解释劳动力收入的差距

本节根据特定劳动力市场特征中的变化，考察了解释人均实际劳动力收入差距的原因。使用前一节的定义，人均劳动收入的对数表示如下：

$$\ln(x_l) = \ln(l) + \ln(e/l)\ln(h/e) + \ln(x_l/h) \tag{8}$$

（6）式减去（8）式，得到：

$$\ln(\bar{x}_l) - \ln(x_l) = [\ln(\bar{l}) - \ln(l)] + [\ln(\bar{e}/\bar{l}) - \ln(e/l)] + [\ln(\bar{h}/\bar{e}) - \ln(h/e)] + [\ln(\bar{x}_l/\bar{h}) - \ln(x_l/h)] \tag{9}$$

其中，$\bar{x}_l$ 指平均人均劳动力收入，而变量上的横线表示所有家庭的平均值。将上式对所有家庭进行加总，得到：

$$T(x_l) = T(l) + [T(e) - T(l)] + [T(h) - T(e)] + [T(x_l) - T(h)] \tag{10}$$

（10）式表明人均劳动力收入的差距等于四个劳动力市场特征的贡献之和（第 9.5 节使用过）：

- $T(l) = LFP$ 比率的贡献
- $T(e) - T(l)$ = 就业率的贡献
- $T(h) - T(e)$ = 每个雇员工作小时的贡献

- $T(x_l) - T(h)$ = 每小时收益或劳动生产率的贡献

表9.7显示了分析结果，其中泰尔指数以百分比形式表示。1997年，人均劳动收入的泰尔指数是64.5%。LFP比率的贡献在15.9%是显著的。这表明贫困家庭比非贫困家庭的依赖度更高。与平均家庭相比，贫困家庭可能有更多的不加入到劳动力市场中的孩子（小于10岁）或老人（超过65岁）。

表9.7　　　　解释人均劳动收入差距

	泰尔指数及其贡献成分（百分比）			百分比变化	
	1997年	2000年	2003年	1997—2000年	2000—2003年
劳动力参与率	15.9	15.4	15.3	-0.49	-0.14
就业率	1.5	1.9	1.9	0.41	0.02
每雇员工作小时数	13.7	16.0	14.6	2.26	-1.33
生产率	33.4	32.6	29.5	-0.82	-3.06
人均实际劳动收入	64.5	65.8	61.3	1.36	-4.51

资料来源：作者根据FIES和NSO各年《劳动力调查》的计算。

可以通过增加贫困人口的LFP比率来显著降低人均劳动收入差距。就业率的贡献仅有1.5%，这意味着穷人和非穷人之间就业率的差异非常小。这表明，关注为穷人创造就业对收入差距将没有显著影响。重要的是工作的质量。对收入差距贡献最大的因素是劳动生产率，达33.4%。穷人的低生产率来自许多因素。大多数研究（如，汉森，2002年；世界银行，2007年）强调，穷人生产率低的原因是人力资本水平低（不考虑其他因素）。人力资本可能是造成穷人和非穷人之间生产率差异的重要因素。下一节将讲到这一话题。

1997—2000年，人均实际劳动收入差距提高了1.36个百分点，主要是因为就业率和工作小时差异的变化。这表明，在危机期间，贫困家庭中的就业率和工作小时下降幅度比非贫困家庭更大。在接下来的时期（2000—2003年），人均劳动收入差距下降了4.51个百分点，这在很大程度上是因为生产率差距下降（-3.06个百分点）。生产率在家庭之间变得更加平等。这与早期的发现一致，即实际生产率下降在穷人中比在全国平均水平中的下降幅度小得多。因此，穷人和非穷人之间的生产率差距在 2000—2003 年之间缩小了。

总之，研究表明菲律宾劳动力市场的收入差距在很大程度上可以归因于地区内部的差异而非跨地区差距。在各地区内部，人均收入差距显著，这主要是由劳动生产率差异造成的。与增长率类似，劳动生产率显著影响了收入差距。

9.8　教育和劳动力市场

前一节阐述了劳动收入在影响菲律宾的增长和收入差距的模式和趋势方面的重要性。通过审视国家教育体系如何对劳动力市场需求进行反馈，对劳动收入和收入差距之间关系的分析将更加完整。由于缺乏信息，目前的研究没有分析教学设施的可得性和质量。

家庭作出关于教育和工作选择的决定，所以使用微观方法来研究教育和劳动生产率以及收入之间关系是符合逻辑的。人们上学主要是为了提高收入前景和个人福利。我们知道教育带来更高收入和其他非劳动力市场益处，例如更好的营养和健康以及更好的享受休闲的能力（哈夫曼和沃尔夫，1984 年）。与教育的人力资本观点一致，更高的收益是对教育实现的更高的生产率的补偿。

菲律宾发展的独特特征是实现了非常高的就学率。表 9.8 展示了 1997—2003 年期间所有家庭（包括贫困家庭）按教育水平和性别划分的人均就业。在这一时期，接受过中等和高等教育的人均受雇家庭成员数增加，而只接受过初等教育的人数下降。但是，贫困家庭几乎 70% 的雇员只接受了初等教育。按性别划分，女性中接受了中等和高等教育的人均受雇家庭成员数的增加高于男性，尤其是在贫困家庭。结果，这些教育水平的就业率性别差距在一定程度上缩小了，虽然它仍然较高（有利于男性成员）。

关于男性和女性按教育水平的可雇性（定义为在给定受教育程度的情况下被雇用的概率）的差异仍然有一个问题。一般来说，人们预计可雇性会随着受教育程度的提高而增加。实际上，表 9.9 反映了所有家庭都符合这一模式。例如，1997 年，只接受过初等教育的人的可雇性是 47.8%，接受过中等教育的人的可雇性提高到 48.9%，而接受过

表 9.8　　　　按教育和性别划分的人均家庭就业

教育水平和性别	人均就业			年增长率	
	1997 年	2000 年	2003 年	1997—2000 年	2000—2003 年
	全部家庭				
初等教育	16.5	15.2	15.0	-2.9	-0.3
男性	10.9	9.8	9.9	-3.4	0.4
女性	5.7	5.4	5.1	-2.0	-1.6
中等教育	12.5	13.1	14.1	1.7	2.5
男性	8.2	8.5	9.1	1.0	2.3
女性	4.3	4.6	5.1	2.9	2.8
高等教育	8.5	9.1	9.3	2.3	0.7
男性	4.5	4.8	4.9	1.7	0.8
女性	3.9	4.3	4.4	2.9	0.6
合计	37.5	37.3	38.4	-0.1	0.9
男性	23.6	23.0	23.9	-0.8	1.2
女性	13.9	14.3	14.6	1.0	0.6
	贫困家庭				
初等教育	23.0	21.3	22.6	-2.5	1.9
男性	16.1	14.8	15.7	-2.7	1.8
女性	6.9	6.5	6.9	-2.0	1.9
中等教育	7.8	9.1	9.3	5.1	0.6
男性	5.2	6.3	6.3	6.2	0.0
女性	2.6	2.8	3.0	3.0	2.0
高等教育	1.0	1.3	1.3	9.0	1.0
男性	0.7	0.8	0.8	6.4	-1.2
女性	0.3	0.5	0.5	14.2	4.6
合计	31.8	31.7	33.1	-0.1	1.5
男性	22.0	21.9	22.7	-0.1	1.2
女性	9.8	9.8	10.4	-0.0	2.1

资料来源：作者根据 FIES 和 NSO 各年《劳动力调查》的计算。

高等教育的人的可雇性是 56.6%。但是，对贫困家庭而言，这一模式只在 2003 年出现，在 1997 年和 2000 年没有出现。①

① 一种可能的解释是"怯志工作者效应"，即找工作中失败的经历增加了工作者立即和在随后年份中退出劳动力市场的可能性。

表9.9 按教育和性别划分的就业能力（百分比）

教育水平和性别	1997年	2000年	2003年
		全部家庭	
初等教育	47.8	45.4	34.3
男性	61.5	57.5	43.6
女性	33.6	32.8	24.3
中等教育	48.9	48.1	49.8
男性	64.0	60.9	63.9
女性	33.6	34.8	35.7
高等教育	56.6	54.3	56.8
男性	64.5	61.0	64.1
女性	49.6	48.4	50.4
		贫困家庭	
初等教育	50.2	47.4	36.0
男性	65.8	62.2	47.2
女性	32.3	30.7	23.4
中等教育	47.6	47.0	48.1
男性	67.7	65.4	67.9
女性	29.8	29.0	30.0
高等教育	43.3	44.0	52.1
男性	67.5	63.2	69.3
女性	24.0	28.5	37.9

资料来源：作者根据FIES和NSO各年《劳动力调查》的计算。

表9.9还说明了以下几点。第一，无论其受教育程度如何，贫困家庭的男性成员比全部家庭的男性成员的可雇性高得多。这与穷人不能经受失业这一观点一致。第二，女性的可雇性比男性低得多，在所有教育程度上都是如此。但是，男女之间的这种差距在接受过大学教育的人当中要小得多。第三，平均起来，接受过高等教育的全部女性中差不多50%没有被正式雇用，而贫困家庭的这一数字超过了60%—70%，尽管属于贫困家庭的接受过高等教育的女性的可雇性在1997—2003年之间提高了。第四，有趣的是，只接受过初等教育的人的可雇性急剧下降，而接受过中等教育和高等教育的人的可雇性提

高了。

最后一点有两种可能的解释。一种是，相对于只有初等教育学历的劳动力，劳动力市场中对具备中等和高等教育学历的劳动力的需求增加了。另一种是，低生产率工作由受教育程度更高的劳动力获得了。前几节强调的受教育的工人的劳动生产率下降这一发现似乎支持第二种解释。如表9.8所示，人均就业在1997—2003年之间保持基本恒定。这意味着就业仅仅随着人口增长而增加。因此，如果劳动生产率没有提高，预计人均实际劳动收入增长将陷入停滞。为实现增长，劳动生产率必须提高。

劳动生产率随部门和性别而不同。表9.10显示了1997—2003年之间按部门和性别划分的人均家庭就业。农业部门中，雇用的家庭成员比例下降了；在工业部门，基本不变；在服务业部门，比例增加了。这显示了一种结构性的变化，即劳动力从农业部门向服务业部门转移。总体而言，2003年大约48%的受雇劳动力就职于服务业部门。这一时期，服务业部门的女性家庭成员就业显著增加。受雇于金融、保险和房地产行业的女大学毕业生的比例随时间而提高的这一观点支持了我们的结论(奥比塔，2002年)。

表9.10　按部门和性别划分的人均家庭就业（百分比）

部门和性别	人均就业			年增长率	
	1997年	2000年	2003年	1997—2000年	2000—2003年
	全部家庭				
农业	14.7	13.8	14	-2.2	0.5
男性	10.9	10.4	10.6	-1.6	0.6
女性	3.8	3.4	3.4	-3.8	0.2
工业	6.3	6.1	6.1	-1.0	0.0
男性	4.5	4.3	4.4	-2.0	0.6
女性	1.8	1.9	1.8	1.3	-1.4
服务业	16.4	17.4	18.3	1.9	1.6
男性	8.1	8.3	8.9	0.9	2.2
女性	8.3	9.1	9.4	2.9	1.1
合计	37.5	37.3	38.4	-0.1	0.9

续表

部门和性别	人均就业			年增长率	
	1997 年	2000 年	2003 年	1997—2000 年	2000—2003 年
	贫困家庭				
农业	23.2	21.8	23.1	-2.1	1.9
男性	17.1	16.5	17.2	-1.2	1.5
女性	6.1	5.3	5.9	-4.6	3.4
工业	3.1	3.4	3.4	3.1	-0.3
男性	2.3	2.4	2.4	1.9	-0.5
女性	0.8	1.0	1.0	6.3	0.2
服务业	5.5	6.5	6.7	5.7	0.8
男性	2.6	3.0	3.1	4.8	1.2
女性	2.9	3.5	3.5	6.5	0.4
合计	31.8	31.7	33.1	-0.1	1.5

资料来源：作者根据 FIES 和 NSO 各年《劳动力调查》的计算。

这些发现清楚地表明，工作年龄的人口越来越多地在服务业部门工作。虽然服务业部门可能创造更多地工作，但工作的质量对在劳动力市场中的收入非常重要，例如，不仅出租车司机属于服务业部门，律师和医生也属于。

9.9　结论

本章分析了菲律宾的经济增长和收入差距，关注的焦点是劳动力市场发挥的作用。从 1997 年、2000 年和 2003 年的家庭收入和支出调查以及劳动力调查，我们发现菲律宾家庭主要从劳动力就业中取得收入，其中贫困人口更多地依赖来自在非正规部门中的自我雇佣的收入。

对关于不同收入构成的收入差距弹性的估计表明农业工资收入和来自自我雇佣的收益降低了收入差距，而非农业工资收入扩大了这一差距。此外，两个调查覆盖的家庭的平均人均实际劳动收入在 1997—2000 年每年下降 2.73%，在 2000—2003 年每年下降 1.1%。将下降分解为 LFP 比率、就业率、每雇员工作小时数以及实际劳动生产率（以小时劳动收益测量）的变化，我们发现实际劳动生产率的下降是最重要的贡献因素。

为调查劳动力市场状况如何影响收入差距，通过泰尔指数测量人均劳动力收入的差距并将该差距分解为各种贡献因素。结果发现，人均劳动收入差距大并且在很大程度上是由个人之间劳动生产率差别引起的，这一结果与关于劳动力收入增长的决定因素的发现类似。因此，为缩小收入差距，重要的不仅是为贫困人口创造就业，还包括创造生产率高的或体面的工作机会。

菲律宾糟糕的劳动生产率表现使人困惑，因为近年来合格劳动力规模迅速扩大而劳动力的教育水平也在提高。[①] 研究发现，受教育程度是劳动力市场中可雇性的重要决定因素。1997—2003 年，只有初等教育文凭的劳动力的可雇性急剧下降，但接受过中等或高等教育的劳动力的可雇性提高了。这可能表明受教育程度更高的劳动者从受教育程度低的劳动者中取得了工作，从而使受教育程度高的和熟练的劳动者的工资和劳动生产率下降。这也表明了在技能集合中存在劳动力需求和供给之间的不匹配。

本研究还发现了一种结构性的变化，即劳动力从农业部门向服务业部门转移。虽然受雇于农业的人口比例下降了，但在工业部门基本不变，而在服务业部门增加了。在服务业部门，女性劳动者就业人数在这一时期显著增加。该发现支持了这一观点，即受雇于金融、保险和房地产行业的女大学毕业生占比随着时间而有所提高。

因此，为加速和维持经济增长，政府不仅需要支持创造更多的高生产率的工作机会，还需要考虑劳动力不匹配问题。扩大劳动力的总供给可能不足以解决劳动生产率下降问题，而这一问题使经济增长减速。从政策视角来看，不仅仅要做到教育普及，因为需要增加合适的技能类型的供给。为实现这一点，雇主、个人和政策制定者需要关于不同资格的实际劳动力的市场价值的强有力的最新信息，以帮助他们梳理越来越复杂的教育体系并作出最优投资决策。

---

① 不幸的是，菲律宾的教育质量落后于该地区其他经济体。例如，数学和科学的平均分数比中国香港、中国内地、印度尼西亚、马来西亚和泰国要低得多（世界银行，2005 年）。

参考文献

Hanson, J. 2002. "Human Capital and Direct Investment in Poor Countries." *Explorations in Economic History* 33(1):86–106.

Haveman, R., and B. Wolfe. 1984. "Schooling and Economic Well-Being: The Role of Nonmarket Effects." *Journal of Human Resources* XIX(3):377–407.

Lin, J. Y., J. Zhuang, M. Tang, and T. Lin. 2008. "Inclusive Growth toward a Harmonious Society in the People's Republic of China: An Overview." *Asian Development Review* 25(1,2):1–14.

NSO. Various years. Family Income and Expenditure Survey. National Statistics Office. Manila. Available: www.census.gov.ph/.

_____. Various years. Labor Force Survey. Manila. Available: www.census.gov.ph/.

Orbeta, A. 2002. "Education, Labor Market and Development: A Review of the Trends and Issues in the Past 25 Years." Paper prepared for the symposium series on perspective papers for the 25th anniversary of the Philippine Institute for Development Studies, Makati City.

Son, H. H., and J. Florentino. 2008. Ex-ante Impact Evaluation of Conditional Cash Transfer Program on School Attendance and Poverty: The Case of the Philippines. ADB Economics Working Paper No. 142, Asian Development Bank, Manila.

Theil, H. 1967. *Economics and Information Theory*. Amsterdam: North-Holland.

World Bank. 2005. *The Philippines: Towards a Better Investment Climate for Growth and Productivity*. Washington, DC.

_____. 2007. *World Development Report 2007: Development and the Next Generation*. Washington, DC.

第 10 章 尼泊尔的贫穷与不平等情况：实证分析

新见洋子

10.1 引言

对于尼泊尔来说，虽然国内政局动荡，但 1995—1996 年和 2003—2004 年在削减贫困方面已经取得了显著进步。然而，贫困发生率仍然居高不下（2003—2004 年约 31%），不平等现象在这一期间也呈现上升趋势。以基尼系数来衡量，不平等从 1995—1996 年的约 34.2 攀升至 2003—2004 年的约 41.4，其中尼泊尔是南亚地区基尼系数最高的国家。这种趋势似乎表明，尼泊尔最近的经济增长呈现出有限的包容性。鉴于贫困与不平等被视为导致最近国内矛盾最重要的推动因素，那么，为被排斥群体提供更多经济机会的新型增长战略显得尤为重要。

包容性增长不仅催生出经济机会，还能确保人人平等地获取经济机会。因此，无论个人情况怎样，当所有社会成员都参与其中并作出贡献，且在平等的基础上从增长过程当中受益时，增长即可视为具有包容性（阿里和庄，2007 年）。该问题对尼泊尔尤其重要。在该国，社会排

斥仍然是经济发展的重大障碍（世界银行和英国国际发展部，2006 年）

本章侧重于对尼泊尔最近经济增长的包容性进行评估，并对 1995—1996 年和 2003—2004 年帮助某些群体的尼泊尔住户摆脱贫困的各种因素进行了审视。该分析的结果将对于政策制定者规划出增强增长的包容性和削减贫困的各项措施大有裨益。该实证分析基于 1995—1996 年和 2003—2004 年开展的尼泊尔生活水平调查所提供的数据，分别为尼泊尔生活水平调查 I（NLSS I）和尼泊尔生活水平调查 II（NLSS II）。

第 10.2 节对尼泊尔的贫困与不平等情况的最近趋势进行了简要概述，旨在对该国最近经济增长的包容性进行阐释。此外，还对诸如教育差异、地理位置以及种族/等级等因素对总体不平等所产生的影响以及这些因素如何随着时间的变化而变化进行了评估。第 10.3 节展示了实证分析的结果，其对全章内容做了总结性评论。

10.2　贫困与不平等的最近趋势

与南亚其他国家相比，尼泊尔在过去 10 年间的经济增长并不显著。2001—2006 年，尼泊尔国内生产总值的年均增长率约为 2.9%，而南亚其他国家的这一比率约为 6%—7%。人均水平上的增长则更加令人失望——同一时期，实际人均收入的年均增长率仅约 0.6%。根据国际标准，尼泊尔的减贫增长弹性也相对比较低（中央统计局等，2006 年）。尼泊尔全国的减贫增长弹性估计为 -2（拉瓦雷，2001 年），而基于人均消费数据，弹性约为 -0.6，这表明人均消费每增长一个百分点，贫困人口的减少仅为 0.6 个百分点（中央统计局等，2006 年）。这种现象对尼泊尔最近的经济增长的包容性提出了质疑。然而，尼泊尔在削减贫困方面仍然取得了一定程度的进步。根据 NLSS I 和 NLSS II 提供的数据，贫困发生率从 1995—1996 年的约 42% 降至 2003—2004 年的约 31%，年均减贫率为 1.4%。

审视经济增长的包容性的另一种方式是，从更细分的层面上来审视减贫措施的趋势。首先，尼泊尔是一个种族多元化的国家，其包含超过 59 个主要种族群体，而深深植根于尼泊尔社会当中的印度教种姓制度又使其社会文化更加复杂。此外，尼泊尔的地理情况复杂，通常是按照各地区的生态特征（山区、丘陵以及特莱地区）来划分国家的各个地区，共分为五个发展区（东部、中部、西部、中西部以及远西部地区）。表10.1描述了从这些不同维度上显示出来的贫困人口的比例变化。

表10.1　尼泊尔的贫困人口比例（百分比），1995—1996年和2003—2004年

	贫困人口比例（百分比）			贫困人口分布（百分比）		
	1995—1996年	2003—2004年	变化	1995—1996年	2003—2004年	变化
城市	21.6	9.6	-56	3.6	4.7	31
农村	43.3	34.6	-20	96.4	95.3	-1
尼泊尔生活水平调查区域						
加德满都	4.3	3.3	-23	0.3	0.6	100
其他城市	31.6	13.0	-59	3.3	4.1	24
西部丘陵农村	55.0	37.4	-32	32.7	23.6	-28
东部丘陵农村	36.1	42.9	19	19.4	29.4	52
特莱西部农村	46.1	38.1	-17	18.4	18.9	3
特莱东部农村	37.2	24.9	-33	25.9	23.5	-9
发展区域						
东部	38.9	29.3	-25	21.0	23.4	11
中部	32.5	27.1	-17	26.9	32.2	20
西部	38.6	27.1	-30	18.7	16.7	-11
中西部	59.9	44.8	-25	18.5	17.7	-4
远西部	63.9	41.0	-36	14.8	9.9	-33
生态安全带						
山区	57.0	32.6	-43	10.7	7.5	-30
丘陵	40.7	34.5	-15	41.9	47.1	12
特莱地区	40.3	27.6	-32	47.4	45.4	-4
种族/等级						
婆罗门/刹帝利	34.1	18.4	-46	26.7	15.7	-41
特莱中间等级	28.7	21.3	-26	2.9	1.9	-34
达利特	57.8	45.5	-21	10.6	10.9	3
尼瓦尔	19.3	14.0	-28	2.5	3.4	36
伽那嘉第丘陵	48.7	44.0	-10	19.7	27.8	41
特莱伽那嘉第	53.4	35.4	-34	10.4	9.2	-12
穆斯林	43.7	41.3	-6	5.7	8.7	53
其他少数民族	46.1	31.3	-32	21.4	22.3	4
尼泊尔	41.8	30.8	-26	100	100.0	—

资料来源：中央统计局等（2006年）。

表10.1清晰地阐释了按地理分布和种族/等级划分的贫困发生率及其下降比例。例如，1995—1996年和2003—2004年，城市地区的贫困人口比例下降了一半以上，而农村地区仅下降了20%。据此，农村地区有约35%的人口在2003—2004年仍处于贫困线以下。在城市地区（除加德满都），削减贫困的程度尤其显著。就农村地区而言，特莱东部农村地区和西部丘陵农村地区的贫困率下降得最多，分别约33%和32%。而东部丘陵农村地区的贫困率在过去八年中上升了19%。结果，在2003—2004年，多达43%的居住在东部丘陵的人口尚未脱离贫困，占全国贫困人口（约29%）最大的比例。

而在另一方面，位于发展区域和生态安全带内较贫困的区域，称为远西部地区和山区，在削减贫困方面的成就最显著。但是，按等级/种族群体的贫困率下降的变化情况来看，很明显，婆罗门/刹帝利在尼泊尔一般被视为特权群体，其在1995—1996年和2003—2004年的贫困削减幅度最大。而就达利特、伽那嘉第丘陵以及穆斯林等弱势群体而言，贫困率的削减幅度最小。这些变化都一致表明，尼泊尔的某些群体存在经济排斥现象。然而，还应该注意，尽管婆罗门/刹帝利被视为特权阶级，但在2003—2004年，仍有18%的人口挣扎在贫困线上。虽然说贫困人口在国家总人口中的比例比较大（约占26%），但在同年仍有16%的人口来自于婆罗门/刹帝利（见表10.1）。这一现象也强调了这样的事实，即人们的贫困并非由于社会排斥，而是使某些群体的住户处于贫困状态的其他因素。

增长发生率曲线（描述每个百分位上人均消费分配的年均增长率）也表明即使在1995—1996年和2003—2004年所有百分位人群的人均消费都有所增长，那么当消费分配达到较高水平时，增长率也会更高（见图10.1）。因此，这一时期的不平等情况有所加剧，就不足为奇了。

表10.2显示的是基于人均消费性支出基础之上的各种不平等计量。例如，基尼系数在1995—1996年和2003—2004年从34.2上升至41.4。不平等的增长也可以通过劳伦茨曲线得到阐释（见图10.2）。虽然农村地区和城市地区的不平等情况都有所加剧，但农村地区的情况更为明显（见表10.2）。

图 10.1　增长发生率曲线，1995—1996 年和 2003—2004 年

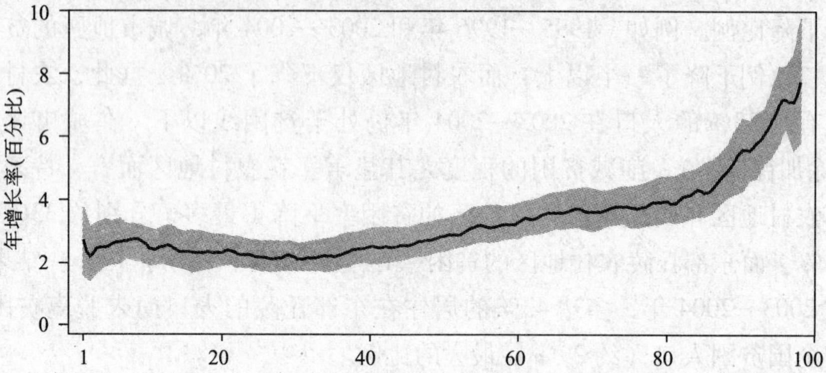

资料来源：基于尼泊尔生活水平调查 I 和 II 的计算。

表 10.2　人均消费性支出的不平等（百分比），1995—1996 年和 2003—2004 年

	广义熵指数（0）	广义熵指数（1）	广义熵指数（2）	基尼系数
尼泊尔				
1995—1996 年	19.0	21.8	32.7	34.2
2003—2004 年	27.9	33.7	57.6	41.4
百分比变化	46.8	54.6	76.1	21.1
城市				
1995—1996 年	31.9	30.5	37.7	42.6
2003—2004 年	32.3	32.0	41.0	43.6
百分比变化	1.3	4.9	8.8	2.3
农村				
1995—1996 年	15.4	17.0	23.1	30.8
2003—2004 年	19.9	24.1	42.0	34.9
百分比变化	29.2	41.8	81.8	13.3

资料来源：基于尼泊尔生活水平调查 I 和 II 的计算。

表 10.2 中的前三列显示的是不平等的另一个计量方法——广义熵指数（GE）。[①] 根据所使用的参数（如括号中的数字），该指数对处于分配的不同部分的消费性支出差异的敏感性随之也发生变化。具体来

① 参见本书第 2 章专栏 2.1 对于该指数的简要说明。

图 10.2　人均消费性支出的劳伦茨曲线（百分比），1995—1996 年和 2003—2004 年

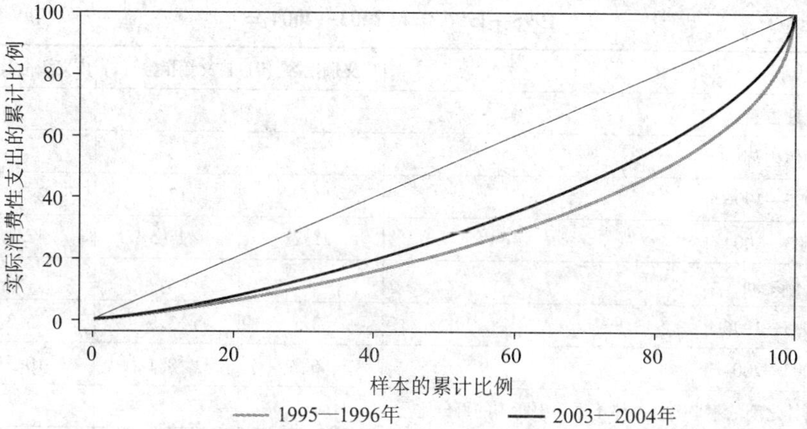

资料来源：基于尼泊尔生活水平调查 I 和 II 的计算。

说，参数的值越低，则指数对于处于分配低端的差异越敏感；参数的值越高，则指数对于处于分配高端的差异越敏感。将这三个广义熵指数的百分比变化进行对比发现，总体不平等的增长实际上受到位于人均消费性支出分配的上端尾部的不平等所驱动，包括城市地区和农村地区。

表 10.3 为我们展示的是 1995—1996 年和 2003—2004 年按地理位置、种族/等级、以及户主的受教育水平和职业情况对不平等的解析。从全部维度上看，在这一时期不同群体之间的不平等所占的比例都有所上升。其中，以户主职业这一维度上的增长最快。这似乎反映出在 1995—1996 年和 2003—2004 年由于技能奖金的明显提高，不同职业之间的工资差异也在逐渐扩大（中央统计局等，2006 年）。尽管如此，在地理位置和户主的受教育水平这两个维度上的不同群体之间的不平等对整体不平等的影响相对比较大，尤其是处于消费性支出分配的低、中范围时（如，广义熵为［0］与广义熵为［1］时），在后一时期所占的比例约为 24%—25%。至于种族/等级，尽管与其他维度相比，不同群体之间的不平等在整体不平等中所占比例比较小，但在分配的较低和中间部分比在较上部分中所占的比例大得多。

目前所做的几项观察已经对尼泊尔最近经济增长的有限包容性进行了阐释，其表明，在获取经济机会方面存在不平等。社会各个部门平等获得机会的意义在于其内在价值和工具性作用。内在价值是基于这样一

表 10.3　对人均消费性支出不平等的解析（百分比），1995—1996 年和 2003—2004 年

	广义熵指数（0）	广义熵指数（1）	广义熵指数（2）
地理位置			
群体内部			
1995—1996 年	15.9	17.9	27.4
2003—2004 年	21.2	25.5	47.1
群体之间			
1995—1996 年	3.1	3.9	5.3
2003—2004 年	6.7	8.1	10.5
群体之间的不平等在整体不平等中所占的百分比			
1995—1996 年	16.2	17.9	16.2
2003—2004 年	24.1	24.2	18.2
种族/等级			
群体内部			
1995—1996 年	16.8	19.5	30.2
2003—2004 年	23.7	29.2	52.6
群体之间			
1995—1996 年	2.2	2.3	2.5
2003—2004 年	4.1	4.5	5.0
群体之间的不平等在整体不平等中所占的百分比			
1995—1996 年	11.4	10.5	7.6
2003—2004 年	14.8	13.3	8.7
户主的受教育水平			
群体内部			
1995—1996 年	15.8	18.1	28.1
2003—2004 年	21.0	25.3	46.4
群体之间			
1995—1996 年	3.2	3.7	4.6
2003—2004 年	6.8	8.3	11.2
群体之间的不平等在整体不平等中所占的百分比			
1995—1996 年	16.9	17.2	14.0
2003—2004 年	24.5	24.8	19.4

续表

	广义熵指数（0）	广义熵指数（1）	广义熵指数（2）
户主的职业			
群体内部			
1995—1996 年	17.1	19.8	30.5
2003—2004 年	22.8	27.9	50.9
群体之间			
1995—1996 年	1.9	2.0	2.2
2003—2004 年	5.1	5.7	6.7
群体之间的不平等在整体不平等中所占的百分比			
1995—1996 年	10.0	9.3	6.7
2003—2004 年	18.3	17.0	11.7

注：地理位置是基于 NLSS 地区的基础之上进行的计算（见表 10.1）。

资料来源：基于尼泊尔生活水平调查 I 和 II 的计算。

种信仰，即机会人人平等是一项基本人权，从这个角度上来说，任何差别对待个人的行为都是不道德和有悖常理的。工具性作用则表明，获得机会方面的不平等大大扼制了经济增长的潜力和可持续性，因为这种不平等将导致人力资源和物质资源得不到充分利用，从而降低制度和政策的质量，削弱社会凝聚力并加剧社会冲突（阿里和庄，2007 年）。诚然，最近一项研究表明，如果在 1995—1996 年和 2003—2004 年尼泊尔的不平等情况没有加剧，那么在经济增长保持同样水平的情况下，贫困率将会下降 13 个百分点以上（中央统计局等，2006 年）。众所周知，贫困和不平等是导致尼泊尔国内最近频繁发生冲突的主要原因，因此，制定一项为被排斥群体提供更多经济机会的新型增长战略至关重要。

为了帮助政策制定者规划出旨在增强经济增长的包容性与削减贫困的有效措施，本章的其余内容将就 1995—1996 年和 2003—2004 年有助于某些群体的住户摆脱贫困的主要原因进行探讨。

10.3　对于动态贫困的决定因素的实证分析

为了找出观察到的动态贫困背后所隐藏的可能因素，将多项 logit

模型（MNL）应用于尼泊尔生活水平调查数据的看板组成部分。[①] 表 10.4 阐释了 1995—1996 年和 2003—2004 年尼泊尔住户贫困状态的变化。

表 10.4　贫困转移矩阵（百分比），1995—1996 年和 2003—2004 年

		2003—2004 年		
		贫困人口	非贫困人口	总人口
1995—1996 年	贫困人口	18.4	20.4	38.8
	非贫困人口	13.6	47.6	61.2
	总人口	32.0	68.0	100.0

资料来源：基于尼泊尔生活水平调查 I 和 II 的计算。

该矩阵表明，大约 47.6% 的住户在这两个时期处于非贫困状态，而约 20.4% 的住户在此期间脱离了贫困。相比之下，仍有约 18.4% 的住户在这两个时期处于贫困状态，而约 13.6% 的户主在 2003—2004 年处于贫困状态。而根据图 10.3，按地区来区分动态贫困中的差异，在中西部和远西部地区，相当多的住户在这两个时期都处于贫困状态，与其他地区相比，在 2003—2004 年脱离贫困的住户所占的比例也比较大。而就种族/等级而言，不出所料，特权人口所占的比例比较大（如婆罗门/刹帝利、特莱中间阶层以及尼瓦尔人口），在这两个时期都属于非贫困人口（见图 10.4）。在 2003—2004 年摆脱贫困的住户所占的百分比中，达利特排在倒数第二位，尼瓦尔排在最末，即使尼瓦尔所占比例为 19.3%（见表 10.1）相比，1995—1996 年达利特的贫困发生率为 57.8%，排在第一位。这些数字清晰地说明，最近的经济增长并没有使尼泊尔的广大住户均衡受益。

10.3.1　估计模式：解释变量

根据多项 logit 模型，当前的研究找出了有助于住户在 1995—1996 年和 2003—2004 年摆脱贫困的主要原因，因此，因变量是住户贫困状态的变化，具体是指：（1）在两段时期都处于贫困状态（P→P）；（2）在

① 要了解所使用的数据与估计方法论，请参阅附录中的简要说明。

图 10.3　按地区来划分的动态贫困（百分比），1995—1996 年和 2003—2004 年

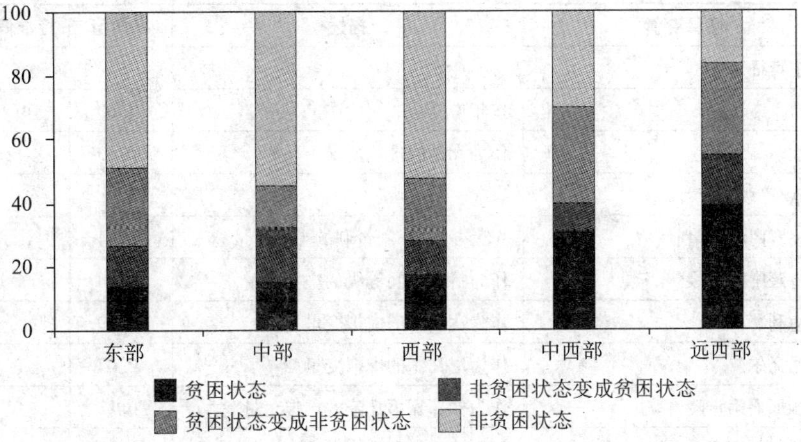

资料来源：基于尼泊尔生活水平调查 I 和 II 的计算。

图 10.4　按种族/等级划分的动态贫困（百分比），1995—1996 年和 2003—2004 年

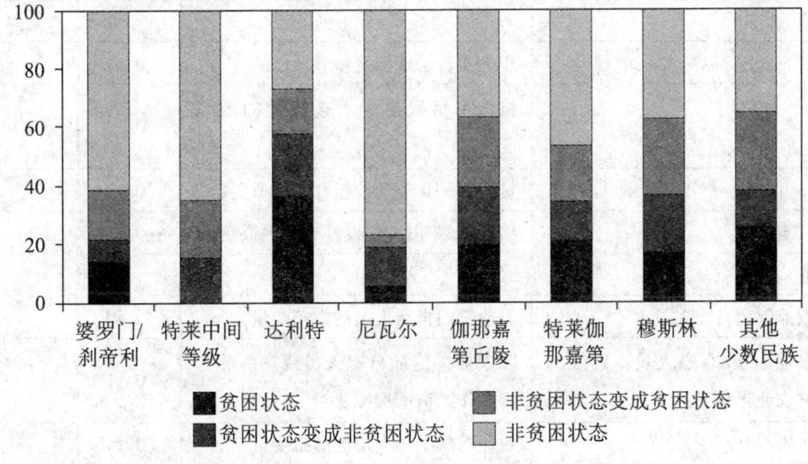

资料来源：基于尼泊尔生活水平调查 I 和 II 的计算。

1995—1996 年为非贫困状态，而在 2003—2004 年变成贫困状态（NP→P）；（3）1995—1996 年为贫困状态，而到 2003—2004 年变成非贫困状态（P→NP）；（4）在两个时期都为非贫困状态（NP→NP）。实证模式中所包含的解释变量如表 10.5 所示。初始值，如 1995—1996 年的初始值，用作解释变量，以避免产生内生性问题。

表 10.5　　　　解释变量

解释变量	描述	平均值	标准偏差
户主特征			
年龄	按年份	44.00	14.23
女性	作为女性的虚拟变量	0.13	
种族/等级			
婆罗门/刹帝利	作为婆罗门/刹帝利的虚拟变量	0.34	
特莱中间等级	作为特莱中间等级的虚拟变量	0.06	
达利特	作为达利特的虚拟变量	0.09	
尼瓦尔	作为尼瓦尔的虚拟变量	0.07	
伽那嘉第丘陵	作为伽那嘉第丘陵的虚拟变量	0.13	
特莱伽那嘉第	作为特莱伽那嘉第的虚拟变量	0.07	
穆斯林	作为穆斯林的虚拟变量	0.04	
其他少数民族	作为其他少数民族的虚拟变量	0.20	
教育			
文盲	作为文盲的虚拟变量	0.61	
4 年或更少	接受 4 年或更少学校教育的虚拟变量	0.15	
5—10 年	接受 5—10 年学校教育的虚拟变量	0.12	
11 年以上	接受 11 年以上学校教育的虚拟变量	0.12	
职业			
农业部门自雇人员	农业部门自雇人员的虚拟变量	0.59	
自雇人员/有酬人员：熟练的非农业工作人员	非农业部门的自雇人员或熟练的有酬工作人员的虚拟变量	0.11	
工资/农业	农业有酬工作人员的虚拟变量	0.14	
有酬人员：非熟练的非农业工作人员	非农业部门的不熟练的有酬工作人员的虚拟变量	0.10	
非劳动力/失业	非劳动力/失业的虚拟变量	0.06	
慢性病	作为慢性病的虚拟变量	0.16	
住户特征			
住户规模	住户成员的总数	5.77	2.66
年龄为 0—6 岁的儿童所占的比例	年龄为 0—6 岁的儿童的数目与住户总规模之间的比例	0.19	0.18

续表

解释变量	描述	平均值	标准偏差
获得土地			
拥有土地	拥有农业土地的虚拟变量	0.86	
灌溉土地的面积	灌溉土地的规模（公顷）	0.34	1.12
获得资金支持			
贷款	在过去 12 个月当中有贷款的虚拟变量	0.64	
汇款			
无汇款	在过去 12 个月当中未收到任何汇款的虚拟变量	0.77	
收到国内汇款	在过去 12 个月当中收到国内汇款的虚拟变量	0.11	
收到国际汇款*	在过去 12 个月当中收到国际汇款的虚拟变量	0.12	
距离			
到达柏油路	15 分钟内能够到达柏油路的虚拟变量	0.13	
地理位置			
农村	生活在农村地区的虚拟变量	0.94	
发展地区			
东部地区	生活在东部地区的虚拟变量	0.27	
中部地区	生活在中部地区的虚拟变量	0.34	
西部地区	生活在西部地区的虚拟变量	0.22	
中西部地区	生活在中西部地区的虚拟变量	0.12	
远西部地区	生活在远西部地区的虚拟变量	0.06	

* 如果既获得国内汇款，也获得国际汇款，则该变量对于该住户为 1。

资料来源：尼泊尔生活水平调查 I。

户主的一组特征——年龄、性别、种族、受教育水平、职业以及是否患有慢性病——包含在回归分析当中。如果将某种族/等级群体由于观察到的经济原因从描述性统计当中排除在外（如，表 10.1 和图 10.4），我们认为，在诸如教育程度和获得土地方面等其他因素保持不变的情况下，某些群体将比其他群体拥有更好的摆脱贫困的机会。然而，更高的受教育程度预计会提高了摆脱贫困的概率。如果不同职业之间工资水平呈现差异（见表10.7），我们认为，每种职业对住户摆脱贫困所产生的影响的程度也各不相同。

该分析中还包括有关住户结构的变量，即住户成员的总数目与年龄为0—6岁的儿童在住户中所占的比例。此外，该分析中还包括表示住户获得土地、贷款以及汇款等情况的变量。在尼泊尔，土地所有权不仅仅是一项生产性资产，而且也可视为社会经济状态的一种广义指标。例如，可以将土地所有权视为获得公民资质或获取公共服务的一项要求（中央统计局等，2006年）。因此，拥有土地的住户可能拥有摆脱贫困的更好的机会。就实现灌溉以及土地面积所具有的重要意义而言，预计住户所拥有的灌溉土地的面积为正系数。此外，获得金融服务通常对于帮助住户摆脱贫困也起着关键作用，就帮助的形式而言，其一是通过使住户从消费平滑中受益，其二是通过使住户管理风险。这样，预计获得贷款为正系数。而就各种汇款而言，已经成为尼泊尔的众多住户日益增长的收入来源，而这种增长是由过去10年当中尼泊尔国内人口流动和国际人口流动的显著增加所引起的。为了表现各种汇款对住户福利所产生的可能影响，还应该存在一个表现住户是否收到国内或国际汇款的变量。

最后一组变量表现住户所处的地理位置和距离的远近程度。尼泊尔地理形势复杂，住户所处位置可能影响其获得摆脱贫困的机会。因此，回归分析当中包括多项区域虚拟变量。就地理位置而言，距离遥远是一个非常棘手的问题。根据NLSS I提供的数据，法芙卡姆斯和希尔皮（2008年）的实证分析表明，即使在消费支出与其他因素保持不变的情况下，这种空间上的隔离与收入和消费充足性在主观评估上的明显锐减有关。解决距离遥远这一问题的方法之一是，通过提供足够的基础设施来加强交通的连接性，尤其是道路交通。道路交通不仅能够使住户们在获得教育和医疗保健等基础服务方面更为便利，还大大加强了他们获取经济机会的可能性。因此，铺设柏油路将有可能提高摆脱贫困的概率。

10.3.2　实证研究结果

表10.6描述了就摆脱贫困的比值比而言的估计结果。如附录中所

述，这种情况下的比值比即相对于剩余贫困人口而言的脱离贫困的概率。如果比值小于 1，则表明该变量降低了住户摆脱贫困的概率，而如果比值大于 1，则表明该变量提高了住户摆脱贫困的概率。模式 1 是基本模式，包括住户和户主以及住户地理位置的基本特征等变量（第 1 列）。还有许多结论值得注意。如果户主为达利特、特莱伽那嘉第或者其他少数民族，那么与婆罗门/刹帝利相比，该住户脱离贫困的机会较少。拥有年龄在 0—6 岁儿童的数目较多也会大大降低该住户摆脱贫困的概率。而在另一方面，如果住户的规模较大且住在农村地区以及东部地区（分别与城市地区和远西部地区相对），则更有可能摆脱贫困。但这似乎与表 10.1 相矛盾，表 10.1 告诉我们，城市地区的减贫率远远高于农村地区。其原因或许在于，绝大部分贫困人口居住在农村地区，因此，与城市地区相比，农村地区脱离贫困的住户所占的比例相对比较大。即使当其他变量都包含在回归分析当中，该研究的大部分结果仍然极具说服力（见表 10.6 第 2—5 列）。

表 10.6　　　　摆脱贫困的比值比

解释变量	模式 1		模式 2	
	系数	稳健标准误差	系数	稳健标准误差
户主特征				
年龄	0.988	[0.010]	0.996	[0.011]
女性	1.968 *	[0.767]	2.288 **	[0.936]
种族/等级				
（婆罗门/刹帝利）				
特莱中间等级	3.118	[2.573]	4.111 *	[3.391]
达利特	0.321 ***	[0.133]	0.385 **	[0.167]
尼瓦尔	1.888	[2.205]	2.395	[2.835]
伽那嘉第丘陵	0.740	[0.298]	0.878	[0.375]
特莱伽那嘉第	0.424 *	[0.205]	0.552	[0.273]
穆斯林	2.309	[1.570]	2.619	[1.800]
其他少数民族	0.487 **	[0.180]	0.573	[0.222]
教育				
（文盲）				
4 年或更少			1.055	[0.398]
5—10 年			5.989 ***	[3.796]

续表

解释变量	模式 1		模式 2	
	系数	稳健标准误差	系数	稳健标准误差
11 年以上			5.043 **	[3.692]
职业				
（农业部门自雇人员）				
自雇人员/有酬人员：熟练的非农业工作人员				
工资/农业				
有酬人员：非熟练的非农业工作人员				
非劳动力/失业				
慢性病	0.814	[0.289]	0.809	[0.293]
住户特征				
住户规模	1.135 ***	[0.051]	1.130 ***	[0.052]
年龄为0—6 岁的儿童所占的比例	0.062 ***	[0.045]	0.057 ***	[0.043]
获得土地				
拥有土地				
灌溉土地的面积（公顷）				
获得资金支持				
贷款				
汇款				
无汇款				
收到国内汇款				
收到国际汇款				
距离				
到达柏油路	1.501	[0.687]	1.354	[0.612]
地理位置				
农村	3.855 **	[2.410]	4.180 **	[2.704]
发展地区				
东部地区	2.335 *	[1.057]	1.972	[0.945]
中部地区	1.288	[0.592]	1.159	[0.550]
西部地区	1.863	[0.853]	1.650	[0.790]
中西部地区	1.251	[0.560]	1.120	[0.529]
（远西部地区）				
观察值的数目		962		962
伪 R^2		0.126		0.126

续表

模式 3		模式 4		模式 5	
系数	稳健标准误差	系数	稳健标准误差	系数	稳健标准误差
0.996	[0.011]	0.992	[0.011]	0.995	[0.012]
2.577 **	[1.113]	3.043 ***	[1.315]	3.160 **	[1.538]
4.229 *	[3.527]	4.519 *	[3.569]	4.897 **	[3.833]
0.358 **	[0.164]	0.388 **	[0.180]	0.387 **	[0.178]
2.494	[2.944]	2.661	[3.054]	2.855	[3.289]
0.869	[0.374]	0.838	[0.364]	0.879	[0.382]
0.543	[0.275]	0.560	[0.299]	0.546	[0.293]
2.441	[1.674]	2.699	[1.837]	2.857	[1.965]
0.538	[0.215]	0.627	[0.254]	0.672	[0.272]
1.063	[0.407]	1.071	[0.404]	1.119	[0.422]
6.046 ***	[3.821]	5.802 ***	[3.665]	6.164 ***	[3.909]
4.711 **	[3.422]	3.559 *	[2.508]	3.882 *	[2.774]
1.674	[0.742]	2.211 *	[1.017]	2.178 *	[1.003]
1.300	[0.456]	2.032 *	[0.795]	2.050 *	[0.794]
1.439	[0.680]	2.094	[1.097]	2.113	[1.127]
1.732	[1.143]	2.260	[1.561]	2.46	[1.751]
0.801	[0.297]	0.878	[0.334]	0.879	[0.332]
1.143 ***	[0.054]	1.117 **	[0.061]	1.111 *	[0.061]
0.048 ***	[0.037]	0.049 ***	[0.039]	0.052 ***	[0.041]
		2.742 **	[1.211]	2.551 **	[1.134]
		1.896 **	[0.564]	1.936 **	[0.557]

续表

模式 3		模式 4		模式 5	
系数	稳健标准误差	系数	稳健标准误差	系数	稳健标准误差
				1.258	[0.357]
				2.207 *	[1.069]
				0.803	[0.331]
1.329	[0.598]	1.620	[0.764]	1.572	[0.745]
4.839 **	[3.137]	3.977 **	[2.804]	3.866 *	[2.755]
1.994	[0.974]	2.569 *	[1.325]	2.551 *	[1.333]
1.182	[0.572]	1.489	[0.764]	1.445	[0.755]
1.750	[0.852]	1.960	[0.984]	2.072	[1.061]
1.177	[0.562]	1.260	[0.622]	1.194	[0.604]
	962		962		962
	0.169		0.181		0.189

***、**和 * 分别代表 1%、5% 和 10% 层次上的统计意义。

注：括号当中代表每一个虚拟变量的参考类别。

资料来源：基于尼泊尔生活水平调查 I 和 II 的计算。

从模式 5（见表 10.6 第 5 列）的结果中，我们还可以进一步得到重要的观察值。首先，教育是摆脱贫困的关键因素之一。尤其是，与文盲相比，获得 5—10 年或 11 年以上学校教育会大大提高摆脱贫困的概率。然而，正如图 10.5 中所清晰阐明的，劳动年龄人口中的受教育水平存在很大差异。居住在加德满都或居住在其他城市地区的人、婆罗门、刹帝利或尼瓦尔、男性人口以及消费水平最高的人群受教育的年份可能更长。例如，年龄在 15 周岁或以上且消费水平最高的 1/5 人口，平均接受学校教育的时间约 6.3 年，而消费水平最低的 1/5 人口，平均接受学校教育的时间仅为 1.3 年。因此，这两组人群在获取经济机会方面是不平等的。由此可知，让即将成为未来劳动力的儿童获得平等受教育的机会对于解决贫困问题至关重要。在尼泊尔，尽管近年来在学校入学率，尤其是小学入学率方面已经取得显著进展，但在更平等地获得教育与职业培训方面尚有很大空间。

图 10.5　按地区、种族/等级、性别以及消费水平的五分位划分的、年龄为 15 岁及以上人口受教育的年份，2003—2004 年

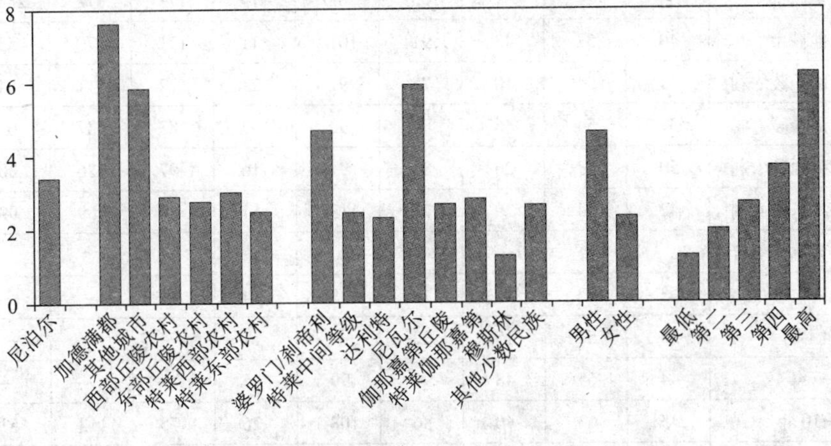

资料来源：基于尼泊尔生活水平调查 II 的计算。

第二，就职业而言（与农业部门的自雇人员相对），成为非农自雇人员，或成为非农业部门的熟练有酬工作者，或成为农业部门的有酬工作者，都提高了家庭摆脱贫困的几率。其部分原因可能是由于这些职业的工资水平在 1995—1996 年和 2003—2004 年有较大幅度上涨，如表 10.7 所示。

表 10.7 表明，农业部门的劳动力呈现紧俏趋势，导致农业工资在 1995—1996 年和 2003—2004 年大幅上涨。究其原因，包括临时流动人口大量增多、去往城市中心变得简单快捷以及农村非农部门的日益发展，这些都导致本地劳动力市场出现农业劳动力供应不足的现象（中央统计局等，2006 年）。尽管如此，农业工资和不熟练的非农业工资在 1995—1996 年和 2003—2004 年分别上涨了约 25% 和 20%，获得 8—10

表 10.7　　平均日工资（1995—1996 年实际卢比），1995—1996 年和 2003—2004 年

	农业			不熟练的非农业人员			熟练的非农业人员		
	1995—1996 年	2003—2004 年	变化（百分比）	1995—1996 年	2003—2004 年	变化（百分比）	1995—1996 年	2003—2004 年	变化（百分比）
城市	42	58	38	98	92	-6	138	461	234
农村	44	55	25	79	98	24	81	135	67
NLSS 地区									
加德满都	—	—	—	103	83	-19	173	672	288
其他城市	40	57	43	91	101	11	111	170	53
西部丘陵农村	49	54	10	75	91	21	72	111	54
东部丘陵农村	37	54	46	84	90	7	83	137	65
特莱西部农村	50	63	26	81	94	16	97	126	30
特莱东部农村	42	54	29	75	113	51	80	159	99
教育水平（年）									
文盲	43	52	21	73	83	14	—	—	—
5 年以下	53	61	15	82	99	21	—	—	—
5—7 年	44	65	48	94	99	5	—	—	—
8—10 年	45	63	40	86	108	26	75	113	51
11 年以上	—	—	—	121	142	17	121	426	252
性别									
男性	48	63	31	84	104	24	102	351	244
女性	39	47	21	59	54	-8	65	126	94
尼泊尔	44	55	25	81	97	20	94	295	214

—＝观察值太少。NLSS＝尼泊尔生活水平调查。

资料来源：中央统计局等（2006 年）。

年学校教育的熟练专业人群的工资上涨了约 51%，而获得 11 年以上学校教育的熟练专业人群的工资上涨了约 252%。换言之，虽然农业工资有所上涨，技术奖金的显著增加扩大了不同职业间的工资差异。这也是人均消费增长率逐渐攀升至消费分配上端的部分原因（见图 10.1）。

第三，获得土地也在帮助住户脱离贫困的过程中起着举足轻重的作用。回归结果表明，土地所有权以及获得更多灌溉土地都有助于住户摆

表10.8　土地所有权与实现灌溉，1995—1996年和2003—2004年

	土地所有权（百分比）		平均土地面积*（公顷）		实现灌溉（百分比）		灌溉土地的比例*（百分比）	
	1995—1996年	2003—2004年	1995—1996年	2003—2004年	1995—1996年	2003—2004年	1995—1996年	2003—2004年
NLSS地区								
加德满都	20.9	18.8	0.9	0.4	59.1	46.1	50.4	40.9
其他城市	50.0	54.1	1.2	0.8	43.1	63.0	33.1	49.9
西部丘陵农村	94.5	93.5	0.9	0.7	56.8	58.5	24.8	26.2
东部丘陵农村	93.3	92.8	0.9	0.8	52.6	59.8	24.7	33.8
特莱西部农村	89.0	87.4	1.3	0.9	52.6	68.4	43.7	61.3
特莱东部农村	69.2	67.1	1.2	0.9	39.3	68.8	32.4	60.2
种族/等级								
婆罗门/刹帝利	90.6	86.3	1.1	0.8	62.3	74.4	33.3	47.4
特莱中间等级	84.7	86.2	1.2	1.2	31.6	60.7	22.1	45.8
达利特	81.8	82.9	0.6	0.4	31.2	45.9	18.3	29.6
尼瓦尔	71.4	57.3	0.8	0.6	64.1	63.8	40.7	44.5
伽那嘉第丘陵	91.6	85.0	0.9	0.7	45.8	47.5	22.0	27.6
特莱伽那嘉第	79.4	79.8	1.6	1.3	60.5	81.7	50.5	71.6
穆斯林	61.0	60.4	1.3	0.8	33.3	65.5	22.7	57.1
其他少数民族	67.5	62.7	1.1	0.8	38.2	63.6	29.2	50.6
按人均消费水平的五分位划分								
最低	82.9	80.7	1.0	0.5	46.9	46.7	20.5	26.5
第二	83.8	79.6	0.9	0.7	47.0	55.5	27.9	35.7
第三	82.3	79.1	0.9	0.7	49.1	62.8	29.9	41.9
第四	83.4	82.6	1.1	0.9	50.9	75.0	31.7	54.6
最高	79.0	64.8	1.2	1.1	56.5	70.4	36.7	54.8
尼泊尔	82.1	76.8	1.0	0.8	50.4	63.0	29.9	43.6

* 土地面积和灌溉土地所占比例是拥有土地的人的财产。

NLSS＝尼泊尔生活水平调查。

资料来源：基于尼泊尔生活水平调查Ⅰ和Ⅱ的计算。

脱贫困。表 10.8 表明，在尼泊尔，77% 的住户在 2003—2004 年拥有土地。而就定居在加德满都的人口、尼瓦尔或消费水平最高的 1/5 人口而言，其所占土地所有权的份额相对比较低，或许反映出他们较少参与农业活动。如果将土地面积考虑而内，那么土地分配不均的问题就更加显而易见了。在 1995—1996 年和 2003—2004 年，人均土地所有量下降约 24%，即从 1.04 公顷下降至 0.79 公顷。消费水平最低的 1/5 人口的下降幅度更大。结果，在 2003—2004 年期间，消费水平最低的 1/5 人口的人均土地拥有量未及消费水平最高的 1/5 人口的人均土地拥有量的一半。然而需要注意的是，土地所有权与贫困之间的关系错综复杂，而贫困不仅仅是边缘化及少数土地所有者的专利（德拉尼亚加拉，2005 年）。

在获得灌溉土地方面表现出来的不平等程度更为惊人。在 1995—1996 年和 2003—2004 年，虽然实现灌溉的住户所占的比例已有显著提高，从 50% 上升至 63%，但就消费水平较高的 1/5 人口而言，其实现灌溉所占的比例上升的幅度更大（见表 10.8）。事实上，获得灌溉土地的住户所占的比例与收入最低的 1/5 人口一样。对于所有消费层次的人口而言，灌溉土地在土地拥有总量中所占的比例都呈上升趋势，但是位于消费水平分配上端的家庭所拥有的比例更大。随着农村贫困日益集中于少数农场主和农业劳动者手中（中央统计局等，2006 年），为了确保包容性经济增长，提高获得土地的机会和实现灌溉量尤为重要。

最后，与没有收到汇款相比，国内汇款对于摆脱贫困的概率也具有积极影响。过去 10 年中，国内和国际人口流动[①]都呈现出明显上升趋势，尽管尼泊尔（如，在国内）和印度是最常见的长期移民目的地，其他新目的地也相继应运而生，包括马来西亚（接收的尼泊尔流动人口最多）、卡塔尔、沙特阿拉伯以及其他几个中东国家。[②] 表 10.9 表明，西部丘陵农村和特莱东部农村的流动人口流出率最高——这两个地区的年龄为 15 岁或以上的男性在 2003—2004 年的流动率分别约 45% 和 24%。即使当调查样本限定为国际人口流动，仍然呈现出类似的地区差

① 根据 NLSS，长期流动人口定义为如果不出外流动就业，本应该居住在家中的汇款寄送者，如汇款收件人可以是配偶、孩子、孙子女或兄弟姐妹（其中 92% 是亲属关系）（中央统计局等，2006 年）。

② 劳动和就业促进部（2008 年）、财政部（2008 年）。

异。请注意，这两个地区是尼泊尔国内仅有的贫困人口（在贫困总人口当中）所占比例呈下降趋势的两个地区——分别在 1995—1996 年和 2003—2004 年下降了 28% 和 9%（见表 10.1）。事实上，洛克申等人（2007 年）发现，这一时期 1/5 的贫困削减成就归功于与工作相关的人口流动与汇款。人口流动还为尼泊尔的务工人员提供了新的就业机会源泉，也为削减贫困提供了一种潜在方式。

表 10.9　　流动务工人员在年龄为 15 岁或以上人口中所占的比例（百分比），1995—1996 年和 2003—2004 年

	男性		女性		全部人口	
	1995—1996 年	2003—2004 年	1995—1996 年	2003—2004 年	1995—1996 年	2003—2004 年
流动总人口						
尼泊尔	15.9	24.5	1.8	2.2	8.4	12.2
加德满都	10.6	7.4	1.9	1.2	6.4	4.2
其他城市	9.6	19.5	2.8	3.9	6.1	11.4
西部丘陵农村	25.6	45.1	2.5	1.5	12.5	19.0
东部丘陵农村	9.3	19.8	1.6	2.9	5.3	10.6
特莱西部农村	12.1	21.6	1.6	1.5	6.6	10.7
特莱东部农村	17.5	24.1	1.4	2.1	9.3	12.1
境外流动人口*						
尼泊尔	7.6	14.4	0.3	0.3	3.7	6.6
加德满都	1.8	2.5	0.5	0.5	1.1	1.5
其他城市	2.4	9.1	0.4	0.6	1.3	4.7
西部丘陵农村	17.9	33.1	0.5	0.1	8.0	13.3
东部丘陵农村	1.7	6.7	0.0	0.2	0.8	3.2
特莱西部农村	5.8	14.2	0.4	0.3	2.9	6.6
特莱东部农村	6.9	14.5	0.3	0.4	3.6	6.8

* 这包括流动到印度及其他国家的人口。

资料来源：中央统计局等（2006 年）。

这些实证结果与正在开展的研究存在广泛一致。根据联合国世界粮食计划署于 2005 年 9 月展开的一项住户调查（该调查用于粮食计划署的脆弱性分析及相关筹划）提供的数据，粮食得不到稳定供应的住户受教育水平普遍较低，拥有的生产性资产非常匮乏，而且获得现金汇款的几率少之又少（世界粮食计划署，2006 年）。与之相类似，巴特和夏尔马（2006 年）的研究报告称，使用 NLSS 数据集的面板数据，人力资本以及诸如土地和家禽等资产都与长期贫困和短期贫困存在重要负面关系。

总之，现有实证数据表明，就尼泊尔最近的经济增长的有限的包容性而言，其部分原因是由于部分人口缺乏或拥有少量的人力资本及生产性资产。一项研究表明，对弱势群体的“歧视”（由对他们的人力资产和实物资产的较低回报测得）在 1995—1996 年和 2003—2004 年有所下降。这表明，不平等的观察值有所增长主要是由于资产的回报率不断升高，并且从某种程度上来说，是由于较多弱势群体积累的生产性资产较快所致（中央统计局等，2006 年）。弱势群体在获得社会服务、基础设施以及生产性资产方面得到显著改善，对于增强经济增长的包容性至关重要。

10.4　结论

总的来说，尽管在 1995—1996 年和 2003—2004 年，尼泊尔在削减贫困方面已经取得令人瞩目的成就，但是有充分证据表明，该国的经济增长不具包容性。经济增长所带来的益处并未得到公平分享，且表现出相对较富有的家庭比较贫困家庭受益更多的趋势。例如，削减贫困的幅度在城市地区比在农村地区显著得多，分别为 56% 和 20%，即使农村地区的贫困人口比例更高。与加德满都仅有 3% 的人生活在贫困线以下相比，其他城市地区的这一比例为 13%；而在农村，生活在贫困线以下的人口比例约为 35%。由此可见，在 1995—1996 年与 2003—2004 年，不平等程度迅速加剧。

此外，根据 NLSS I 和 NLSS II 提供的面板数据，本章还分析了帮助某些群体的住户脱离贫困的各种因素。进行估算所采用一种多项 logit 模型对贫困动态的各种决定因素进行分析。分析结果表明，除其他因素之外，受教育程度、土地所有权、实现灌溉、在非农业部门中从事的职业以及收到国内汇款等都构成促使住户摆脱贫困的因素。而从另一个角度来说，即使其他因素都保持不变，成为达利特（种姓制度当中的最低一级）似乎会妨碍住户脱离贫困。

以上研究结果具有重要的政策含义。为确保经济增长大幅削减贫困和减少不平等，该经济增长必须具备包容性。在尼泊尔，经济增长的包容性相当有限，要帮助贫困人群和被排斥群体在更公平的环境下赶上经济增长的步伐，并积极参与其中，还需要坚持不懈的努力。为了确保社会各个部门都获得经济增长所带来的经济机会，政府必须全面提高贫困人口和被排斥群体的综合能力，并极力克服无法获得生产性资产这一弱点。

附录　数据和方法

数据

尼泊尔生活标准调查包含两次数据——第一次是在1995—1996年进行的（NLSS I），第二次在2003—2004年进行（NLSS II）。两次调查是代表全国的并具有分析贫困和其他微观问题所需的丰富数据。虽然1995—1996年和2003—2004年两次调查分别调查了3373和4874个家庭，但两次调查都覆盖了962个家庭，从而构成面板数据集。通过分析样本的面板组分，考察1995—1996年和2003—2004年之间的贫困动态是可能的。

应该注意，2003—2004年的面板样本没有代表2003—2004年的尼泊尔人口。此外，正如大多数面板数据集中的那样，来自NLSS I和II的面板数据受到损耗问题的困扰。中央统计局等（2006年）确实指出面板数据没有反映城市地区最富裕的家庭。因此，当推广回归分析的结果时应该谨慎。但是，将表10.4和10.1中的数字比较，基于面板数据的贫困估计结果相对接近根据截面数据的估计结果。此外，巴塔和沙玛（2006年）的研究表明，虽然有损耗问题，但面板数据很好地代表了全国，并且其研究发现提供了一种确定感。

方法

为识别观察到的贫困动态背后的可能因素，对 NLSS 数据的面板组分使用多项 logit 模型（MNL）。该模型分析处于几种无序状态中的特定状态的概率。通过（无序）多选择的形式检查了 1995—1996 年和 2003—2004 年之间的贫困转移，尤其是：（1）在两个时期都是贫困（P→P）；（2）1995—1996 年为非贫困，而在 2003—2004 年变为贫困（NP→P））；（3）在 1995—1996 年为贫困，而在 2003—2004 年变为非贫困（P→NP）；（4）两个时期都是非贫困（NP→NP）。

家庭 i 经历结果 j 的概率表示为：

$$\text{Prob}\,(Y_i = j) = \frac{e^{\beta'_j x_i}}{\sum_{k-1}^{4} e^{\beta'_k x_i}},\ j = 1,2,3,4 \tag{1}$$

其中，Y_i 是家庭 i 经历的结果，x_i 是关于家庭 i 的特征的 n 维向量，而 β_j 是适用于处于状态 j 的家庭的关于 x_i 的系数构成 n 维向量。模型定义为仅适用可加向量，因为例如将向量 m 与每个 β_k 相加得到 $Y=1$、$Y=2$、$Y=3$ 和 $Y=4$ 同样的概率。因此，必须选择一个 β_k 作为基础类并设为零。所有其他集合根据这一基准进行估计。在分析中，结果 1（家庭在两个时期都贫困）设为零，因为有意义的是帮助家庭脱离贫困的因素。MNL 模型最容易解释为给出了条件概率。通过设定结果 1（P→P）为基准类，结果 3（P→NP）的系数表示脱离贫困相对于在两个时期都是贫困的概率。

本章的经验结果表示为概率比率（每种结果相对于基准类别的概率），而非 MNL 系数。设 $Y=1$ 为基准类，则对每个变量 x 的变化，$Y=3$ 的概率比率表示为：

$$\frac{\text{Prob}(Y=3)}{\text{Prob}(Y=1)} = e^{\beta'_3 x} \tag{2}$$

其中，$e^{\beta'_3 x}$ 是变量 x 变化一个单位时的概率比率。低于 1 的比率表示变量降低了家庭脱离贫困的概率，而大于 1 的比率表示变量增加了家庭脱离贫困的概率。

参考文献

Ali, I., and J. Zhuang. 2007. Inclusive Growth Toward a Prosperous Asia: Policy Implications. ERD Working Paper No. 97, Economics and Research Department, Asian Development Bank, Manila.

Bhatta, S. D., and S. K. Sharma. 2006. The Determinants and Consequences of Chronic and Transient Poverty in Nepal. CPRC Working Paper No. 66, Chronic Poverty Research Centre, Manchester.

CBS. 1996. *Nepal Living Standards Survey 1995–96.* Central Bureau of Statistics, Kathmandu.

____. 2004. *Nepal Living Standards Survey 2003–04.* Central Bureau of Statistics, Kathmandu.

CBS, World Bank, DFID, and ADB. 2006. *Resilience Amidst Conflict: An Assessment of Poverty in Nepal, 1995–96 and 2003–04.* Central Bureau of Statistics, World Bank, Department for International Development, and Asian Development Bank, Kathmandu.

Deraniyagala, S. 2005. "The Political Economy of Civil Conflict in Nepal." *Oxford Development Studies* 33(1):47–62.

Fafchamps, M., and F. Shilpi. 2008. Isolation and Subjective Welfare: Evidence from South Asia. Policy Research Working Paper No. 4535, World Bank, Washington, DC.

Lokshin, M., M. Bontch-Osmolovski, and E. Glinskaya. 2007. Work-Related Migration and Poverty Reduction in Nepal. Policy Research Working Paper No. 4231, World Bank, Washington, DC.

Ministry of Finance. 2008. *Economic Survey: Fiscal Year 2007/08.* Ministry of Finance, Kathmandu.

Ravallion, M. 2001. "Growth, Inequality and Poverty: Looking Beyond Averages." *World Development* 29(11):1803–15.

United Nations. 2006. *Nepal: Comprehensive Food Security and Vulnerability Analysis.* United Nations' World Food Programme, Vulnerability and Analysis and Mapping Branch, Kathmandu.

World Bank and DFID. 2006. *Unequal Citizens: Gender, Caste and Ethnic Exclusion in Nepal.* World Bank and Department for International Development, Kathmandu.

第 11 章 解析收入差距：中国，1990—2005 年

林暾、庄巨忠、大马哩·亚西亚、林芬①

11.1 引言

自 20 世纪 70 年代后期实行经济改革以来，中国（PRC）经济迅速增长，与此相伴的是收入差距的日益扩大。1985—2006 年，国家的实际人均国内生产总值年均增长率为 8.5%。如此强劲的增长使贫困率史无前例地减少，按每天 1 美元的国际贫困线标准衡量（阿里和庄，2007 年），中国的贫困率从 1990 年的 32.5% 减少到 2005 年的 7.1%。但是，人均收入的基尼系数也增加了，全国范围的基尼系数从 20 世纪 80 年代早期的 0.3 提高到 2001 年的大约 0.45（拉瓦雷和陈，2007 年）。

关于中国收入差距的文献很多。研究人员使用了三种类型的数据：单元层面的家庭调查数据、总收入数据，以及分组家庭调查数据。由于缺乏涵盖整个中国的一致性数据，因此，基于单元层面数据的研究常常

① 本章更新了林等人（2008 年）使用的从 1990 年到 2004 年的数据。

关注离散年份的特定人群，例如城市家庭（曹和尼，2005 年；孟，2004 年）或农村家庭（古斯塔夫森和李，2002 年）。[①] 在研究收入差距的空间维度时，通常采用的是省级层面的汇总数据（胡赛因和庄，1994 年；坎布尔和张，2005 年）。

更近的研究试图通过从分组家庭收入数据中外推单元层面数据来研究中国的收入差距。这方面有名的例子是拉瓦雷和陈（2007 年）以及乔迪卡潘奇等人（2007 年）所做的研究。尽管进行了诸多的研究，但中国收入差距的全景仍然不完整，同时仍然存在许多问题。例如，虽然常常强调地区收入差距和城乡收入差距是全国收入差距增加的关键驱动因素，但仍然缺乏通过代表全中国的数据对这些因素的相对贡献进行定量分析。

本章通过采用涵盖超过全国 85% 人口的数据来研究中国的收入差距。该研究有两个具体目标：一是检查 1990—2005 年全国、区域和省级层面的城市、农村以及总体的收入差距趋势；二是进行分解分析，以考察和量化全国收入差距扩大的驱动力在多大程度上是由农村内部收入差距、城市内部收入差距、城乡人口之间收入差距以及区域内和区域间或省份内部和省份之间的差距（包括这些因素中每一个的相对重要性随时间如何变化）所造成的。

依照拉瓦雷和陈（2007 年）以及乔迪卡潘奇等人（2007 年）的研究，本章使用外推后的来自分组家庭收入数据的单元层面数据。按省和农村、城市人口对分组数据进行分解，这些数据是作者从 1990 年、1995 年、2000 年和 2005 年 23 个省的统计年鉴中归纳整理得到的。在公共领域可以获得的类似数据集中，该数据集是综合程度最高和最新的。乔迪卡潘奇等人（2007 年）展示了基于仅按城乡人口而未按省分解的分组收入数据的研究结果。虽然拉瓦雷和陈（2007 年）使用的分组数据是按省和城乡人口分解的，但仅有截至 2001 年的数据，并且无法从公共领域获得相应数据。[②] 乔迪卡潘奇等人以及拉瓦雷和陈都没有

① 从 20 世纪 80 年代中期开始，虽然中国国家统计局（NBSC）每年在所有省份进行城市和农村人口家庭收入和支出调查，但并未正式公布全部的单元层面调查数据。

② 中国国家统计局的该数据集仅供作者使用，该数据集的形式是标准化设计的收入分布表，其中，家庭按人均收入排序，同时，所有分位数是按人口加权的。见拉瓦雷和陈（2007 年）。

进行分解分析，以量化中国总体收入差距的不同组成部分的相对贡献。

对于像中国这样大的国家，为避免偏差，在估计收入差距时须考虑生活成本（COL）方面的跨区域差别。这一点非常重要，但却常常被忽略。乔迪卡潘奇等人以及拉瓦雷和陈都尝试过通过对城乡而非跨省的生活成本差别进行调整来估计偏差来源。拉瓦雷和陈发现，经生活成本差别调整后的2001年全国基尼系数是0.394，而调整前为0.447。在估计收入差距时，本文对城乡和跨省生活成本差别均进行了调整，后者是从有关各省贫困线的研究中推导出来的（亚洲开发银行，2001年）。

本章其余部分的内容如下：第11.2节讨论数据；第11.3节描述方法；第11.4节考察城乡、全国、区域以及省级层面的收入差距；第11.5节展示了分解分析的结果；第11.6节总结关键的研究结果，并讨论政策的影响力。

11.2 数据

本章使用中国31个省级行政区中23个的分组收入数据，这些数据按城市和农村人口分类。这些数据来自1990年、1995年、2000年和2005年各省统计年鉴。未覆盖的八个省级行政区是重庆、甘肃、贵州、海南、吉林、宁夏、山东和西藏。重庆在1997年才取得省级行政区地位。其他七个省（自治区）的数据要么缺乏农村数据，要么缺乏城市人口数据，或者这两方面的数据均缺乏。在进行本项研究期间，这八个省级行政区占中国总人口的12%—15%。由于缺乏农村人口数据，因而也没有将四川包括在1995年和2000年的数据中。

11.2.1 收入和分布数据

省级统计年鉴提供了农村家庭的分组纯收入数据，以及城市家庭的可支配收入数据。对于农村家庭而言，数据的形式是以人民币表示的人均纯收入范围所对应家庭的占比，例如：100—200元、200—300元以及300—500元。对于城市家庭而言，数据形式大多数是对应于各种收入分布分位数的人均可支配收入（0至前10%，前10%至前20%，前20%至前40%，前40%至前60%，前60%至前80%，前80%至前

90%，前 90% 至前 100%）。在一些案例中，收入分布是以五分位数（0 至前 20%，前 20% 至前 40%，前 40% 至前 60%，前 60% 至前 80%，前 80% 至前 100%）或其他分位数表示的。由于占比和分位数都是对家庭而言，所以为估计人均收入分布，将每个收入组的家庭规模用作权重。

拉瓦雷和陈（2007 年）强调了家庭调查数据的许多局限性。其一，该数据未包含自有住宅的推算租金。这有利于理解收入差距，因为更富裕的家庭倾向于更好的居住条件。其二，对于农村家庭而言，虽然纯收入包含了对自有农田农产品消费的推算价值，但这些推算价值在早期可能被低估。在 20 世纪 90 年代中期以前尤为如此，当时使用公共采购价格而非当地市场价格来估价，而前者往往比后者要低。这种做法造成对城乡收入差距的过高估计。更大的局限性（一般与作为福利指标的收入关联）在于，这些数据没有反映各种公共服务的推算价值，例如医疗保健、教育、水和卫生防疫等。由于城市提供的这些服务往往比农村更加充分，因此，这一因素造成了对城乡福利差距的低估。这三个偏差来源将在一定程度上彼此抵消，但可能并不能完全抵消。净效应会导致对收入差距的低估还是高估，目前尚不清楚。

除了这些局限性之外，在估计收入差距时所做的假设也可能导致偏差。首先，对农村家庭而言，在省级统计年鉴中，最高收入范围有时被定义为“高于特定收入水平”，但并未提供上限。达特（1998 年）在他对印度农村收入差距的研究中假设，当最高收入范围无上限时，上限是下限的 1.3 倍。本章遵循这种方法，因为在考察了平均收入和收入范围兼具的案例之后，该比率看起来适用于中国农村。除非有实际平均收入数据，否则其他收入范围的中点被假定为平均收入。其次，在只有支出数据的少数几个案例中，收入数据是从兼具收入和支出数据的下一年支出/收入比率中推断而来的。第三，在没有家庭规模数据的少数案例中，用以下公式估计家庭规模：

$$h_{ip} = \alpha_i + \beta_i \bar{h}_p \tag{1}$$

其中，h_{ip}是第 p 个省级行政区中第 i 个收入组的平均家庭规模；$\bar{h}_p$ 是第 p 个省级行政区的平均家庭规模，通过对每个收入组的分组收入数据应用最小二乘法回归分析得到 α_i 和 β_i，分别针对城市和农村人口。

最后，对于研究中所包括的几个省级行政区，无法获得 1990 年或

2005 年的分组收入数据。在这种情况下，对可获得分组收入数据的最近一年数据分布进行外推来获得数据。具体而言，内蒙古 1990 年农村收入分布是从 1985 年数据外推得到的，辽宁 1990 年城市的数据是从 1995 年外推得到的，陕西 1990 年农村数据是从 1992 年外推而来的，上海 1990 年农村数据是从 1992 年外推而来的，新疆 1990 年农村数据是从 1992 年外推得来的；新疆 1990 年城市数据是从 1992 年外推而来的。

11.2.2 人口数据

由于缺乏一致性的农村和城市人口数据，本章遵循许多其他的研究方法（如：万，2007 年），并利用“农业人口”和“非农业人口”来推导出所有省级行政区的农村和城市人均收入。这样做的理由是：在进行家庭调查中，中国国家统计局使用的样本框架基于全国户籍制度，该制度将人口区分为农业和非农业人口。

11.2.3 各省的城乡生活成本数据

省级统计年鉴中的数据是名义收入。为估计收入差距，即消除由各省级行政区之间以及城乡之间生活成本差别造成的偏差，本研究通过各省级行政区的城乡生活成本指数对名义收入进行了调整。调整包括三步。第一步，以 1993 年作为基准年，通过从省级统计年鉴中取得的省级城乡消费价格指数，扣除名义收入中的通胀因素。这一调整（临时性价格效应）对收入差距的影响较小，这与早期研究（参见刘，2006 年）一致。第二步，通过省级生活成本指数进一步调整城乡收入，这些收入数据是从一项关于中国各省贫困线研究报告的各省城市贫困线中估计得到的（亚洲开发银行，2001 年）。第三步，由于没有各省农村贫困线的数据，本研究沿循拉瓦雷、陈和桑劳拉（2007 年）的方法，该方法假设所有省级行政区的城市贫困线是农村贫困线的 1.37 倍。

11.3 方法

为从分组收入数据中外推单元层面数据，第一步须估计洛伦兹曲线。为此，我们使用了一般二次分布洛伦兹曲线或贝塔分布洛伦兹曲线，分别拟合各省城市和农村人口的分组收入数据。[①] 贝塔洛伦兹曲线的形式如下：

$$L(p) = p - \theta p^{\gamma}(1-p)^{\delta} \tag{2}$$

而一般二次洛伦兹曲线形式为：

$$L(p) = -\frac{1}{2}[bp + e + (mp^2 + np + e^2)^{\frac{1}{2}}] \tag{3}$$

其中，$L(p)$是收入最低的 $p\%$ 人口的收入占全部人口收入的比例，而 θ、γ、δ、b、e、m、n 是需要进行估计的参数。达特（1998 年）详细讨论了相关的概念问题和该方法的步骤。

通过洛伦兹曲线，单元层面的收入数据可以由以下关系进行外推得到：

$$L'(p) = x/\mu \tag{4}$$

其中，x 是单元层面的收入，而 μ 是每个省级行政区的平均人均收入。[②] 这表明，个人收入是洛伦兹曲线在该个人代表点的斜率与人口平均收入的乘积。因此，在本研究中，将估计的洛伦兹曲线相对于每个观察值的导数与每个省的平均收入相乘，外推单元层面的收入数据。以人口为权重，将收入数据汇总为全国、区域或省级数据。为评估外推得到的单元数据的可靠性，本研究把从这些数据估计的收入差距水平与一些从实际单元层面数据估计的结果进行比较，发现结果相近。例如，戴（2005 年）的研究表明，北京城区的基尼系数在 1989 年为 0.16，1995 年为 0.2，2000 年为 0.21。在本研究中，北京城区的基尼系数在 1990 年为 0.165，1995 年为 0.209，2000 年为 0.226。

为测量收入差距，使用了基尼系数和泰尔指数——使用前者是因为它得到了普遍应用，而使用后者是因为可以将总体收入差距分解为人口子群体内部和子群体之间的收入差距对总体收入差距的贡献。这两种测量方法符合人口独立的性质并满足转移原则。在不逆转他们分布次序的前提下，后者假设从更富裕的人向更贫穷的人转移收入，这将导致收入差距减少。基尼系数的表达式如下：

---

① 使用世界银行 POVCAL 程序的 STATA 版本计算。

② 使用亚洲开发银行开发的一个程序来生成合成收入数据。

$$Gini = \frac{-(n+1)}{n} + \frac{2}{n^2\mu}\sum_{i=1}^{n} i \cdot y_i \tag{5}$$

其中，y_i 是第 i 个人的收入，μ 是人口平均收入，而 n 是人口中的个人数量。

泰尔指数（T）的计算公式如下：

$$T = \frac{1}{n}\sum_{i=1}^{n} \frac{y_i}{\mu}\left(\ln\left[\frac{y_i}{\mu}\right]\right) \tag{6}$$

其中，y_i 是第 i 个人的收入，μ 是人口平均收入，而 n 是人口中的个人数量。

假设人口由 h 个子群体构成，而每个子群体的泰尔指数为 T_g，则以泰尔指数衡量的人口总体收入差距可以计算如下：

$$T = \sum_{g=1}^{h} s_g T_g + \sum_{g=1}^{h} s_g\left(\ln\left[-\frac{s_g}{p_g}\right]\right) \tag{7}$$

其中，s_g 是子群 g 占总收入的份额，p_g 是子群 g 占总人口的份额。第一个求和是按照收入份额对 h 个子群体的泰尔指数进行加权得到的泰尔指数平均数，并给出了由子群体内部收入差距所导致的总体收入差距的组成部分。第二个求和是对每个子群体平均收入计算的泰尔指数，从而给出了由子群体间收入差距所导致的总体收入差距的组成部分。

基尼系数的数值在0（表示收入完全相同，无差距）和1（表示收入完全不平等）之间；与基尼系数不同，泰尔指数仅具有0这个下限（表示完全平等），但没有上限。但是，当收入差距略高于经常引述的80∶20分布时，泰尔指数的值为1。这个分布是指，80%的财富由20%的人占有。

11.4 实证结果

通过使用外推得到的单元层面数据，本研究能估算出1990—2005年全国、区域和省级层面的收入差距。该估算中使用了名义收入和实际收入，根据不同省份之间和城市与农村地区之间的生活成本差别，对这些收入数据进行调整。

11.4.1 收入差距：图形展示

为显示1990—2005年收入分布的变化，图11.1展示了23个省级行政区的名义和经生活成本调整的人均收入核心概率密度估计值。收入分布随着时间的推移变得越来越分散，这表示收入差距的扩大。但是，名义收入和经生活成本调整后的实际收入概率密度之间存在重大差别。在经过生活成本差别调整后，收入分配随时间发生这种分散变化的显著程度要低得多。这表明，如果没有调整生活成本差别，收入差距将被过高估计。图 11.2 展示了经生活成本调整的城市和农村人口的实际收入核心概率密度估计值。很明显，随着时间的推移，相对于农村人口而言，收入分布分散的变化对城市人口更加显著。

图 11.1　收入分布变化：全国层面

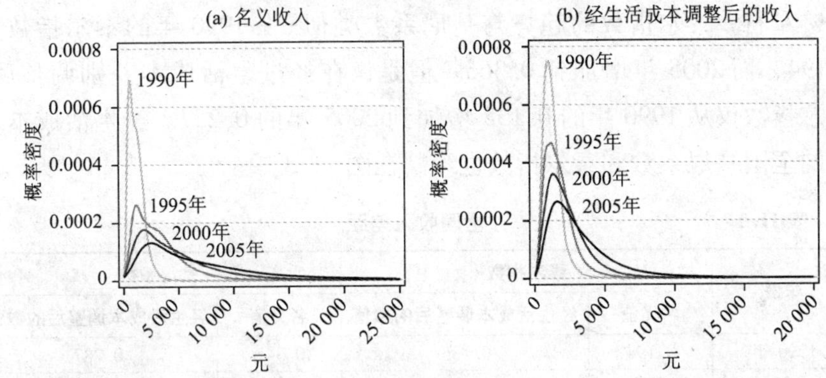

资料来源：作者的估算。

图 11.2　收入分布变化：城市和农村

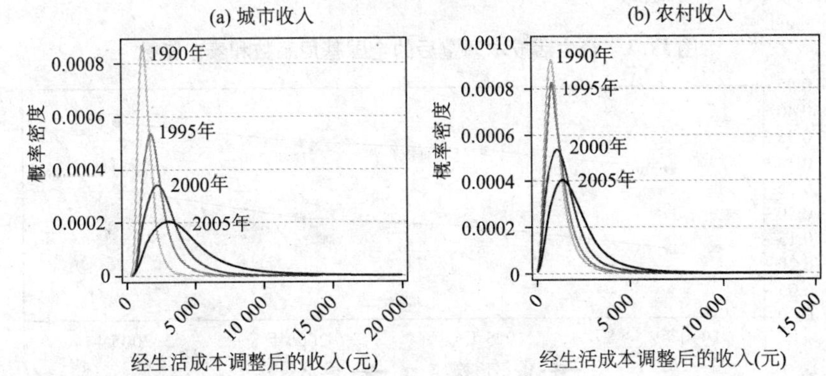

资料来源：作者的估算。

11.4.2 基尼系数和泰尔指数

A. 全国收入差距

表 11.1 列出了人均收入相对应的全国基尼系数和泰尔指数，这些人均收入数据由外推得到的单元层面数据估测而来。对于名义收入而言，1990 年的基尼系数为 0.345，2005 年为 0.457。对于经生活成本调整的实际收入而言，1990 年的基尼系数为 0.287，2005 年增加到 0.388。将来自名义收入的结果与经生活成本调整的实际收入结果比较，差别相当显著。在不考虑生活成本差别的情况下，基尼系数将高估达 20%左右。泰尔指数的趋势与基尼系数类似——1990 年的泰尔指数为 0.194，而 2005 年增加到 0.366。但是，在经过生活成本差别调整后，泰尔指数仅从 1990 年的 0.135 增加到 2005 年的 0.257。经生活成本调整的全国基尼系数和泰尔指数也绘制在图 11.3 中。

表 11.1 全国收入差距

年份	泰尔指数		基尼系数	
	名义值	经生活成本调整后的数值	名义值	经生活成本调整后的数值
1990 年	0.194	0.135	0.345	0.287
1995 年	0.264	0.177	0.397	0.329
2000 年	0.284	0.199	0.411	0.347
2005 年	0.366	0.257	0.457	0.388

资料来源：作者的估算。

图 11.3 经生活成本调整后的全国基尼系数和泰尔指数

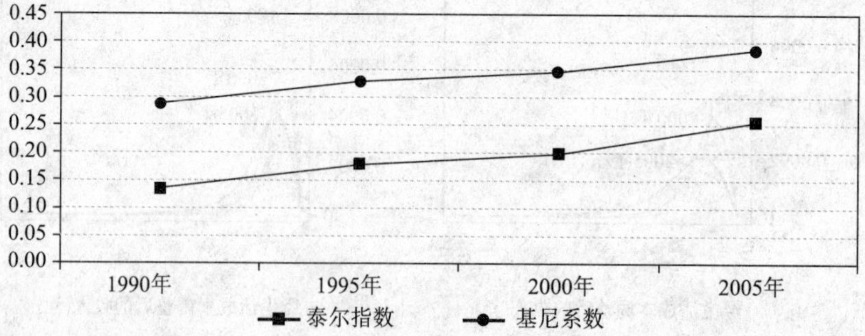

资料来源：作者的估算。

B. 城市和农村地区的收入差距

表 11.2 显示，1990—2005 年，城市和农村地区收入差距均在扩大。1990 年，农村收入差距比城市大，并且两者之间的差别很显著，无论用基尼系数还是用泰尔指数，无论用名义收入还是用经生活成本调整的实际收入，测量结果都是如此。但城市收入差距扩大的速度比农村快得多，从而使两者之间的差距缩小：2005 年，两者之间非常接近，尽管农村收入差距仍然比城市略高。

表 11.2　　城乡收入差距

年份	泰尔指数		基尼系数	
	农村	城市	农村	城市
名义收入				
1990 年	0.161	0.081	0.307	0.220
1995 年	0.191	0.120	0.334	0.268
2000 年	0.200	0.148	0.346	0.300
2005 年	0.206	0.203	0.345	0.345
经生活成本调整后的收入				
1990 年	0.141	0.069	0.290	0.205
1995 年	0.156	0.086	0.305	0.229
2000 年	0.170	0.116	0.319	0.268
2005 年	0.180	0.173	0.326	0.322

资料来源：作者的估算。

C. 区域收入差距

按区域考察收入差距时，本研究将 23 个省级行政区分为三个区域：

（1）沿海地区：北京、福建、广东、广西、河北、江苏、辽宁、上海、天津和浙江；

（2）中部地区：安徽、黑龙江、河南、湖北、湖南、内蒙古、江西和山西；

（3）西部地区：青海、陕西、四川、新疆和云南。

图 11.4 展示了这三个区域经生活成本差别调整后的人均收入的基尼系数和泰尔指数。1990 年，沿海和西部地区的收入差距水平相差不大，中部地区收入差距水平最低，无论用基尼系数还是用泰尔指数测

量，其结果均是如此。1990—1995 年，三个地区的收入差距均扩大，其中，西部地区扩大的速度最快。1995—2000 年，所有三个地区的收入差距继续扩大，但扩大速度显著降低，尤其是西部和沿海地区。但在 2000—2005 年，沿海地区收入差距扩大的速度提高，西部地区速度降低，而中部地区收入差距则继续以与过去 10 年差不多的速度继续增加。

图 11.4　区域收入差距：基尼系数和泰尔指数（采用经生活成本调整后的收入数据）

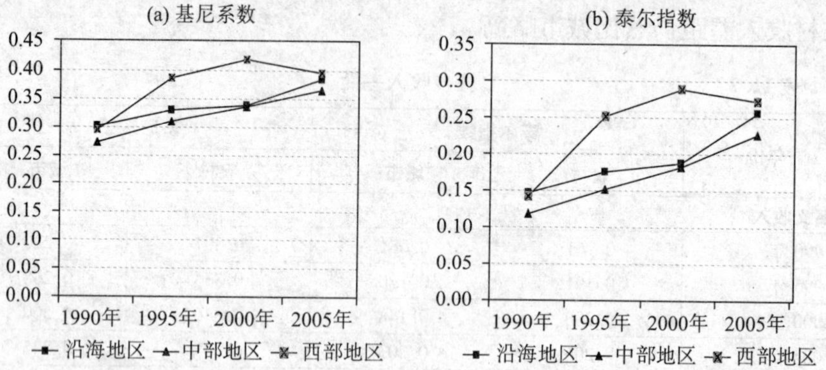

资料来源：作者的估算。

D. 各省收入差距

从分组数据外推得到的省级单元层面数据，也可用于估计各省级行政区的收入差距。图 11.5 绘制了 1990 年、1995 年、2000 年和 2005 年 23 个省级行政区的基尼系数和泰尔指数。新疆在所有四个年份中的收入差距最大。青海和陕西位列四年中收入差距最大的五个省份。

E. 与其他研究比较

表 11.3 将本研究的基尼系数估计值和拉瓦雷与陈（2007 年）的研究结果进行了比较。就名义收入而言，无论是从全国、城市还是从农村收入差距来看，估算的结果与拉瓦雷和陈的研究结果非常接近（虽然大多数略低）。例如，1990 年，对全国、城市和农村收入差距的估计值分别为 0. 345、0. 307 和 0. 220，而拉瓦雷和陈的研究结果则是 0. 349、0. 299 和 0. 234。2000 年的估算结果分别是 0. 411、0. 346 和 0. 300，而拉瓦雷和陈的研究结果则是 0. 438、0. 358 和 0. 319。对于经生活成本调

图 11.5　各省的收入差距：基尼系数（采用经生活成本调整后的收入数据）

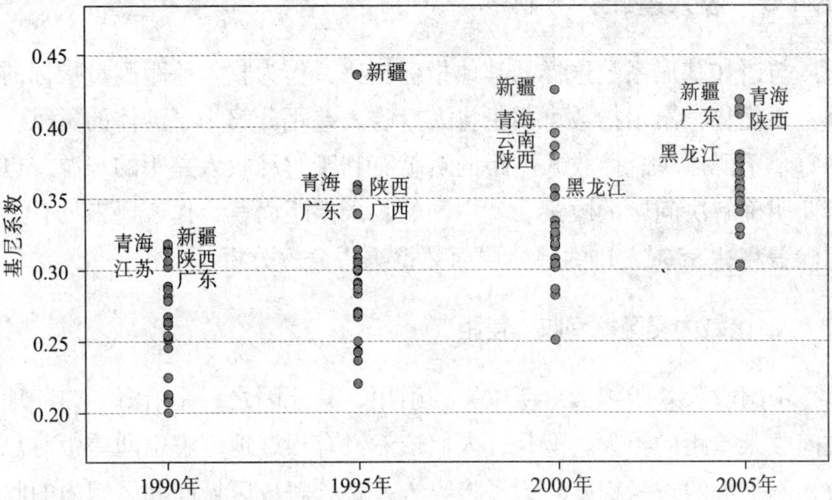

资料来源：作者的估算。

整后的收入而言，本研究对 2000 年全国收入差距的估计值仅为 0.347，而拉瓦雷和陈的研究结果则是 0.385。这一差别较大，原因是拉瓦雷和陈仅对城乡之间的生活成本差别进行了调整，而本研究对生活成本差别所做的调整还涵盖了各省之间的收入差距。

表 11.3　　与其他研究报告中的基尼系数相比较

来源	1990 年	1995 年	2000 年	2005 年
全国收入差距				
本研究（名义数值）	0.345	0.397	0.411	0.457
拉瓦雷和陈（名义数值）	0.349	0.415	0.438	—
本研究（经生活成本调整后的数值）	0.287	0.329	0.347	0.388
拉瓦雷和陈（经生活成本调整后的数值）	0.316	0.365	0.385	—
农村收入不平等				
本研究（名义数值）	0.307	0.334	0.346	0.345
拉瓦雷和陈（名义数值）	0.299	0.340	0.358	—
本研究（经生活成本调整后的数值）	0.290	0.305	0.319	0.326
城市收入不平等				
本研究（名义数值）	0.220	0.268	0.300	0.345
拉瓦雷和陈（名义数值）	0.234	0.283	0.319	—
本研究（经生活成本调整后的数值）	0.205	0.229	0.268	0.322

- = 数据不可得。

资料来源：拉瓦雷和陈（2007 年）以及作者的估算。

11.4.3 收入差距：分解

与诸如基尼系数这样的其他指标相比，作为收入差距测量指标的一个主要优势，泰尔指数可用于将人口收入差距分解为子群体的贡献。评估每个子群体对总体收入差距的贡献有利于解释收入差距的来源，也可藉此明确解决问题的政策。就中国的收入差距而言，作者还未见有人使用涵盖高达85%人口的单元层面数据进行分解分析。

A. 区域内和区域间收入差距

中国收入差距扩大之所以常被引用，其原因之一是沿海和内陆地区之间收入差距的扩大。但是，人们依然没有很好地理解空间差距对总体收入不平等的贡献程度。为了将收入差距分解成区域间和区域内的收入差距，常常使用省级平均收入的数据形式而非单元层面收入。在引发全国收入差距的扩大方面，这种分解无法评估空间维度的重要性。而使用外推单元层面数据则可以回答这一问题。结果如图11.6所示。

图 11.6 按区域对收入差距的分解：泰尔指数

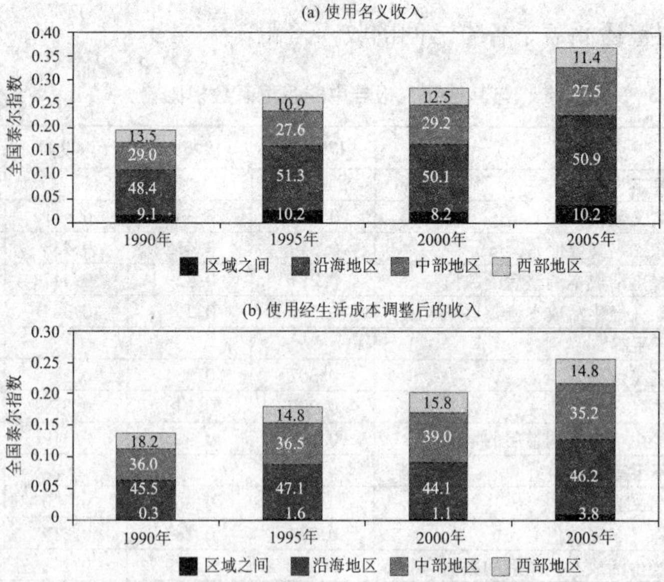

注：柱状图内的数据之和为100%。

资料来源：作者的估算。

1990—2005 年，区域内和区域间收入差距的绝对程度都在扩大，无论以名义收入还是以经生活成本调整后的实际收入进行测量均是如此。但是，就相对贡献而言，结果就比较复杂。就经生活成本调整后的实际收入方面而言，1990 年区域间收入差距的贡献低于 1%，而 2005 年仅增加到 3.8%，即中国的区域间收入差距与区域内收入差距相比极不显著。一般的看法认为，区域间收入差距的扩大是中国过去 20 年中收入差距扩大的关键推动因素，这一结果与此种观点恰恰相反。即使从名义收入来看，1990—2005 年，区域间收入差距的贡献在 10% 左右浮动。这一结果与早期研究形成了鲜明对比，后者的结论是，区域间收入差距迅速扩大，并且是造成中国收入差距的主要原因（如：万，2007 年）。这些研究使用省级平均收入数据来分析区域内收入差距，从而掩盖了各省级行政区内部发生的收入差距，并且低估了区域内收入差距的程度及其对总体收入差距的贡献。

在区域内收入差距的构成成分中，如果采用经生活成本调整后的收入来衡量，沿海地区的贡献从 1990 年的 45.5% 提高到 2005 年的 46.2%；如果使用名义收入，则从 1990 年的 48.4% 提高到 2005 年的 50.9%。但是，西部和中部地区的贡献在 1990—2005 年有所下降。如果采用经生活成本调整后的实际收入来衡量，西部地区的贡献从 1990 年的 18.2% 下降到 2005 年的 14.8%，而中部地区从 36% 下降到 35.2%。

B. 省级行政区之间和内部的收入差距

在图 11.7 中，按照名义收入和实际收入，将总体收入差距分解为省级间和省级内收入差距。它表明，“内部”成分是中国收入差距扩大的驱动力。就名义收入而言，除了在 1995 年省级间收入差距的贡献增加到 26.1%，而省级内收入差距的贡献下降到 73.9% 之外，省级间和省级内收入差距的贡献在 1990—2005 年之间十分稳定，分别处于 21.3%—22.1% 和 77.9%—78.7% 的范围内。就经生活成本调整后的实际收入而言，省级内收入差距实际提高了，从 1990 年的 86.2% 提高到 2005 年的约 87.9%，而省级间收入差距的贡献从 1990 年的约 13.8% 下降到 2005 年的约 12.1%。由于省级间收入差距对总体收入差距的贡献程度相对较小，这些结果表明，1990—2005 年期间，中国收入差距扩大在很大程度上是由各省级行政区内的收入差距所推动的。全国收入差距最重要的推动者是广东、河南、湖南、江苏、四川和浙江。

图 11.7　按省级行政区分解收入差距：泰尔指数

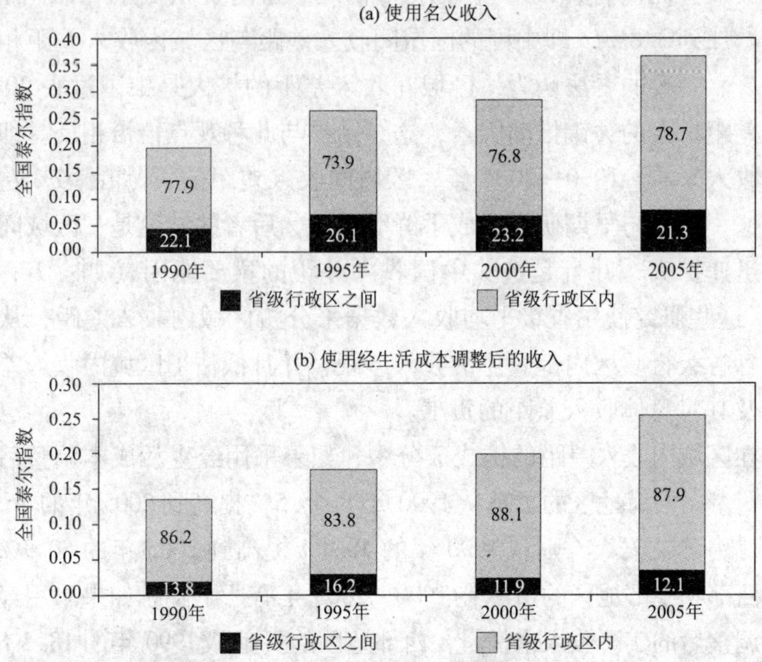

注：柱状图内的数据之和为 100%。

资料来源：作者的估算。

C. 城乡部门之间和城乡内部的收入差距

图 11.8 展示了收入差距的组成情况，它是由城乡之间收入差距、农村内部收入差距和城市内部收入差距分解而成。城乡之间和城市内部收入差距提高很快，并合计构成 2005 年全国收入差距的 2/3（经生活成本调整）。在过去，农村地区对全部收入不平等的贡献程度高于城市地区和城乡差别，但这一趋势随时间推移已经逆转。1990 年，农村地区内部收入差距占全国收入差距的 72.2%（经生活成本调整），其余为城市内部收入差距以及城乡之间收入差距。2005 年，农村内部收入差距的贡献下降到 35.7%；城市内部收入差距的贡献提高到 33.0%；而城乡之间收入差距的贡献则提高到 31.3%。

图 11.8　分解城市和农村收入差距：泰尔指数

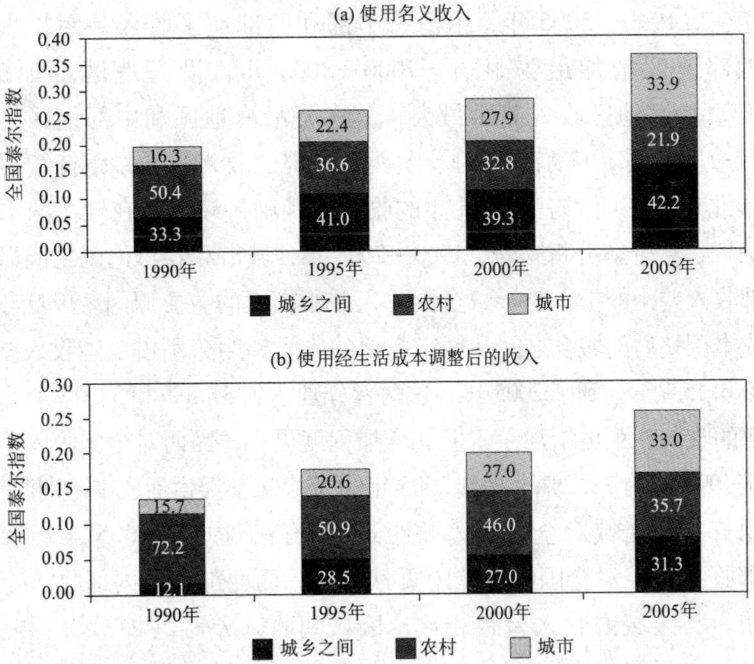

注：柱状图内的数据之和为 100%。

资料来源：作者的估算。

11.5　结论

通过采用 23 个省级行政区的分组收入数据外推得到单元层面数据，本章探讨了 1990—2005 年间中国收入差距的变化；本研究涵盖了农村和城市家庭，并代表了超过 85% 的人口。关键结论总结如下：

首先，在全国层面上，人均名义收入的基尼系数从 1990 年的 0.345 提高到了 2005 年的 0.457。经省级间和城乡间生活成本差别调整后，基尼系数从 1990 年的 0.287 提高到 2005 年的 0.388。这些数字表明，如果不对生活成本差别进行调整，基尼系数将被高估约 20%。

第二，城市和农村的收入差距都扩大了，但城市的收入差距增加速度快得多。2005 年，城市收入差距大致与农村收入差距相等，如果采用名义收入，两者基尼系数均为 0.345，经生活成本差别调整后，则分别为0.326和0.322。

第三，1990—2005年，沿海、中部和西部地区收入差距扩大；其中，西部地区增加最为显著。2000—2005年，沿海地区增加最大。2005年，西部地区收入差距最大，其次是沿海地区和中部地区。从各省级行政区来看，广东、青海、陕西和新疆的收入分布差距持续占据最高位；北京、江西、上海和天津的收入差距则持续保持在较小的水平。

第四，从分解分析来看，1990—2005年，城市和农村地区之间以及城市内部收入差距的扩大是导致全国收入差距扩大的主要原因。1990年，经生活成本调整后的城乡之间和城市内部的收入差距分别占全国收入差距的12.1%和15.7%，到了2005年，这两者分别达到31.3%和33.0%。虽然农村内部的收入差距也增加了，但其增加程度更小，因而对全国收入差距的贡献从1990年的72.2%下降到2005年的35.7%（经生活成本差别调整）。

第五，按区域对全国收入差距进行分解，1990—2005年，沿海地区内部收入差距对全国收入差距贡献最大，而西部地区内部收入差距增加最快。与区域内收入差距相比，区域间收入差距（即沿海、中部和西部地区之间的收入差距）对全国收入差距的贡献很小：2005年，对名义收入差距的贡献为10.2%，对经生活成本差别调整后的收入差距贡献为3.8%。一般的看法认为，区域间收入差距的扩大是全国收入差距扩大的关键性推动因素之一，这一结果与此种观点形成了强烈对比。

第六，按省对全国收入差距进行分解，省内收入差距是全国收入差距的主要原因。经生活成本差别调整后，省内收入差距对全国收入差距的贡献从1990年的86.2%提高到2005年的87.9%，而同期省间收入差距的贡献从13.8%下降到12.1%。这些数字进一步表明，区域收入差距扩大并非是中国收入差距扩大的主要因素。我们还发现，2005年，对全国收入差距贡献最大的省份是广东、河南、湖南、江苏、四川和浙江。

这些结果表明，降低中国总体收入差距最有效的方法是缩小城乡之间的收入差距以及城市人口之间的收入差距。区域收入差距（沿海地区和西部地区之间以及富裕省份和贫困省份之间）仍然很大，因而需要降低；由于中国大部分贫困人口分布在西部地区，所以，缩小沿海与西部地区的收入差距的确对减少贫困人口十分重要。但是，由于地区间收入差距不是收入差距的主要原因，所以这方面的减贫对全国层面收入差距的影响可能十分有限。

参考文献

ADB. 2001. Urban Poverty in the PRC. Asian Development Bank Technical Assistance Report, TAR-PRC 33448. Asian Development Bank, Manila.

Ali, I., and J. Zhuang. 2007. Inclusive Growth toward a Prosperous Asia: Policy Implications. ERD Working Paper Series No. 97, Economics and Research Department, Asian Development Bank, Manila.

Cao, Y., and V. Nee. 2005. "Remaking Inequality: Institutional Change and Income Stratification in Urban China." *Journal of the Asia Pacific Economy* 10(4):463–85.

Chotikapanich D., D. S. P. Rao, and K. K. Tang. 2007. "Estimating Income Inequality in China Using Grouped Data and the Generalized Beta Distribution." *Review of Income and Wealth* 53(1):127–47.

Dai, E. 2005. Income Inequality in Urban China: A Case Study of Beijing. Working Paper Series Vol. 2005–04, The International Centre for the Study of East Asian Development, Kitakyushu.

Datt, G. 1998. Computational Tools for Poverty Measurement and Analysis. FCND Discussion Paper No. 50, Food Consumption and Nutrition Division, International Food Policy Research Institute, Washington, DC.

Gustafsson, B., and S. Li. 2002. "Income Inequality Within and Across Countries in Rural China 1988 and 1995." *Journal of Development Economics* 69(1):179–204.

Hussain, A., and J. Zhuang. 1994. Evolution of Inter-provincial Inequality in China, 1952–1996. Occasional Paper No. 22, Suntory and Toyota International Centres for Economics and Related Disciplines, London School of Economics, London.

Kanbur, R., and X. Zhang. 2005. "Fifty Years of Regional Inequality in China: A Journey Through Central Planning, Reform and Openness." *Review of Development Economics* 9(1):87–106.

Lin, T., J. Zhuang, D. Yarcia, and F. Lin. 2008. "Income Inequality in the People's Republic of China and Its Decomposition: 1990–2004." *Asian Development Review* 25(1,2):119–36.

Liu, H. 2006. "Changing Regional Rural Inequality in China 1980–2002." *Area* 38(4):377–89.

Meng, X. 2004. "Economic Restructuring and Income Inequality in Urban China." *Review of Income and Wealth* 50(3):357–79.

NBSC. Various years. *Provincial Statistical Yearbook*. National Bureau of Statistics of China, Beijing.

Ravallion, M., and S. Chen. 2007. "China's (Uneven) Progress against Poverty." *Journal of Development Economics* 82:1–42.
Ravallion, M., S. Chen, and P. Sangraula. 2007. New Evidence on the Urbanization of Global Poverty. World Bank Policy Research Working Paper 4199, The World Bank, Washington, DC.
Wan, G. 2007. Regional Income Inequality in Rural China, 1985–2002. Research Paper No. 2007/05, World Institute for Development Economics Research, United Nations University, Tokyo.

第 12 章 收入流动性的变迁：中国，1991—2002 年

尼纳·科尔、约翰·潘凯弗尔

12.1 引言

虽然过去几十年中国的平均收入大幅增长，但近年来收入差距也显著扩大。这种扩大已经是许多研究的主题，并成为人们关注的话题。[①]但从长期来看，与家庭和个人更相关的问题并非特定年份家庭之间的收入差距，而是收入流动性，即他们将永远困在较低的经济阶层上还是拥有沿经济阶梯向上攀登的可能性？用年收入测量收入差距的传统做法可能提供关于社会中持续的收入差距的误导性指标（在这一社会中存在显著的年度收入流动性）。从长期来看，收入流动性可能缓解年度横截面数据所反映的不断扩大的收入差距的影响。

关于中国收入流动性的研究仍然相对较少。其中一个原因是收入流

① 例如，见亚洲开发银行（2007 年）；陈和拉瓦雷（2004 年）；古斯塔夫森和李（2001 年）；卡恩和里斯金（1998 年和 2001 年）；奈特和宋（2003 年和 2005 年）；林、庄和亚西亚（2008 年）。

动性仅在可以获取个人或家庭的面板数据时才能测量。这种分析的一个重要方面就是使用收入方面的观察数据来确定随时间推移，特定年份的收入差距被收入流动所平滑的程度（戈特沙尔克，1997 年；费尔兹，2001 年）。尼（1996 年）在一份关于中国收入流动性的早期研究中提供了这样的证据：在 1978—1989 年后期，农村家庭收入流动性增加了。科尔和潘凯弗尔（2006 年）发现，1990—1995 年，城市个人的收入差距扩大且收入流动水平高，其程度比美国观察到的更高。通过将他们的调查扩展到家庭收入，[①] 科尔和潘凯弗尔（2008 年和 2009 年）发现同一时期中国家庭之间显著的收入流动性，其中农村家庭的流动性比城市家庭的流动性低。

本章考察了中国家庭中的收入流动性，方法是将科尔和潘凯弗尔（2008 年和 2009 年）的分析扩展到 21 世纪初，并使用了 1996 年和 2002 年中国家庭收入计划（CHIP）（里斯金、赵和李，2000 年）进行的家庭收入调查方面的信息。这一分析得出了许多结论。首先，在 20 世纪 90 年代早期，中国收入差距的扩大伴随着与其他转型中的发展中国家相当的、一定程度的收入流动性，并且比美国这样的发达国家的收入流动性高。但在 21 世纪早期，虽然收入差距进一步扩大，但收入流动性降低了，这意味着家庭被固定在相对较低的收入水平上的概率提高了。第二，城市和农村家庭在收入流动性方面的经历也开始分道扬镳。在 20 世纪 90 年代，城市家庭收入流动性比农村家庭高。在 20 世纪 90 年代早期和 21 世纪早期，两者的收入流动性都下降了，但城市家庭收入流动性的降幅更显著；到 21 世纪早期，城市和农村家庭的收入流动性大致相同。第三，三年平均收入的基尼系数是对应的单年收入基尼系数的 90%—95%，这表明收入流动性可以缓解收入差距的程度。

本章其他部分的内容有：第 12.2 节描述资料来源和变量构建。第 12.3 节讨论中国城市和农村家庭的收入差距和收入流动性。第 12.4 节考察收入流动性的相关因素。第 12.5 节从更长期的视角观察收入差距。第 12.6 节对本章进行了总结。

---

① 这在发展中国家存在着为缓解异质冲击而进行的高度家庭内部风险分担时尤其恰当（见科查，1995 年）。

12.2　资料来源和研究过程

12.2.1　中国家庭收入项目

本章使用了来自 1996 年和 2002 年中国家庭收入项目（CHIP）（里斯金、赵和李，2000 年）下的家庭收入调查信息。[①] 1996 年的调查涵盖了 7 998 户农村家庭和 6 931 户城市家庭（CHIP 2），而 2002 年的调查涵盖了 9 200 户农村家庭和 6 835 户城市家庭（CHIP 3）。农村样本来自 19 个省，而城市样本代表了 11 个省的家庭。为获取相同家庭随时间推移的收入数据，在每次 CHIP 调查中都请被调查者提供当年以及以前年份的收入信息。本章的分析对城市和农村家庭都利用了 CHIP 2 中 1991 年、1993 年和 1995 年的数据，以及 CHIP 3 中 1998 年、2000 年和 2002 年的数据。这两个数据集合起来提供了在经济显著增长期间对超过 10 年的家庭收入的描述（表 12.1）。

本研究使用对转移支付前/税前的家庭收入测量数据，包括以下方面：现金支付、实物收入、国家资助的补贴以及参与农业生产的家庭消费的农产品。对收入定义变化的影响的调查表明，主要的研究发现对各种定义具备稳定性。全部收入变量以 1995 年人民币度量。在估计收入差距中的主要问题是收入数据的质量，例如测量误差和异常值，这常常在分布函数的双尾更加明显。按照减少这些测量误差的通常做法，舍去了每个样本的收入数据中最小的 0.5% 和最大的 0.5%。这可能降低对收入差距的测量程度。但对这种舍弃过程的影响的评估表明其对收入差距和流动性方面的推论产生的影响并不显著。[②]

---

① 中国家庭收入项目是由中国社会科学院经济研究所、亚洲开发银行和福特基金会共同资助的一项研究，同时哥伦比亚大学东亚研究所也提供了支持。卡恩和里斯金（2001 年）提供了对最初发现的详细分析。菲尔兹和张（2007 年）提出，这两个数据集以及中国健康和营养调查（科尔和潘凯弗尔在 2008 年的研究中有使用）可能在回答收入流动性问题方面有用。

② 考埃尔、里奇菲尔德和梅卡德—普拉茨（1999 年）提供了舍弃收入分布数据的尾部这种做法的分析和应用。删除离群值在劳动经济学中是标准（虽然绝不是普遍）流程。卡德、列米欧和里德尔（2004 年）的研究是最近使用当期人口调查的例子，科尔和潘凯弗尔 2009 年也使用了这些数据。

表 12.1　对家庭的描述统计数据

	CHIP 2			CHIP 3		
	年份	城市	农村	年份	城市	农村
变量（平均值）						
实际总收入	1991	11 111.99	5 369.72	1998	15 095.65	7 267.67
实际总收入	1993	12 753.95	5 875.79	2000	17 410.56	8 517.55
实际总收入	1995	13 743.39	6 326.01	2002	21.299.28	9 426.26
每个成人等价实际收入	1991	4 531.38	1 709.88	1998	6 296.33	2 382.19
每个成人等价实际收入	1993	5 184.61	1 864.84	2000	7 266.57	2 826.57
每个成人等价实际收入	1995	5 600.24	2 002.57	2002	8 911.49	3 122.04
家庭规模	1995	3.13	4.34	2002	3.00	4.11
户主特征						
女性	33.9%	3.8%			32.6%	0.04%
年龄	45.96	44.49			47.99	46.33
中共党员	34.0%	14.9%			38.7%	0.18%
少数民族群体	4.2%	5.7%			3.8%	0.02%
平均受教育年限	10.42	5.44			10.71	7.27

CHIP = 中国家庭收入项目。

注：实际收入以 1995 年人民币表示。

资料来源：作者的估算。

12.2.2　对家庭规模和构成的调整

家庭的规模和构成不同，并且家庭收入经常与这些差别有关。表 12.2 的数据展示了这种情况，该表分别列出了农村和城市家庭的家庭总收入的每个收入十分位对应的平均儿童数（N^C）、平均成人数（N^A）以及平均成员数（N^{A+C}）。[①] 总体来看，农村家庭比城市家庭大。对两者而言，家庭规模都随收入水平提高而提高。但在 1995 年和 2002 年，城市和农村地区平均家庭规模都显著减小。

---

① 儿童被定义为不满 18 岁的家庭成员。

表 12.2　按收入十分位的家庭规模和构成：农村和城市，1995 年和 2002 年

	收入十分位										
	第 1	第 2	第 3	第 4	第 5	第 6	第 7	第 8	第 9	第 10	平均值
1995 年 CHIP，农村家庭											
N^C	1.08	1.11	1.25	1.32	1.38	1.41	1.35	1.34	1.39	1.26	1.29
N^A	2.87	2.76	2.72	2.87	2.96	3.08	3.17	3.20	3.27	3.55	3.05
N^{A+C}	3.95	3.87	3.98	4.19	4.34	4.50	4.53	4.54	4.66	4.82	4.34
1995 年 CHIP，城市家庭											
N^C	0.72	0.75	0.79	0.75	0.73	0.72	0.69	0.60	0.56	0.56	0.69
N^A	2.10	2.25	2.25	2.32	2.38	2.40	2.47	2.63	2.75	2.92	2.45
N^{A+C}	2.82	3.00	3.04	3.07	3.11	3.12	3.15	3.23	3.31	3.48	3.13
2002 年 CHIP，农村家庭											
N^C	0.91	1.07	1.06	1.06	1.14	1.05	1.12	1.11	1.12	0.99	1.06
N^A	2.68	2.80	2.92	2.93	3.02	3.15	3.12	3.24	3.32	3.46	3.07
N^{A+C}	3.59	3.87	3.98	3.99	4.16	4.20	4.24	4.35	4.44	4.45	4.13
2002 年 CHIP，城市家庭											
N^C	0.57	0.56	0.52	0.55	0.54	0.49	0.56	0.52	0.46	0.46	0.52
N^A	2.21	2.31	2.39	2.39	2.45	2.47	2.49	2.56	2.78	2.77	2.48
N^{A+C}	2.78	2.87	2.91	2.94	2.99	2.96	3.06	3.08	3.24	3.23	3.01

CHIP = 中国家庭收入项目。

资料来源：作者的估算。

为确定本章的分析结果是否独立于比较家庭的不同方式，除了使用未经家庭规模和结构进行调整的家庭总收入（y_i），本研究还计算了人均家庭收入（$y_i/[N_i^A + N_i^C]$）和每个成人等价家庭收入（定义为 $y_i/(N_i^A + \theta N_i^C)^v$，其中 θ 是赋予小孩的权重，v 是规模经济参数）。研究检查了 θ 和 v 这些其他变量的影响，而总体结果没有随选择的不同数值发生显著变化。[①] 对每个成人等价家庭收入的估计基于 θ 取 0.75，v 取 0.85。这

① 作者考察了 θ 值在 0.5 和 1 之间以及 v 值在 0.5 和 1 之间的情况。人均家庭收入相当于 $\theta = v = 1$。结果对 θ 和 v 的选择不敏感。

些数值意味着，例如，在评估给定的人民币或美元家庭收入时，包括五个成人、没有儿童的家庭“等价于”由两个成人和四个儿童组成的家庭。

12.3 农村和城市家庭中的收入差距和流动性

12.3.1 年收入差距

图12.1展示了对1991年和1995年农村和城市家庭收入的核心概率密度估计值；图12.2展示了1998年和2002年的结果。这些图中显示了重要的观察结果。首先，城市收入的中心趋势在所有年份中都高于农村收入。[①] 此外，从图12.1可以明显看到在1991年和1995年，中国农村家庭年收入分布比城市家庭更宽。换句话说，在这些年份城市家庭收入差距低于农村家庭。但是，对1998年和2002年，城市地区家庭收入分布的核心密度与农村家庭没有显著差别（见图12.2）。这反映出农村收入分布在1995—2002年没有太大变化，而城市收入分布变得更宽且差距更大。

虽然许多研究记载了近年来中国收入差距的扩大，但人们从比较两个CHIP数据中发现了一种有趣的趋势，即城市和农村家庭的经验证据存在差异。核心密度给出的直观印象得到了表12.3中的收入差距指标的确认。表12.3靠下的面板表明，不仅在家庭收入而且在对家庭规模和构成进行调整后的家庭收入方面，农村收入差距都超过城市收入差距。[②] 虽然中国的收入差距整体扩大了，但与城市地区相反，1995—

① 如果在计算城乡收入差距时，城市和农村家庭之间为人熟知的差异保持不变，则这种中心趋势几乎不变。因此，当保持以下指标不变——家庭规模和结构、户主的年龄、户主是否是共产党员以及户主是否是少数民族，则农村家庭平均收入是城市家庭平均收入的41%（见科尔和潘凯弗尔，2006年）。密度数值通过使用伊潘尼奇尼科夫核函数（带宽0.05）估计的。这种模式与美国的情况在性质上是相同的：农村家庭收入分布在城市家庭收入分布的左边。但是，美国的农村家庭收入分布相对于城市家庭收入分布的偏移显著低于中国的情况（见科尔和潘凯弗尔，2009年）。

② 通过使用极大似然方法从分组概要信息计算整个分布，吴和佩罗夫（2004年）计算得到1995年农村家庭收入基尼系数为0.338，而城市家庭收入的基尼系数为0.221，这些数值比表12.3低一些，但城乡差异程度与本研究的计算结果类似。在本杰明、勃兰特和贾尔斯的研究（2005年）中，1995年中国农村家庭收入差距指标比表12.3中的结果略低，例如，该研究中的人均家庭收入的基尼系数为0.33，而表12.3中为0.358。

图 12.1　对家庭收入频率分布的核心密度的估计值，1991 年和 1995 年

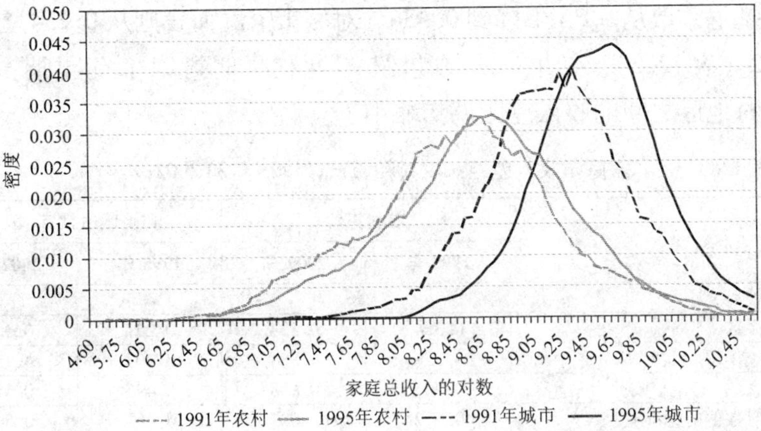

资料来源：作者的估算。

图 12.2　对家庭收入频率分布的核心密度的估计值，1998 年和 2002 年

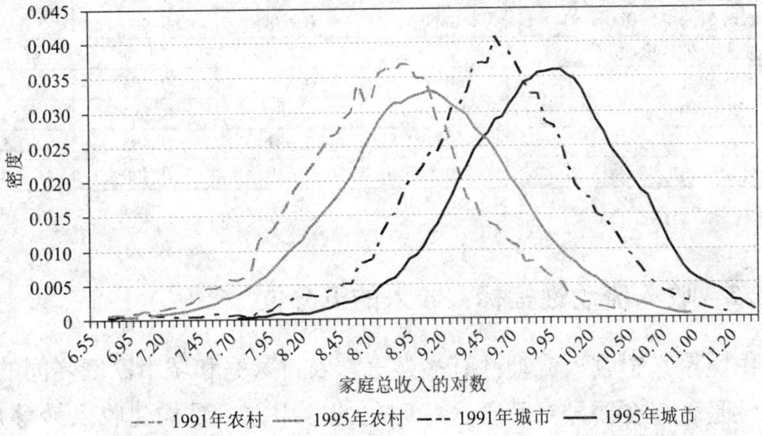

资料来源：作者的估算。

2002 年，农村家庭之间的收入差距实际上缩小了。[①] 这一模式不随家庭收入定义和采用的收入差距测量方法而变化，这些测量方法包括：基尼系数、第 90 百分位数收入与第 10 百分位收入之比、收入的变异系数，

① 另一方面，大多数研究发现中国农村收入差距在同一时期扩大了。对这些差别的可能解释包括样本选择的独特性和对报告收入的测量误差。但是，科尔和潘凯弗尔（2009 年）进行了蒙特卡洛模拟，该模拟是从 CHIP 2 的混合城乡样本中抽取独立的子样本，结果发现对收入流动性的测量具有稳定性。CHIP 3 的农村收入差距缩小的来源有待进一步研究。

以及收入的对数值的标准差。例如，农村家庭的每个成人等价家庭总收入的基尼系数从0.35下降到0.336，对城市家庭而言则从0.254上升到0.302（表12.3）。结果，从20世纪90年代早期到21世纪早期，城市和农村地区之间的收入差距鸿沟缩小了。

表12.3　家庭年收入差距：农村和城市，1995年和2002年

	农村家庭		城市家庭	
	1995年	**2002年**	**1995年**	**2002年**
家庭收入				
基尼系数	0.354	0.334	0.257	0.303
第90/第10分位比率	5.729	4.884	3.203	4.153
变异系数	0.705	0.658	0.495	0.579
收入对数值的标准差	0.677	0.621	0.464	0.563
人均家庭收入				
基尼系数	0.358	0.348	0.265	0.311
第90/第10分位比率	5.316	5.101	3.389	4.355
变异系数	0.755	0.716	0.508	0.609
收入对数值的标准差	0.677	0.638	0.480	0.577
每个成人等价家庭收入				
基尼系数	0.35	0.336	0.254	0.302
第90/第10分位比率	5.20	4.689	3.163	4.146
变异系数	0.721	0.681	0.485	0.585
收入对数值的标准差	0.665	0.619	0.459	0.560

资料来源：作者的估算。

12.3.2　收入流动性指标：收入的五分位

中国家庭中收入流动性有多显著？农村家庭和城市家庭之间的收入流动性是否存在差异？回答这些问题的常用方法是构建收入转移矩阵。转移矩阵在两个时期将家庭分为从I（最低或最贫穷的1/5）到V（最高或最富的1/5）的收入五分位。每个五分位包含相同数量的家庭。[①]收入转移矩阵的每个元素是前一年位于第j个收入五分位而下一年位于第k个收入五分位的家庭数量占比，以p_{jk}表示。

考察的两个时期分别是1991年和1995年（使用CHIP 2数据）以及1998年和2002年（使用CHIP 3数据）。表12.4和表12.5列出了基

① 为确保每个五分位区间中的家庭数量相等，如果位于五分位区间分界点的家庭收入相同，则他们被随机分配到相邻的五分位区间内。

于每个成人等价家庭收入的转移矩阵，并对城市、农村和混合家庭提供了单独的面板。对转移矩阵是对称矩阵这一空假设的 χ^2 检验在较高的置信水平下不能被拒绝。①

表 12.4　　每个成人等价家庭：收入转移矩阵，1991 年和 1995 年

农村		1995 年				
		Ⅰ	Ⅱ	Ⅲ	Ⅳ	Ⅴ
1991 年	Ⅰ	0.613	0.213	0.114	0.035	0.024
	Ⅱ	0.242	0.361	0.236	0.118	0.043
	Ⅲ	0.090	0.267	0.311	0.235	0.097
	Ⅳ	0.037	0.136	0.251	0.338	0.237
	Ⅴ	0.017	0.022	0.089	0.274	0.599
城市		**1995 年**				
		Ⅰ	Ⅱ	Ⅲ	Ⅳ	Ⅴ
1991 年	Ⅰ	0.478	0.234	0.157	0.101	0.029
	Ⅱ	0.294	0.256	0.212	0.157	0.081
	Ⅲ	0.153	0.249	0.263	0.202	0.133
	Ⅳ	0.067	0.206	0.229	0.277	0.221
	Ⅴ	0.007	0.055	0.139	0.263	0.537
混合家庭		**1995 年**				
		Ⅰ	Ⅱ	Ⅲ	Ⅳ	Ⅴ
1991 年	Ⅰ	0.702	0.242	0.042	0.012	0.002
	Ⅱ	0.252	0.445	0.208	0.074	0.021
	Ⅲ	0.040	0.251	0.360	0.244	0.106
	Ⅳ	0.005	0.056	0.303	0.379	0.256
	Ⅴ	0.001	0.006	0.088	0.291	0.614

概况	农村	城市	混合家庭
平均五分位移动	0.765	0.970	0.600
惯性率	0.444	0.362	0.500
调整后惯性率	0.835	0.743	0.909

资料来源：作者的估算。

① 对这些转移矩阵对称性的极大似然检验涉及计算统计量 $\Lambda = \sum_{i>j}(p_{ij}-p_{ji})^2/(p_{ij}+p_{ji})$，该统计量服从 χ^2 分布，其自由度为 $q(q-1)/2$（q 等于分位数的数量）。对表 12.5 和表 12.6 中的转移矩阵，在很高的置信水平上对称假设不能被拒绝（即计算得到的 p 值接近 1）。见毕晓普、芬博格和霍兰德（1975 年）。

根据表12.4的上部面板，在农村地区，1991年最贫穷的1/5家庭在1995年有61%位于同一五分位区间，而在城市地区，这一数字为48%。这表明城市收入流动性高于农村地区。但在1998—2002年，五分位的移动方面出现了显著减少，尤其是在城市地区，这与最初的模式相反。虽然1998年位于最低1/5并且在2002年仍然处于底部1/5的农村家庭所占比例仍然是61%，但1998年位于底部1/5且在四年后仍处于该五分位区间的城市家庭的比例为68%。

在最富裕五分位区间里，在农村家庭中，60%的家庭在1991年和1995年仍然在同一排位中，而城市家庭中这一数字为54%，这再一次表明城市比农村地区的收入流动性更大。在1998—2002年，农村家庭的相应数字为68%，而城市家庭为74%，这也表明城市收入流动性相对于农村地区的趋势已发生反转。基于人均家庭收入的转移矩阵产生了类似的结果。

为便于比较收入流动性，计算了三个关于收入流动性的概要指标：(1) 平均五分位移动；(2) 保持在同一分位区间的比例，又称"惯性率"；(3)"调整后的惯性率"，即保持在同一分位区间的比例加上移动了一个分位区间的比例。[①] 1991—1995年以及1998—2002年，对收入流动性的这三个概要指标的计算值分别见表12.4和表12.5的底部。1991—1995年，城市家庭的收入流动性高于农村家庭：与农村家庭相比（0.765、0.444和0.835），城市家庭的平均五分位移动更高，而惯

---

① 平均五分位移动定义为 $\frac{1}{5}\{\sum_{j=1}^{5}\sum_{k=1}^{5}(|j-k|)p_{jk}\}$。留在同一分位数区间的比例定义为 $\frac{1}{5}\sum_{j=1}^{5}p_{jj}$。惯性率与肖罗克斯（1978年）提出的指标类似：$(q-T)/(q-1)$，其中 T 是矩阵的迹，而 q 是分位数的数量（这里是5）。作为参考点，如果转移矩阵中的每个元素（即，如果 p_{jk} 的每个数值）是1/5（有时称为"完全流动性"），则平均分位移动的值将是1.6，惯性率将是0.2，而调整后惯性率将是0.52。另一种极端情况是，如果转移矩阵是单位矩阵，即矩阵主对角线上的元素都为1，其他元素为0（这种情况有时称为"完全惯性"），则平均五分位移动将是0，而惯性率和调整后惯性率均为1。显然，平均五分位移动的取值范围是1.6到0，惯性率的取值范围是0.2到1，而调整后惯性率的范围是0.52到1。平均五分位数更高的取值表示更大的流动性，而更高的惯性率和调整后惯性率的数值表示更低的流动性。

性率和调整后惯性率更低（0.970、0.362 和 0.743）。①

表 12.5　　每个成人等价家庭：收入转移矩阵，1998 年和 2002 年

农村		2002 年				
		Ⅰ	Ⅱ	Ⅲ	Ⅳ	Ⅴ
1998 年	Ⅰ	0.613	0.218	0.098	0.044	0.028
	Ⅱ	0.230	0.411	0.220	0.096	0.043
	Ⅲ	0.085	0.237	0.375	0.212	0.091
	Ⅳ	0.044	0.102	0.236	0.420	0.198
	Ⅴ	0.028	0.033	0.07	0.227	0.640
城市		**2002 年**				
		Ⅰ	Ⅱ	Ⅲ	Ⅳ	Ⅴ
1998 年	Ⅰ	0.628	0.242	0.080	0.035	0.016
	Ⅱ	0.258	0.394	0.217	0.091	0.041
	Ⅲ	0.080	0.266	0.349	0.212	0.095
	Ⅳ	0.024	0.077	0.287	0.404	0.209
	Ⅴ	0.011	0.023	0.068	0.259	0.640
混合家庭		**2002 年**				
		Ⅰ	Ⅱ	Ⅲ	Ⅳ	Ⅴ
1998 年	Ⅰ	0.681	0.228	0.070	0.016	0.005
	Ⅱ	0.237	0.500	0.203	0.051	0.009
	Ⅲ	0.065	0.225	0.469	0.198	0.042
	Ⅳ	0.015	0.041	0.227	0.513	0.204
	Ⅴ	0.002	0.006	0.030	0.222	0.740

概况	农村	城市	混合家庭
平均五分位移动	0.717	0.679	0.502
惯性率	0.492	0.483	0.581
调整后惯性率	0.847	0.873	0.930

资料来源：作者的估算。

① 除了家庭收入外，还使用 CHIP 3 计算了城市个人的收入流动性测量指标。虽然本章没有出现个人收入的转移矩阵，但结果显示个人的收入流动性超过家庭的收入流动性。例如，1998—2002 年间城市个人的平均五分位移动是 0.688。在同一时期，对城市个人而言，惯性率和调整后惯性率分别是 0.485 和 0.870。这些测量结果显示了更多的个人流动性，与选择的家庭收入测量方法无关，并且如以前推测的那样显示了家庭之间的风险分担。使用 CHIP 2 数据得到了相似的结果（见科尔和潘凯弗尔，2009 年）。

但在1998—2002年，与收入差距扩大同时发生的是中国家庭收入流动性的程度下降了。收入流动性下降在城市家庭中尤为显著，其中留在同一五分位区间的家庭所占百分比从早期的36.2%几乎提高了1/3，达到48.3%。这些表明收入分布在更近的年份里变得更缺乏流动性。更惊人的是，收入流动性上的城乡差别发生了反转：1998—2002年农村家庭的平均五分位移动高于城市家庭。

与其他发展中国家相比中国的收入流动性如何呢？科尔和潘凯弗尔（2008年）观察到发展中国家测量的收入流动性似乎高于发达国家：五年里留在同一五分位区间家庭所占比例在大多数发达国家超过50%，而在秘鲁、南非和越南这一比例为大约40%。此外，其他转型经济体的收入流动性高于中国。例如，匈牙利和俄罗斯在差不多的时间（1989—1991年）向市场经济转型。在1994年，匈牙利的年度（一年）测量平均五分位数移动为0.572，俄罗斯为0.996，而在2001—2002年，中国家庭为0.349。①

12.3.3 收入流动性指标：收入群

前文讨论的收入流动性指标并非不随社会收入差距程度的变化而变化。换句话说，收入增长的家庭在收入分布集中的经济体中比收入分布分散的社会中增加同样收入的家庭更可能跨越五分位区间。因为农村地区的年收入分布的不平等与城市地区不同，所以考虑构建另一种收入转移矩阵（该矩阵的定义不以收入五分位为基础，而是依据其他分类方法以确保结果的可靠性）是有用的。这里使用的替代方法是相对收入中位数或收入群的偏差。

收入群分为五类：（1）收入低于收入中位数的0.65倍；（2）收入在中位数的0.65倍和0.95倍之间；（3）收入在中位数的0.95倍和1.25倍之间；（4）在中位数的1.25倍和1.55倍之间；（5）高于中位数的1.55倍。显然，如果这两类社会的中位数相同，则收入界限将是

① 这种比较本身可能并不是非常有意义，因为转移矩阵依据的分析单元因国家而异；但从趋势来看，1990—1994年中国的年收入流动性提高了，而在俄罗斯和匈牙利则下降了。中国个人和家庭的收入流动性的这一提高趋势很明显，无论收入流动性是用五分位或十分位测量。

相同的，但当这两个社会的收入分布不同时，它们将对应于不同的家庭比例。与收入分布更集中的社会相比，在收入分布更分散的社会，更多的家庭将处于低于中位数的 0.65 这个范围。测量跨收入群而非跨收入五分位的结果见表 12.6。

表 12.6　　收入流动性概况，1991—1995 年和 1998—2002 年

	五分位		收入群	
	农村	城市	农村	城市
1991—1995 年				
家庭收入				
平均收入群移动/五分位移动	0.748	0.973	0.847	0.906
惯性率	0.455	0.360	0.473	0.371
调整后惯性率	0.840	0.744	0.802	0.780
人均家庭收入				
平均收入群移动/五分位移动	0.757	0.930	0.824	0.886
惯性率	0.442	0.373	0.466	0.384
调整后惯性率	0.842	0.763	0.813	0.787
每个成人等价家庭收入				
平均收入群移动/五分位移动	0.765	0.970	0.839	0.913
惯性率	0.444	0.362	0.464	0.367
调整后惯性率	0.835	0.743	0.801	0.777
1998—2002 年				
家庭收入				
平均收入群移动/五分位移动	0.709	0.668	0.744	0.704
惯性率	0.499	0.485	0.506	0.492
调整后惯性率	0.847	0.878	0.837	0.859
人均家庭收入				
平均收入群移动/五分位移动	0.693	0.663	0.741	0.691
惯性率	0.502	0.489	0.518	0.498
调整后惯性率	0.854	0.880	0.838	0.867
每个成人等价家庭收入				
平均收入群移动/五分位移动	0.717	0.679	0.760	0.707
惯性率	0.492	0.483	0.499	0.488
调整后惯性率	0.847	0.873	0.835	0.862

资料来源：作者的估算。

1991—1995年，农村和城市地区之间收入流动性差别有缩小的趋势。不出所料，在收入分布更分散的农村地区，当用跨收入群体的移动测量时流动性似乎比用跨收入五分位的移动测量时要更大；并且在年收入分布更集中的城市地区，当用跨收入群的转移测量时的流动性比用跨收入五分位的转移测量时更小。但是，1991—1995年城市地区家庭收入流动性仍然超过农村地区收入流动性。

但在1998—2002年，城市家庭收入分布差距扩大而农村地区略微缩小。结果，与在农村家庭观察到的类似，这一时期用跨收入群移动测量的城市家庭收入流动性似乎比用跨收入五分位的移动测量的结果更大。可能更重要的是，使用收入群的这些结果确认了第12.3.2节中的发现：城市家庭收入流动性降低到这种程度，即以一些方法测量，这一时期城市地区收入流动性比农村地区更低。

12.3.4 收入流动性：另一稳定性检验

对收入流动性的另一种常用测量方法是，当前家庭收入（这里使用每个成人等价收入$_{it}$的对数）对滞后家庭收入（每个成人等价收入$_{it-1}$的对数）的回归方程的斜率系数。

$$y_{it} = \alpha_t + \beta y_{i,t-1} + e_{it} \tag{2}$$

其中，误差项e_{it}服从标准正态分布。当β为零时，收入服从随机游走模式；值为1意味着完全的收入惯性（当前家庭收入完全由过去的收入决定）。①

表12.7展示了这些对城市和农村家庭分别估计的系数。这些模式与更早的观察结果取得了广泛的一致。1991—1995年，城市地区收入流动性高于农村地区，其中城市家庭的滞后家庭收入的斜率系数为0.58，而农村家庭为0.716。1998—2002年，城市家庭的系数增加到0.737，而农村家庭仅增加到0.745，这表明城市和农村家庭之间收入流动性趋同。这些结果表明，两个群体的收入流动性下降，其中城市家庭下降更显著。

---

① 此处β没有区分向上和向下的流动性。

表 12.7　收入流动性：另一稳定性检验

	$\hat{\beta}$ 城市	$\hat{\beta}$ 农村
1991—1995 年	0.58	0.716
	(0.009)	(0.008)
1998—2002 年	0.737	0.745
	(0.008)	(0.008)

注：$\hat{\beta}$ 是从等式（2）中导出的。

资料来源：作者的估算。

12.4　收入流动性的相关性

表 1.26 中收入流动性指标描述了五年里跨不同收入五分位的收入流动性的程度，但它们不涉及与向上或向下流动性关联的那些家庭属性。此外，有人可能认为收入流动性这种属性不仅需要在两年之间测量，而且需要在许多个两年之间测量。换一种说法，因为有在任何指定年份运作的暂时因素，使用关于仅仅两年的信息没有完全观察到向上或向下的收入流动性的“永久”概率。因此，定义 π_i 为家庭 i 的永久收入流动性的潜在指数并设 π_i 是家庭 X_i 的观察特征和未观察到的因素 u_i 的线性函数。

$$\pi_i = \beta X_i + u_i \tag{3}$$

其中，假设 u_i 服从零均值和单位方差的正态分布。这种标准化的正态分布假设将用于估计有序 probit 模型。

虽然永久收入流动性 π_i 无观察值，但家庭在表 12.5 中的 1991—1995 年以及表 12.6 中的 1998—2002 年的收入转移矩阵元素中的位置提供了关于该家庭永久流动性的信息。根据家庭是在收入转移矩阵的对角线中或者在对角线以上或者以下占有一个元素的位置，可以定义新变量 z_i，z_i具有以下特征：对位于主对角线以下（即经历向下流动性的家庭），$z_i=1$；对位于收入转移矩阵主对角线本身的家庭（没有经历流动性的家庭），$z_i=2$；对位于收入转移矩阵主对角线以上的家庭（经历向上流动性的家庭)，$z_i = 3$。[1] z_i的观察值与潜变量 π_i之间的关系如下：

$$z_i = 1 if \pi_i \leqslant o$$

$$z_i = 2 if o < \pi_i \leqslant \gamma_1$$

$$z_i = 3 if \gamma_2 \leqslant \pi_i$$

其中，γ_1 和 γ_2 是将与β一起被估计的检查参数。X 变量由家庭规模和户主的以下特征组成：性别、年龄（以二次型输入)、受教育年限、少数民族等。就边际效应对方程（3）的β参数的极大似然估计结果见表 12. 8。

表 12. 8　　来自极大似然估计的边际效应

	概率（向下流动)		概率（不流动)		概率（向上流动)	
	农村	城市	农村	城市	农村	城市
CHIP 2（1991—1995 年)						
妇女 =1	0. 010	−0. 029 **	−0. 001	0. 001	−0. 010	0. 027 *
	(0. 026)	(0. 011)	(0. 002)	(0. 001)	(0. 025)	(0. 011)
受教育年限	−0. 0044 **	−0. 0116 **	0. 0001	0. 0005 **	0. 0043 **	0. 0111 **
	(0. 002)	(0. 002)	(0. 000)	(0. 000)	(0. 002)	(0. 002)
少数民族 =1	0. 042 *	−0. 041 **	−0. 004	−0. 001	−0. 038 **	0. 042 *
	(0. 023)	(0. 024)	(0. 003)	(0. 002)	(0. 019)	(0. 026)
年龄/10	−0. 035	−0. 200 **	0. 001	0. 008 **	0. 034	0. 192 **
	(0. 031)	(0. 034)	(0. 001)	(0. 003)	(0. 031)	(0. 033)
年龄^2/1 000	0. 045	0. 199 **	−0. 001	0. 008 **	−0. 044	−0. 190 **
	(0. 030)	(0. 030)	(0. 001)	(0. 003)	(0. 030)	(0. 030)
家庭规模	−0. 017 **	0. 001	0. 001 *	−0. 001	0. 017 **	−0. 001
	(0. 004)	(0. 006)	(0. 001)	(0. 001)	(0. 004)	(0. 006)
CHIP 3（1998—2002 年)						
妇女 =1	0. 029	−0. 023 **	−0. 002	0. 000	−0. 027	0. 022 **
	(0. 021)	(0. 001)	(0. 002)	(0. 000)	(0. 019)	(0. 001)

① 因此，在收入转移矩阵（其中每个元素被定义为 $\{j, k\}$，j 表示初始年份的收入五分位，k 表示最后一年的收入五分位)，如果家庭 i 所处元素的位置上 $j > k$，则 $z_i = 1$；如果家庭 i 所处元素的位置上 $j = k$，则 $z_i = 2$；如果家庭 i 所处元素的位置上 $j < k$，则 $z_i = 3$。

续表

	概率（向下流动）		概率（不流动）		概率（向上流动）	
	农村	城市	农村	城市	农村	城市
受教育年限	0.000	-0.009**	0.0001	0.0004**	0.000	0.009**
	(0.002)	(0.001)	(0.0002)	(0.000)	(0.002)	(0.001)
少数民族 = 1	0.031	-0.047**	-0.002	-0.002	-0.029	0.049*
	(0.032)	(0.021)	(0.004)	(0.003)	(0.028)	(0.026)
年龄/10	-0.001	0.008**	0.000	-0.0003*	0.001	-0.007**
	(0.003)	(0.003)	(0.000)	(0.000)	(0.003)	(0.003)
年龄^2/1 000	0.003	0.001**	-0.004	0.008*	0.000	0.006**
	(0.004)	(0.000)	(0.005)	(0.003)	(0.000)	(0.003)
家庭规模	-0.017**	0.009	0.002	0.000	0.011**	-0.001
	(0.004)	(0.006)	(0.003)	(0.000)	(0.004)	(0.006)

CHIP = 中国家庭收入项目。

注：括号中为标准差。

对农村家庭，似乎跨越这两个时间段的关于收入流动性的唯一的显著预测指标是家庭规模。在这两轮调查中，农村家庭每个额外成员使向下流动性的概率降低 1.7%。在 20 世纪 90 年代早期，户主的受教育水平仍然与更低的收入流动性关联：每一年的教育使向下流动性概率降低 0.4%，但这比教育对城市家庭相应的影响程度小得多。但是，教育在第二轮调查中不再是向下流动性的显著阻碍因素。

由于一般而言，给定变量对向上流动性概率的边际效应的程度与同一变量对向下流动性概率的影响的相反方面接近，所以上述讨论只包括了向下流动性。这与前面提到的收入转移矩阵的对称性一致。概括起来，边际效应对城市和农村部门的影响不同：在城市地区户主为女性的家庭收入流动向上的可能性大于户主为男性的家庭，而农村地区收入流动性的性别差异并不显著。[①] 在农村地区，少数民族呈现向下流动性的可能性高于非少数民族，但这种差别在城市地区不明显。虽然在农村地区更大的家庭呈现向上流动性的程度更高，但在城市地区家庭规模和收入流动性之间没有关系。虽然在城市和农村地区，向上收入流动性的概

① 城市地区户主为女性的家庭比户主为男性的家庭的向上流动性概率高 3%。

率与年龄的关系都遵循倒 U 形曲线，但在农村地区该曲线达到峰值时对应的年龄比城市地区少 11 年。受教育年限更长与更大的向上流动性概率相关。

这些结果凸显了农村和城市家庭收入流动性模式的差异。显著的城乡收入水平差别也在与收入流动性相关的因素上的城乡差别中呈现出来。与城市家庭中收入流动性相关的经验规律与农村家庭中的经验规律并不相同。

12.5 关于收入差距的长期视角

基于三年的平均收入的收入差距测量结果与基于单一年份收入的测量结果之间的关系是什么？至少对比如收入差距的一种测量，即收入的变异系数，可以推导出精确的表达式将这些测量结果联系起来。假设有 r、s 和 t 三个年度的收入观察值。虽然归纳出以下表达式并不困难，但假设这三年中每一年的收入分布是静态的，[①] 则三年平均收入的变异系数 C 可以写作：

$$C = C_r \times \left(\frac{1}{3}\right)\left[3 + 2(\rho_{rs} + \rho_{st} + \rho_{rt})\right]^{\frac{1}{2}} \tag{4}$$

其中，C_r是 r 年的收入的变异系数，ρ_{jk}是第 j 年和第 k 年的收入之间的相关系数。公式（4）表明，三年平均收入的差距与单独一年的收入差距成比例，其中比例系数取决于收入的相关系数，即 ρ_{jk}的值。为理解公式（4），考虑特定案例。设想相关系数 ρ_{jk}均为 1，即收入完全不流动的状态，则比例系数是 1 且 C 等于 C_r。但由于相关系数一般小于 1，所以 C 与 C_r一般不完全相关。当 ρ_{jk} 的所有值为零，则 C 为 C_r 的 58%，而如果 C 要比 C_r 更小则需要值为负数的 ρ_{jk}。

表 12.9 展示了中国的 ρ_{jk}值。对相隔四年（1991 年和 1995 年）的相关系数，农村家庭的数值高于城市家庭——这与前面提到的 1991—1995 年城市地区更大的收入流动性这一结果一致。对后面的四年

---

① 静止的意思是均值和标准差相同。恒定标准差（σ）的假设与这些数据并不截然矛盾。例如，对家庭总收入而言，在中国的城市家庭中，1993 年的 σ 是 1991 年 σ 的 1.10 倍，而 1995 年的 σ 是 1991 年 σ 的 1.14 倍。

（1998—2002年），农村和城市家庭的相关系数都更高，这再次确认了前面关于收入流动性下降的发现。

表12.9　相同家庭在不同年份的每个成人等价家庭收入的相关系数

	CHIP 2			CHIP 3	
	1993年	1995年		2000年	2002年
农村			**农村**		
1991年	0.824	0.701	1998年	0.851	0.700
1993年	1.000	0.765	2000年	1.000	0.714
城市			**城市**		
1991年	0.877	0.643	1998年	0.885	0.729
1993年	1.000	0.760	2000年	1.000	0.844
混合家庭			**混合家庭**		
1991年	0.910	0.768	1998年	0.919	0.821
1993年	1.000	0.846	2000年	1.000	0.882

CHIP＝中国家庭收入项目。

注：括号中为标准差。

表12.10　　使用平均收入表示的每个成人等价家庭收入差距

	农村家庭		城市家庭	
CHIP 2	**1995年**	**1991年、1993年、1995年**	**1995年**	**1991年、1993年、1995年**
基尼系数	0.350	0.332	0.254	0.242
第90/第10分位数比率	5.200	4.666	3.163	3.011
变异系数	0.721	0.669	0.485	0.461
收入对数值的标准差	0.665	0.625	0.459	0.435
基尼系数	0.338	0.306	0.302	0.284
第90/第10分位数比率	4.898	4.177	4.146	3.811
变异系数	0.685	0.604	0.585	0.546
收入对数值的标准差	0.621	0.554	0.559	0.524

CHIP＝中国家庭收入项目。

注：括号中为标准差。

使用公式（4）中ρ_{jk}的平均值发现，三年平均收入的差距将低于单独一年的收入差距。表12.10比较了单独一年的收入差距的测量结果和使用三年平均收入的测量结果。对城市和农村家庭，数据显示，当从长期来测量收入时，无论用何种指标，收入差距都一致降低。对 CHIP 2，农村家庭的基尼系数从 1995 年的 0.350 降低到使用更长期的平均收入后的 0.332，而城市家庭的基尼系数从 0.254 下降到 0.242。对 CHIP 3，使用更长期的收入平均值也出现了收入差距的类似下降。总体而言，与公式（4）的推论一致，对这些更长期的平均收入而言，基尼系数是单独年份收入的相应基尼系数的 90%—95%。

12.6 结论

在存在显著的跨年度收入流动性的社会中，年度收入数据可能提供关于持久收入差距的误导性的指标。使用关于家庭收入的面板数据，本章考察了中国在 20 世纪 90 年代早期和 21 世纪早期之间（收入差距迅速扩大的一段时期）收入流动性模式的变化。本分析得出了许多有趣的结论。

在 20 世纪 90 年代早期，中国收入流动性与其他转型中的发展中国家可比，并且比美国和经合组织的一些国家更高。农村家庭比城市家庭的收入流动性也更低。

但是，在 20 世纪 90 年代早期和 21 世纪早期之间，与收入差距扩大同时发生的是，中国家庭中的收入流动性程度降低。收入流动性降低在城市家庭中尤为明显。仍处于同一五分位的城市家庭所占百分比几乎增加了 1/5，从早期的 36.2% 提高到 48.3%。对农村家庭而言，仍处于同一五分位的家庭所占百分比从 44.4% 增加到 49.2%。

此外，由于一些指标衡量的城市收入流动性的急剧下降，收入流动性的城乡差别出现了逆转：1998—2002 年，农村家庭的平均五分位移动高于城市家庭。此外，测量仍处于同一五分位或附近的家庭所占百分比的调整后收入流动性比率表明，到 21 世纪早期，城市家庭收入流动性更低。

从外部环境来看，在 20 世纪 90 年代早期农村家庭面临的收入差距比城市家庭高得多，但收入流动性更低。21 世纪的结果表明，城市和农村的这一差别已经显著缩小。但是收入流动性的总体放缓意味着中国家庭固定在相对更低的收入水平的概率增加了。

为检验这些发现的稳定性，除了使用基于收入五分位的收入转移矩阵计算的指标外，本章还展示了几种测量收入流动性的替代方法。这些方法包括通过使用收入中位数作为“锚”构建的收入群。可获得数据的年份的收入的相关性以及当前收入与滞后收入的回归分析的结果类似，都表明在 1991—1995 年，城市比农村家庭的收入流动性程度更高。这一点在 1998—2002 年显著降低，导致城市和农村家庭测得的系数几乎趋同。

此外，本章调查了收入流动性的相关因素。结果表明，与城市家庭收入流动性相关的因素和与农村家庭相关的因素不同。在城市家庭，户主的一些特征与向上收入流动性正相关，包括更高的教育程度、女性、少数民族等。对农村家庭而言，与向上收入流动性具有多年的正相关的主要因素是家庭规模。

这些结论具有实用的政策意义。首先，面向包容性增长的政策应该考虑长期收入。关注年度收入可能高估个人和家庭面临的收入差距程度。此外，基于收入情况的计划应该不仅考虑个人收入，还要考虑家庭收入。实际上，数据表明家庭的收入流动性程度低于个人，这说明了家庭内部的风险分担机制。最后，最近使城乡差别扩大和永久化的政策（例如城市公共住房的私有化）可能使中国收入差距扩大和收入流动性降低这两种趋势恶化。

参考文献

ADB. 2007. "Inequality in Asia." In *Key Indicators 2007*. Asian Development Bank, Manila.

Benjamin, D., L. Brandt, and J. Giles. 2005. "The Evolution of Income Inequality in Rural China." *Economic Development and Cultural Change* 53(4):769–824.

Bishop, Y., S. Fienberg, and P. Holland. 1975. *Discrete Multivariate Analysis: Theory and Practice*. Cambridge, MA: MIT Press.

Card, D., T. Lemieux, and C. Riddell. 2004. "Unionization and Wage Inequality: A Comparative Study of the U.S., the U.K., and Canada." NBER Working Paper No. 9473. National Bureau of Economic Research.

Chen, S., and M. Ravallion. 2004. "China's (Uneven) Progress Against Poverty." World Bank Policy Research Working Paper No. 3408.

Cowell, F., J. Litchfield, and M. Mercader-Prats. 1999. "Income Inequality Comparisons with Dirty Data: The UK and Spain during the 1980s." London School of Economics DARP Working Paper No. 45.

Fields, G. 2001. *Distribution and Development: A New Look at the Developing World.* Cambridge: The MIT Press.

Fields, G., and S. Zhang. 2007. "Income Mobility in China: Main Questions, Existing Evidence, and Proposed Studies." Available: http://digitalcommons.ilr.cornell.edu/workingpapers/70/, downloaded 15 September 2009.

Gottschalk, P. 1997. "Inequality, Income Growth and Mobility: The Basic Facts." *The Journal of Economic Perspectives* 11(2):21–40.

Gustafsson, B., and S. Li. 2001. "The Anatomy of Rising Earnings Inequality in Urban China." *Journal of Comparative Economics* 29:118–35.

Khan, A., and C. Riskin. 1998. "Income and Inequality in China: Composition, Distribution and Growth of Household Income, 1988 to 1995." *The China Quarterly* 154:221–53.

_____. 2001. *Inequality and Poverty in China in the Age of Globalization.* New York: Oxford University Press.

Khor, N., and J. Pencavel. 2006. "Income Mobility of Individuals in China and the United States." *Economics of Transition* 14(3):417–58.

_____. 2008. "Measuring Income Mobility, Income Inequality, and Social Welfare for Households of the People's Republic of China." ADB Working Paper Series No. 145. Asian Development Bank, Manila.

_____. 2009. "Income Inequality, Income Mobility, and Social Welfare for Urban and Rural Households of China and the United States." *Research in Labor Economics* (forthcoming).

Knight, J., and L. Song. 2003. "Increasing Urban Wage Inequality in China: Extent, Elements and Evaluation." *Economics of Transition* 11(4):597–619.

_____. 2005. *Towards a Labour Market in China.* Oxford: Oxford University Press.

Kochar, A. 1995. "Explaining Household Vulnerability to Idiosyncratic Income Shocks." *The American Economic Review* 85(2):179–64.

Lin, T., J. Zhuang, and D. Yarcia. 2008. "China's Income Inequality at the Provincial Level: Trends, Drivers, and Impacts." Paper presented at the 11th International Convention of the East Asian Economic Association, 15–16 November 2008, Manila.

Nee, V. 1996. " The Emergence of a Market Society: Changing Mechanisms of Stratification in China." *American Journal of Sociology* 100: 908–949.

Riskin, C., R. Zhao, and S. Li. 2000. "Chinese Household Income Project, 1995." [computer file], ICPSR version, Amherst, MA, University of Massachusetts, Political Economy Research Institute [producer], 2000. Inter-university Consortium for Political and Social Research [distributor], Ann Arbor, Michigan, November.

Shorrocks, A. F. 1978. "The Measurement of Mobility." *Econometrica* 46(5):1013–24.

第 13 章
劳动力市场中的职业隔离与性别歧视：以泰国和越南为例

孙贤华[1]

13.1 引言

在世界大多数地区，女性和男性在分担生活负担方面存在严重的不平等。虽然性别不平等有许多形式，[2] 但本章关注的是泰国和越南劳动力市场上收入的性别差异——这是推动建立在广泛基础上的增长或包容性增长的一个重要方面（贝尔曼和张，1995 年）。

收入的性别差距普遍存在，但不同国家在这方面差距的大小不同。本章从三方面分析这一差距：劳动力市场上的个人特征、职业分隔和性别歧视。在试图解释这种收入差距的大量研究中，瓦哈卡（1973 年）

---

① 本章源自孙贤华在 2007 年所做的研究。作者感谢那那克·喀克瓦尼和杰克斯·希尔伯教授对初稿的有益的、充满真知灼见的评论，以及庄巨忠和简·卡兰加尔·圣乔斯的建议和评论。

② 森（2001 年）声称性别不平等不是同质现象，而是异质且相互联系的问题的集合。他讨论了不同的差异类型，包括死亡率差异、出生率差异、基础设施差异、特殊机会差异、专业差异以及家庭差异。

开创了一种分解方法，该方法通过两个因素解释男女之间的工资差异：一个因素表示由于可观察的男女特征造成的差异，而另一因素代表收入生成函数的差别（这一因素有时被解释为对歧视的测量指标）。其他关于收入方面性别差异的杰出研究[①]包括：柯顿（1988年，分析了歧视的成本和收益），诺伊马克（1988年，从特殊的贝克里安歧视模型中提出了一种替代方法），以及瓦哈卡和蓝塞姆（1988年和1994年，提出了在分析工会/非工会工资差异中估计非歧视工资结构的流程）。

本章提出了一种分解方法以解释男女劳动者之间的福利差异，具体涉及职业的性别分隔、职业内部的歧视以及收入差别。根据阿特金森的福利函数，提出的分解方法考虑了每个职业群体内以及男女劳动者之间的差异的敏感性。[②] 这使我们能够调查不太贫穷和非常贫穷的人群之间的福利和收入上的性别差异程度。

本章还提出了通过一组个人和工作特征来调整人均收入的方法，这些特征一般被认为是决定劳动力市场中个人收入的主要控制因素。这些因素包括：受教育年限、每周工作小时数、工作经验、种族以及地理位置。这一调整与明赛尔类型的收入回归不同。此外，本章使用所谓的沙普利分解法（沙普利，1953年，该方法考察所有可能的排除序列）分隔了每种控制因素对工作分隔、歧视和收入差别方面的净效应。

第13.2节描述了一种度量收入性别差异的福利测量方法。第13.3节导出了一种新分解方法，该方法通过工作分隔、歧视和收入差距来解释福利的性别差异。第13.4节描述了通过一组个人和工作特征来调整福利的新方法。第13.5节考察获取个人和工作特征对福利的性别差异的净效应。第13.6节对泰国和越南的劳动力市场进行了经验分析。第13.7节对本章进行了总结。

---

① 本领域的研究还包括布兰德（1973年）和多伊奇与希尔伯（2007年）。虽然布兰德的分析框架与瓦哈卡类似，但多伊奇和希尔伯扩展了瓦哈卡的方法。多伊奇和希尔伯提出的方法基于两种技术：（1）按人口子群对不平等进行分解；（2）明赛尔收入函数，目的是将收入差异分解为在以下方面的差异：人力资本、回报率以及观察不到的特征。

② 虽然在本研究中阿特金森的福利函数被用于导出差异成分，但也可以使用其他福利函数和其他的差异测量方法。

13.2 社会福利

为获得对福利的测量方法，假设社会福利是个人效用的总和，而个人效用是其各自收入的函数，并假设每个人的效用函数相同。基于这些假设的社会福利函数将是可加的、可分的、对称的。

设 x 是个人在劳动力市场中的收入。假设 x 是概率密度函数为 $f(x)$ 的随机变量。如果 $u(x)$ 是个人效用函数，该函数是 x 的增函数，即 $u'(x)>0$，并且是凹函数，即 $u''(x)<0$，则社会平均福利定义如下：

$$W = \int_0^{\infty} u(x)f(x)\,dx \quad (1)$$

阿特金森（1970 年）提出了一种福利测量方法，该方法不随对个人效用的任何正线性变换而变化。该方法导出自均匀分布等价收入水平 x^* 这一概念，即如果每个人的收入水平为 x^*，则社会福利水平与前面描述的收入分布产生的结果相同，即：

$$u(x^*) = \int_0^{\infty} u(x)f(x)\,dx \quad (2)$$

其中，x^* 是社会人均福利的测量指标，并且是收入方面的社会福利测量指标。

阿特金森提出的收入差距测量指标是：

$$A = 1 - \frac{x^*}{\mu} \quad (3)$$

其中，μ 由下式给出：

$$\mu = \int_0^{\infty} xf(x)\,dx \quad (4)$$

μ 是社会平均收入。利用（3）式，社会福利 x^* 可以写作：

$$x^* = \mu(1 - A) \quad (5)$$

上式表明，社会福利取决于两个因素：平均收入和社会的收入差距。

如果收入差距指标 A 与刻度无关，则效用函数一定是位似的。一种位似效用函数如下：

$$u(x)=\alpha+\beta\frac{x^{1-\varepsilon}}{1-\varepsilon} \qquad \varepsilon\neq 1 \tag{6}$$
$$=\alpha+\beta\ln(x) \qquad \varepsilon=1$$

其中，$\beta>0$ 并且 α 和 β 是任意两个常数。注意，ε 是对收入差距厌恶程度的测量指标。如果 ε 上升，对收入分布函数较低一端的变换赋予更大权重，而对在较高一端的变换赋予更少的权重。如果 $\varepsilon=0$，则表明是差异中性的态度，这种情况下社会福利以社会平均收入度量。ε 越大，社会对收入差距的关注程度越高。当 ε 接近无限大时，社会对最贫困的人最为关心。这种情况下，社会福利以社会最贫穷的人的收入测量。因此，ε 是社会对收入差异的关注程度的测量指标，一般不是从数据中估计得到的。本研究假设 ε 有两个值：1 和 2。

将（6）式代入（2）式，得到社会平均福利水平：

$$x^*=\left[\int_0^\infty x^{1-\varepsilon}f(x)\,dx\right]^{\frac{1}{(1-\varepsilon)}} \qquad \varepsilon\neq 1 \tag{7}$$
$$=exp\left[\int_0^\infty \ln(x)f(x)\,dx\right] \qquad \varepsilon=1$$

其中，exp 表示指数。注意，社会福利测量指标 x^* 与效用函数的任何正线性变换无关。社会福利指标 x^* 对男性可以定义如下：

$$x_m^*=\left[\int_0^\infty x^{1-\varepsilon}f_m(x)\,dx\right]^{\frac{1}{(1-\varepsilon)}} \qquad \varepsilon\neq 1 \tag{8}$$
$$=exp\left[\int_0^\infty \ln(x)f_m(x)\,dx\right] \qquad \varepsilon=1$$

其中，$f_m(x)$ 是男性的概率密度函数。类似地，女性的社会福利函数可以定义为：

$$x_f^*=\left[\int_0^\infty x^{1-\varepsilon}f_f(x)\,dx\right]^{\frac{1}{(1-\varepsilon)}} \qquad \varepsilon\neq 1 \tag{9}$$
$$=exp\left[\int_0^\infty \ln(x)f_f(x)\,dx\right] \qquad \varepsilon=1$$

其中，$f_f(x)$ 是女性的概率密度函数。

将 x^* 代入（3）式，得到阿特金森对差别厌恶参数 ε 取不同值时对收入差别的测量指标。因此，阿特金森对男性和女性收入差异的测量指标可以写作：

$$A_m = 1 - \frac{X_m^*}{\mu_m}$$

而

$$A_f = 1 - \frac{x_f^*}{\mu_f} \tag{10}$$

其中，μ_m 和 μ_f 分别是男性和女性劳动者的平均收入。

13.3　分解方法：分隔、歧视和收入差距

本研究将男女之间的福利差别指数定义为：

$$\pi = 100 \times [\ln(x_m^*) - \ln(x_f^*)] \tag{11}$$

该指数是男性劳动者相对于女性劳动者的福利，以百分比表示。例如，如果 $\pi = 110$，则男性劳动者的福利比女性劳动者高 10%。结合（10）式和（11）式，得到：

$$\pi = 100 \times [\ln(\mu_m) - \ln(\mu_f)] + 100 \times [\ln(1 - A_m) - \ln(1 - A_f)] \tag{12}$$

其中，（12）式中第一项测量男性和女性平均收入的差别，而第二项测量男性之间的收入差距和女性之间的收入差距的不同造成的差别。如果第二项为正（负），则意味着女性群体内部的收入差距大于（小于）男性群体内部收入差距。

（12）式中第一项可以进一步分解为两个组成部分：职业分隔和劳动力市场歧视（职业内部）。设经济体中有 k 个相互排斥的职业或行业。第 i 个职业中有 F_i 个女性劳动力和 M_i 个男性劳动力，因此 F_i 的总和为 F，而 M_i 的总和为 M，其中 F 和 M 分别是经济中女性劳动者和男性劳动者的总数。

设 $\delta_{fi} = F_i/F$ 而 $\delta_{mi} = M_i/M$，其中 δ_{fi} 和 δ_{mi} r 分别指第 i 个职业中女性劳动者和男性劳动者所占比例，则 $\sum_{i=1}^{k} \delta_{fi} = 1$ 以及 $\sum_{i=1}^{k} \delta_{mi} = 1$ 总是成立。男性和女性的平均收入可以写作：

$$\mu_m = \sum_{i=1}^{k} \delta_{mi}\mu_{mi} \tag{13}$$

和

$$\mu_f = \sum_{i=1}^{k} \delta_{fi}\mu_{fi} \tag{14}$$

其中，μ_{mi}是第i个职业中男性的平均收入。类似地，μ_{fi}是第i个职业中女性的平均收入。μ_{mi}和μ_{fi}之差意味着第i个职业中的性别歧视，而δ_{mi}和δ_{fi}之差表明第i个职业中的性别分隔。可以将所有职业的歧视和分隔合并，以获得对劳动力市场中的歧视和分隔的总体测量。这是通过使用沙普利分解法得到的，结果如下：

$$100 \times [\ln(\mu_m) - \ln(\mu_f)] = 100 \times [\ln(\sum_{i=1}^{k} \delta_{fi}\mu_{mi}) - \ln(\sum_{i=1}^{k} \delta_{fi}\mu_{fi}) + \ln(\sum_{i=1}^{k} \delta_{mi}\mu_{mi}) - \ln(\sum_{i=1}^{k} \delta_{mi}\mu_{fi})] + 100 \times [\ln(\sum_{i=1}^{k} \delta_{mi}\mu_{fi}) - \ln(\sum_{i=1}^{k} \delta_{fi}\mu_{fi}) + \ln(\sum_{i=1}^{k} \delta_{mi}\mu_{mi}) - \ln(\sum_{i=1}^{k} \delta_{fi}\mu_{mi})] \tag{15}$$

其中，右边第一项测量不同职业中男性和女性平均收入之差对平均收入的总差别的贡献。该项是对劳动力市场中歧视的总体测量。① 另一方面，右边第二项测量不同职业中男性和女性劳动者占比之差的贡献，这是按性别对职业分隔的总体测量。因此，结合（12）式和（15）式得到：

$$\pi = D + S + A \tag{16}$$

上式表明，男性和女性劳动者之间的福利差别可以写作三个成分之和：

- 劳动力市场中的歧视（D），由（15）式右边第一项测量。如果在从i到k的每个职业中男性和女性工人的平均收入相等，则$D=0$。
- 劳动力市场中的分隔（S），由（15）式右边第二项测量。如果从i到k的每个职业中男性和女性工人的比例相等，则$S=0$。
- 男性和女性分组之间收入差距的不同（A），通过（12）式右边

① 在为理解这一歧视成分而比较布兰德—瓦哈卡（B－O）方法和本研究的方法时，可以假设收入取决于以下因素：（1）个人特征（常被标记为人力资本变量）；（2）这些人力资本特征的回报率（常被标记为歧视成分）；（3）未观察到的因素。B－O方法通过仅处理这两个群体的平均值消除了第（3）条，从而，性别收入差异仅取决于第（1）条和第（2）条。本研究的方法通过提出一种使所有个人特征均等化的新方法消除了第（1）条。

第二项测量。如果男性之间收入差距（A_m）等于女性之间收入差距（A_f），则 $A=0$。

13.4　通过个人特征调整福利

男性和女性在教育、年龄、地理位置、种族等方面具有不同的属性。这些属性以各种方式影响福利差别及其组成部分。在测量男女收入差别的真实程度之前控制这些属性很重要。虽然可以通过回归模型一般地实现这一目标，但本章提出了按男性和女性劳动者各种属性来调整个人收入的替代方法。该方法描述如下。

设 X 是男性和女性收入的 n 维向量。假设有四个在很大程度上决定个人收入的属性：教育水平（E）、工作年限（G）、地理位置（区域/省和城市/农村地区，R）、种族群体（W）。如果消除由于这四个属性造成的收入差距，则向量 X 将变化。下面解释仅与教育有关的调整。

设人口中存在 e_k 个教育群体，并且 μ_j^e 是第 j 个教育群体中全部个人的平均收入，其中 j 的范围是 1 到 e_k。每个教育群体的平均收入不同。因此，这里的想法是构建新的收入向量，该向量排除了由于教育造成的平均收入的差别，即：

$$\overline{X}(E)=\frac{X\mu}{\mu_j^e} \tag{17}$$

如果向量 $\overline{X}(E)$ 被分解为 ek 个教育群体，则每个分解后的教育群体的平均收入都将等于 μ。那么，可以使用向量 $\overline{X}(E)$ 计算差别指数 π 及其组成部分。因此，当由于教育产生的收入变化被控制，$\pi(\overline{X}[E])$ 将是男女福利差别指数。该方法可被用于控制任何数量的属性。

本研究在泰国和越南的案例中控制了三个属性，即教育、工作经验和地理位置。因此，当三个属性被同时控制时，$\pi(\overline{X}[E,G,R])$ 便是男女差别指数。控制这三个属性后仍然存在的任何男女差别则表明存在未预见的因素。

应该注意，由于不同属性之间复杂的相互作用，$\pi(\overline{X}[E,G,R])$ 将不等于 $\pi(\overline{X}[E])$，$\pi(\overline{X}[G])$ 与 $\pi(\overline{X}[R])$ 之和。

13.5 个人特征对福利的性别差别的净效应

本节讨论一种用于分离或隔离个人属性对男女差别指数影响的方法。该方法提供了对诸如以下问题的答案：教育对性别上的职业分隔的影响如何？教育如何影响劳动力市场上对女性有利或不利的区别对待？对女性的歧视在城市和农村地区之间是否存在差别？种族是增加还是减少了分隔和歧视？

由于$\pi(X)$是男女差别指数（在对许多个人或工作特征进行控制之前），而$\pi(\bar{X}[E])$是消除了教育造成的收入差别后的差别指数，$\pi(X)-\pi(\bar{X}[E])$应该测量教育对男女差别的影响。类似地，可以得到诸如工作经验和地理位置这些其他属性的影响。这些是每种属性的总影响。这种方法的主要困难是：个人属性之间存在相互作用。这要求分隔或隔离个人属性对总的男女收入差别的净影响。

全部三个属性的总效应可以写作：

$$\pi(X)-\pi(\bar{X}[E,G,R])=\theta(E)+\theta(G)+\theta(R) \tag{18}$$

其中，$\theta(E)$是教育的净效应。正如前面讨论的，该效应不等于$\pi(X)-\pi(\bar{X}[E])$表示的教育的总效应。为计算净效应，要求使用沙普利分解法来考虑所有可能的相互作用。

13.6 经验分析

13.6.1 数据描述

本研究使用2002年越南生活标准调查（VLSS）中的“就业”模块以及2004年泰国劳动力调查。选择的样本是15—65岁之间赚取工资和薪水的人，包括男性和女性。从这一过程来看，泰国的总样本大小是566 833名劳动者，越南是39 555名劳动者。泰国的工作人群被分为28种职业，而越南是58种职业。此外，工资和薪水的定义包括从工作中挣得的货币工资以及诸如假日津贴、社会补贴（例如病假、产假等）、差旅津贴和其他收入在内的附加福利。

13.6.2　结果：分解分析

将第 13.3 节开发的方法（通过职业分隔、性别歧视和收入差距这三个成分来解释男女劳动者之间福利差别）应用于两国数据，结果如表 13.1 所示。

表 13.1　　男性工作者与女性工作者之间总福利差别的分解

厌恶参数	总差别	分隔	歧视	收入差距
未调整				
泰国				
$\varepsilon=1$	8.29	-7.24	13.53	2.00
$\varepsilon=2$	11.34	-7.24	13.53	5.06
越南				
$\varepsilon=1$	17.90	-1.93	14.36	5.47
$\varepsilon=2$	33.80	-1.93	14.36	21.37
对教育、工作经验和地理位置进行调整后				
泰国				
$\varepsilon=1$	15.20	3.42	12.16	-0.38
$\varepsilon=2$	14.78	3.42	12.16	-0.80
越南				
$\varepsilon=1$	16.84	0.82	13.62	2.39
$\varepsilon=2$	29.88	0.82	13.62	15.44

ε = 收入差距厌恶参数。

资料来源：作者的计算。

越南的男女劳动者之间福利差别程度远远高于泰国。例如，越南男性的平均福利比女性高 17.9%，而泰国是 8.29%。数值为 1 的收入差距厌恶参数与这一结果类似（第 13.2 节已讨论）等于 1。性别福利差别倾向于随收入差距厌恶参数数值的增加而增加。在越南，当厌恶参数从 1 变到 2 时，差别几乎增加了两倍。此外，这意味着劳动力市场中性别福利差别在极度贫困的人群中比不那么贫穷的人群要大得多。

使用提出的分解方法，歧视似乎是解释福利差别的主要因素。如我们所预计的，歧视导致男女福利之间差距扩大。这些发现适用于这两个国家。

就性别的职业分隔而言，两国都出现了收入的性别差距的缩小。具体而言，在泰国，分隔对总福利差别的影响比在越南大得多。更重要的是，泰国强烈的分隔效应倾向于抵消歧视对性别福利差距的影响。

分隔与辨别男性密集型和女性密集型职业的可能程度有关。因此，本文考察了分隔的程度（取决于基于性别比率的跨职业分布的情况）。这里的性别比率定义为在泰国从事 28 种职业以及在越南从事 58 种职业中每种职业的男性劳动者和女性劳动者所占比例之差（见附录表 A13. 1 和表 A13. 2）。

在泰国，女性劳动者在很大程度上从事文职和服务类的职业，或者是诸如教育、生命科学和医疗卫生方面的专业人员；男性劳动者则大量受雇于采掘和建筑贸易行业，如司机和移动设备操作。附录表 A13. 1 也表明，在泰国，基础工作（例如，手工业和相关贸易、机器组装、销售和服务）以及教育业似乎尤其是女性集中的行业。但是，这些职业在月工资上差别显著。例如，手工业和相关贸易职业的女工人的月工资是 1 777 泰铢，远远低于 3 774 泰铢的平均月工资。与此形成对照的是，教育相关工作的月工资是 6 920 泰铢。

此外，附录表 A13. 1 清楚地描述了泰国相当大比例的女性从事于相对高收入的职业，例如教育、生命科学和医疗卫生。这一发现解释了为何职业的性别分隔有利于降低泰国的男性和女性之间的总福利差别。在越南，女性劳动者倾向于集中在诸如皮毛制品、皮革、纺织、教育以及培训等行业。

福利的性别差别还可以通过男性和女性收入差距之间的差异来解释。在表 13. 1 中，分解结果表明两国收入差距成分导致男性和女性之间总福利差别的扩大。这意味着女性劳动者之间的福利差别大于男性劳动者之间的福利差别。这一观点得到表 13. 2 中结果的支持，该表通过使用阿特金森测量方法展示了福利差距。[①] 有趣的是，在对大量的个人和工作特征进行调整后，越南女性劳动者之间的福利差距仍然高于男性劳动者之间的差距。在泰国，当考虑诸如教育、工作经验和地理位置这

① 附录表 A13. 3 和表 A13. 4 展示了对所有可能调整的分解结果。

些属性时，男性和女性之间收入差别缩小了。这也反映在表 13.1 的分解结果中：对泰国而言，在对这三个属性进行调整后，收入差距降低了福利的性别差别。

表 13.2　　根据阿特金森方法测量的福利差别

厌恶参数	合计	男性	女性
		未调整	
泰国			
$\varepsilon=1$	36.82	36.24	37.5
$\varepsilon=2$	54.02	52.9	55.22
越南			
$\varepsilon=1$	37.76	36.38	39.76
$\varepsilon=2$	67.62	64.42	71.26
		对教育、工作经验和地理位置进行调整后	
泰国			
$\varepsilon=1$	17.02	16.90	16.59
$\varepsilon=2$	29.96	29.80	29.24
越南			
$\varepsilon=1$	30.81	30.04	31.69
$\varepsilon=2$	60.24	57.36	63.46

ε = 收入差距厌恶参数。

资料来源：作者的计算。

表 13.1 还表明，在控制这三个属性后，福利的性别差别并未显著下降。虽然在调整后，越南的福利差别下降，但在泰国却是扩大了。这表明，性别福利差距无法被完全解释，即使在考虑不同职业之间的个人和工作特征的差别后仍然如此。

13.6.3　结果：基于沙普利分解法得到的个人属性的净效应

本节将讨论旨在将个人属性对男女福利差别的影响分隔出来的方法的实证结果（见 13.5 节）。

表 13.3 表明，教育、工作经验、区域和城市/农村地区的净效应可以解释泰国男女劳动者之间福利差别的 6.92%。虽然全部三个属性似

乎在解释差别上起了重要作用，但教育是降低收入差别的主要贡献者，这表明泰国的女性劳动者受教育程度更高。具有大学文化的女性工作者所占比例更高（附录图 A13.1）。在劳动力市场中那些极为贫穷的人当中，女性的平均受教育水平似乎也比男性高（见表 13.3）。此外，结果表明工作经验提高了福利的性别差异，而地理位置缩小了这种差别。这些说明泰国的女性劳动者的工作经验少于男性，而女性更可能居住在诸如曼谷和中心区域等更富裕的地区。

表 13.3　泰国：个人属性对总差别的贡献（百分比）

贡献	总差别	分隔	歧视	收入差距
教育				
$\varepsilon=1$	-7.04	-10.63	-0.44	4.04
$\varepsilon=2$	-2.23	-10.63	-0.44	8.85
工作经验				
$\varepsilon=1$	4.05	0.25	5.44	-1.63
$\varepsilon=2$	1.89	0.25	5.44	-3.79
地理位置				
$\varepsilon=1$	-3.93	-0.28	-3.62	-0.03
$\varepsilon=2$	-3.11	-0.28	-3.62	0.79
合计				
$\varepsilon=1$	-6.92	-10.66	1.37	2.38
$\varepsilon=2$	-3.44	-10.66	1.37	5.85

ε = 收入差距厌恶参数。

资料来源：作者的计算。

教育在解释泰国的职业分隔和收入差距方面起到关键作用。表 13.3 中的结果表明，教育减少分隔并增加男性劳动者和女性劳动者的收入差距的差别。在对歧视进行解释时，地理位置和工作经验是重要的贡献者。虽然地理位置有助于减少对女性工作者的歧视，但工作经验增加了歧视。更重要的是，结果表明，在泰国工作经验比教育和地理位置在减少歧视方面更重要，从而在缩小男女收入差距方面更为重要。女性更可能从事兼职而非全职工作。由于随着时间的推移，女性在劳动力方面的参与增加，她们的累积工作经验也在增加。

以泰国收入动态学面板调查（PSID）中关于工作经验的数据为基础，布劳和卡恩（1997 年）的研究表明累积工作经验的变化远大于教育方面的变化，从而在解释男女相对工资下降方面占据更重要的角色。许多最近的研究探索了在实际工作经验和劳动力阻碍方面的性别差异对收入的性别差距的贡献（莱特和尤瑞塔，1995 年；金姆和波拉切克，1994 年）。这些研究确认了男女在劳动力市场参与方面的差别是收入的性别差距的重要原因。

与泰国相同，在越南，教育是对总的福利性别差别的主要贡献因素（表 13.4）。教育使总性别差别降低了 1.84%，这表明更大比例的女性工薪阶层集中在诸如大专和硕士这样的更高的教育层次（附录图 A13.2）。对极为贫困的人群而言，教育对总的福利性别差别的净贡献提高到 2.12%。这表明极为贫困的女性劳动者比其他女性劳动者的受教育层次更低。在越南，超过 25% 的女性劳动者没有接受正式教育，而男性劳动者的这一比例为略高于 20%（附录图 A13.2）。

表 13.4　越南：个人属性对总差别的贡献（百分比）

贡献	总差别	分隔	歧视	收入差距
教育				
$\varepsilon=1$	-1.84	-3.80	-1.17	3.13
$\varepsilon=2$	2.12	-3.80	-1.17	7.09
工作经验				
$\varepsilon=1$	2.92	1.03	1.89	-0.01
$\varepsilon=2$	1.74	1.03	1.89	-1.19
地理位置				
$\varepsilon=1$	-0.01	0.03	0.01	-0.05
$\varepsilon=2$	0.07	0.03	0.01	0.03
合计				
$\varepsilon=1$	1.07	-2.74	0.74	3.08
$\varepsilon=2$	3.92	-2.74	0.74	5.93

ε = 收入差距厌恶参数。

资料来源：作者的计算。

与泰国类似，在越南，工作经验可以显著影响总的福利性别差距。工作经验分别使数值为1和数值为2的厌恶参数对应的性别差别增加2.92%和1.74%。这意味着女性工薪阶层的工作经验少于男性。研究还发现，尽管女性劳动者集中在更年轻的年龄范围（15—30岁），但男性劳动者集中在30—65岁。

总体而言，越南1.07%的福利性别差别的造成原因包括教育、工作经验和地理位置。差别在很大程度上由工作经验年限解释，而女性劳动者的工作经验更少。在极为贫穷的人群中，这三个属性对福利的性别差距的净效应急剧增加到3.92%。但在本例中，福利的性别差距主要是由于教育所造成的。此外，在越南，性别的职业分隔减少了男女之间的福利差别，而性别歧视和收入差距增加这种差别。在解释分隔、歧视和收入差距方面，教育和工作经验这两个属性是主要的影响因素。

以上发现表明，诸如工作小时数、教育、工作经验以及地理位置不能完全解释收入和福利方面的性别差别，还存在其他可以解释男女收入和福利差距的因素。

首先，对与工作相关的任务的性质和类型的测量结果与工资的性别差距有显著关系（赫什，1991年；麦克弗森和赫希，1995年）。绍文和阿什（1994年）发现在白领专业人员中，很大一部分工资的性别差距与女性和男性从事的工作的底薪和绩效工资的比例方面的差别有关。类似地，虽然产业（例如种植业、重工业、建筑业）可以被划分为劳动密集型，但重工业和建筑业中的劳动力强度远大于种植业。这解释了为何妇女很少在重工业和建筑业工作，而是大部分在农业部门工作。

第二，雇主偏好也可能解释工资的性别差距。在经济下行阶段，与男性相比，更多的女性可能被作为冗员裁掉（克罗尔，1998年）。面对产品和市场竞争的压力，企业可能更愿招聘或保留男性，而非承担与女性的生育时间相关的额外福利或成本。例如，越南的产业（如航空、服装以及其他制造业）中有这样的规定，即禁止在受雇后的前两年生小孩（龙等人，2000年）。

第三，文化因素可以在解释工资的性别差距方面发挥作用。赫什和斯特拉顿（1997 年）考察了妇女在家务中投入更多的时间和精力是否影响她们在劳动力市场中的劳动生产率以及对具体工作类型的偏好。他们发现，即使控制了个人固定效应，投入家务工作的时间对每小时工资率仍然有负面影响。这一结果与贝克（1985 年）的理论（即男女工资差别的一部分是由于劳动生产率差异造成的，这些差异是因为妇女比男性承担更多的家庭责任这一事实）相一致。

在相似的背景下，最近由布鲁尔和保罗（2006 年）进行的一项研究表明，在英国女性相对于男性的小时工资与女性一生的工作时间呈 U 形关系：工资的性别差异扩大到一定的年龄然后改善。对这一现象的支持证据是女性在有小孩之后选择牺牲其职业发展，从而减少了其一生的收入。正式劳动力市场中的性别差异来自父母责任的划分，母亲主要负责照顾小孩。在考虑女性在劳动力市场之外的家务工作之后，显然需要对这一问题进行进一步研究。

最后，未被解释的工资性别差异可能是因为男性和女性所受的教育和职业选择不同。在学校，男孩和女孩学习不同的科目，而男孩选择的科目常常通向待遇丰厚的职业。此后，男性和女性专攻不同的学位并从事不同的专业岗位。结果，女性在工作生涯的起步阶段的平均小时工资可能低于男性，即使她可能更加符合要求。

13.7　结论

本章提出了一种新的分解方法，该方法从三方面解释了男女劳动者之间的福利差别：分隔、歧视和收入差距。虽然隔离描述了职业的性别分隔，而歧视则度量了一种职业内部男性和女性之间的收入差别。收入差距成分则表明男性和女性劳动者各自内部的收入差距之间的差别。如果这一成分是正值（或负值），则女性中的收入差距大于（或小于）男性中的收入差距。

当提出的分解方法应用于泰国和越南时，结果表明福利的性别差异在很大程度上源于劳动力市场对女性劳动者的歧视。相对于歧视，另外两个成分——职业分隔和收入差距——在解释福利的性别差异方面的作用更小。关于分隔和收入差距，这两个国家呈现出相似的模式，即女性主要从事销售和服务或教学方面的专业职位以及文职工作，而男性在重工业、建筑业和机器操作方面明显占主要地位，而女性之间的收入差距比男性之间的收入差距更大。

即使考虑诸如工作小时数、教育、工作经验以及地理位置这些个人特征，歧视仍然比其他另外两个成分的影响显著得多。这一结论在泰国和越南都适用。令人惊讶的是，当控制教育、工作经验和地理位置方面的差异时，越南在福利的性别差异方面没有显著变化。相反，在考虑了教育、工作经验和地理位置后，泰国的福利性别差异显著扩大。在这一点上，未被解释的性别差异可能很大程度上源于其他因素，包括文化因素、雇主偏好以及工作相关的任务的性质和类型。

本章还提出了通过一系列个人和工作特征来调整收入的新方法。通过工作小时数、教育、工作经验和地点（区域/省份和城市/农村地区）对人均收入进行调整。虽然只有三个属性被用作控制因素（这些属性被认为是讨论收入的性别差异的关键因素），但该方法可以应用于任何数量的其他相关变量。

此外，本研究还尝试将每种个人特征对分隔、歧视和收入差距的净效应分隔开来。在这一过程中，研究结果表明教育和工作经验在决定分隔、歧视和收入差距中起关键作用。实证结果说明教育有助于减少分隔和歧视，但可能增加男性和女性劳动者之间的收入差距。总体而言，教育减少了两国的福利性别差异。这表明女性劳动者比男性劳动者的受教育程度更高。在极为贫困的人群中，泰国的女性劳动者的受教育程度也高于男性，而越南的情况却并非如此。就工作经验而言，它对分隔、歧视和收入差距有强烈的净效应（两国均如此）。因此，这一发现表明，在泰国和越南，女性的工作年限少于男性。

这些发现具有大量政策含义。为缩小性别差距，除了采取反性别歧视措施外，政府可以为提供负担得起的儿童护理准备资源，从而减少工作的机会成本并像正式劳动者那样提高女性的劳动生产率。政府还可以采取增加女孩自主选择并改进学校的职业建议的计划，以鼓励女孩从事诸如数学和科学这类领域的工作。

附录　数据表和图表

表 A13.1　　泰国：男性和女性主导的职业（百分比）

职业分组	合计	男性	女性	差异
男性主导的职业				
立法委员和高级职员	0.59	0.95	0.10	0.84
公司主管	1.32	1.67	0.85	0.82
总经理	0.65	0.79	0.46	0.33
物理、数学和工程科学专业人员	0.70	1.00	0.30	0.71
物理和工程科学助理专业人员	2.71	3.18	2.06	1.12
市场导向的熟练农业和渔业工作者	6.18	6.69	5.49	1.20
开采与建筑贸易业工作者	7.33	12.00	1.08	10.91
金属、机械和相关贸易业工作者	5.40	9.22	0.28	8.94
固定设备和相关操作人员	1.13	1.53	0.60	0.93
司机和移动设备操作人员	5.46	9.45	0.12	9.33
矿业、建筑业、制造业和运输业工作者	7.25	7.67	6.68	0.99
女性主导的职业				
生命科学和医疗专业人员	1.19	0.61	1.97	-1.36
教师	3.40	2.28	4.90	-2.62
其他专业人员	1.35	1.12	1.66	-0.54
生命科学和医疗协助专业人员	0.54	0.36	0.79	-0.42
教学助理人员	0.21	0.10	0.36	-0.25
其他助理专业人员	4.20	3.03	5.75	-2.73
办公室职员	5.72	3.75	8.33	-4.58
客户服务职员	1.26	0.83	1.85	-1.02
个人和保护服务工作者	5.71	4.98	6.68	-1.70
模特、销售人员和展示人员	4.96	3.58	6.79	-3.21
自给自足的农业和渔业工作者	0.03	0.02	0.03	-0.01
精细制作、手工业、印刷业及相关贸易业工作者	1.77	1.53	2.08	-0.55
其他工艺和相关贸易业工作者	5.72	3.24	9.03	-5.79
机器操作员和组装人员	9.40	6.44	13.4	-6.96
基础销售和服务业	8.1	6.39	10.47	-4.07
农业、渔业和相关劳动者	7.57	7.44	7.74	-0.30
武装力量	0.15	0.15	0.16	0.01
合计	**100.00**	**100.00**	**100.00**	

注：差异代表在同一职业分组中工作的男性劳动者比例和女性劳动者比例之间的差异。

表 A13.2　　越南：男性和女性主导的职业（百分比）

行业	合计	男性	女性	差异
男性主导的职业				
林业工人	0.38	0.46	0.25	0.22
水产养殖	3.06	4.11	1.27	2.84
煤矿工人	0.49	0.57	0.37	0.19
石油和天然气开采工人	0.07	0.09	0.03	0.05
金属采掘工人	0.08	0.10	0.05	0.05
采石	0.86	1.18	0.32	0.87
烟草产品	0.06	0.07	0.03	0.04
其他非金属矿生产	1.94	2.06	1.75	0.31
冶金和金属制品	0.28	0.37	0.12	0.25
金属制品（如工具、锅等）	1.27	1.76	0.43	1.33
其他设备和机械	0.20	0.24	0.14	0.11
机动车和零部件	0.09	0.09	0.08	0.01
其他运输设备	0.45	0.60	0.19	0.40
家具生产	2.12	2.74	1.07	1.67
资源回收与再处理	0.07	0.07	0.07	0.00
电力生产和分配	0.59	0.81	0.22	0.59
水的提取、净化和分配	0.17	0.20	0.12	0.08
建筑业	11.93	17.5	2.44	15.06
车辆销售、维护和修理	0.84	1.15	0.32	0.83
批发和代理销售	1.13	1.21	1.01	0.20
公路、铁路和管道运输	2.31	3.44	0.39	3.05
航运	0.49	0.70	0.15	0.55
航空运输	0.06	0.08	0.03	0.05
运输服务	1.13	1.49	0.51	0.98
房地产业	0.10	0.12	0.06	0.06
设备租赁及计算机相关活动	0.09	0.11	0.06	0.05
其他商业活动	0.57	0.63	0.45	0.19
政府管理和国防	4.63	5.87	2.55	3.32
共产党、专业协会	0.95	1.13	0.64	0.48

续表

行业	合计	男性	女性	差异
女性主导的行业				
木材加工和生产	1. 81	1. 67	2. 05	-0. 38
纸和纸制品	0. 39	0. 32	0. 52	-0. 20
印刷和出版	0. 34	0. 29	0. 42	-0. 13
焦炭、原油、铀加工	0. 05	0. 04	0. 05	-0. 00
化学品和化工产品	0. 47	0. 46	0. 49	-0. 03
塑料和橡胶生产	0. 51	0. 37	0. 73	-0. 36
办公及计算机设备生产	0. 06	0. 06	0. 07	-0. 01
其他电子、电气设备	0. 27	0. 26	0. 30	-0. 05
其他电子、电气设备	0. 12	0. 08	0. 17	-0. 09
医疗和实验室设备	0. 07	0. 02	0. 15	-0. 12
零售人员	2. 85	2. 33	3. 74	-1. 41
酒店和餐厅工作人员	1. 63	0. 88	2. 93	-2. 05
邮政和电信	0. 46	0. 41	0. 53	-0. 12
金融中介机构	0. 23	0. 18	0. 31	-0. 13
保险和养老金机构	0. 19	0. 15	0. 27	-0. 12
金融支持行业	0. 29	0. 21	0. 41	-0. 20
科学和技术活动	0. 25	0. 22	0. 30	-0. 08
教育和培训	6. 50	3. 17	12. 15	-8. 99
社会救助（医院、诊所等）	1. 48	1. 00	2. 30	-1. 30
文化和体育	0. 51	0. 51	0. 52	-0. 02
公共卫生	0. 43	0. 39	0. 49	-0. 10
其他服务（熨烫、洗衣等）	0. 74	0. 60	0. 96	-0. 36
个人服务	1. 51	0. 69	2. 89	-2. 20
合计	**100. 00**	**100. 00**	**100. 00**	**0. 00**

注：通过从每一职业分组中的男性劳动者占比减去女性劳动者占比得到差别。

表 A13.3　　泰国：对总福利差别的分解（百分比）

厌恶参数	总差别	分隔	歧视	收入差距
未调整				
$\varepsilon=1$	8.29	−7.24	13.53	2.0
$\varepsilon=2$	11.34	−7.24	13.53	5.1
对教育进行调整				
$\varepsilon=1$	18.24	3.53	16.01	−1.3
$\varepsilon=2$	17.36	3.53	16.01	−2.2
对工作经验进行调整				
$\varepsilon=1$	5.84	−7.32	8.78	4.4
$\varepsilon=2$	12.74	−7.32	8.78	11.3
对地理位置进行调整				
$\varepsilon=1$	13.81	−7.00	18.48	2.3
$\varepsilon=2$	15.79	−7.00	18.48	4.3
对教育和工作经验进行调整				
$\varepsilon=1$	12.77	3.12	9.95	−0.3
$\varepsilon=2$	12.60	3.12	9.95	−0.5
对教育和地理位置进行调整				
$\varepsilon=1$	20.76	3.85	18.36	−1.5
$\varepsilon=2$	19.55	3.85	18.36	−2.7
对工作经验和地理位置进行调整				
$\varepsilon=1$	10.99	−7.06	13.83	4.2
$\varepsilon=2$	15.93	−7.06	13.83	9.2
对教育、工作经验和地理位置进行调整				
$\varepsilon=1$	15.20	3.42	12.16	−0.4
$\varepsilon=2$	14.78	3.42	12.16	−0.8

注：地理位置指区域和城市/农村地区。

资料来源：作者的计算。

表 A13.4　　越南：对总福利差别的分解（百分比）

厌恶参数	总差别	分隔	歧视	收入差距
未调整				
$\varepsilon=1$	17.90	−1.93	14.36	5.5
$\varepsilon=2$	33.80	−1.93	14.36	21.4
对教育进行调整				
$\varepsilon=1$	19.39	1.92	15.26	2.2
$\varepsilon=2$	31.82	1.92	15.26	14.6
对工作经验进行调整				
$\varepsilon=1$	14.63	−2.89	12.15	5.4
$\varepsilon=2$	32.23	−2.89	12.15	23.0
对地理位置进行调整				
$\varepsilon=1$	17.91	−1.97	14.37	5.5
$\varepsilon=2$	33.68	−1.97	14.37	21.3
对教育和工作经验进行调整				
$\varepsilon=1$	16.83	0.83	13.66	2.3
$\varepsilon=2$	29.90	0.83	13.66	15.4
对教育和地理位置进行调整				
$\varepsilon=1$	19.40	1.93	15.21	2.3
$\varepsilon=2$	31.79	1.93	15.21	14.7
对工作经验和地理位置进行调整				
$\varepsilon=1$	14.64	−2.94	12.18	5.4
$\varepsilon=2$	32.14	−2.94	12.18	22.9
对教育、工作经验和地理位置进行调整				
$\varepsilon=1$	16.84	0.82	13.62	2.4
$\varepsilon=2$	29.88	0.82	13.62	15.4

注：地理位置指省和城市/农村地区。

资料来源：作者的计算。

图 A13.1　泰国：按受教育程度划分的男女工作者比例

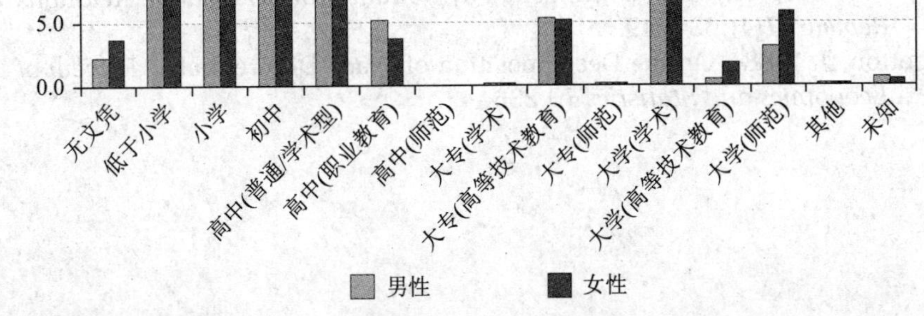

图 A13.2 越南：按受教育程度划分的男女工作者比例

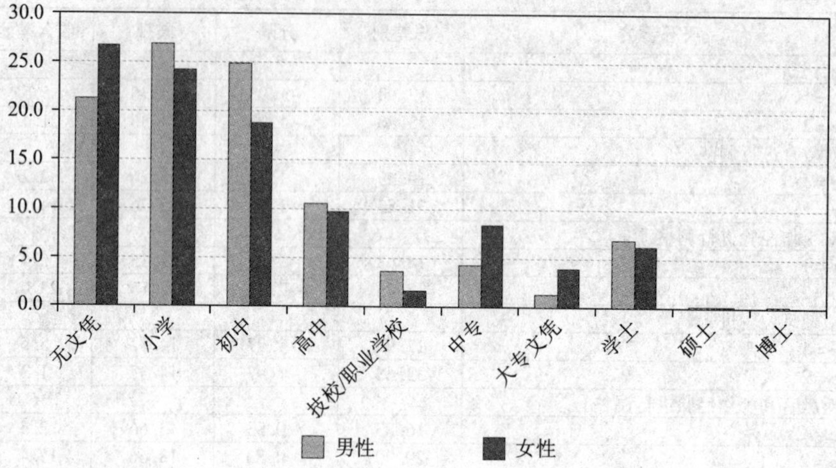

参考文献

Atkinson, A. B. 1970. "On the Measurement of Inequality." *Journal of Economic Theory* 2:244–63.

Becker, G. S. 1985. "Human Capital, Efforts and the Sexual Division of Labor." *Journal of Labor Economics* 3(1, Suppl.):S33–58.

Behrman, J. R., and Z. Zhang. 1995. "Gender Issues and Employment in Asia." *Asian Development Review* 13(2):1–49.

Blau, F. D., and L. M. Kahn. 1997. "Swimming Upstream: Trends in the Gender Wage Differential in the 1980s." *Journal of Labor Economics* 15(1):1–42.

Blinder, A. S. 1973. "Wage Discrimination: Reduced Form and Structural Estimates." *Journal of Human Resources* 8:436–55.

Brewer, M., and G. Paull. 2006. Newborns and New Schools: Critical Times in Women's Employment. DWP Research Report No. 308, Department for Work and Pensions, Institute for Fiscal Studies.

Chauvin, K. W., and R. A. Ash. 1994. "Gender Earnings Differentials in Total Pay, Base Pay and Contingent Pay." *Industrial and Labor Relations Review* 47(4):634–49.

Cotton, J. 1988. "On the Decomposition of Wage Differentials." *Review of Economics and Statistics* 70:236–43.

Croll, E. J. 1998. *Gender and Transition in China and Vietnam*. Swedish International Development Agency, Stockholm.

Deutsch, J., and J. Silber. 2007. "Earnings Functions and the Measurement of the Determinants of Wage Dispersion: Extending Oaxaca's Approach." FEDEA Working Paper No. 2007–19, Fundación de Estudios de Economía Aplicada.

Hersch, J. 1991. "Male-Female Differences in Hourly Wage: The Role of Human Capital, Working Conditions and Housework." *Industrial and Labor Relations Review* 44(4):746–59.

Hersch, J., and L. S. Stratton. 1997. "Housework, Fixed Effects and Wages of Married Workers." *Journal of Human Resources* 32(2):285–307.

Kim, M. K., and S. W. Polachek. 1994. "Panel Estimates of Male–Female Earnings Functions." *Journal of Human Resources* 29(2):406–28.

Light, A., and M. Ureta. 1995. "Early Career Work Experience and Gender Wage Differentials." *Journal of Labor Economics* 13(1):121–54.

Long, L. D., L. N. Hung, A. Truitt, L. P. Mai, and D. N. Anh. 2000. Changing Gender Relations in Vietnam's Post *Doi Moi* Era. Working Paper No. 14, World Bank, Washington, D.C.

Macpherson, D. A., and B. T. Hirsch. 1995. "Wages and Gender Composition: Why do Women's Jobs Pay Less?" *Journal of Labor Economics* 13(3):426–71.

Neumark, D. 1988. "Employer's Discriminatory Behavior and the Estimation of Wage Discrimination." *Journal of Human Resources* 23:279–95.

Oaxaca, R. 1973. "Male-Female Wage Differentials in Urban Labor Markets." *International Economic Review* 9:693–709.

Oaxaca, R., and M. Ransom. 1988. "Searching for the Effect of Unionism on the Wages of Union and Nonunion Workers." *Journal of Labor Research* 9:139–48.

_____. 1994. "On Discrimination and the Decomposition of Wage Differentials." *Journal of Econometrics* 61:5–21.

Sen, A. 2001. "Many Faces of Gender Inequality." *Frontline* 18(22). Available: http://www.hinduonnet.com/fline/fl1822/18220040.htm.

Son, H. H. 2007. Occupational Segregation and Gender Discrimination in Labor Markets: Thailand and Vietnam. ERD Working Paper Series No. 108, Economics and Research Department, Asian Development Bank.

Shapley, L. 1953. "A Value for n-person Games." In H. W. Kuhn, and A. W. Tucker, eds., *Contributions to the Theory of Games,* Vol. 2. Princeton, NJ: Princeton University Press.

第14章 通过食品安全实现社会包容：菲律宾国家食品计划

施卡·贾哈、阿施施·梅拓[①]

14.1 引言

菲律宾国内的饥饿程度在过去五年经济稳定增长期间有所提高。社会气象站（菲律宾民意调查机构，简称SWS）的饥饿指数清楚地显示，从2003年起食品安全状况急剧恶化（图14.1）。虽然国家经历了20世纪80年代以来持续时间最长的人均实际国内生产总值的连续增长，但食品安全状况还是出现恶化（图14.2）。人均家庭消费（图中未显示）在同一时期也有提高，虽然没有那么迅速。本章考察了菲律宾主要的食品安全机构——国家食品局（NFA）——的绩效，目的是弄清虽然收入增长同时食品安全计划方面的公共支出也很大，但饥饿程度却上升的原因，以及对此可以采取何种措施。

① 作者感谢菲律宾·F. 琼辛在研究方面提供的杰出的协助工作。适用一般免责声明。

图 14.1　菲律宾方面报告的饥饿情况

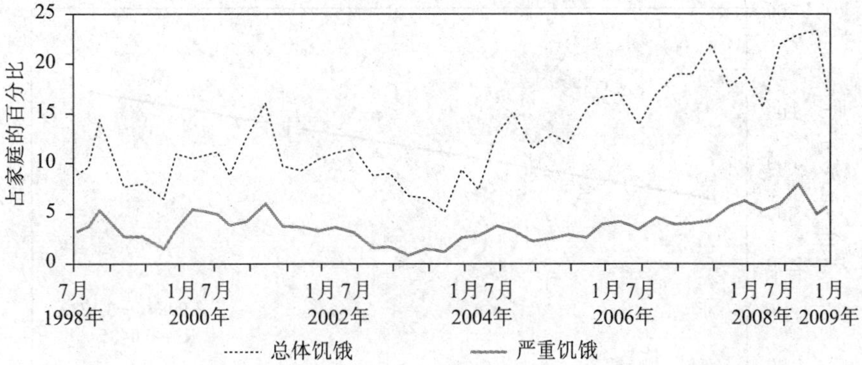

注：严重饥饿的家庭是指在最近三个月“经常”被迫处于缺乏食品的状态的家庭。总体饥饿反映的是在最近三个月至少有一次被迫处于缺乏食品的状态。

资料来源：社会气象站：www. sws. org. ph/，2009 年 5 月 27 日下载。

图 14.2　人均实际国内生产总值

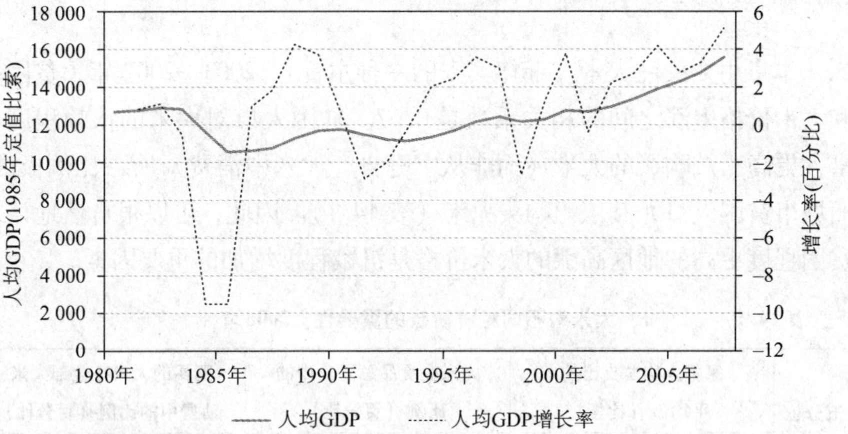

GDP = 国内生产总值。

资料来源：世界银行《世界发展指标》在线，2009 年 5 月 27 日下载。

为什么即使平均收入和消费都在增长，但饥饿程度仍在上升呢？在一份相关的研究中，梅拓和贾哈（2009 年）指出数据与以下方面矛盾：（1）基于收入分配恶化的解释（当饥饿程度和人均 GDP 提高时，收入分配实际上还略有改善）；（2）基于人均大米产量和进口减少（人均大米产量和进口实际增加了）的解释；（3）认为大米平均价格上涨是起因的观点（食品价格比 GDP 缩减指数上升得慢）。与此不同，图 14.3 表明饥饿是由国家最贫困地区的食品价格迅速上涨造成的。

图 14.3　米价变化（2002—2007 年）与贫困率（2006 年），按地区划分

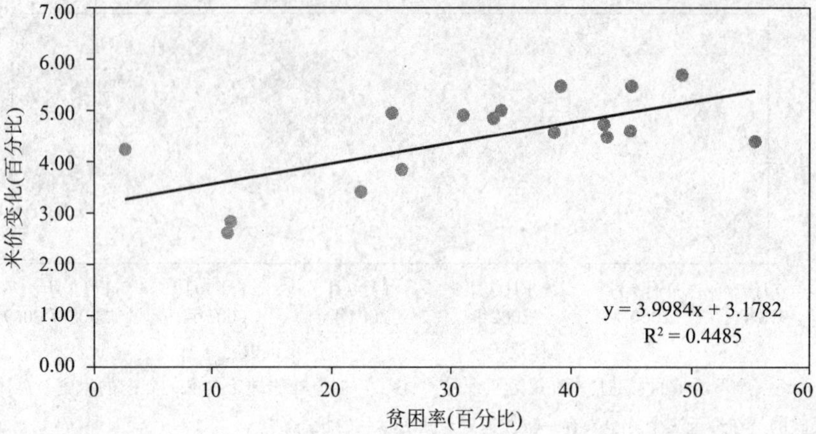

资料来源：地区贫困率是根据 FIES（NSO，2006 年）的数据计算得来。米价通胀测量的是精加工后的大米的零售价的年化百分比增长，来源是农业统计局 CountryStat 数据库：http：//countrystat. bas. gov. ph，2009 年 5 月 30 日下载。

本章主要关注大米（菲律宾人的一种主食）。2003—2007 年，贫困率和大米价格上涨之间的相关系数是 0.67。贫困人口对大米的依赖程度比富人更高；被购买的大米（而非从家庭自产大米中消费）所占比例极高，而城市贫困人口尤其依赖购买大米（表 14.1）。因此，可以很自然地认为贫困程度更高的地区高涨的大米价格是饥饿程度增加的重要因素。

表 14.1　　大米对不同经济阶层的重要性，2006 年

五分位	家庭人均总支出的平均值（比索）			大米在食品总开支中的比例（百分比）			购买的大米在全部大米消费中的比例（百分比）		
	合计	农村	城市	合计	农村	城市	合计	农村	城市
1	9 495	9 393	9 943	33.5	33.5	33.6	87.2	85.7	93.4
2	15 646	15 552	15 846	28.6	29.7	26.3	88.0	85.1	94.1
3	23 613	23 266	23 962	22.7	25.0	20.4	89.5	83.9	95.1
4	37 316	36 618	37 668	17.1	20.2	15.6	91.6	83.8	95.6
5	87 461	77 467	89 819	11.5	14.9	10.7	92.7	83.4	94.9

资料来源：作者根据 FIES（NSO，2006 年）数据的计算。

在这种背景下，国家食品局的运作变得越来越重要。本章的观点是：目标冲突和目标定义不清阻碍了该机构的有效性。我们所查阅文献的观点包括：(1) 具有垄断大米进口的法律地位的 NFA 以国际价格进口的大米太少，不能满足需求；(2) 这些进口限制引发了作物选择行为，这种选择使土壤侵蚀状况恶化并造成生产率的长期降低，这种降低可能增加贫困；(3) NFA 的国内采购计划规模太小，基本无法改变粮食收购价格；(4) 给予贫困消费者的每一美元补贴的成本相当高。本章还分析了家庭调查数据，这些数据表明 NFA 分配的大量补贴大米是由非贫困家庭消费的。本章还引用了这一证据，即家庭的大米消费量比 NFA 声称的其在 2006 年分配的大米总量的一半还少。

本章认为，NFA 的制度改革是解决食品安全的前提条件。这包括明确以下方面内容：NFA 的目标和垄断大米进口的理由、确定更好的目标和更高的透明度。

首要的议题是：向贫困人口提供大米的努力非常有限，这种情形是不可持续的或者说是不恰当的。关于饥饿原因的证据意味着家庭购买食品的能力出现两极分化，并使确定食品补贴目标成为最重要的话题。普遍出现但仅限于当地百姓的饥饿现象要求采取本地化的政策干预，而非笼统地试图控制主食价格，尤其是在菲律宾已经为减少债务负担而优先采取审慎财政政策的情况下。

14.2　全球食品价格危机和菲律宾的大米价格

从百分比来看，2002—2007 年菲律宾全国大米零售价格总体上涨了 24%。仅在 2007—2008 年，大米零售价格进一步上涨了 31%，而在社会气象站调查报告的前三个月被迫处于饥饿状况的家庭占比上升到 23.7%。179 万吨进口大米在 2007 年仅值 4.94 亿美元，但 2008 年大米进口花费了政府大约 15 亿美元，主要是因为当年中期米价的飙升（雷诺，2009 年）。

2008 年，全球石油和食品价格剧烈波动。两者的价格在这 10 年的变化趋势一致（图 14.4）。在 2003 年 1 月和 2009 年 5 月之间，大米、小麦和玉米价格和油价的相关系数分别为 0.83、0.8 和 0.8。高油价增加了运输和生产成本，推动了通货膨胀，并降低了实际收入。但是，由于对收入的弹性低，食品需求并未按比例下降。因此，高油价对食品生产成本的影响超过了对减少食品需求的影响。这对食品价格造成压力并使其与油价一致变化（世界银行，2009 年）。为制造生物燃料而增加的对粮食作物的需求也是导致食品价格上涨和造成食品价格与油价之间更高相关性的推手（罗斯格兰特，2008 年）。其他许多因素也可能与食品价格暴涨有关：收入提高、对食品的直接需求和对种子的间接需求的迅速扩大、城市化、农业方面的生产冲击和滞后的生产率、全球粮食库存减少、贸易限制、美元贬值，以及投机活动。①

图 14.4　国际大宗商品价格

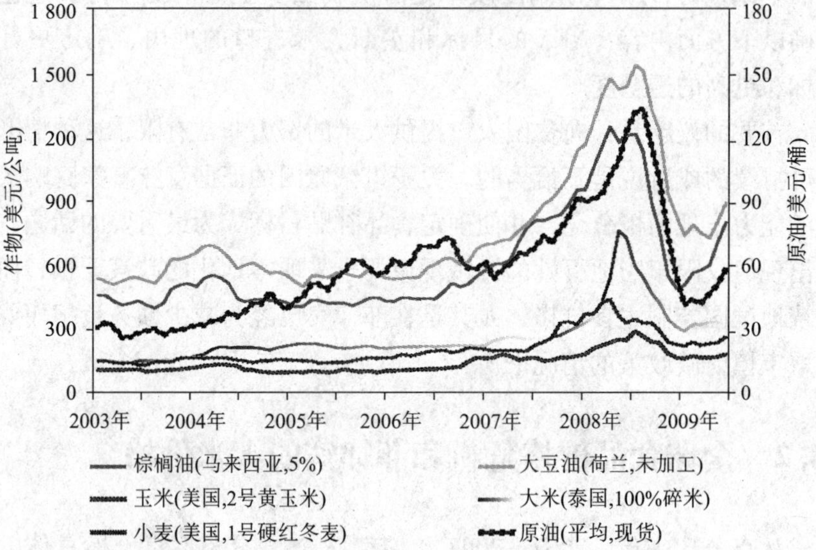

资料来源：世界银行，商品价格数据（粉红单），2009 年 6 月 8 日下载。

由于上面列出的主要因素在 2008 年下半年的走势出现逆转，因此食品价格开始松动。食品价格下跌原因包括：供给增加、油价下降以及全球经济增速放缓。事实上，全球谷物产量在 2008 年创历史新高，并足以满足 2009 年的预计新增需求且可以适度补充世界粮食库存（联合国粮农组织，2008 年）。虽然食品价格暴涨只是暂时的，价格泡沫破灭，同时价格纠正还在进行，但粮农组织提示：食品价格在发展中国家

① 如，见亚洲开发银行，2008 年；蒂莫尔，2008 年；农场基金会，2008 年；国际食品政策研究所，2007 年；米切尔，2008 年；特罗特尔，2008 年。

仍然处于高位并在几个国家继续上涨，从而影响许多弱势群体的食品安全。在今后几年，食品需求将继续增长，但有限的生产率增长和诸如化石燃料和水这些可耗尽资源的紧缺将对价格产生上行的压力。粮农组织—经合组织和 OXAN 分别在 2008 年和 2009 年预测，谷物和油籽的实际价格在 2008—2017 年仍将比在 1998—2007 年高出 10%—35%。支持这一结果的因素预计包括：经济增长恢复，尤其是新兴市场；对生物燃料需求更高；诸如肥料、水和土地等农业生产资料稀缺性的增加；更高的生产和运输成本。

食品价格上升趋势的重现将影响发展中国家的食品安全，并需要解决这种挑战的政策；食品价格上升在南亚和东南亚的食品进口国家将尤为严重。这些地区的贫困人口占世界贫困总人口的 60% 以上，其中大部分（75%）居住在农村地区并以农业为生，但他们仍然是食品的大量购买者（如表 14.1）。因此，食品价格对其食品安全有着显著的影响。虽然中长期措施对维持农业高增长很重要，但发展中国家需要建立目标明确、可靠和有效的基于食品的安全网，从而为防止贫困人口受到可能的短期食品价格冲击作好准备。这增强了审视菲律宾大米补贴政策的完备程度和有效性的动机。

14.3　NFA 大米计划

如表 14.1 所示，大多数菲律宾人（尤其是城市居民）所需大米的很大一部分是购买得来的，对家庭自产大米或实物交换取得大米的依赖度有限。NFA 寻求支持这种活动并通过多重目标实现食品安全。为使消费者买得起大米，它通过指定零售商，以受管制的、低于市场价的价格出售大米。零售商获得固定的销售利润。NFA 还通过稻谷（糙米）采购为农民提供价格支持。它还试图稳定粮价，方法是在 15 天的紧急持有量之外再加上持有相当于 30 天消费量的粮食储备。为稳定粮价并保持连续供应，NFA 在丰收年购买稻谷并在歉收的时候向零售商出售储备大米。它还从事加工活动、将稻谷和大米分配到重要地点，并分配到各种市场渠道。NFA 以固定价格从当地大米产出中采购的比例低于

1%。作为一个政府委员会，它拥有对大米进口的法定垄断权。[①] 1998—2004 年，NFA 的大米进口量平均是国内产量的大约 13%（参议院经济规划办公室，2006 年）。在分配到消费者的补贴大米中，超过 95%是进口的。由于大米价格上升，NFA 的销售额和消费者价格补贴在 2008 年显著增加（图 14. 5）。2008 年上半年，大米进口费用为 8. 58 亿美元，几乎是 2007 年的 4 倍。

图 14. 5　NFA 的销售量和消费者价格补贴

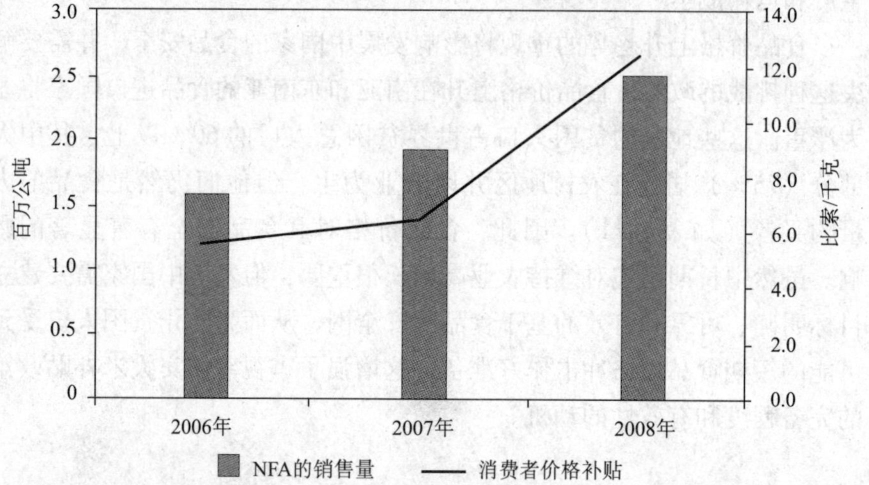

NFA = 国家食品局。

资料来源：作者根据《支出预算和资金来源》（预算与管理部，各年数据）基础数据的计算。

NFA 有各种不同的资金来源，包括预算补贴、国内外借贷（政府担保），以及对非律宾政府的官方发展援助，例如食品援助。NFA 是政府补贴的最大接受者，占 2009 年对全部政府控制的公司的预算支持的 10%（见 www. dbm. gov. ph/BESF09/E1. pdf）。NFA 还被免除税收、关税和收费以及进口限制，但它还是 2007 年亏损最大的政府公司。

参议院经济规划办公室（2006 年）对 NFA 财务状况的关注程度有所提高。NFA 的资产负债率超过 100%并且是所有政府公司中负债率最高的公司之一。为支持国内生产者，NFA 的平均收购价比市场价高 9%。为支持消费者，它出售大米的价格比非 NFA 的普通大米便宜

① 为应对 2008 年食品价格危机，政府解除了对私人贸易商从事大米和玉米进口的禁令。

18%。由于销售收入甚至不够覆盖可变经营成本，因此其官方公布的利润总额为负。此外，还流传着以下方面的证据：储备大米被盗和转移，廉价购买的 NFA 大米被错误报道为得到更好加工的大米，以及大米定价过高。NFA 承认了这些公司治理方面的问题，并于 2006 年建立了公司治理委员会以增强其内部透明度和责任。[①]

许多针对 NFA 计划的研究已经表明该计划面临几个弱点，包括目标不清、治理问题以及目标冲突。下面我们将对这些发现中的一些结果进行讨论，同时还着重强调了本章帮助填补的文献空白。

联合国亚太经济与社会委员会（简称 UNESCAP，2000 年）发现 NFA 计划的设计包含了内在损失，该损失由预算分配和负债填补。它对发放给贫困人口的每 1 美元补贴的成本进行了估算，发现金额巨大，并对这些结果进行了重新计算，方法是使用最近数据和对流入非贫困人口的大米数量以及对没有到达消费者的大米所占比例的经验估计值。此外，UNESCAP 的研究表明，补贴的地域分布与贫困的地域发生率无关。这一结果被重新仔细审视。

罗马塞特（2000 年）提到，在面对维持多重价格的目标时，NFA 的干预并未稳定价格。此外，他们以实在的效率和财务成本将消费者和生产者价格提高到自由贸易水平之上。虽然消费者在市场上比在自由贸易下多支付 75%，但农民只获得了价格差的一半。价格扭曲对消费者产生的负保护超过了对生产者的正保护，从而导致损失或经济浪费。[②]这些结果被姚等人（2007 年）进一步确认。他们考察了 1983—2003 年的 21 年中该计划的有效性，发现虽然在 1996—2003 年国内价格比国际价格更稳定，但国内价格几乎是国际价格的两倍。此外，一些地区的农民从中获益，但其他地区的消费者却支付了更高的价格。由于采购规模小，该计划对价格的影响有限。应该强调的是这些结果与普通大米市场

---

① 正如尼泊尔“工作食品”计划案例所显示的，对这些计划的运作所处制度框架的稳健设计原则以及持续改革（包括透明度、支出控制和分权化）可以显著改进计划的治理状况（米格尔等人，1999 年）。

② 相关的批评（虽然没有直接影响 NFA 推进食品安全的能力）是：对诸如稻谷，以及（尤其是）玉米等作物提供的相对高的保护率使这些作物的种植面积增加并导致更严重的土壤侵蚀。考克斯赫德（2000 年）通过一个一般均衡模型对此进行了展示。

上的价格有关，而不是与 NFA 补贴后的价格有关。第 14.1 节的结果表明，当地米价上涨解释了饥饿的增加，突出了取消提高米价的扭曲政策的重要性。

依据一项调查，世界银行（2001 年）发现总体上贫困人口购买 NFA 大米的比例比非贫困人口购买 NFA 大米的比例高得多。劣质大米，主要面向贫困人口和在农村地区出售，助推了这一结果。世界银行的该项调查指出，非贫困人口购买 NFA 大米的部分原因是供给佣人和宠物。虽然贫困人口更可能参与，但发现出售给非贫困人口的 NFA 大米所占比例高于出售给贫困人口的 NFA 大米所占比例，这表明对一般补贴提供的资源的目标定位较差。极度的分配不当在这一事实中显而易见：棉兰老岛（该国最贫穷的地区之一）获得的补贴大米最少。此外，棉兰老岛的组成地区经历了一些最严重的价格上涨，从而解释了第 14.1 节提到的贫困和价格上涨之间正相关的很大部分原因。

根据伯利塞肯等人（2000 年）的研究，劣质大米的营养含量并不一定很低，所以进行自我定位是有益的。但是，他声称可以通过食品印章和农村"工作食品"计划来更好地确定补贴的目标。其他方法包括确定地理目标、筛选并对粮食外流实施惩罚，以及不完全覆盖。第 14.1 节的发现强化了确定地理目标的重要性；第 14.6 节将考察粮食的外流程度在更贫困地区是否更高。

对关于 NFA 的文献的简要评论揭示了其巨大的行政成本、腐败、实施的低效率以及食品外流等情况。NFA 补贴的成本尤其高昂。这些都是关于食品安全的更广泛文献的常见主题。例如，罗杰斯和科茨（2002 年）估计，从巴西、埃及、印度和巴基斯坦的无目标的食品补贴和食品配给计划中流入到非贫困人口的部分高达 50%—80%。相反，使用劣质食品的以自我为目标的食品计划的外流率更低，为 10%—20%。科迪（2004 年）收集的经验证据也显示，一般食品补贴通常伴随高外流率（流向非贫困人口）以及由扭曲的消费者和生产者价格引起的经济无效率。它表明，由于目标定位不清造成的这种外流使政府转移给贫困人口的每 1 美元的成本达 3.3 美元。这表明，一般补贴应该仅用作在确定补贴目标能提高其成本收益之前的临时政策。

14.4　NFA 计划的成本

为考虑其大米操作的经济可行性，用其成本（包括当地采购和进口、管理和其他操作成本）和补贴大米的销售收入之间的差额作为 NFA 的净成本。2008 年，该项成本估计为 686 亿比索（表 14.2）或 GDP 的 0.9%。支付的全部消费者价格补贴是估计的 NFA 大米销量与零售市场价格和 NFA 价格两者之差的乘积。因为假设销售给贫困人口的补贴 NFA 大米数量等于 NFA 提供的官方报告数量，表 14.2 中的基准数字隐含地假设无盗窃和没有补贴大米流向非贫困人口。

表 14.2　　　　大米补贴：成本—收益计算

测量指标	单位	2006 年	2007 年	2008 年
有效 NFA 计划成本	百万比索	16 428	18 602	68 582
维护和其他操作费用	百万比索	6 417	1 610	4 209
减去：销售净利润（损失）	百万比索	（10 010）	（16 991）	（64 372）
消费者价格补贴	比索/千克	5.56	6.47	12.38
= 大米零售价格				
− NFA 大米零售价格				
推算出的 NFA 销量	公吨	1 566	1 911	2 504
总消费者补贴	百万比索	8 704	12 364	31 005
成本—收益比率 = NFA 成本/消费者补贴		1.89	1.50	2.21
假定 48% 的外流		3.63	2.88	4.25
假设 54% 的大米丢失		4.11	3.26	4.80
假设 48% 的外流和 54% 的大米丢失		7.90	6.27	9.24

NFA = 国家食品局。

注：总销售额和销售成本不仅覆盖大米而是近似估计，因为 NFA 的大部分销售与大米有关。销售成本包括采购稻谷、将稻谷加工成大米、运输和进口。维护和其他操作费用不含个人服务。

基本数据的资料来源：《支出预算和资金来源》（预算管理部的历年数据）。

将 NFA 的成本和对消费者的累积补贴比较，得到成本—收益比率在 2006—2008 年处于 1.5 和 2.2 之间（表 14.2）。这意味着，2008 年向消费者转移 1 美元补贴 NFA 要花费 2.2 美元的成本。假设由于大米流向了普通市场从而 54% 的补贴没有支付（相关理由见第 14.5 节），则成本—收益比率翻倍到 3. 3—4. 8 美元。假设除了流失的大米外，48% 的补贴给予了非贫困人口（第 14. 6 节测算的数字），则向贫困人口支付的每 1 美元的补贴的成本上升到 6. 3—9. 3 美元。这些数字可以与 UNESCAP（2000 年）的数字比较，后者估计 1997 年和 1998 年向消费者转移 1 美元大米补贴（没有任何外流和丢失的大米）的成本分别为 1. 27 美元和 2. 1 美元，以及 2. 54 美元和 4. 2 美元（50% 的外流但没有丢失的大米）。

对生活在贫困线附近的人们，不考虑所有来自非贫困人口消费的大米的益处有点极端。但即使没有这种外流，该计划的成本仍然极高。虽然 UNESCAP 从导出自 NFA 资产负债表头寸的数据来估计该计划每年的成本，但本章数据来自关于销售和操作成本的操作报告。

2003—2004 年的官方数据表明，几乎 60% 的 NFA 大米在马尼拉和吕宋岛的其他地区分配，而棉兰老岛和马尼拉分别收到总量的大约 25%（参议院经济规划办公室，2006 年）。这些数据与世界银行（2001 年）的现场调查结果有出入，后者发现棉兰老岛的大米分配不足。这些数据间的差异与 NFA 大米的消失一致，后文将对此进行进一步说明。

14. 5　谁从 NFA 补贴中获益?

为更深入了解补贴的分配，使用了国家统计办公室（NSO）的 2006 年家庭收入和支出调查（FIES），该调查提供了分解后的家庭对 NFA 大米的消费支出数据。FIES 是每三年一次的全国范围家庭调查。它提供了关于家庭现金和实物收入来源，并通过支出项目反映其消费水平方面的信息。诸如家庭规模、就业家庭成员数量、职业、年龄和家庭成员的受教育程度，以及住宅特征等相关信息也包含在内。调查结果被用于估计菲律宾家庭的生活标准和收入差距及其消费和支出模式。

通过利用基于 2000 年人口和住房普查的分层采样方案，该调查使用同一问卷，在两个不同场合进行。第一次调查通常在参考年的七月进行，以收集一月至六月的数据；第二次则在下一年的一月进行，目的是收集头一年后六个月（七月至十二月）的数据。“平均周”消费的概念被用于所有食品项目，包括 NFA 大米。FIES 明确地询问消费者消费了多少 NFA 大米。对于燃料、照明和水、交通和通信、家庭运作以及个人护理和财产，参考期是“上个月”。对所有其他支出群组和收入来源，“过去六个月”被用作参考期。进行这些工作是为了将记忆偏差最小化并获取收入和支出模式的季节变化。年度数据是通过将第一和第二次调查的结果结合而估算得到的。实物收入和支出的估算是基于主导的市场价格。在 NFA 大米消费和全部大米消费的案例中，数据是在六个月回溯基础上收集的。

关于 NFA 分配的大米，需要说明的第一点和最重要的一点是其中很大一部分不出现在 FIES 中。在一项相关研究中，梅拓和贾哈（2009 年）表明，保守估计，NFA 报告所说的分配的大米中有 54% 没有出现在 FIES。他们还对数据进行了仔细检查并声称这一发现不能被大量测量误差解释：（1）FIES 的设计极为仔细，目的是提供对全国和地区层次的变量的准确估计并提供对消费的一般大米的估计（即与全国大米消失数据大致一致的估计）；（2）NFA 在确保其零售商和分销商可以显著识别 NFA 大米方面非常特殊，而因为 NFA 大米比普通大米明显便宜，所以家庭不大可能不知道他们消费的是不是 NFA 大米；（3）这两次 FIES 中的一次发生在 NFA 大米消费高峰期间的七月，因此结果不能被季节回溯偏差解释。应该强调的是以下关于谁从 NFA 补贴计划中受益的描述仅指那些记录在 FIES 内的获得 NFA 大米的人。

FIES 数据显示，NFA 大米补贴不断增加（表 14.3）。这与贫困人口在大米购买方面对 NFA 的相对依赖程度更高（表 14.4）的观察结果一致。这些数据还显示在购买 NFA 大米的家庭中，贫困人口的比例是 52%，而全国人口中贫困人口比例为 26%。购买 NFA 大米的贫困家庭平均有六个家庭成员，年收入合计为 59 000 比索，这相当于每人每天 27 比索（按 2006 年汇率）或 0.53 美元。

一个有趣的事实是，虽然根据官方的政策，NFA 大米补贴是普遍可得并且不限购买量的，但它仅仅被大约 16% 的人口使用。FIES 数据显示，在全国 1 200 万个家庭中，仅有 200 万家庭购买了 NFA 大米。

表 14.5 提供了理解 NFA 补贴中多大部分益处由贫困人口获得的一种粗略方法。它表明，农村贫困高达城市贫困的四倍，而城市人口和农村人口大致相同。结果是如果 NFA 大米是针对穷人的，无论他们身在

表 14.3　　消费者补贴的分布，2006 年

支出的五分位（百分比）	平均人均支出（比索）	人均 NFA 大米消费（千克）	价格补贴（比索/千克）	人均补贴（比索）	人均补贴（占平均支出的百分比）
	1	2	3	4 = 2 × 3	5 = 4/1
0—20	9 495	14.2	5.6	79.1	0.83
20—40	15 646	9.4	5.6	52.2	0.33
40—60	23 613	5.4	5.6	30.0	0.13
60—80	37 316	3.2	5.6	17.8	0.05
80—100	87 461	1.4	5.6	7.6	0.01

NFA = 国家食品局。

注：第 2 列是通过用平均 NFA 大米支出除以 NFA 零售价格得到的。

资料来源：作者根据 FIES 的计算（NSO，2006 年）。

表 14.4　　平均大米支出，2006 年

支出的五分位（百分比）	NFA 大米占全部大米支出的比例（百分比）	全部大米支出（比索）
0—20	12.3	12 063
20—40	6.0	12 424
40—60	3.2	11 931
60—80	1.9	11 124
80—100	0.7	9 853

NFA = 国家食品局。

资料来源：作者根据 FIES 的计算（NSO，2006 年）。

何处，其受益者将按有利于农村家庭的 80—20 的比例划分。显然，占计划受益者 1/3（而非 1/5）的城市家庭相对于这种情形是略微有利的。

表 14.5　　穷人、非穷人和 NFA 接收者的农村—城市分布（百分比），2006 年

	非穷人	穷人	全部	占人口比例	NFA 接收者比例
城市	89.0	11.0	100	49.6	32.6
农村	58.6	41.4	100	50.4	67.4
合计	73.7	26.3	100	100.0	100.0

NFA = 国家食品局。

资料来源：作者根据 FIES 的计算（NSO，2006 年）。

14.6　穷人获得 NFA 计划支持的途径和 NFA 计划向非穷人的外流

基于食品的安全网计划的成效并非总是令人满意，它常反映出高管理成本、腐败和向非贫困人口的外流等现象。有些因素可以使基于食品的计划取得成功。通过分析许多国家的安全网计划的经验，苏巴拉奥等人（1997 年）列出了为成功、有效地使计划造福穷人而采用的良好设计的以下组成要素：

（1）计划成本占总预算的比例低，以确保可持续性；

（2）穷人参与计划的交易成本低；

（3）在精确的目标定位的成本和外流到非贫困人口的风险之间取得平衡；

（4）明确目标定位，以确保可持续的、有效的和非扭曲的补贴；

（5）补贴规模适中，以将与对补贴产生的负面激励作出响应的相关成本最小化；

（6）对贫困妇女、儿童或土著人群特别设计的支付机制。

与每一条标准相比，NFA 的大米分配计划的情况如何呢？首先，如表 14.2 所示，忽略向非贫困人口的外流和失窃，NFA 计划成本占 GDP 的份额一直很低，直到 2008 年突然提高。2008 年，进口价格提高对该计划的预算产生了巨大的压力，这意味着需要极度的财政自律。其次，由于附近缺乏商店，穷人的参与成本高（世界银行，2001 年）。第三，为减少外流，政府目前正在运作经过重新设计的试验计划，该计划用于在最贫穷的村落确定低价、质量更好的大米的投放地点（通过使用登记簿和指定每人每周 2 千克大米配额）。[①] 关于激励成本和支付机制，虽然一些研究（例如伯利塞肯等人，2000 年；世界银行，2001 年）记录了目标缺乏和所谓的大米丢失（在官方消失数据中观察到的，但 FIES 没有包括的 NFA 大米），本章通过使用最新的家庭层面的数据系统地分析了这些问题。

---

① 村落（barangay）是菲律宾城市划分中最小的政治/管理单元。

本节列举了关于穷人从该计划受益的各种指标，作为以上设计参数的代表，包括两种类型的目标误差：

Ⅰ型误差（排除误差）：被排除的穷人的比例。

Ⅱ型误差（包含误差）：非穷人受益者的比例。

设：

T = 样本大小

T_a = 可获取 NFA 大米的人数

P = 低于贫困线的人数

P_a = 可获取 NFA 大米的贫困人口数量

因此：

总获取率 = T_a/T

贫困人口比率(HCR) = P/T

穷人受益者占贫困人口的百分比 = P_a/P

穷人受益者占总受益者的百分比 = P_a/T_a

未覆盖率 = $1 - P_a/P$（Ⅰ型误差）

向非穷人的外流比率 = $1 - P_a/T_a$（Ⅱ型误差）

有利于穷人的偏差 = $(P_a/P)/(T_a/T) - 1$

贫困线的定义是家庭/个人满足基本食品和非食品要求所需的最低收入。2006 年，每年人均贫困线是 15 057 比索。贫困人口比率（HCR）等于 P/T，在 2006 年该比率是 0.26，但这一比率在地理层面差别很大，从城市地区的 0.11 到农村地区的 0.41（见表 14.5）。由于 NFA 大米的普遍获得性质，穷人和非穷人都可以购买。

总获取率测量使用这一计划的人口所占比例。P_a/P 指标决定获取 NFA 大米的穷人数量。因此该指标的补数 $1 - P_a/P$ 给出了被排除的穷人所占比例（Ⅰ型误差）。另一方面，P_a/T_a 计算了使用这一计划的穷人占受益于该计划的总人数的比例。类似地，其补数 $1 - P_a/T_a$ 确定了包含在用户中的无意受益者（非穷人）所占比例（Ⅱ型误差）。

表 14.6 展示了关于获取 NFA 大米的指标的概况。结果表明，仅有 25% 的穷人从该计划获益，而 75% 的穷人没有获益。同时，48% 的受益者是非穷人。这意味着Ⅰ型误差（75%）比Ⅱ型误差（48%）大得多。降低前者将提高对穷人的覆盖率，即使外流可能发生。降低后者将

减少向非目标人口的外流，但很大部分的穷人将继续处于安全网之外。将包括对这两个误差的加权平均并对Ⅰ型误差赋予更高权重的“损失函数”最小化可能是恰当的政策目标，从而使排除的降低程度比包含的降低程度更高。

表 14.6　　按居住地划分的获取 NFA 大米的情况，2006 年

指标	公式	合计	城市	农村
人数比率	P/T	0.26	0.11	0.41
总体取得情况	T_a/T	0.12	0.08	0.17
获得 NFA 大米的贫困人口占总贫困人口的比例	P_a/P	0.25	0.24	0.25
未覆盖率	$1-P_a/P$	0.75	0.76	0.75
受益穷人占全部受益者的比率	P_a/T_a	0.52	0.32	0.61
向非穷人的外流	$1-P_a/T_a$	0.48	0.68	0.39
有利于穷人的偏差	$(P_a/P)/(T_a/T)-1$	0.96	1.95	0.47

资料来源：作者的计算。

有利于穷人的偏差（$[P_a/P]/[T_a/T]-1$）是对一般目标“公平程度”的测量指标。它等于（$[P_a/T_a]/[P/T]-1$），是基于穷人受益者占所有用户（受益者）比例和穷人在总人口比例（HCR）两者的比率。如果该比率 =1，有利于穷人的偏差为零，意味着对穷人公平的份额。如果该比率小于1，则穷人获得的比公平份额少，反之亦然。家庭调查数据表明有利于穷人的偏差为正数。平均起来是 0.96（ =[0.52/0.26] -1），这表明穷人在 NFA 用户中被过度代表（系数是 1.96），但该系数的地区差别很大，有利于穷人的偏差在农村地区低（0.47），在城市地区高（1.95）。应该强调的是，这些数字仅仅反映在广义边界上的参与的公平程度。

总体测量指标并未完全反映居住地点的差异，尤其是在向非贫困人口外流的情况下。可以获取该计划支持的穷人和无法享受该计划的穷人之间的分布在城市和农村相似，这意味着Ⅰ型误差的程度相似。但在Ⅱ型误差方面，这些区域之间的情况完全不同。对城市非贫困人口的 68% 的高外流率相对于对农村非贫困人口的 39% 的低外流率可能来源于城镇和城市中的大量有利因素，例如有更多的授权零售商、更多的补贴大米供给、了解程度更高，以及将派雇员购买 NFA 大米的机会成本更低。

农村和城市地区之间的广泛差别显示出在享受这些计划上的地理差别。表 14.7 进一步分解了各地获得该计划支持的措施，而图 14.6 描绘了各地在途径、有利于穷人误差以及Ⅰ型和Ⅱ型误差方面与地区贫困人数比率之间的关系。与 NFA 确定更多缺乏食品安全的区域的操作过程一致，它们显示出总的获取程度随着贫困人数比率增加。因此，未覆盖

表 14.7　　按地区划分的对 NFA 大米的获取情况，2006 年

地　　区	人数比率	总体获取情况	可获得NFA 大米的穷人占总贫困人口的比率	未覆盖率	穷人受益者占全部受益者的比率	对非穷人的外流	有利于穷人的偏差
	P/T	T_a/T	P_a/P	$1-P_a/P$	P_a/T_a	$1-P_a/T_a$	$(P_a/P)/(T_a/T)-1$
国家首都区	0.03	0.06	0.21	0.79	0.10	0.90	2.72
科迪勒拉行政区	0.25	0.20	0.28	0.72	0.35	0.65	0.39
1 - 伊罗戈斯	0.22	0.10	0.21	0.79	0.48	0.52	1.12
2 - 卡加延河谷	0.26	0.08	0.10	0.90	0.35	0.65	0.36
3 - 吕宋中部	0.12	0.04	0.13	0.87	0.36	0.64	2.07
4A - 甲拉巴松	0.11	0.04	0.12	0.88	0.33	0.67	1.96
4B - 民马罗巴	0.43	0.23	0.29	0.71	0.55	0.45	0.28
5 - 比科尔	0.43	0.47	0.54	0.46	0.49	0.51	0.15
6 - 维萨亚斯西部	0.34	0.03	0.05	0.95	0.61	0.39	0.83
7 - 维萨亚斯中部	0.34	0.12	0.17	0.83	0.49	0.51	0.42
8 - 维萨亚斯东部	0.45	0.21	0.33	0.67	0.69	0.31	0.54
9 - 三宝颜半岛	0.49	0.16	0.22	0.78	0.70	0.30	0.41
10 - 棉兰老岛北部	0.39	0.18	0.29	0.71	0.63	0.37	0.63
11 - 达沃	0.31	0.18	0.32	0.68	0.54	0.46	0.73
12 - SOCSARGEN	0.39	0.14	0.22	0.78	0.64	0.36	0.63
13 - 卡拉加	0.45	0.19	0.32	0.68	0.74	0.26	0.64
棉兰老穆斯林自治区	0.55	0.22	0.26	0.74	0.68	0.32	0.22

甲拉巴松 = 甲米地、拉古那、八打雁、黎刹、奎松；CAR = 科迪勒拉行政区；卡拉加 = 北阿古桑、南阿古桑、北苏里高、南苏里高；民马罗巴 = 马林杜克省、西民都洛省、郎布隆省；SOCSARGEN = 南哥打巴托、北哥打巴托、萨兰加尼省、苏丹库达拉。

资料来源：作者的计算。

图 14.6　按贫困程度描绘的各地区获取 NFA 大米的情况，2006 年

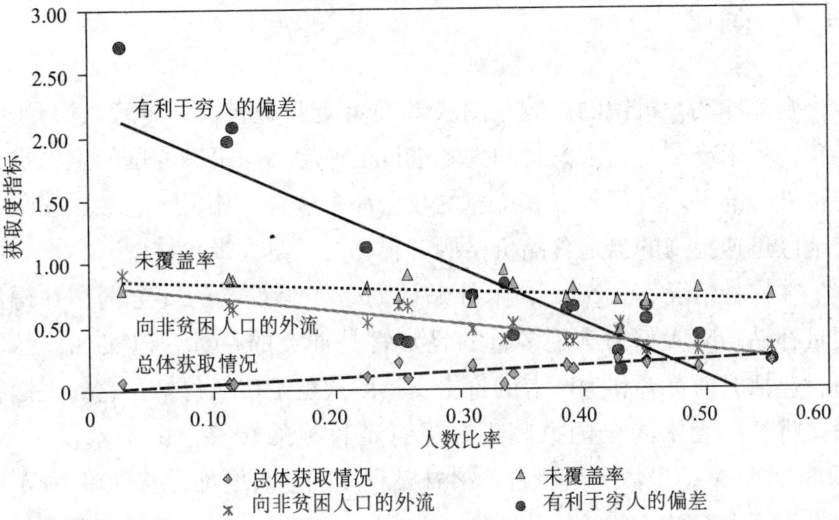

NFA = 国家食品局。

资料来源：表 14.7。

的程度似乎在贫困地区略有减少，向非贫困人口的外流在更贫困地区也更低。但是，这一发现并不令人惊讶，因为所有非贫困家庭的比例在更贫穷的地区也更低，而简单的外流测量指标$(1 - P_a/T_a)$没有考虑这一点。事实上，当把非外流比率(P_a/T_a)的程度与贫困人口比例相比（得到一个对非外流或有利于穷人的偏差进行测量的标准化指标），有利于穷人的偏差在更贫困地区更低。总之，将大米定位于更贫困地区的过程没有成功地提高更贫困地区的覆盖率，反而增加了成本；它降低了确定补贴目标的准确度。当考虑像 2008 年那样大规模扩张该计划时，这一结果很可能应该被看作是警示性的。

最后，总的获取度随贫困人数比率略微增加，这一有限的好消息与第 14.1 节的发现（即高度贫困的地区面临更多的米价快速上涨）相反。梅拓和贾哈（2009 年）认为，人均 NFA 大米消费（不仅考虑了获取，还考虑了消费的数量）与各省的贫困率完全不相关。他们表示，丢失的大米的比例在更贫困地区更低。在这种背景下，进一步确定对贫困地区的补贴的地理目标将是有帮助的。

14.7 结论

在菲律宾，饥饿的影响范围从2003年起迅速扩大，尽管人均GDP、消费、大米产量、大米消费和大米进口迅速增加。饥饿程度的上涨也没有被上升的平均食品价格和急速的收入冲击解释。相反，它被国家最贫穷地区迅速提高的当地食品价格所解释，尤其是大米价格。[①]

在这种情况下，NFA大米补贴计划是一个重要的安全网，并得到大量补贴。NFA努力满足多重的且常常是冲突的目标，以实现食品安全，包括对消费者和生产者的价格支持以及稳定市场价格。它的关键特征是将补贴大米向全国家庭进行无特定目标的转移。由于米价上涨，2008年NFA销售额和消费者价格补贴程度的显著增加，从而将NFA成本提高到占GDP的0.9%。[②]

本章通过利用最近的家庭消费支出调查数据分析了该计划的关键经济层面，包括其成本收益、到达穷人的情况和对穷人的支持情况，以及在确定目标方面的有效性。

对各经济阶层的消费者的补贴都在提高，更贫穷的家庭更可能参与。此外，可以获取NFA大米的人口比例在更贫困的地区更高。该计划用户的约52%是穷人，而该计划的贫困受益者的平均人均收入仅为每天0.53美元。

虽然NFA大米计划是普适的并且没有购买限制，但仅有大约16%的人口使用该计划，其原因部分是因为供给有限，部分是因为参与成本高，尤其是对穷人而言。该计划确定目标的有效性低，这反映在高的排除和包含误差。结果显示，仅有25%的穷人从该计划中受益，而75%的穷人被排除在计划之外。同时，48%的受益者是非穷人。这种外流在城市地区尤其高，有68%的参与者是非穷人，而这一比例在农村地区是39%。这意味着有利于城镇和城市的资源严重分配不当。

本章还发现，根据官方数字，2006年分配的大米中超过一半未出现

---

① 贫困地区价格上涨更快的原因（例如，与更繁荣的地区分隔或由于缺乏供给或产量低）需要进一步的研究来解释。无论是什么实际力量造成了这一问题，NFA无法将其抵消。

② 基于官方数据：www.gmanews.tv/story/124368/Tax - subsidies - for - NFArice - imports - to - hit - P39B。

在家庭调查中。虽然部分差异可能来自测量误差，但其余部分很可能是由于盗窃、在仓储中损坏以及运输损失。此外，即使假设没有盗窃或外流，将 1 美元补贴转移到消费者手中要花费 NFA 大约 2 美元。假设 54% 的大米没有到达消费者以及到达消费者的数量中 48% 由非贫困人口获得，那么到达穷人的每 1 美元补贴的成本大约是 8 美元。当然，这夸大了向非贫困人口（其中许多都接近贫困线）的正常外流，但 1 美元补贴需要 4 美元的成本，这对寻求降低债务的国家看起来还是相当高的。

如果减少其包含和排除误差、改进贫困人口对该计划的获取情况、改善治理质量，则 NFA 大米计划可以更好地造福贫困人口。在如今食品价格不断变化的时代，增强基于食品的安全网，以更有效、更高效地将穷人包含在增长过程中已变得比以往任何时候都更重要。

参考文献

ADB. 2008. Special Report: Food Prices and Inflation in Developing Asia: Is Poverty Reduction Coming to an End? Economics and Research Department, Asian Development Bank, Manila.

Balisacan, A. M., R. G. Edillon, A. B. Brillantes, and D. C. Canlas. 2000. "Approaches to Targeting the Poor." Report prepared for NEDA in support of the UNDP-Assisted Project on Strengthening Institutional Mechanisms for Convergence of Poverty Alleviation Efforts, National Economic Development Authority, Manila.

Coady, D. P. 2004. Designing and Evaluating Social Safety Nets: Theory, Evidence, and Policy Conclusions. Food Consumption and Nutrition Division Discussion Paper No. 172, International Food Policy Research Institute, Washington, DC.

Coxhead, I. 2000. "Consequences of a Food Security Strategy for Economic Welfare, Income Distribution and Land Degradation: The Philippine Case." *World Development* 28(1):111–28.

DBM. Various years. *Budget of Expenditures and Sources of Financing.* Department of Budget and Management, Manila.

Farm Foundation. 2008. The 30-year Challenge: Agriculture's Role in Feeding and Fueling a Growing World. Issue Report No. 45719, Oak Brook, IL.

FAO. 2008. Crop Prospects and Food Situation No. 5. Food and Agriculture Organization, Rome. Available: www.fao.org/docrep/011/ai476e/ai476e00.HTM.

FAO-OECD. 2008. *Agricultural Outlook 2008–2017*. Food and Agriculture Organization, Rome. Available: www.fao.org/es/esc/common/ecg/550/en/AgOut2017E.pdf?bcsi_scan_D4A612CF62FE9576=0&bcsi_scan_filename=AgOut2017E.pdf.

IFPRI. 2007. The World Food Situation: New Driving Forces and Required Actions. Food Policy Report, International Food Policy Research Institute, Washington, DC.

Meagher, P., K. Upadhyaya, and B. Wilkinson. 1999. Combating Rural Public Works Corruption: Food-for-Work Programs in Nepal. World Bank, Washington, DC. Processed.

Mehta, A., and S. Jha. 2009. Governance and Hunger: A Case Study from the Philippines. University of California-Santa Barbara Center Global Studies Working Paper No. 07, California.

Mitchell, D. 2008. A Note on Rising Food Prices. Policy Research Working Paper No. 4682, World Bank, Washington, DC.

NSO. 2006. *Family Income and Expenditure Survey 2006*. National Statistics Office, Manila.

OXAN. 2009. "Food Price Volatility is Still Likely." January 8. Oxford Analytica, England. Available: www.oxan.com/display.aspx?ItemID=DB147878.

Reno, A. R. 2009. "NFA Rice Procurement Highest since 1979." Available: business.inquirer.net/money/breakingnews/view/20090108–182057/NFA-rice-procurement-highest-since-1979.

Rogers, B. L., and J. Coates. 2002. Food Based Safety Nets and Related Programs. Social Protection Discussion Paper Series No. 225, World Bank Institute, Washington, DC.

Rosegrant, M. 2008. Biofuels and Grain Prices: Impacts and Policy Responses. International Food Policy Research Institute, Washington, DC. Available: www.ifpri.org/pubs/testimony/rosegrant20080507.pdf.

Roumasset, J. 2000. Black-hole Security. Working Paper No. 00–5, University of Hawaii, Manoa. Paper prepared for PRAEO meetings of the International Western Economic Association, Sydney.

Senate Economic Planning Office. 2006. *A Profile of Selected Philippine Government-Owned and Controlled Corporations*. Manila.

Subbarao, K., A. Bonnerjee, J. Braithwaite, S. Carvalho, K. Ezemenari, C. Graham, and A. Thompson. 1997. "Safety Net Programs and Poverty Reduction: Lessons from Cross-Country Experience." In *Directions in Development*. World Bank, Washington, DC.

Timmer, P. 2008. Causes of High Food Prices. ADB Economics Working Paper No. 128, Economics and Research Department, Asian Development Bank, Manila.

Trostle, R. 2008. Global Agricultural Supply and Demand: Factors Contributing to the Recent Increase in Food Commodity Prices. Economic Research Service Report WRS-0801, US Department of Agriculture, Washington, DC.

UNESCAP. 2000. *Social Safety Nets in the Philippines: Analysis and Prospects.* United Nations Economic and Social Commission for Asia and the Pacific, Bangkok.

World Bank. 2001. Philippines: Filipino Report Card on Pro-Poor Services. Report No. 22181-PH, Washington, DC.

_____. 2009. *Global Economic Prospects: Commodities at the Crossroads.* Washington, DC.

_____. Various years. Commodity Price Data (Pink Sheet). Available: econ.worldbank.org/WBSITE/EXTERNAL/EXTDEC/EXTDECPROSPECTS/0,contentMDK:21148472~menuPK:476941~pagePK:64165401~piPK:64165026~theSitePK:476883,00.html.

Yao, R. T., G. E. Shively, and W. A. Masters. 2007. "How Successful are Government Interventions in Food Markets? Insights from the Philippines Rice Market." *Philippine Journal of Development* 34(1):35–59.